概率论与数理统计

主　编　张　薇
副主编　张　京
邵新慧
孙艳蕊

科学出版社
北　京

内 容 简 介

本书是高等院校非数学专业的概率论与数理统计课程教材. 全书分上、下两篇. 上篇为概率论部分，内容包括随机事件与概率、随机变量及其分布、二维随机变量及其分布、随机变量的数字特征、大数定理与中心极限定理；下篇为数理统计部分，内容包括样本与抽样分布、参数估计、假设检验、线性回归分析、方差分析. 各章均配有适当、适量的分节习题和章末习题. 书末附有习题答案及 9 个附录，其中附录 9 介绍了如何利用 Excel 进行概率与统计计算.

本书可作为高等院校理工（非数学专业）、经管、农学等专业概率论与数理统计课程的教材，也可作为教学参考书和自学参考书.

图书在版编目(CIP)数据

概率论与数理统计/张薇主编. —北京：科学出版社，2010

ISBN 978-7-03-028280-4

Ⅰ.①概… Ⅱ.①张… Ⅲ.①概率论-高等学校-教材②数理统计-高等学校-教材 Ⅳ.①O21

中国版本图书馆 CIP 数据核字(2010)第 132819 号

责任编辑：张中兴 / 责任校对：李奕萱
责任印制：赵　博 / 封面设计：耕者设计工作室

科学出版社 出版
北京东黄城根北街 16 号
邮政编码：100717
http://www.sciencep.com
三河市春园印刷有限公司印刷
科学出版社发行　各地新华书店经销
*
2010 年 7 月第　一　版　开本：B5(720×1000)
2025 年 1 月第十次印刷　印张：22 3/4
字数：450 000

定价：49.00 元

（如有印装质量问题，我社负责调换）

前　　言

概率论与数理统计是研究随机现象及其统计规律的一门核心数学学科，是被广泛应用的数学工具之一. 目前，自然科学、经济科学和工程技术等领域的众多分支与随机理论的交融日益紧密，计算机技术的飞速发展和广泛应用又给这种交融插上了腾飞的翅膀，使概率统计更加广泛快速地渗透到科技研究的前沿. 概率论与数理统计在培养学生的创新和应用能力方面占据了得天独厚的优势，它作为各类专业大学生数学基础课程的重要性勿庸置疑，相配套的教材在课程建设中的重要作用不言而喻.

根据教学需要，我们汇集东北大学理学院数学系任课教师 20 余年的教学实践经验，倾力编写了这本教材. 教材正式出版前已在我校试用 3 个教学周期，几经修改与完善.

适用范围

本书既可作为高等学校理工(非数学专业)、经管、农学等专业概率论与数理统计课程的教材，也可作为教学参考书和自学参考书.

本书特点

• 易读、易懂. 书中大部分章节均以常见的例子或易懂的知识引出基本概念，尽量简单论述基本理论，利于读者理解和掌握概率统计知识.

• 各章节例题和习题的选取紧密配合知识点，利于读者理解、掌握和运用所学知识. 书中给出了许多实际例子，帮助读者从多个方面了解概率统计在众多领域中的应用.

• 计算机的使用. 鉴于 Excel 软件的通用性，我们特别编写了附录 9，详细介绍了如何利用 Excel 进行概率与统计计算. 第 6、7、8 章的一部分例题和第 9、10 章的全部例题的结果数据及图像均由 Excel 软件给出.

• 在编排上注重知识的衔接与循序渐进. 语言表达清晰明了，符号运用规范.

• 紧扣教育部本科教学大纲，与硕士研究生入学考试大纲接轨.

内容编排

全书分为上、下两篇. 上篇由第 1～5 章组成，讲授概率论的基础知识，涉及随机事件与概率、随机变量及其分布、数字特征、大数定理与中心极限定理. 下篇由第 6～10 章组成，讲授数理统计的基本概念、参数估计、假设检验、线性回归分析和方差分析. 各章均配有适当、适量的分节习题和章末习题，书末附有习题答案和 9 个附录，其中附录 1 给出了常用的概率分布，附录 2～7 是常用分布数据表，附录 8 给出了三个常用抽样分布的证明,附录 9 介绍了如何利用 Excel 进行概率与统计计算.

学时安排

概率论部分(前 5 章)教学约需 36 学时,概率统计部分(前 8 章)教学约需 56 学时,全程教学约需 68 学时.

编写人员

本书第 1、4、5 章由张京执笔,第 2、3 章由张薇执笔,第 6、7、8 章由邵新慧执笔,第 9、10 章由孙艳蕊执笔. 第 7、8 章末尾工具表及附录 1～7 由张薇执笔,附录 8 由邵新慧执笔,附录 9 由王洪曾执笔. 全书最后由张薇修改定稿.

致谢

本书获得了东北大学教材建设计划立项项目“概率论与数理统计教材建设”及东北大学教务处的支持,并得到科学出版社数理分社的大力支持,在此表示感谢. 在教材形成及试用过程中,任课教师提出了许多有益的建议,张国伟教授仔细阅读了大部分章节,提出了宝贵的修改意见,在此向他们致谢. 并向审稿人、科学出版社所有参与本书出版的工作人员、特别是编辑张中兴致谢.

本书不妥之处,敬请读者指正.

编 者

2010 年 6 月

目　　录

上篇　概　率　论

前言
第 1 章　随机事件与概率 …… 3
§1.1　随机事件 …… 3
§1.2　随机事件的概率 …… 8
§1.3　古典概型与几何概型 …… 13
§1.4　条件概率 …… 20
§1.5　全概率公式与贝叶斯公式 …… 24
§1.6　事件的独立性 …… 28
章末习题 1 …… 35
第 2 章　随机变量及其分布 …… 37
§2.1　随机变量的概念 …… 37
§2.2　离散型随机变量及其分布 …… 38
§2.3　连续型随机变量及其分布 …… 50
§2.4　随机变量的分布函数 …… 59
§2.5　随机变量的函数的分布 …… 66
章末习题 2 …… 72
第 3 章　二维随机变量及其分布 …… 75
§3.1　多维随机变量的概念 …… 75
§3.2　二维离散型随机变量及其分布 …… 75
§3.3　二维连续型随机变量及其分布 …… 83
§3.4　二维随机变量的分布函数 …… 92
§3.5　随机变量的独立性 …… 96
§3.6　二维随机变量的函数的分布 …… 101
章末习题 3 …… 110
第 4 章　随机变量的数字特征 …… 113
§4.1　数学期望 …… 113

§4.2 方差和标准差 …… 124
§4.3 协方差和相关系数 …… 133
§4.4 矩 …… 142
§4.5* 母函数 …… 143
§4.6* 特征函数 …… 146
章末习题 4 …… 150

第 5 章 大数定理与中心极限定理 …… 153
§5.1 大数定理 …… 153
§5.2 中心极限定理 …… 156
章末习题 5 …… 160

下篇 数理统计

第 6 章 样本与抽样分布 …… 163
§6.1 总体与样本 …… 163
§6.2 样本的数字特征 …… 169
§6.3 三个常用的抽样分布 …… 173
§6.4 常用统计量及其分布 …… 177
章末习题 6 …… 180

第 7 章 参数估计 …… 182
§7.1 点估计 …… 182
§7.2 区间估计 …… 194
章末习题 7 …… 207

第 8 章 假设检验 …… 211
§8.1 假设检验问题 …… 211
§8.2 正态总体参数的假设检验 …… 216
§8.3 0-1 分布参数的假设检验 …… 223
§8.4 总体分布的假设检验 …… 225
章末习题 8 …… 229

第 9 章 线性回归分析 …… 232
§9.1 一元线性回归分析 …… 232
§9.2 多元线性回归分析 …… 250
章末习题 9 …… 257

第 10 章 方差分析 …… 260
§10.1 单因素方差分析…… 260
§10.2 双因素方差分析…… 269
章末习题 10 …… 285
习题答案 …… 287
参考文献 …… 307
附录 …… 308
附录 1 常用的概率分布 …… 308
附录 2 泊松分布表 …… 311
附录 3 标准正态分布函数值表 …… 314
附录 4 χ^2 分布表 …… 315
附录 5 t 分布表 …… 317
附录 6 F 分布表 …… 318
附录 7 相关系数检验表 …… 328
附录 8 三个常用抽样分布的证明 …… 329
附录 9 概率与统计计算工具——Excel 简介 …… 333

上篇　概　率　论

第1章　随机事件与概率

在没有外力的作用下，作匀速直线运动的物体必然持续作匀速直线运动；在标准大气压下，100℃的纯水必然沸腾. 像这类在一定条件下必然发生的现象我们称为确定性现象. 对于确定性现象，人们根据数学和科学的方法进行准确的计算，会得出确定的结果. 然而客观世界中还有其他现象. 例如，抛掷一枚硬币，落地时，是正面向上还是反面向上，这在抛掷前是不能确定的；下一个交易日股市指数可能上升，也可能下跌，而且升跌幅度的大小不能事先确定；记录一段时间内某电话机的呼叫次数，它可能是0次、1次，也可能是2次，…. 这些现象的一个共同特点是：在基本条件不变的情况下，试验或观察到的结果呈现出偶然性，时而会出现这种结果，时而会出现那种结果. 像这类在一定条件下事先不能确定是否发生的现象我们称为随机现象. 在自然界和社会生活中存在着大量的随机现象. 如，刮风、下雨、地震、火山爆发、泥石流、山体滑坡、海啸的发生等，这些是自然现象. 如未来几年经济形势的好坏，股票债券的涨跌，彩票中奖与否，这些是社会生活现象. 在处理随机现象时，研究确定性现象的数学方法已不再完全适用，必须拓展及寻找新的数学方法，概率论与数理统计这门数学分支学科即是研究和揭示随机现象统计规律的一个重要工具.

§1.1　随机事件

1.1.1　样本空间

随着认识的深入和知识的积累，人们逐渐认识到，在随机现象偶然性的背后，隐藏着必然规律. 例如，(观察)抛掷一枚硬币，落地时可能是正面向上，也可能是反面向上，即一次的结果具有偶然性. 但是如果重复地抛掷 n 次，人们发现，随着 n 的增大，出现正面向上与出现反面向上的次数越来越接近，呈现出了规律性. 又如，(记录)一天24小时内某电话机的呼叫次数，前天可能是6次，昨天可能是2次，明天又可能是10次，…，每一天的结果都具有偶然性. 但是1个月、或1年、或2年…下来，人们发现，在这1个月、或1年、或2年…的时间内，呼叫次数往往呈现出某种规律性. 像这种“观察”、“记录”我们称之为随机试验，简称试验，记作 E. 它具有两个明显特征：试验可以在相同的条件下重复地进行，每次的结果不一定相同；试验可能出现的一切结果可事先预知，但不能事先预知每次试验会出现哪一个结果. 如上面两例中，抛掷一枚硬币只有“正面向上”和“反面向上”2个可能结果；电话呼叫次数必定是某个非负整数. 人们正是通过随机试验来探究随机现象及其规律的.

这里的"试验",它既可以是通常意义下的实验,也可以是对自然和社会现象的观察、记录等.

随机试验的所有可能结果组成的集合称为它的样本空间,记作Ω. 试验的每个可能结果称为样本点,记作ω.

例 1.1 抛掷一枚硬币,观察正面向上(用H表示)、反面向上(用T表示)出现的情况. 这是一个随机试验,其样本空间由2个样本点组成,即$\Omega=\{H,T\}$.

例 1.2 将一枚硬币抛三次,观察正面向上(H)、反面向上(T)出现的情况. 这也是一个随机试验,其样本空间由8个样本点组成,即$\Omega=\{HHH,HHT,HTH,HTT,THH,THT,TTH,TTT\}$.

例 1.3 记录某电话机在一小时内接收到的呼叫次数,其样本空间是非负整数的集合,$\Omega=\{0,1,2,\cdots\}$.

例 1.4 连续射击直到命中为止. 以"0"表示一次射击未中,"1"表示命中,则样本空间$\Omega=\{1,01,001,\cdots\}$.

例 1.5 从某厂生产的相同型号的灯泡中抽取一只,测试它的寿命(即灯泡连续正常工作的小时数),其样本空间$\Omega=[0,+\infty)$.

例 1.6 记录某地一昼夜的最低气温和最高气温. 若以x,y分别表示最低气温和最高气温,则样本空间$\Omega=\{(x,y)\mid T_0\leqslant x\leqslant y\leqslant T_1\}$,这里$T_0,T_1$分别表示这一地区气温的下界与上界.

从以上6个例子中可以看出,样本空间Ω可以是数集,也可以是抽象元素的集合;可以是有限集,也可以是无穷可列集或无穷不可列集;可以是一维样本点,也可以是多维样本点的集合.

值得注意的是,由于试验目的的不同,即使是相同的随机试验,也可以得出不同的样本空间. 如例1.2,如果关心的是出现正面向上的次数,则样本空间为$\Omega=\{0,1,2,3\}$.

1.1.2 随机事件及其运算

在随机试验中,人们常常关心试验的某些结果是否出现. 例如,在例1.3中,若以一小时达到20次的呼叫来区分这台电话机是否繁忙,那么呼叫次数不足20次的试验结果为"不繁忙",它包含了样本空间中的前20个样本点$0,1,2,\cdots,19$. 再如,在例1.5中,若以灯泡寿命不足1200小时来区分灯泡质量的好坏,那么寿命小于1200小时的试验结果为"质量不好",它包含了样本空间中小于1200小时的样本点. 像这种由试验结果(样本点)组成的集合称为随机事件,简称事件①. 而其中

① 本书中未加特殊说明的事件都指随机事件.

仅由一个样本点组成的集合又称为基本事件；由所有的样本点组成的集合，即样本空间Ω称为必然事件，因为每次试验的结果必在Ω中，即Ω必然发生；不包含任何一个样本点的集合，即空集$\varnothing$称为不可能事件，因为每次试验，$\varnothing$必定不发生. 上面的“不繁忙”与“质量不好”都是可能发生或可能不发生的随机事件；而“呼叫次数为25”的“繁忙”事件和“灯泡寿命为1200小时”的“质量好”事件则是基本事件. 在例1.1中，“出现正面向上或出现反面向上”的事件为必然事件，“既出现正面向上又出现反面向上”的事件为不可能事件.

常用大写字母$A,B,C,\cdots$标识事件. 上面的“不繁忙”事件可标识为A，即A表示“一小时至多呼叫19次”，$A=\{$一小时至多呼叫19次$\}=\{0,1,2,\cdots,19\}$；“质量不好”事件可标识为B，即B表示“灯泡寿命小于1200小时”，$B=\{$灯泡寿命小于1200小时$\}=\{x\mid 0\leqslant x<1200\}$；“呼叫次数为25”事件可标识为$C$，即$C$表示“呼叫次数为25”，$C=\{$呼叫次数为25$\}=\{25\}$；“灯泡寿命为1200小时”事件可标识为$D$，即$D$表示“灯泡寿命为1200小时”，$D=\{$灯泡寿命为1200小时$\}=\{1200\}$.

如果试验的结果(样本点)在事件A中，则称事件A发生. 在例1.3中，如果记录到的呼唤次数是10次，则“不繁忙”事件A就发生了，如果记录到的是28次，则“繁忙”事件就发生了.

由于事件可以用集合来表示，因此事件之间的关系与事件的运算可以按照集合论中集合之间的关系与集合的运算来规定. 以下给出这些关系和运算在概率论中的提法，并根据“事件发生”的含义，给出它们在概率论中的解释.

设E是一个随机试验，Ω是E的样本空间，$A,B,A_i(i=1,2,\cdots)$都是Ω的子集合.

(1) $A\subset B$称为事件B包含事件A. 其概率含义是：A发生必然导致B发生.

$A=B$，即$A\subset B$，且$B\subset A$，称为事件A与事件B相等.

(2) $A\cup B=\{\omega\mid\omega\in A$或$\omega\in B\}$称为事件$A$与事件$B$的和事件. 其概率含义是：当且仅当$A,B$至少有一个发生，事件$A\cup B$才发生.

一般地，$\bigcup\limits_{i=1}^{n}A_i$是$n$个事件$A_1,A_2,\cdots,A_n$的和事件，表示这$n$个事件至少有一个发生的事件；$\bigcup\limits_{i=1}^{+\infty}A_i$是可列无穷个事件$A_1,A_2,\cdots$的和事件，表示这可列无穷个事件至少有一个发生的事件.

(3) $A\cap B=\{\omega\mid\omega\in A$且$\omega\in B\}$称为事件$A$与事件$B$的积事件. 其概率含义是：当且仅当$A$与$B$同时发生，事件$A\cap B$才发生. 积事件也写作$AB$.

一般地，$\bigcap\limits_{i=1}^{n}A_i$是$n$个事件$A_1,A_2,\cdots,A_n$的积事件，表示这$n$个事件同时发生的事件；$\bigcap\limits_{i=1}^{+\infty}A_i$是可列无穷个事件$A_1,A_2,\cdots$的积事件，表示这可列无穷个事件同时发生的事件.

(4) $A-B=\{\omega|\omega\in A$ 且 $\omega\notin B\}$ 称为事件 A 与事件 B 的差事件. 其概率含义是:当且仅当 A 发生而 B 不发生,事件 $A-B$ 才发生.

(5) 如果 $A\cap B=\varnothing$,则称事件 A 与事件 B 是互不相容的或互斥的. 其概率含义是:A 与 B 不能同时发生.

如果一组事件中的任意两个事件都互不相容,则称该事件组为两两互斥事件组. 基本事件组是两两互斥事件组.

(6) 若 $A\cup B=\Omega$,$A\cap B=\varnothing$,则称 A 与 B 互为对立事件或互逆事件. 其概率含义是:每次试验,事件 A,B 有一个发生且仅有一个发生. A 的对立事件记为 $\overline{A}$,即 $\overline{A}=B$.

例如,某建筑工地,设 A 表示"缺少水泥",B 表示"缺少沙子",那么和事件 $A\cup B$ 表示"缺少水泥或沙子",积事件 $A\cap B$ 表示"即缺少水泥,又缺少沙子",差事件 $A-B$ 表示"缺少水泥,但不缺少沙子",$\overline{A}$ 则表示"不缺少水泥",$\overline{B}$ 表示"不缺少沙子".

我们可以用图示的方式直观地表示以上事件之间的关系与事件的运算,如图 1.1～图 1.6 所示. 图中的矩形表示样本空间 Ω.

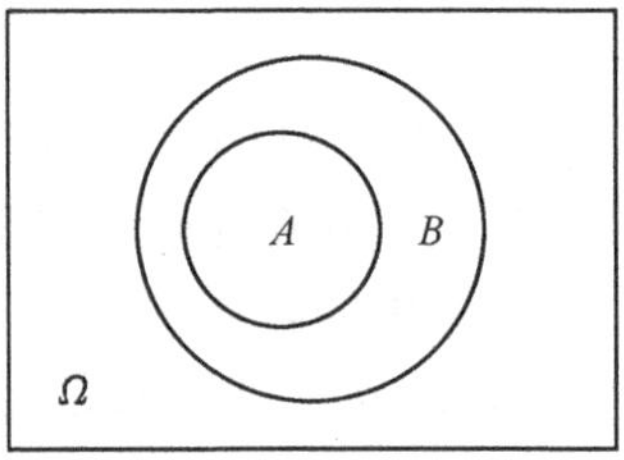

图 1.1　$A\subset B$

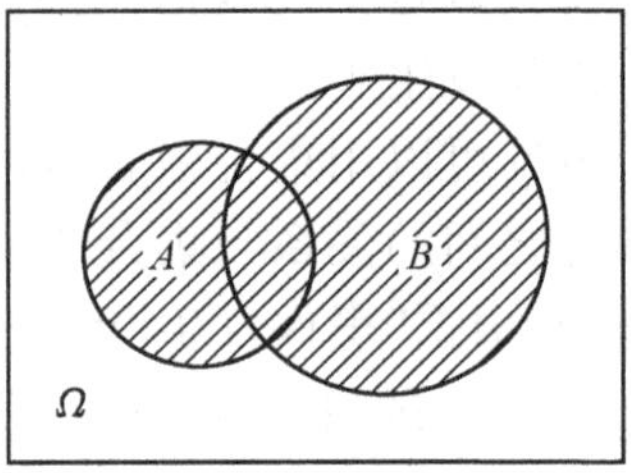

图 1.2　$A\cup B$

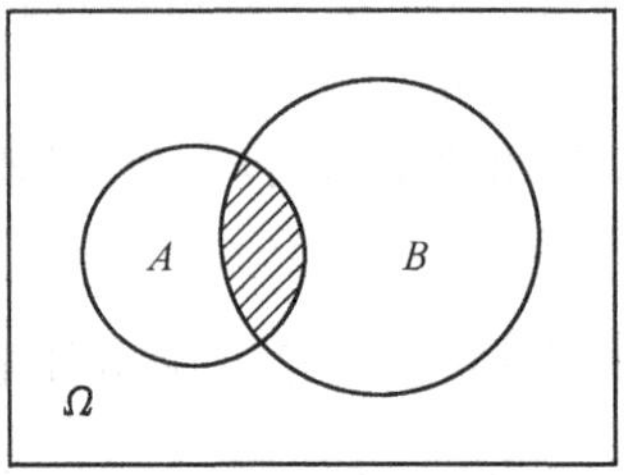

图 1.3　$A\cap B$

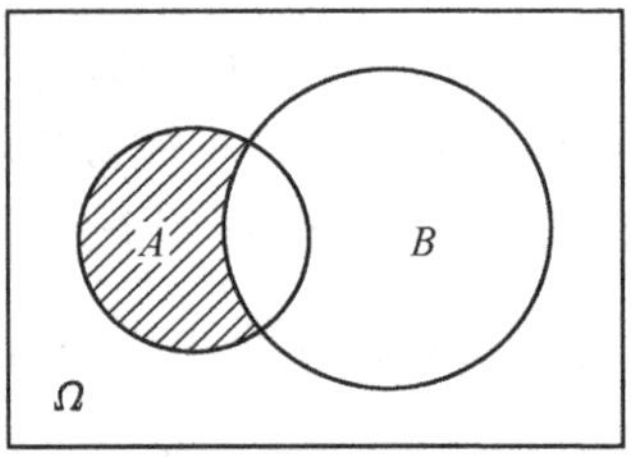

图 1.4　$A-B$

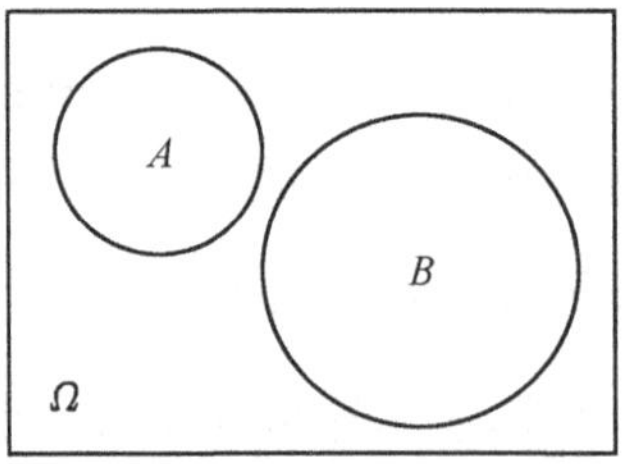

图 1.5　$A\cap B=\varnothing$

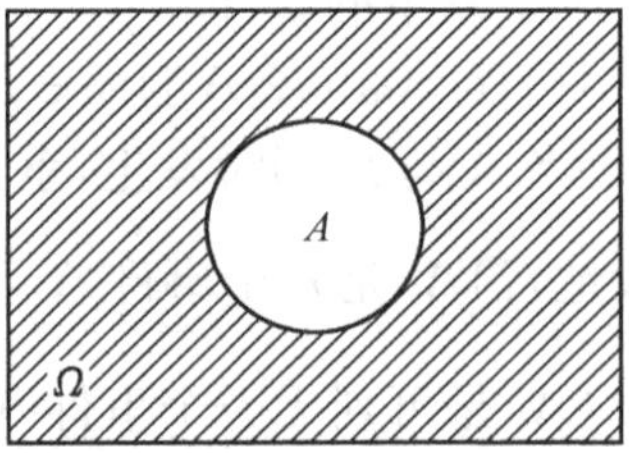

图 1.6　$\overline{A}$

与集合论中的集合运算一样，事件之间的运算也满足下述定律：

(1) 交换律 $A\cup B=B\cup A, A\cap B=B\cap A$.

(2) 结合律 $A\cup(B\cup C)=(A\cup B)\cup C$,

$A\cap(B\cap C)=(A\cap B)\cap C$.

(3) 分配律 $A\cup(B\cap C)=(A\cup B)\cap(A\cup C)$,

$A\cap(B\cup C)=(A\cap B)\cup(A\cap C)$.

(4) 德·摩根(De Morgan)定律 $\overline{A\cup B}=\overline{A}\cap\overline{B}, \overline{A\cap B}=\overline{A}\cup\overline{B}$.

这些定律都可以推广到多个事件的情形. 例如，

$$A\cup(B\cap C\cap D)=(A\cup B)\cap(A\cup C)\cap(A\cup D),$$
$$\overline{A\cup B\cup C}=\overline{A}\cap\overline{B}\cap\overline{C},$$
$$\overline{A\cap B\cap C}=\overline{A}\cup\overline{B}\cup\overline{C}.$$

(1)～(3)显然成立. 下面用概率论语言说明(4)中第一个等式. 如果事件$\overline{A\cup B}$发生，则$A\cup B$不发生，即A与B都不发生，所以$\overline{A}$，$\overline{B}$都发生，$\overline{A}\cap\overline{B}$发生. 反之，如果$\overline{A}\cap\overline{B}$发生，则$\overline{A}$，$\overline{B}$都发生，即$A$，$B$都不发生，所以$A\cup B$不发生，即$\overline{A\cup B}$发生. 第一个等式成立. 第二个等式可类似地说明.

例 1.7 某工程队承包建造了3幢楼房，设A_i表示“第i幢楼房经验收合格”，$i=1,2,3$. 试用A_1，A_2，A_3表示下列事件：

(1) 只有第1幢楼房经验收合格；

(2) 恰有1幢楼房经验收合格；

(3) 至少有1幢楼房经验收合格；

(4) 至多有1幢楼房经验收合格.

解 (1)“只有第1幢楼房经验收合格”包含“第2，3幢楼房经验收不合格”的意思，因此这个事件可以表示为$A_1\overline{A}_2\overline{A}_3$.

(2)“恰有1幢楼房经验收合格”是指仅有一个合格，而另两个经验收不合格的意思，因此可以表示为

$$A_1\overline{A}_2\overline{A}_3\cup\overline{A}_1A_2\overline{A}_3\cup\overline{A}_1\overline{A}_2A_3.$$

(3)“至少有1幢楼房经验收合格”是指A_1，A_2，A_3至少发生其一，因此可以表示为

$$A_1\cup A_2\cup A_3.$$

(4)“至多有1幢楼房经验收合格”是指(2)表示的事件与3幢均不合格事件的和事件，因此可以表示为

$$A_1\overline{A}_2\overline{A}_3\cup\overline{A}_1A_2\overline{A}_3\cup\overline{A}_1\overline{A}_2A_3\cup\overline{A}_1\overline{A}_2\overline{A}_3.$$

习 题 1.1

1. 用集合的形式写出下列随机试验的样本空间Ω与随机事件A：

(1) 抛一颗骰子，观察向上一面的点数. A 表示“出现奇数点”.

(2) 对一个目标进行射击，一旦击中便停止射击，观察射击的次数. A 表示“射击不超过 3 次”.

(3) 把单位长度的一根细棒折成三段，观察各段的长度. A 表示“三段细棒能构成一个三角形”.

2. 把 $\bigcup_{i=1}^{n} A_i$ 表示成 n 个两两互不相容事件的和.

3. 在某班学生中任选一个同学，以 A 表示选到的是男同学，B 表示选到的人不喜欢唱歌，C 表示选到的人是运动员.

(1) 表述 $AB\overline{C}$ 与 $A\overline{B}C$；

(2) 什么条件下成立 $ABC=A$；

(3) 何时成立 $\overline{C}\subset B$；

(4) 何时同时成立 $A=B$ 与 $\overline{A}=C$.

4. 设 A,B,C 为三个随机事件，用 A,B,C 的运算及关系表示下列各事件：

(1) A 发生，B 与 C 不发生；

(2) A 与 B 都发生，而 C 不发生；

(3) A,B,C 中至少有一个发生；

(4) A,B,C 都发生；

(5) A,B,C 都不发生；

(6) A,B,C 中不多于一个发生；

(7) A,B,C 中不多于两个发生；

(8) A,B,C 中至少有两个发生.

§1.2 随机事件的概率

1.2.1 频率与概率

人们经过长期的实践发现，随机事件虽然在一次随机试验中可能发生，也可能不发生，呈现偶然性，且毫无规律而言，但在大量的试验中，结果则呈现出明显的规律性. 下面就来研究这种规律性.

定义 1.1 在相同的条件下，进行 n 次相同的试验. 在这 n 次试验中，事件 A 发生的次数 n_A 称为事件 A 发生的频数，比值 n_A/n 称为事件 A 发生的频率，记为 $f_n(A)$.

由定义，易见 $f_n(A)$ 具有如下基本性质：

(1) $0\leqslant f_n(A)\leqslant 1$；

(2) $f_n(\Omega)=1$；

(3) 若 $A_1,A_2,\cdots,A_k$ 是两两互不相容的事件，则

$$f_n(A_1\cup A_2\cup\cdots\cup A_k)=f_n(A_1)+f_n(A_2)+\cdots+f_n(A_k).$$

例 1.8 考虑"抛硬币"试验. 将一枚硬币抛 5 次、50 次、500 次,各做 10 遍,得到表 1.1 中所示数据(其中 H 表示正面向上,$f_n(H)$表示 H 发生的频率).

表 1.1

实验序号	$n=5$		$n=50$		$n=500$	
	n_H	$f_n(H)$	n_H	$f_n(H)$	n_H	$f_n(H)$
1	2	0.4	22	0.44	251	0.502
2	3	0.6	25	0.50	249	0.498
3	1	0.2	21	0.42	256	0.512
4	5	1.0	25	0.50	253	0.506
5	1	0.2	24	0.48	251	0.502
6	2	0.4	21	0.42	246	0.492
7	4	0.8	18	0.36	244	0.488
8	2	0.4	24	0.48	258	0.516
9	3	0.6	27	0.54	262	0.524
10	3	0.6	31	0.62	247	0.494

从表 1.1 中的数据可以看出,当抛掷次数为 5 或 50 时,频率 $f_n(H)$在 0 与 1 之间随机波动,且波动的幅度较大;当抛掷次数为 500 时,频率 $f_n(H)$随机波动的幅度明显变小,且 $f_n(H)$比较接近 0.5.

人们从直觉上感到,抛掷一枚均匀硬币,正面向上与反面向上出现的机会应该相等. 这相当于说,在大量的试验中,$f_n(H)$应该接近于 0.5. 历史上有不少人做过这个试验,部分试验结果现列入表 1.2. 数据显示,随着试验次数 n 的增加,$f_n(H)$的波动呈现出稳定性,逐渐稳定于 0.5.

表 1.2

实验者	n	n_H	$f_n(H)$
德·摩根(De Morgan)	2048	1061	0.5181
蒲丰(Buffon)	4040	2048	0.5069
K. 皮尔逊(K. Pearson)	12000	6019	0.5016
K. 皮尔逊(K. Pearson)	24000	12012	0.5005

例 1.9 考察英语 26 个字母出现的频率. 当观察字母的个数 n(试验的次数)较少时,频率有较大幅度的随机波动. 但当 n 增大时,频率呈现出稳定性. G. Dewey 统计了 438023 个字母,得到一份英文字母频率统计表(表 1.3)①.

① 引自 G. Dewey, Relative Frequency of English Spellings, New York: Teachers College Press, Columbia University, 1970.

表 1.3

字母	频率	字母	频率	字母	频率
E	0.1268	L	0.0394	P	0.0186
T	0.0978	D	0.0389	B	0.0156
A	0.0788	U	0.0280	V	0.0102
O	0.0776	C	0.0268	K	0.0060
I	0.0707	F	0.0256	X	0.0016
N	0.0706	M	0.0244	J	0.0010
S	0.0634	W	0.0214	Q	0.0009
R	0.0594	Y	0.0202	Z	0.0006
H	0.0573	G	0.0187		

英文字母使用频率的研究，对于信息编码(常用字母用较短的码)、密码破译等方面是十分有用的.

对于任意一个事件 A，在 n 次重复试验中如果 A 发生的频率 $f_n(A)$ 呈现出频率的稳定性，即 A 发生的频率随着 n 的增大在某个固定常数附近波动，这种规律性我们称为**统计规律性**. 频率的稳定性说明，随机事件发生的可能性大小，是随机事件本身固有的不随人的意志而改变的一种客观属性. 因此，随机事件发生的可能性大小是可以度量的，它的度量值就称为概率.

频率的稳定性表明，以频率 $f_n(A)$ 近似表示事件 A 发生的可能性大小是合适的，近似程度与 n 密切相关. 以频率来代替事件发生的可能性大小，在自然科学与社会科学中已被广泛地使用.

例 1.10 为设计某路口向左转弯的汽车候车道，在每天交通最繁忙的时间(上午 9 时)观测候车数，共观测了 60 天，得数据表 1.4. 求事件“上午 9 时在该路口有不到 4 辆汽车在等候左转弯”发生可能性的大小.

表 1.4

等候车辆数	0	1	2	3	4	5	6	总和
出现的天数	4	16	20	14	3	2	1	60
频率	$\frac{4}{60}$	$\frac{16}{60}$	$\frac{20}{60}$	$\frac{14}{60}$	$\frac{3}{60}$	$\frac{2}{60}$	$\frac{1}{60}$	1

解 设 A 表示“上午 9 时在该路口有不到 4 辆汽车在等候左转弯”，那么在 60 次观测中，A 发生的频率为

$$f_n(A)=\frac{4}{60}+\frac{16}{60}+\frac{20}{60}+\frac{14}{60}=0.90.$$

所以事件 A 发生的可能性大小约为 0.90.

把频率作为事件发生的可能性大小的近似，虽然是一种简单有效的方法，但存

在频率的波动性问题.注意到,频率的稳定值符合频率的性质,由此我们抽象出概率的一般性定义.

定义 1.2(概率的公理化定义) 设 E 是随机试验,Ω 是它的样本空间.对 E 的每个事件 A 赋予一个实数 $P(A)$,如果集合函数 $P(\cdot)$满足下列条件:

(1) 非负性 对每个事件 A,都有 $P(A)\geqslant 0$;

(2) 规范性 $P(\Omega)=1$;

(3) 可列可加性 对于可列无穷个两两互斥的事件 $A_1,A_2,\cdots$,有

$$P(A_1\cup A_2\cup\cdots)=P(A_1)+P(A_2)+\cdots,$$

则 $P(A)$称为事件 A 的概率.

1.2.2 概率的运算性质

由概率的定义,我们可以推导出概率的一些重要性质.

性质 1 $P(\varnothing)=0$.

证 令 $A_n=\varnothing,n=1,2,\cdots$,则 $\bigcup\limits_{n=1}^{+\infty}A_n=\varnothing$,且 $A_iA_j=\varnothing,i\neq j$.

由概率的可列可加性与非负性,得

$$P(\varnothing)=P(\bigcup_{n=1}^{+\infty}A_n)=\sum_{n=1}^{+\infty}P(A_n)=\sum_{n=1}^{+\infty}P(\varnothing)\geqslant P(\varnothing)+P(\varnothing).$$

因此,$P(\varnothing)=0$.

性质 2(有限可加性) 若 $A_1,A_2,\cdots,A_n$ 是两两互斥的事件,则

$$P(A_1\cup A_2\cup\cdots\cup A_n)=P(A_1)+P(A_2)+\cdots+P(A_n). \tag{1.1}$$

证 令 $A_i=\varnothing,i=n+1,n+2,\cdots$,则 $A_1,A_2,\cdots$是可列无穷个两两互斥的事件,且 $\bigcup\limits_{i=1}^{n}A_i=\bigcup\limits_{i=1}^{+\infty}A_i$.于是由概率的可列可加性及性质 1,得

$$P(\bigcup_{i=1}^{n}A_i)=P(\bigcup_{i=1}^{+\infty}A_i)=\sum_{i=1}^{+\infty}P(A_i)=\sum_{i=1}^{n}P(A_i)+\sum_{i=n+1}^{+\infty}P(\varnothing)=\sum_{i=1}^{n}P(A_i).$$

性质 3 对任意事件 A,有 $P(\overline{A})=1-P(A)$.

证 因 $A\overline{A}=\varnothing,A\cup\overline{A}=\Omega$,于是由性质 2 及概率的规范性,得

$$1=P(\Omega)=P(A\cup\overline{A})=P(A)+P(\overline{A}),$$

所以 $P(\overline{A})=1-P(A)$.

性质 4(加法公式) 对任意两个事件 A,B,有

$$P(A\cup B)=P(A)+P(B)-P(AB). \tag{1.2}$$

证 因为 $A\cup B=A\cup(B-A)$,且 $A\cap(B-A)=\varnothing$,则由性质 2 得

$$P(A\cup B)=P(A\cup(B-A))=P(A)+P(B-A).$$

又因为 $B=(B-A)\cup(AB)$,且$(B-A)\cap(AB)=\varnothing$,由性质 2 又得

$$P(B)=P(B-A)+P(AB).$$

即 $P(B-A)=P(B)-P(AB)$. 所以

$$P(A\cup B)=P(A)+P(B)-P(AB).$$

在推导过程中，我们得到

$$P(B-A)=P(B)-P(AB). \tag{1.3}$$

加法公式(1.2)可以推广到多个事件的情形. 例如，对任意三个事件 A,B,C，有

$$\begin{aligned}P(A\cup B\cup C)=&P(A)+P(B)+P(C)-P(BC)\\&-P(AB)-P(AC)+P(ABC).\end{aligned} \tag{1.4}$$

更一般地，对于任意 n 个事件 $A_1,A_2,\cdots,A_n$，用归纳法可得

$$\begin{aligned}P(\bigcup_{i=1}^{n}A_i)=&\sum_{i=1}^{n}P(A_i)-\sum_{1\leqslant i<j\leqslant n}P(A_iA_j)\\&+\sum_{1\leqslant i<j<k\leqslant n}P(A_iA_jA_k)+\cdots+(-1)^{n-1}P(A_1A_2\cdots A_n).\end{aligned}$$

性质 5 设 A,B 是两个事件，若 $A\subset B$，则有 $P(A)\leqslant P(B)$.

证 因为 $P(B-A)=P(B)-P(AB)$，$AB=A$，且 $P(B-A)\geqslant 0$，所以 $P(B)\geqslant P(A)$.

性质 6 对任意事件 A，有 $P(A)\leqslant 1$.

证 因 $A\subset\Omega$，由性质 5，即得 $P(A)\leqslant P(\Omega)=1$.

例 1.11 设 $P(A)=\frac{1}{3}$，$P(B)=\frac{1}{2}$，在如下条件下分别求 $P(\bar{A}B)$.

(1) A,B 互斥；

(2) $A\subset B$；

(3) $P(AB)=\frac{1}{8}$.

解 因为 $\bar{A}B=B-A$，所以 $P(\bar{A}B)=P(B-A)=P(B)-P(AB)$.

(1) 当 A,B 互斥时，$AB=\varnothing$，有 $P(AB)=0$，所以 $P(\bar{A}B)=P(B)=\frac{1}{2}$.

(2) 当 $A\subset B$ 时，$AB=A$，所以 $P(\bar{A}B)=P(B)-P(A)=\frac{1}{2}-\frac{1}{3}=\frac{1}{6}$.

(3) $P(\bar{A}B)=P(B)-P(AB)=\frac{1}{2}-\frac{1}{8}=\frac{3}{8}$.

习 题 1.2

1. 某城市共发行三种报纸 A,B,C. 已知城市居民订购 A 的占 45%，订购 B 的占 35%，订购 C 的占 30%，同时订购 A 与 B 的占 10%，同时订购 A 与 C 的占 8%，同时订购 B 与 C 的占 5%，同时订购 A,B,C 的占 3%，求下列事件的概率：

(1) 只订购 A； (2) 只订购 A 与 B； (3) 只订购一种报纸； (4) 正好订购两种报纸；

(5) 至少订购一种报纸； (6) 不订购任何报纸； (7) 至多订一种报纸.

2. 设在统计课考试中，学生 A 不及格的概率是 0.5，学生 B 不及格的概率是 0.2，两人同时不及格的概率是 0.1，求：

(1) 两人中至少有一人不及格的概率；

(2) 两人都及格的概率；

(3) 两人中只有一个人不及格的概率.

3. 设 A,B 为两个随机事件，$P(A)=0.7$，$P(A-B)=0.3$，求 $P(\overline{A}\,\overline{B})$.

4. 设 $P(A)=P(B)=0.5$，证明：$P(AB)=P(\overline{A}\,\overline{B})$.

5. 设 A,B 为任意两个随机事件，证明：$P((A\cup B)(A\cup \overline{B})(\overline{A}\cup B)(\overline{A}\cup \overline{B}))=0$.

6. 证明：在两个事件 A,B 中，只有一件发生的概率为 $P(A)+P(B)-2P(AB)$.

7. 人体血型的一个简化模型包括 4 种血型和 2 种抗体：A、B、AB 与 O 型，抗 A 与抗 B. 抗体根据血型与人的血液以不同的形式发生作用，抗 A 只与 A、AB 型血发生作用，不与 B、O 型血作用，抗 B 只与 B、AB 型血发生作用，不与 A、O 型血作用. 假设一个人的血型是 O 型血的概率为 0.5，是 A 型血的概率为 0.34，是 B 型血的概率为 0.12. 求：

(1) 抗 A、抗 B 分别与一个人的血型发生作用的概率；

(2) 一个人的血型与两种抗体都发生作用的概率.

§1.3 古典概型与几何概型

古典概型和几何概型是两个常见的概率模型，本节讨论它们的概率计算问题.

1.3.1 古典概型

早期涉及求概率的问题都满足"各种可能结果的发生具有等可能性"这一假设. 例如，在游戏中使用的骰子是一个均匀的正立方体，使得抛出 1，2，3，4，5，6 这 6 个点数的可能性是相同的，以保证游戏的公平性. 又如，抛掷一枚均匀的硬币，出现正面向上和反面向上的机会均等. 如果一个随机试验 E 具有如下两个特点：

(1) 样本空间 Ω 包含有限个样本点，不妨记 $\Omega=\{\omega_1,\omega_2,\cdots,\omega_n\}$；

(2) 每个样本点在一次试验中以相等的可能性出现，即

$$P(\{\omega_1\})=P(\{\omega_2\})=\cdots=P(\{\omega_n\})=\frac{1}{n},$$

则称试验 E 为古典概型.

在古典概型中，如果事件 A 中含有 n_A 个样本点，则有

$$P(A)=\frac{n_A}{n}. \tag{1.5}$$

利用这个公式算出的概率称为古典概率.

古典概率的计算涉及计数问题,计数则常用到一些排列与组合公式.

从 n 个元素中,每次取出一个,记下它的特征后放回,并经充分混合后从中再取下一个,这种抽取方式叫作有放回抽取;如果每次取出一个,记下它的特征后不放回,并从余下的元素中再取下一个,这种抽取方式则叫作不放回抽取.有放回抽取到的元素可以是重复的,而不放回抽取到的元素一定不重复.

从 n 个元素中,如果有放回地取 r 个,并按照一定顺序排成一列,则不同的排列种数为 n^r;如果不放回地取 r 个,并按照一定顺序排成一列,则不同的排列种数为 $\mathrm{A}_n^r=n(n-1)\cdots(n-r+1)$,其中 $r\leqslant n$;如果不放回地取 r 个,且不进行排序,这时称为组合,不同的组合种数则为

$$\mathrm{C}_n^r=\frac{\mathrm{A}_n^r}{r!}=\frac{n(n-1)\cdots(n-r+1)}{r!}=\frac{n!}{r!\ (n-r)!}$$①,

其中 $r\leqslant n$.

例 1.12 从 1～100 的 100 个整数中任取一个数,求取到的整数既不能被 6 整除也不能被 8 整除的概率.

解 显然这是古典概型,样本空间包含 100 个样本点.

设 A={取到的整数能被 6 整除},B={取到的整数能被 8 整除},则所求概率为

$$P(\overline{A}\,\overline{B})=P(\overline{A\cup B})=1-P(A\cup B)=1-P(A)-P(B)+P(AB).$$

设从 1～100 的整数中有 x 个数能被 6 整除,则 $6x\leqslant100$,故 $x=16$,即 A 中含有 16 个样本点,于是 $P(A)=\frac{16}{100}$.

设从 1～100 的整数中有 y 个数能被 8 整除,则 $8y\leqslant100$,故 $y=12$,即 B 中含有 12 个样本点,于是 $P(B)=\frac{12}{100}$.

能被 6 整除又能被 8 整除的数即是能被 24 整除的数.设从 1～100 的整数中共有 z 个这样的数,则 $24z\leqslant100$,故 $z=4$,即 AB 中含有 4 个样本点,于是 $P(AB)=\frac{4}{100}$.

因此,

$$P(\overline{A}\,\overline{B})=P(\overline{A\cup B})=1-\frac{16}{100}-\frac{12}{100}+\frac{4}{100}=\frac{76}{100}=0.76.$$

---

① C_n^r 也记作 $\binom{n}{r}$

例 1.13 设有 n 个球，每个都以同样的概率 $\frac{1}{N}$ 放入 $N(N\geqslant n)$ 个盒子中的任何一个盒子里，试求：

(1) 某指定的 n 个盒子里各有一个球的概率；

(2) 每个盒子至多有一个球的概率.

解 由于每个球可以放入 N 个盒子中的任何一个盒子里，所以将 n 个球放入 N 个盒子相当于“从 N 个元素中有放回地取 n 个元素的排列”，故共有 N^n 种放法.

(1) 某指定的 n 个盒子中各放入一个球，则第一个球有 n 种放法，第二个球有 $n-1$ 种放法，…，第 n 个球只有 1 种放法，故有 $n!$ 种放法. 因而所求概率为

$$p_1=\frac{n!}{N^n}.$$

(2) 每个盒子至多有一个球，这相当于在 N 个盒子中任选 n 个盒子，有 C_N^n 种选法，且在每个盒子中各放入一个球，有 $n!$ 种放法，故共有 $C_N^n n!$ 种放法. 因此所求概率为

$$p_2=\frac{C_N^n n!}{N^n}=\frac{N!}{(N-n)!N^n}=\frac{A_N^n}{N^n}.$$

还可以这样来求 p_2：第一个球可以放入 N 个盒子中的任意一个，共有 N 种放法，第二个球可以放入余下的 $N-1$ 个盒子中的任意一个，共有 $N-1$ 种放法，…，第 n 个球可以放入余下的 $N-(n-1)$ 个盒子中的任意一个，共有 $N-n+1$ 种放法. 因此，所求概率为

$$p_2=\frac{N(N-1)\cdots(N-n+1)}{N^n}=\frac{A_N^n}{N^n}.$$

这个例子是古典概型中的一个典型问题，不少实际问题都可以归结为它.

例如，若把球解释为粒子，把盒子解释为相空间中的小区域，那么统计物理学中的 Maxwell-Boltzmann 统计便相对应于这个问题.

概率论历史上有一个颇为有名的问题：求参加某次聚会的 n 个人中没有两个人的生日相同的概率. 若把 n 个人看作上面问题中的 n 个球，把一年的 365 天看作盒子，则 $N=365$，p_2 即为所求概率. 而 n 个人中至少有两个人生日相同的概率则为

$$p=1-\frac{365\times364\times\cdots\times(365-n+1)}{365^n},$$

部分计算结果见表 1.5.

表 1.5

n	5	10	15	20	25	30	40	45	50	60
p	0.0271	0.1169	0.2529	0.4114	0.5687	0.7063	0.8912	0.9410	0.9704	0.9941

在大学，一般 30 人为一个自然班，从表 1.5 可以看到，一个班中至少有两个人的生日相同的可能性约为 70%. 在中学，一般 45～50 人为一个自然班，那么班中没有两个人的生日相同的可能性则不到 3%～6%.

例 1.14 袋中有 a 个白球，b 个红球，它们除颜色不同外，其他方面没有差别. 今有 $k(k\leqslant a+b)$ 个人依次从袋中各取一球，试在(1)有放回抽取和(2)不放回抽取两种情况下，求第 $i(i=1,2,\cdots,k)$ 个人取到白球的概率.

解 (1) 由于是有放回抽取，显然所求概率为

$$p_1=\frac{C_a^1}{C_{a+b}^1}=\frac{a}{a+b}.$$

(2) 由于是不放回抽取，直觉上似乎第 k 个人取到白球的概率与第 1 个人取到白球的概率不一样，然而事实并非如此.

k 个人依次从袋中各取一球，第 1 个人有 $a+b$ 种取法，第 2 个人有 $a+b-1$ 种取法，…，第 k 个人有 $a+b-(k-1)$ 种取法，所以共有 $(a+b)(a+b-1)\cdots(a+b-(k-1))$ 种取法. 第 i 个人取到一个白球，取法有 a 种，其他 $k-1$ 个人在其余的 $a+b-1$ 个球中各取一球的取法则有 $(a+b-1)(a+b-2)\cdots(a+b-(k-1))$ 种. 因此所求概率为

$$p_2=\frac{a(a+b-1)(a+b-2)\cdots(a+b-(k-1))}{(a+b)(a+b-1)\cdots(a+b-(k-1))}=\frac{a}{a+b}.$$

如果把体育比赛抽签中的好签或抽奖中的中奖比为白球，那么这个例子恰好说明抽签或抽奖，不论是采用有放回抽取，还是不放回抽取，先抽和后抽的中好签或中奖的几率一样.

例 1.15 如果某批产品中有 a 件次品，b 件好品. 今从中不放回地任取 n 件，则其中恰有 $k(k\leqslant a)$ 件次品的概率是多少?

解 从 $a+b$ 件产品中取出 n 件的可能取法共有 C_{a+b}^n 种. 由于次品只能在次品中取，故在 a 件次品中取出 k 件的取法有 C_a^k 种，同样，取出 $n-k$ 件好品的取法有 C_b^{n-k} 种. 因此所求概率为

$$p=\frac{C_a^k C_b^{n-k}}{C_{a+b}^n}.$$

这个试验概型常用在产品检验上. 在实际问题中，产品总数是已知的，希望通过随机抽样来确定其中的次品数. 抽出来的产品称为样本，样本的质量则在某种程度上反映了整批产品的质量. 一般来说，样本中的次品数与整批产品中的次品数是同时多的或同时少的. 因而样本中所含次品数的多少提供了估计整批产品中的次

品数的依据.关于这个课题的研究构成了数理统计的重要内容.

例 1.16 某接待站在某一周曾接待过 12 次来访,已知所有这 12 次接待都是在周二和周四进行的,问是否可以推断接待时间是有规定的?

解 把一周接待来访看作一次试验,各来访者在一周的任何一天中去接待站看作是等可能的.那么,若接待站的接待时间没有规定,则 12 次接待都在周二或周四的概率为 $2^{12}/7^{12}=0.0000003$,非常小.人们在长期的实践中总结出"概率很小的事件在一次试验中几乎是不发生的,但在很多次的重复试验中几乎是一定发生的"(称为小概率原理),可是根据假设,在一次试验中概率非常小的事件竟然发生了.因此,有理由怀疑假设的正确性,从而推断接待时间应该是有规定的.

1.3.2 几何概型

如果一个试验的样本空间中的样本点数无限,但样本点仍具有"某种"等可能性,这时又该如何计算事件的概率呢?

例 1.17 某十字路口自动交通信号灯的红绿灯周期为 60 秒,其中由南至北方向的红灯时间为 15 秒.问由南至北随机到达该路口的一辆汽车恰遇红灯的概率是多少.

汽车到达这个路口的时间可看作在某一个周期内是随机的、等可能的,因此,从直观上看,汽车遇上红灯的概率应该为由南至北方向的红灯时间与周期时长之比,即为 $\frac{15}{60}=0.25$.

例 1.18 在某 50000 平方公里的海域,有一块面积达 40 平方公里的大陆架储藏着石油,如果在这个海域随机地选定一点钻探,问能钻到石油的可能性有多大.

由于选点的随机性,可以认为海域中各点被选中的可能性是一样的.因此,从直观上看,钻到石油的可能性应该等于储藏石油的海域面积与整个海域面积之比,即为 $\frac{40}{50000}=0.0008$.

例 1.19 在 400 毫升自来水中有 1 个大肠杆菌,今从中取出 2 毫升水样放到显微镜下观察,则发现大肠杆菌的概率有多大?

由于是随机取水样,因此,从直观上看,发现大肠杆菌的概率应该等于水样的体积与水的总体积之比,即为 $\frac{2}{400}=0.005$.

在以上例子的试验中,样本空间 Ω 分别是一维、二维和三维区域,并可用长度、面积或体积来度量,且不管是全体可能样本点,还是我们所感兴趣的事件包含的样本点都是无限的,且样本点按"某种"等可能性出现,具有这样特点的试验称为几何概型.几何概型中的样本点是等可能出现的含义为:当 A 是样本空间 Ω 的一个子集时,$P(A)$ 与 A 的位置和形状无关,而只与 A 的度量(长度、面积、体积)成正比.因此,事件 A 的概率为

$$P(A)=\frac{m(A)}{m(\Omega)}. \tag{1.6}$$

这里 $m(\cdot)$ 分别表示长度、面积或体积.利用公式(1.6)算出的概率称为几何概率.

例 1.20 甲、乙两艘船共用一个泊位,停靠时长都为 6 小时.若假定它们在一昼夜内随机地到达,试求这两艘船中至少有一艘必须等待停泊的概率.

解 把一昼夜以小时为单位记为 $[0,24]$,并设 x,y 分别表示甲、乙两艘船到达泊位的时刻(单位:小时),那么两艘船到达泊位的样本空间为

$$\Omega=\{(x,y)\mid 0\leqslant x\leqslant 24, 0\leqslant y\leqslant 24\}.$$

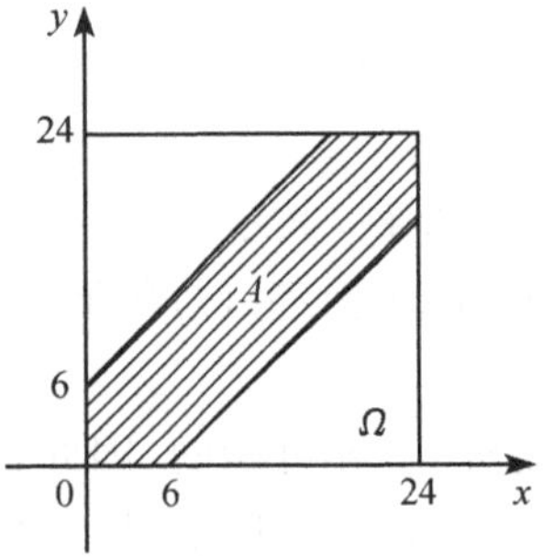

图 1.7

而"这两艘船中至少有一艘必须等待停泊"可表示为

$$A=\{(x,y)\mid (x,y)\in\Omega, |x-y|\leqslant 6\}.$$

参看图 1.7,知 $m(\Omega)=24^2$,$m(A)=24^2-(24-6)^2$,故

$$P(A)=\frac{24^2-(24-6)^2}{24^2}=\frac{7}{16}=0.4375.$$

在这个例子中,如果以 B 表示"甲、乙两艘船同时到达泊位",那么 $B=\{(x,y)\mid (x,y)\in\Omega, x=y\}$.由于 $m(B)=0$,所以 $P(B)=0$.但由经验知,B 是可能发生的,即 $B\neq\varnothing$.所以概率为 0 的事件不一定是不可能事件.同样,概率为 1 的事件也不一定是必然事件.

例 1.21[蒲丰(Buffon)问题] 1777 年,法国科学家蒲丰提出了一个著名问题:平面上画有许多条平行线,相邻两条之间的距离都为 a,向平面任投一长度为 $l(l<a)$ 的针,则针与这些平行线相交的概率是多少?

解 这里假设每针必投在这些平行线中.针与平行线相交,受两个因素影响:针与平行线的夹角 x 及针的下端点与下一个平行线的距离 y.参看图 1.8(a),显然 $0\leqslant x\leqslant\pi$,$0\leqslant y\leqslant a$,故 $\Omega=\{(x,y)\mid 0\leqslant x\leqslant\pi, 0\leqslant y\leqslant a\}$,$m(\Omega)=a\pi$.当 $y+l\sin x\geqslant a$ 时,针与平行线相交,故"针与平行线相交"可表示为 $A=\{(x,y)\mid (x,y)\in\Omega, y+l\sin x\geqslant a\}$,即图 1.8(b)中阴影部分,且

$$m(A)=\int_0^{\pi}\mathrm{d}x\int_{a-l\sin x}^{a}\mathrm{d}y=2l,$$

因此,所求事件的概率为

$$P(A)=\frac{2l}{a\pi}.$$

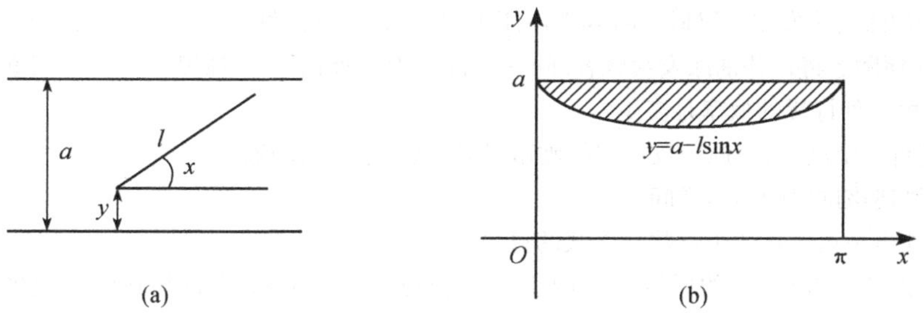

图 1.8

由于 $P(A)$ 与 π 有关，所以可以利用它来估计 π 的值. 具体做法是：投针 n 次，统计出针与平行线相交的次数 n_A，以频率值 $\frac{n_A}{n}$ 替代概率，得

$$\pi \approx \frac{2nl}{an_A}.$$

表 1.6 列出了这些试验的有关数据①，其中 a 折算为 1.

表 1.6

实验者	年 份	针 长	投掷次数	相交次数	π 的实验值
Wolf	1850	0.8	5000	2532	3.1596
Smith	1855	0.6	3204	1218.5	3.1554
De Morgan	1860	1.0	600	382.5	3.137
Fox	1884	0.75	1030	489	3.1595
Lazzerini	1901	0.83	3408	1808	3.1415929
Reina	1925	0.5419	2520	859	3.1795

这个例子的重要性在于，由此开辟了一条通过设计适当的随机试验而完成某种计算任务的途径，这就是著名的蒙特卡洛(MonteCarlo)方法.

习 题 1.3

1. 4 张卡片上分别写有字母 d，g，o，o，把它们随机地排列，求恰好组成“good”的概率.

2. 在 1500 个产品中，有 400 个次品，1100 个正品，从中任取 200 个，求：(1)恰有 90 个次品的概率；(2)至少有 2 个次品的概率.

3. 一个口袋里装有 10 只球，分别编有号码 1，2，…，10，随机地从这个口袋里取 3 只球，求：(1)最小号码是 5 的概率；(2)最大号码是 5 的概率.

① 引自 N. T. Gridgeman，Geometric Probability and the number π. Scripta Mathematica，25(1960)，183—195.

4. 某油漆公司发出17桶油漆,其中白漆10桶,黑漆4桶,红漆3桶.在搬运中所有标签脱落,交货人便随意将这些油漆发给顾客.问一个订货为4桶白漆,3桶黑漆,2桶红漆的顾客,能按所定颜色得到订货的概率是多少?

5. 进行一个试验:先抛一枚均匀的硬币,然后抛一个均匀的骰子.

(1) 描述该试验的样本空间;

(2) 硬币是正面且骰子点数是奇数的概率是多少?

6. 假设2个叫Davis的男孩,3个叫Jones的男孩,4个叫Smith的男孩随意地坐在一排9座的座位上.那么叫Davis的男孩刚好坐在前两个座位上,叫Jones的男孩坐在挨着的3个座位上,叫Smith的男孩坐在最后4个座位上的概率是多少?

7. 某码头只能容纳一只船.现知某日将独立地来两只船,且在24小时内各时刻来到的可能性相等.若它们需要停靠的时间分别为3小时和4小时,那么有一只船需要等待进入码头的概率是多少?

8. 设在长度为T的时间段内,有长短不等的两个信号随机地进入了同一接收机,长信号持续的时间为$t_1(t_1\ll T)$,短信号持续的时间为$t_2(t_2\ll T)$.求两个信号互不干扰的概率.

9. 把长为l的线段任意折成3段,求它们能构成三角形的概率.

§1.4 条件概率

前面几节是在一定的条件下来讨论随机试验及其事件概率的,这个条件是试验的确定条件,是讨论问题的大前提.在实际问题中,有时还需要考虑附加某些条件(小前提)的事件概率.例如,从1至10的10个整数中任取一个数(大前提),那么事件$B=\{$取到大于3的数$\}$中包含7个样本点,从而$P(B)=\frac{7}{10}$.如果已经知道取到的数为偶数(小前提),即事件$A=\{$取到的数是偶数$\}$已经发生,那么B发生的概率又是多少呢?由于事件A包含的5个样本点中使B出现的有4个,故在A发生的前提下,B发生的概率应为$\frac{4}{5}$.若将这个概率记为$P(B|A)$,即有$P(B|A)=\frac{4}{5}$.

由$n=10,n_A=5,n_{AB}=4$,有

$$P(A)=\frac{5}{10}=\frac{1}{2},\quad P(AB)=\frac{4}{10}=\frac{2}{5}.$$

而

$$P(B\mid A)=\frac{4}{5}=\frac{\frac{2}{5}}{\frac{1}{2}}=\frac{P(AB)}{P(A)}.$$

对一般古典概型,若仍以$P(B|A)$表示在事件A已经发生的条件下,事件B

发生的概率，则上面所显示的等式 $P(B|A)=\dfrac{P(AB)}{P(A)}$ 仍然成立. 事实上，若用 n_Ω，n_A，n_{AB} 分别表示 Ω，A，AB 所包含的样本点数，则有

$$P(B\mid A)=\frac{n_{AB}}{n_A}=\frac{\dfrac{n_{AB}}{n_\Omega}}{\dfrac{n_A}{n_\Omega}}=\frac{P(AB)}{P(A)}. \tag{1.7}$$

在一般场合，将上述关系式作为条件概率的定义.

定义 1.3 设 A，B 是两个事件，且 $P(A)>0$，称

$$P(B\mid A)=\frac{P(AB)}{P(A)} \tag{1.8}$$

为在事件 A 发生的条件下事件 B 发生的条件概率.

容易验证，条件概率 $P(\cdot|A)$ 符合概率定义中的三个条件，即

(1) 对每个事件 B，都有 $P(B|A)\geqslant 0$.

(2) $P(\Omega|A)=1$.

(3) 对于可列无穷个两两互斥的事件 B_1，B_2，…，有

$$P((B_1\cup B_2\cup\cdots)\mid A)=P(B_1\mid A)+P(B_2\mid A)+\cdots.$$

所以条件概率也是概率，且它也具有概率的一些性质. 例如，有

$$P(B\mid A)=1-P(\bar{B}\mid A).$$

例 1.22 一盒中有 4 个产品，其中 3 个是一等品，1 个是二等品. 从中不放回地取两次，每次任取 1 个. 已知第一次取到一等品，求第二次还取到一等品的概率.

解 设 A 表示“第一次取到一等品”，B 表示“第二次取到一等品”，则所求概率为 $P(B|A)$，下面用两种方法求它.

方法一

AB 表示“两次均取到一等品”，由古典概率公式，得

$$P(AB)=\frac{C_3^2}{C_4^2}=\frac{1}{2}.$$

而 A 表示“第一次取到一等品”，这相当于“任取一件，取到的是一等品”，故

$$P(A)=\frac{C_3^1}{C_4^1}=\frac{3}{4}.$$

因此，

$$P(B\mid A)=\frac{P(AB)}{P(A)}=\frac{2}{3}.$$

方法二

将产品编号:1,2,3 为一等品,4 为二等品. 若以(i,j)表示第一次取到第 i 号,第二次取到第 j 号,那么样本空间中的全部样本点为

	(1,2)	(1,3)	(1,4)
(2,1)		(2,3)	(2,4)
(3,1)	(3,2)		(3,4)
(4,1)	(4,2)	(4,3)	

而 A 包含的样本点为前 3 行,有 9 个,即 $n_A=9$,B 包含的样本点为前 3 列. 当 A 已经发生时,A 所包含的 B 的样本点有 6 个,即 $n_{AB}=6$,故

$$P(B \mid A)=\frac{n_{AB}}{n_A}=\frac{6}{9}=\frac{2}{3}.$$

由条件概率公式(1.8)可知,当 $P(A)>0$ 时,有

$$P(AB)=P(A)P(B \mid A). \tag{1.9}$$

同理,当 $P(B)>0$ 时,有

$$P(AB)=P(B)P(A \mid B). \tag{1.10}$$

(1.9)式和(1.10)式称为概率的**乘法公式**.

乘法公式可以推广到多个事件的情形. 例如,设 A,B,C 为三个事件,且 $P(AB)>0$,则有

$$P(ABC)=P(A)P(B \mid A)P(C \mid AB). \tag{1.11}$$

事实上,因为 $P(A)\geqslant P(AB)>0$,所以

$$P(ABC)=P(A)\frac{P(AB)}{P(A)}\frac{P(ABC)}{P(AB)}=P(A)P(B \mid A)P(C \mid AB).$$

一般地,设 $A_1,A_2,\cdots,A_n$ 为 $n\geqslant 2$ 个事件,且 $P(A_1A_2\cdots A_{n-1})>0$,则

$$P(A_1A_2\cdots A_n)=P(A_1)P(A_2 \mid A_1)P(A_3 \mid A_1A_2)\cdots P(A_n \mid A_1A_2\cdots A_{n-1}). \tag{1.12}$$

例 1.23 袋中有同型号的球 $a+b$ 个,其中 a 个为红球,b 个为白球. 每次从袋中任取一球,观察颜色后放回,并再加入同颜色的球 c 个. 若共取 3 次,求 3 次都取到红球的概率.

解 以 A_i 表示"第 i 次取到红球",$i=1,2,3$. 则要求的概率为 $P(A_1A_2A_3)$.

由于

$$P(A_1)=\frac{a}{a+b},\quad P(A_2 \mid A_1)=\frac{a+c}{a+b+c},\quad P(A_3 \mid A_1A_2)=\frac{a+2c}{a+b+2c},$$

所以

$$P(A_1A_2A_3)=\frac{a(a+c)(a+2c)}{(a+b)(a+b+c)(a+b+2c)}.$$

这个试验模型曾被 Pólya 用来作为描述传染病的数学模型. 当 $c=-1$ 时,为不放回抽取模型;当 $c=0$ 时,为有放回抽取模型.

例 1.24 某光学仪器厂制造的透镜,第一次落地时打破的概率为$\frac{1}{2}$. 若第一次落地未打破,那么第二次落地时打破的概率为$\frac{7}{10}$. 若前两次落地未打破,那么第三次落地时打破的概率为$\frac{9}{10}$. 求透镜落地三次而未打破的概率.

解 若以 A_i 表示"透镜第 i 次落地未打破",$i=1,2,3$,则有

$$P(\overline{A}_1)=\frac{1}{2},\quad P(\overline{A}_2 \mid A_1)=\frac{7}{10},\quad P(\overline{A}_3 \mid A_1A_2)=\frac{9}{10}.$$

而要求的概率为 $P(A_1A_2A_3)$,有

$$\begin{aligned}P(A_1A_2A_3)&=P(A_1)P(A_2 \mid A_1)P(A_3 \mid A_1A_2)\\&=(1-P(\overline{A}_1))(1-P(\overline{A}_2 \mid A_1))(1-P(\overline{A}_3 \mid A_1A_2))\\&=\left(1-\frac{1}{2}\right)\left(1-\frac{7}{10}\right)\left(1-\frac{9}{10}\right)=\frac{3}{200}.\end{aligned}$$

习 题 1.4

1. 已知 $P(A)=0.8$,$P(B)=0.7$,$P(A|B)=0.8$,求 $P(\overline{A}\,\overline{B})$.

2. 已知 $P(\overline{A})=0.3$,$P(B)=0.4$,$P(A\overline{B})=0.5$,求 $P(B|(A\cup\overline{B}))$.

3. 据以往资料,某一三口之家患某种传染病的概率有以下规律:P{孩子得病}$=0.6$,P{母亲得病|孩子得病}$=0.5$,P{父亲得病|母亲及孩子得病}$=0.4$. 求母亲及孩子得病但父亲未得病的概率.

4. 若 M 件产品中有 m 件废品,今在其中任取两件.

(1) 已知取出的两件中至少有一件是废品,求另一件也是废品的概率;

(2) 已知两件中至少有一件不是废品,求另一件是废品的概率;

(3) 求取出的两件中至少有一件是废品的概率.

5. 为防止意外事故,矿井内同时安装了两个警报系统 A 与 B. 每个系统单独使用时,有效率 A 为 0.92,B 为 0.93. 在 A 失灵条件下 B 的有效率为 0.85. 求:

(1) 发生事故时,这两个警报系统至少有一个有效的概率;

(2) 在 B 失灵条件下,A 有效的概率.

6. 一顾客每次购买牙膏都选择品牌 A 或 B. 假定初次购买后,以后每次购买时他仍选择上一次品牌的概率为$\frac{1}{3}$. 设该顾客第一次购买时选择 A 或 B 的概率相等,求他第一次和第二次都购买 A 牌牙膏而第三次和第四次都购买 B 牌牙膏的概率.

7. 假定一个箱子里共装有一个蓝色卡片和四个分别标记为 A,B,C,D 的红色卡片. 设从箱子中一次随机地取出两个卡片.

(1) 若已知卡片 A 被取出,求取出的两个卡片都是红色的概率;

(2) 若已知至少取出一个红色卡片，求两个卡片都是红色的概率.

8. 某人忘记了电话号码的最后一个数字，因而他随意地拨号. 求他拨号不超过三次就接通所要拨打的电话的概率. 若已知最后一个数字是奇数，那么此概率又是多少？

§1.5 全概率公式与贝叶斯公式

将复杂问题分解为若干个能够逐一解决的简单问题，是解决复杂问题好的常用方法. 我们将这一思想用于计算概率，设想把一个复杂事件分解为若干个两两互斥且易于计算概率的简单事件的和，然后利用概率的可加性得出复杂事件的概率. 事实上，这即是全概率公式的思想.

定义 1.4 设 Ω 为试验 E 的样本空间，$B_1, B_2, \cdots, B_n$ 为一组事件. 如果

(1) $B_iB_j=\varnothing, i\neq j, i,j=1,2,\cdots,n$;

(2) $B_1\cup B_2\cup\cdots\cup B_n=\Omega$,

则称 $B_1, B_2, \cdots, B_n$ 为样本空间 Ω 的一个划分，或称为试验 E 的一个完备事件组.

定理 1.1（全概率公式） 设试验 E 的样本空间为 Ω，A 为 E 的事件，$B_1, B_2, \cdots, B_n$ 为 Ω 的一个划分，且 $P(B_i)>0, i=1,2,\cdots,n$，则有

$$P(A)=P(B_1)P(A\mid B_1)+P(B_2)P(A\mid B_2)+\cdots+P(B_n)P(A\mid B_n). \tag{1.13}$$

证 因为

$$A=A\Omega=A(B_1\cup B_2\cup\cdots\cup B_n)=AB_1\cup AB_2\cup\cdots\cup AB_n,$$
$$(AB_i)(AB_j)=A(B_iB_j)=A\varnothing=\varnothing,\quad i\neq j, i,j=1,2,\cdots,n,$$
$$P(B_i)>0,\quad i=1,2,\cdots,n,$$

所以

$$\begin{aligned}P(A)&=P(AB_1)+P(AB_2)+\cdots+P(AB_n)\\&=P(B_1)P(A\mid B_1)+P(B_2)P(A\mid B_2)+\cdots+P(B_n)P(A\mid B_n).\end{aligned}$$

全概率公式的含义：设划分中的事件 $B_1, B_2, \cdots, B_n$ 是事件 A 发生的全部“原因”，那么每个“原因”发生的概率与该“原因”导致 A 发生的概率乘积的和即为 A 发生的概率.

例 1.25 某厂所用的某一型号元件是由 3 家制造厂生产的，有如下数据（表 1.7）：

表 1.7

元件制造厂	次品率	提供元件的份额(%)
1	0.02	0.15
2	0.01	0.80
3	0.03	0.05

这个厂在仓库中存放这些产品时未作任何标记，且均匀混放. 现在从仓库中随机地取一个元件，求它是次品的概率.

解 设 A 表示"取到的是次品"，B_i 表示"取到的是第 i 厂的产品"，$i=1,2,3$. 显然 B_1,B_2,B_3 是本试验样本空间的一个划分，是事件 A 发生的全部原因，且 $P(B_1)=0.15$，$P(B_2)=0.80$，$P(B_3)=0.05$，$P(A|B_1)=0.02$，$P(A|B_2)=0.01$，$P(A|B_3)=0.03$. 于是，由全概率公式得

$$\begin{aligned}P(A) &= P(B_1)P(A\mid B_1)+P(B_2)P(A\mid B_2)+P(B_3)P(A\mid B_3)\\ &= 0.02\times 0.15+0.01\times 0.8+0.03\times 0.05=0.0125.\end{aligned}$$

继续讨论例 1.25. 现假定已取到的是次品，即 A 已经发生，那么就有这样一个问题：该次品出自哪个厂的可能性最大？从表 1.7 的数据看，第 3 个厂的次品率最大，但份额最小；第 2 个厂的次品率最小，但份额最大. 所以我们仅凭经验难于判定该次品最有可能是哪个厂的. 其实，若取到的是次品，则它由第 i 厂生产的概率即为 $P(B_i|A)$，比较 $P(B_1|A)$，$P(B_2|A)$，$P(B_3|A)$的大小，就可以知道哪个厂生产的可能性最大.

由条件概率、乘法公式及全概率公式知，

$$\begin{aligned}P(B_i\mid A) &= \frac{P(B_iA)}{P(A)}=\frac{P(B_i)P(A\mid B_i)}{P(A)}\\ &= \frac{P(B_i)P(A\mid B_i)}{P(B_1)P(A\mid B_1)+P(B_2)P(A\mid B_2)+\cdots+P(B_n)P(A\mid B_n)}.\end{aligned}$$

对于例 1.25，

$$P(B_1\mid A)=\frac{P(B_1)P(A\mid B_1)}{P(A)}=\frac{0.02\times 0.15}{0.0125}=0.24,$$

$$P(B_2\mid A)=\frac{P(B_2)P(A\mid B_2)}{P(A)}=\frac{0.01\times 0.8}{0.0125}=0.64,$$

$$P(B_3\mid A)=\frac{P(B_3)P(A\mid B_3)}{P(A)}=\frac{0.03\times 0.05}{0.0125}=0.12,$$

可见这个次品来自第 2 家工厂的可能性最大. 这个结果同时说明，次品来自哪个厂并不完全取决于次品率的大小.

上面讨论的结果即为下述贝叶斯(Bayes)公式①.

定理 1.2(贝叶斯(Bayes)公式) 设试验 E 的样本空间为 Ω，A 为 E 的事件，$B_1,B_2,\cdots,B_n$ 为 Ω 的一个划分，且 $P(A)>0$，$P(B_i)>0$，$i=1,2,\cdots,n$，则有

$$P(B_i\mid A)=\frac{P(B_i)P(A\mid B_i)}{\sum\limits_{j=1}^{n}P(B_j)P(A\mid B_j)},\quad i=1,2,\cdots,n. \tag{1.14}$$

---

① Bayes 公式是英国哲学家 Bayes 于 1763 年提出的，经过多年的完善和发展，已经形成了概率统计中的一个冠以"Bayes"的学派，在自然科学及国民经济中的许多领域有着广泛的应用.

在式(1.13)和式(1.14)中，若取 $n=2$，并记 $B=B_1$，则 $B_2=\bar{B}$，这时(1.13)式为

$$P(A)=P(B)P(A\mid B)+P(\bar{B})P(A\mid \bar{B});$$

(1.14)式为

$$P(B\mid A)=\frac{P(B)P(A\mid B)}{P(B)P(A\mid B)+P(\bar{B})P(A\mid \bar{B})},$$

$$P(\bar{B}\mid A)=\frac{P(\bar{B})P(A\mid \bar{B})}{P(B)P(A\mid B)+P(\bar{B})P(A\mid \bar{B})}.$$

这是全概率公式和贝叶斯公式的常用形式.

假定 $B_1,B_2,\cdots,B_n$ 是某个过程所有可能的前提条件，则 $P(B_i)(i=1,2,\cdots,n)$ 是人们事先对各个前提条件出现的可能性大小的估计，称为先验概率. 如果这个过程得到了一个结果 A，那么贝叶斯公式就为我们提供了根据 A 的出现评价各个前提条件作用的方法. $P(B_i|A)(i=1,2,\cdots,n)$ 即是 B_i 对 A 的出现发挥作用的可能性，称为后验概率.

例如，在医疗诊断中，医生为了诊断病人到底是患了疾病 B_1(感冒)、B_2(结核病)还是 B_3(类风湿)，对病人进行观察与检查，并确定以某个指标 A(发烧)来帮助诊断. 医生首先确定先验概率 $P(B_i)$(一般是以往经验的总结. 最简单的方法是用占人口百分比来代替)，其次确定 $P(A|B_i)$(可根据病理学及病历资料)，然后利用 Bayes 公式算出后验概率 $P(B_i|A)$. 对于 $P(B_i|A)$较大的"病因"B_i，医生显然应该多加考虑. 在实际工作中，检查的指标 A 可以有多个，综合所有的后验概率，对诊断会有较大的帮助.

例 1.26 用血清甲胎蛋白法诊断肝癌，如果一个人患有肝癌，化验结果为阳性(患病)的概率是 0.95；如果一个人没患肝癌，化验结果为阴性(不患病)的概率是 0.9. 在人群中进行普查，普查数据显示，每 10000 个人中，仅有 4 个人患有肝癌. 现有一人化验结果为阳性，求此人患有肝癌的概率.

解 设 A 表示"化验结果为阳性"，C 表示"被检验者患有肝癌"，则有

$$P(A\mid C)=0.95,\quad P(\bar{A}\mid \bar{C})=0.90,\quad P(C)=0.0004.$$

所求事件的概率为

$$P(C\mid A)=\frac{P(C)P(A\mid C)}{P(C)P(A\mid C)+P(\bar{C})P(A\mid \bar{C})}$$

$$=\frac{0.0004\times 0.95}{0.0004\times 0.95+(1-0.0004)\times(1-0.9)}\approx 0.0038.$$

结果表明，1000 个化验结果为阳性的人中，大约只有不到 4 个人患有肝癌，因此化验结果为阳性的人患有肝癌的可能性并不大.

例 1.27 某厂产品的不合格率假设为 0.1%，但是没有适当的仪器进行检验. 有人发明了一种检验仪器，误判的概率为 5%，即把合格品判为不合格品的概率是

0.05,把不合格品判为合格品的概率也是0.05. 厂方认为如果产品被判不合格,但实际上产品也是不合格的概率低于5%时,则不能采用这种仪器. 问此人发明的仪器能否被采用. 如果不能采用,能否通过降低误判率来达到厂方的要求.

解 设A表示"取出一件不合格品",B表示"该产品被判为不合格",则有

$$P(A)=0.001,\quad P(\overline{B}\mid A)=0.05,\quad P(B\mid \overline{A})=0.05$$

由贝叶斯公式,得

$$\begin{aligned}P(A\mid B)&=\frac{P(A)P(B\mid A)}{P(A)P(B\mid A)+P(\overline{A})P(B\mid \overline{A})}\\&=\frac{0.001\times 0.95}{0.001\times 0.95+0.999\times 0.05}\approx 0.019<0.05.\end{aligned}$$

所以不能采用此人发明的仪器.

如果误判率为α,则有

$$P(A)=0.001,\quad P(\overline{B}\mid A)=\alpha,\quad P(B\mid \overline{A})=\alpha,$$

这时

$$P(A\mid B)=\frac{0.001\times(1-\alpha)}{0.001\times(1-\alpha)+\alpha\times 0.999},$$

令$\dfrac{0.001\times(1-\alpha)}{0.001\times(1-\alpha)+\alpha\times 0.999}\geqslant 0.05$,得$\alpha\leqslant 0.018$. 即如果能将误判率从5%降至1.8%,可达到厂方要求.

习 题 1.5

1. 已知产品中96%是合格的,现有一种简化的检查方法,它把真正的合格品确认为合格品的概率为0.98,而误认废品为合格品的概率为0.05,求以简化法检查为合格品的一个产品确实是合格品的概率.

2. 炮战中,在距目标250米、200米、150米处发射的概率分别为0.1、0.7、0.2,命中目标的概率分别为0.05、0.1、0.2. 现在已知目标被击中,求击中目标的炮弹是由距目标250米处发射的概率.

3. 已知男性有5%是色盲患者,女性有0.25%是色盲患者. 今从男女人数相等的人群中随机地挑选一人,恰好是色盲患者,问此人为男性的概率是多少?

4. 某种产品50件为一批,每批产品中没有次品的概率为0.35,有1,2,3,4件次品的概率分别为0.25,0.2,0.18,0.02. 今从某批产品中随机地取出了10件,检查出一件次品,求该批产品中的次品不超过2件的概率.

5. 将两条信息分别编码为A和B传递出去,接收站收到时,A被误收作B的概率为0.02,而B被误收作A的概率为0.01. 信息A与信息B传送的频繁程度为2∶1. 若接收站收到的信息是A,问原发信息也是A的概率是多少?

6. 一盒中装有15个球,其中9个是新球. 第一次比赛时从中任取3个使用,但赛后都放回盒中,第二次比赛再从盒中任取3个,

(1) 求第二次取出的都是新球的概率；

(2) 已知第二次取出的球都是新球，求第一次恰好取出 2 个新球的概率.

7. 有两箱同种类的零件. 第一箱装 50 只，其中 10 只是一等品；第二箱装 30 只，其中 18 只是一等品. 今从两箱中任意挑出一箱，然后从该箱中不放回地抽取零件两次，每次任取一只. 求：

(1) 第一次取到的零件是一等品的概率；

(2) 在第一次取到的零件是一等品的条件下，第二次取到的零件也是一等品的概率.

§1.6 事件的独立性

1.6.1 两个事件相互独立

一般说来，同一个随机试验中的事件是相互有影响的. 例如，在 1～10 的整数中任取一个数，B 表示"取到的数大于 3"，则 $P(B)=\frac{7}{10}=0.7$. 又 A 表示"取到的是偶数"，若 A 已经发生，那么 $P(B|A)=\frac{4}{5}=0.8$. 这里 $P(B|A)\neq P(B)$，即 A 的发生对 B 的发生概率是有影响的. 但在有些试验中，一个事件发生的概率却不受另一个事件发生的影响. 看下例.

例 1.28 将一枚均匀的硬币抛两次，观察正面出现的情况. 设 A 表示"第一次出现正面"，B 表示"第二次出现正面"，求 $P(B)$，$P(B|A)$.

解 $\Omega=\{HH,HT,TH,TT\}$，有

$$P(B)=\frac{2}{4}=0.5,\quad P(B\mid A)=\frac{P(AB)}{P(A)}=\frac{1}{4}\Big/\frac{1}{2}=\frac{1}{2},$$

故

$$P(B\mid A)=P(B).$$

即 B 的发生概率不受 A 发生的影响.

同理，有 $P(A|B)=P(A)$，即 A 的发生概率也不受 B 发生的影响.

事实上，第一次出现正面与第二次出现正面显然相互无关，即 A 发生与 B 发生互相没有影响.

另外，$P(B|A)=P(B)$或 $P(A|B)=P(A)$成立，必有

$$P(AB)=P(A)P(B).$$

反之，$P(AB)=P(A)P(B)$成立，且当 $P(A)>0$(或 $P(B)>0$)时，必有

$$P(B\mid A)=P(B)(\text{或 } P(A\mid B)=P(A)).$$

由此给出如下定义.

定义 1.5 设 A，B 是两个事件，如果满足

$$P(AB)=P(A)P(B), \tag{1.15}$$

则称 A，B 相互独立，简称 A，B 独立.

以(1.15)式定义两个事件相互独立,一方面不排斥零概率事件,另一方面 A 与 B 的地位对称能更好地体现"相互"意思.

需要指出的是,满足式(1.15)的两个实际事件不一定互相没有影响.

相互独立的两个事件有如下性质.

定理 1.3 若事件 A,B 相互独立,则 A 与 $\overline{B}$,$\overline{A}$ 与 B,$\overline{A}$ 与 $\overline{B}$ 也相互独立.

证 因为 $P(AB)=P(A)P(B)$,所以

$$P(A\overline{B})=P(A)-P(AB)=P(A)(1-P(B))=P(A)P(\overline{B}),$$

故 A 与 $\overline{B}$ 相互独立.

同理可证,$\overline{A}$ 与 B 相互独立,$\overline{A}$ 与 $\overline{B}$ 相互独立.

事件相互独立与事件互斥是不同的概念. 容易知道,若 $P(A)>0,P(B)>0$,则 A,B 相互独立与 A,B 互斥不能同时成立.

在实际问题中,两个事件相互独立与否,常常不是根据(1.15)式来验证的,而是从问题的实际意义上来判断两个事件的发生是否相互有影响. 例如,我国南方甲地粮食增产,北方乙地粮食减产. 这两个事件显然相互没有影响,故它们是相互独立的. 天大旱,粮食减产. 某地因天大旱影响了粮食的收成,因此天大旱与粮食减产不是相互独立的. 在实际中,若两个事件相互没影响或影响微弱,就认为它们是相互独立的,否则认为不独立. 这同样适用多个事件相互独立的判断. 利用独立性,容易计算积事件的概率.

例 1.29 甲、乙各自向一架敌机开炮,已知甲击中的概率是 0.6,乙击中的概率是 0.5,求敌机被击中的概率.

解 设 A 表示"甲击中",B 表示"乙击中",则敌机被击中为 $A\cup B$. 依题意可判断 A,B 独立,因此,

$$\begin{aligned}P(A\cup B)&=P(A)+P(B)-P(AB)=P(A)+P(B)-P(A)P(B)\\&=0.6+0.5-0.6\times0.5=0.8.\end{aligned}$$

也可由另一方法求解. 敌机被击中有三种情况:甲击中,乙未击中;甲未击中,乙击中;甲、乙均击中,即 $AB,A\overline{B},\overline{A}B$ 有一个发生且只有一个发生. 显然这三个事件两两互斥,故敌机被击中的概率为

$$\begin{aligned}P(A\cup B)&=P(AB\cup A\overline{B}\cup\overline{A}B)=P(AB)+P(A\overline{B})+P(\overline{A}B)\\&=P(A)P(B)+P(A)P(\overline{B})+P(\overline{A})P(B)\\&=P(A)P(B)+P(A)(1-P(B))+(1-P(A))P(B)\\&=0.6\times0.5+0.6\times0.5+0.4\times0.5=0.8.\end{aligned}$$

例 1.30 甲、乙两人进行乒乓球比赛,每局甲胜的概率为 p,设各局胜负相互独立. 问什么赛制(三局两胜或五局三胜)对甲有利?

解 采用三局两胜制,至少需要比赛 2 局(可能赛 2 局或 3 局). 甲获胜的胜局

情形有"甲甲"、"甲乙甲"或"乙甲甲". 显然这三种结局互斥，且由于比赛中各局的胜负相互独立，所以三局两胜制下甲获胜的概率为

$$p_1 = p^2 + 2p^2(1-p) = 3p^2 - 2p^3.$$

采用五局三胜制，至少需要比赛 3 局(可能赛 3 局、4 局或 5 局)，而且甲获胜胜局的最后一局必为甲获胜. 甲获胜的胜局情形：赛 3 局的有 1 种，赛 4 局的有 C_3^2 种，赛 5 局的有 C_4^2 种，共有 10 种. 显然这 10 种结局互斥，由独立性，所以五局三胜制下甲获胜的概率为

$$\begin{aligned} p_2 &= p^3 + C_3^2 p^3(1-p) + C_4^2 p^3(1-p)^2 \\ &= p^3 + 3p^3(1-p) + 6p^3(1-p)^2 = 10p^3 - 15p^4 + 6p^5. \end{aligned}$$

由于

$$p_2 - p_1 = 3p^2(2p^3 - 5p^2 + 4p - 1) = 3p^2(p-1)^2(2p-1),$$

所以当时 $p > \frac{1}{2}$ 时，$p_2 > p_1$；当 $p = \frac{1}{2}$ 时，$p_2 = p_1 = \frac{1}{2}$；当 $p < \frac{1}{2}$ 时，$p_2 < p_1$. 因此当 $p > \frac{1}{2}$ 时，五局三胜制对甲有利；当 $p = \frac{1}{2}$ 时，两种赛制甲、乙两人获胜的概率相等；当 $p < \frac{1}{2}$ 时，三局两胜制对甲有利. 详细结果可参看图 1.9，图中的横坐标代表 p，纵坐标 y 代表 p_1, p_2 的函数值.

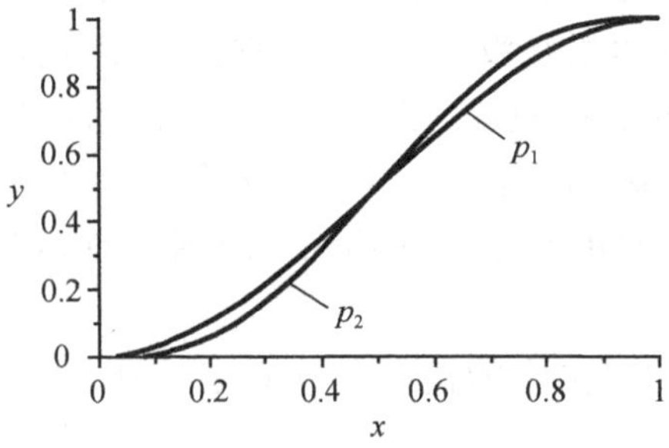

图 1.9 p_1, p_2 关于 p 的函数图像

1.6.2 多个事件相互独立

如果三个事件 A, B, C 满足

$$\left.\begin{aligned} P(AB) &= P(A)P(B) \\ P(AC) &= P(A)P(C) \\ P(BC) &= P(B)P(C) \end{aligned}\right\} \tag{1.16}$$

则称 A, B, C **两两独立**.

如果 A, B, C 不仅满足(1.16)式，还满足

$$P(ABC) = P(A)P(B)P(C), \tag{1.17}$$

则称 A, B, C **相互独立**.

两两独立不一定相互独立，但相互独立一定两两独立.

例 1.31 口袋中有 4 只球，其中三只的表面分别涂着红色、白色、黑色，余下 1 只表面的三个部分则分别涂着红、白、黑三色. 今从口袋中随机地取 1 只，设 A 表示

“取到涂有红色的球”,B 表示“取到涂有白色的球”,C 表示“取到涂有黑色的球”,则有

$$P(A)=P(B)=P(C)=\frac{1}{2},$$

$$P(AB)=\frac{1}{4}=P(A)P(B),$$

$$P(AC)=\frac{1}{4}=P(A)P(C),$$

$$P(BC)=\frac{1}{4}=P(B)P(C),$$

$$P(ABC)=\frac{1}{4}\neq P(A)P(B)P(C)=\frac{1}{8}.$$

由此可见,A,B,C 仅两两独立,但不相互独立.

一般地,设 $A_1,A_2,\cdots,A_n$ 为 $n(n\geqslant 2)$ 个事件,如果对任意的 $1<k\leqslant n$,

$$1\leqslant i_1<i_2<\cdots<i_k\leqslant n,$$

都有

$$P(A_{i_1}A_{i_2}\cdots A_{i_k})=P(A_{i_1})P(A_{i_2})\cdots P(A_{i_k}),$$

则称 $A_1,A_2,\cdots,A_n$ **相互独立**.

这里不加证明地指出,若 $A_1,A_2,\cdots,A_n$ 相互独立,则将其中任意 $k(1\leqslant k\leqslant n)$ 个事件换成对立事件后的 n 个事件也相互独立.

独立性在可靠性分析中有许多应用.

例 1.32 对于一个元件,它能正常工作的概率称为它的可靠性. 由多个元件组成的一个系统,系统能正常工作的概率称为系统的可靠性. 对于一个系统,一般总假定系统中各个元件能否正常工作是相互独立的. 若以 A_i 表示“第 i 个元件正常工作”,那么第 i 个元件的可靠性为 $P(A_i)\triangleq p_i(0<p_i<1,i=1,2,\cdots,n)$①. 如果 n 个元件是串联的,那么系统能正常工作当且仅当这 n 个元件都能正常工作,系统的可靠性即为 $P(A_1A_2\cdots A_n)=P(A_1)P(A_2)\cdots P(A_n)=p_1p_2\cdots p_n$. 如果 n 个元件是并联的,那么只要这 n 个元件中至少有一个能正常工作,系统就能正常工作,系统的可靠性即为

$$\begin{aligned}P(A_1\cup A_2\cup\cdots\cup A_n)&=1-P(\overline{A_1\cup A_2\cup\cdots\cup A_n})\\&=1-P(\overline{A}_1\overline{A}_2\cdots\overline{A}_n)=1-P(\overline{A}_1)P(\overline{A}_2)\cdots P(\overline{A}_n)\\&=1-(1-p_1)(1-p_2)\cdots(1-p_n).\end{aligned}$$

对于较复杂的系统,一般可分为若干个串联或并联的子系统,进而求得整个系统的可靠性. 试求图 1.10 所示的三个系统的可靠性(假定其中每个元件的可靠性均为 $p(0<p<1)$,各元件能否正常工作是相互独立的),并分析系统(b)与系统(c)的

---

① 符号$\triangleq$表示“记作”.

优劣.

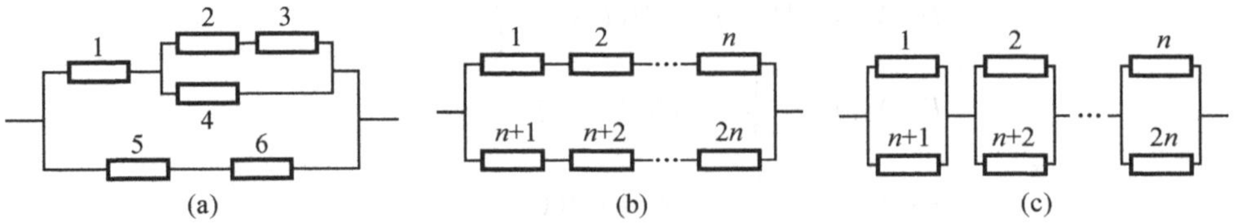

图 1.10

解 (a) 元件 2 与元件 3 串联,其可靠性为 p^2,又与元件 4 并联,可靠性为

$$1-(1-p^2)(1-p)=p^2+p-p^3,$$

又与元件 1 串联,可靠性为

$$p(p^2+p-p^3)=p^2+p^3-p^4,$$

再与元件 5、6 串联的子系统(可靠性为 p^2)并联,故系统(a)的可靠性为

$$1-(1-p^2-p^3+p^4)(1-p^2)=p^6-p^5-2p^4+p^3+2p^2.$$

(b) 元件 $1\sim n$ 串联,子系统的可靠性为 p^n,元件 $n+1\sim 2n$ 串联,子系统的可靠性为 p^n,两子系统又并联,故系统(b)的可靠性为

$$1-(1-p^n)(1-p^n)=p^n(2-p^n).$$

(c) 对于 $1\leqslant i\leqslant n$,元件 i 与 $n+i$ 并联,子系统的可靠性为 $1-(1-p)^2=p(2-p)$,这 n 个子系统又串联,故系统(c)的可靠性为

$$(p(2-p))^n=p^n(2-p)^n.$$

系统(b)与系统(c)同样有 $2n$ 个元件,哪种设计方式好一些呢? 令

$$f(p)=(2-p)^n-(2-p^n)=(2-p)^n+p^n-2,$$

则

$$f'(p)=-n(2-p)^{n-1}+np^{n-1}=n(p^{n-1}-(2-p)^{n-1}).$$

当 $0<p<1$ 时,$p<2-p$,$f'(p)<0$,所以 $f(p)$ 在区间 $(0,1)$ 上是单调减函数.

由于

$$f(0)=2^n-2>0,\quad f(1)=1+1-2=0(n\geqslant 2),$$

所以当 $0<p<1$ 且 $n\geqslant 2$ 时,

$$f(p)=(2-p)^n-(2-p^n)>0.$$

系统(c)的可靠性大于系统(b)的可靠性. 因此,设计方式(c)比设计方式(b)要好一些.

1.6.3 伯努利(Bernoulli)概型

在许多问题中,我们感兴趣的只是在试验中某个事件是否发生. 例如,产品抽样检查,关注的是次品出现还是合格品出现;抛硬币,关注的是正面出现还是反面出现,等等.像这种只关心某个事件是否发生的试验称为伯努利(Bernoulli)试验,可表示为 $P(A)=p,P(\overline{A})=1-p(0<p<1)$,称为伯努利概型.一个伯努利试验独立地做 $n(n\geqslant2)$ 次,n 个试验合在一起称为 n 重伯努利试验.

"一个伯努利试验独立地做 n 次"的含义是,在每次试验中 $P(A)=p$ 保持不变,且各次试验相互独立.

若 A 表示"正面向上",那么抛掷一枚均匀硬币 n 次就是一个 n 重伯努利试验.如果有两枚硬币,一个均匀,一个不均匀.均匀硬币的 $P(A)=\frac{1}{2}$,不均匀硬币的 $P(A)\neq\frac{1}{2}$.做如下试验:相间着抛掷这两枚硬币 n 次.比如,先抛均匀硬币一次,再抛不均匀硬币一次,又抛均匀硬币一次,…,共 n 次.由于每次试验中的 $P(A)$ 不完全一样,所以这不是 n 重伯努利试验.

有些试验的结果不只两个,这时可以把结果的任何一部分当作事件 A,其余部分为 $\overline{A}$,那么一次试验,A 与 $\overline{A}$ 必然只有一个发生.所以任何有一个以上结果的试验都可视为伯努利试验.例如,在电报传输中,既要传送字母 A,B,…,Z 等,又要传送其他符号.如果我们关心的只是字母在传送中所占的百分比,而不区分到底是哪一个字母,这时可以把出现字母当作 A 发生,出现其他符号是 $\overline{A}$ 发生,"电报传输"试验因此可视为一个伯努利试验.同样,在测试电子管时,如果我们只关心电子管寿命的"长"或"短",比如,若使用时间超过 500 小时的就认为寿命长,否则认为寿命短,那么"测试电子管寿命"的试验也可视为一个伯努利试验.

在 n 重伯努利试验中,主要关心事件发生指定次数的概率.

设 B_k 表示"n 重伯努利试验中事件 A 发生 k 次",$k=0,1,2,\cdots,n$,记 $P(B_k)=p_n(k)$.由于 n 个试验是相互独立的,因此事件 A 在指定的 k 个试验中发生而在其余的 $n-k$ 个试验中不发生的概率为 $p^k(1-p)^{n-k}$.由于这种指定方式有 C_n^k 个,且这 C_n^k 个事件两两互斥,因此

$$p_n(k)=C_n^kp^k(1-p)^{n-k}. \tag{1.18}$$

由于 $\sum\limits_{k=0}^{n}p_n(k)=(p+(1-p))^n=1$,所以这个概率称为二项概率.

例 1.33 在规划一条河流的洪水控制系统时,需要研究出现特大洪水的可能性.统计资料表明,以往每年最多出现一次特大洪水,出现的概率为 0.1,且不同年份特大洪水的出现是相互独立的.试预测今后 10 年内至少出现两次特大洪水的概率.

解 以 A 表示"一年出现特大洪水",则 $P(A)=0.1$.如果把"10 年内出现特大洪水"看作是 A 的 10 重伯努利试验,那么今后 10 年内至少出现两次特大洪水的概率为

$$\sum_{k=2}^{10} p_{10}(k) = 1 - p_{10}(0) - p_{10}(1)$$
$$= 1 - C_{10}^{0} 0.1^{0} \times 0.9^{10} - C_{10}^{1} 0.1^{1} \times 0.9^{9}$$
$$\approx 0.2639.$$

可见10年内至少出现两次特大洪水的可能性还是不小的.

例1.34　某种仪器由甲、乙、丙三个部件组装而成,假定各部件的质量互不影响,且优质品率都为0.8.如果三个部件全是优质品,则组装后的仪器一定合格;如果有两个优质品,那么仪器合格的概率是0.9;如果仅有一个优质品,那么仪器合格的概率是0.5;如果三个全不是优质品,仪器合格的概率是0.2.

(1) 求仪器的不合格率;

(2) 已知某这样的仪器不合格,求它的三个部件中恰有一个不是优质品的概率.

解　设 A_i 表示"仪器是由 i 个优质品组装的",$i=0,1,2,3$,则 A_0,A_1,A_2,A_3 是"组装"试验的一个划分,而"组装"则是"$P(A)=0.8$"的3重伯努利试验,且有

$$P(A_i) = C_3^i 0.8^i \times 0.2^{3-i}, \quad i = 0,1,2,3.$$

(1) 设 B 表示"仪器合格",则

$$P(B) = \sum_{i=0}^{3} P(A_i)P(B \mid A_i)$$
$$= 0.008 \times 0.2 + 0.096 \times 0.5 + 0.384 \times 0.9 + 0.512 \times 1$$
$$= 0.9072.$$

故仪器的不合格率为 $P(\bar{B})=1-0.9072=0.0928$.

(2) 由Bayes公式,所求概率为

$$P(A_2 \mid \bar{B}) = \frac{P(A_2) \cdot P(\bar{B} \mid A_2)}{P(\bar{B})} = \frac{0.384 \times (1-0.9)}{0.0928} \approx 0.4138.$$

习　题　1.6

1. 设 $P(A_1)=P(A_2)=P(A_3)=\frac{1}{3}$,$A_1,A_2,A_3$ 相互独立,求:

(1) A_1,A_2,A_3 至少发生一个的概率;

(2) A_1,A_2,A_3 恰好发生一个的概率;

(3) A_1,A_2,A_3 最多发生一个的概率.

2. 一旦危险情况 C 发生,报警电路会闭合发出警报.借助两个或更多开关并联的报警电路可以增强报警系统的可靠性.现在有两个开关并联的报警电路,每个开关具有0.96的可靠性,问这个报警系统的可靠性是多少?如果要求报警系统的可靠性至少为0.9999,则至少需要多少只开关并联?假设各开关的闭合与否是相互独立的.

3. 求图1.11所示的两个系统的可靠性.假设各元件的可靠性均为 p,各元件正常工作与否

相互独立.

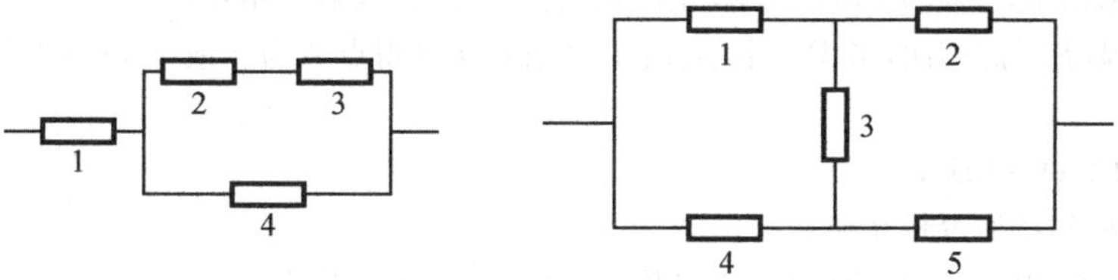

(a) (b)

图 1.11

4. 根据以往记录的数据分析,某船只运输某种物资损坏的情况共有三种:损坏 2%(记为 A_1),损坏 10%(记为 A_2),损坏 90%(记为 A_3),且 $P(A_1)=0.8$,$P(A_2)=0.15$,$P(A_3)=0.05$. 现在从已被运输的物资中随机地取三件,发现这三件都是好的(这一事件记为 B). 求 $P(A_1|B)$,$P(A_2|B)$,$P(A_3|B)$.(这里假设物品件数很多,取出一件后不影响后一件是否为好品的概率.)

5. 将 A,B,C 三个字母之一输入信道,输出为原字母的概率为 α,而输出为其他字母的概率都是 $(1-\alpha)/2$. 今将字母串 AAAA,BBBB,CCCC 之一输入信道,输入 AAAA,BBBB,CCCC 的概率分别为 $p_1,p_2,p_3(p_1+p_2+p_3=1)$. 若已知输出为 ABCA,问输入的是 AAAA 的概率是多少?(设信道传输各个字母的工作是相互独立的.)

6. 设在第一台车床上制造一级品零件的概率为 0.7,在第二台车床上制造一级品零件的概率为 0.8;第一台车床制造了 2 个零件,第二台车床制造了 3 个零件. 求这 5 个零件均为一级品的概率.

7. 设实验室产生甲类细菌和乙类细菌的机会是相等的. 若某次产生了 $2n$ 个细菌,求:

(1) 至少有一个是甲类细菌的概率;

(2) 甲、乙两类细菌各占一半的概率.

8. 设每次射击打中目标的概率是 0.001,射击 5000 次,求至少击中两弹的概率.

9. 某人向一目标独立重复射击,每次击中目标的概率均为 $p(0<p<1)$,求此人第 5 次射击恰好第 2 次命中目标的概率.

10. 设 A,B 是两个随机事件,且 $0<P(A)<1$,证明:$P(B|A)=P(B|\overline{A})$ 是事件 A,B 相互独立的充分必要条件.

章末习题 1

1. 已知随机事件 A,B 满足 $P(AB)=P(\overline{A}\,\overline{B})$,且 $P(A)=p$,求 $P(B)$.

2. 设 A,B 为两个随机事件,$P(A)=0.7$,$P(B)=0.6$,$P(B|\overline{A})=0.4$,求 $P(A\cup B)$.

3. 设两个相互独立的事件 A 和 B 都不发生的概率为 $\frac{1}{9}$,A 发生 B 不发生的概率与 B 发生 A 不发生的概率相等,求 $P(A)$.

4. 50 只铆钉随机地取来用在 10 个部件上,其中有 3 个铆钉强度太弱. 每个部件用 3 只铆钉. 若将 3 只强度太弱的铆钉都装在一个部件上,则部件的强度就太弱. 问发生一个部件强度太弱的概率是多少?

5. 一打靶场备有 5 支某种型号的枪,其中 3 支已经校正,2 支未经校正. 某人使用已校正的枪击中目标的概率为 p_1，使用未经校正的枪击中目标的概率为 p_2. 现在他随机地取了一支枪，射击5次都未击中，求他使用的是已校正的枪的概率(设各次射击相互独立).

6. 将一颗骰子掷两次，考虑两个事件：A=“第一次掷得点数为2或5”，B=“两次点数之和至少为7”.

(1) 求 $P(A)$，$P(B)$；

(2) 判断 A，B 是否相互独立.

7. 设甲、乙、丙三门炮同时独立地向某目标射击，命中率分别为0.2、0.3、0.5，目标被命中一发而被击毁的概率为0.2，被命中两发而被击毁的概率为0.6，被命中三发而被击毁的概率为0.9，求：

(1) 三门炮在一次射击中击毁目标的概率；

(2) 若已知目标被击毁，求只由甲炮击中的概率.

8. 甲、乙二人轮流掷一颗骰子，每轮掷一次，谁先掷出6点谁得胜. 若从甲开始，问甲、乙得胜的概率各为多少？

9. A、B两人轮流射击，每次每人射击一枪，射击的次序是A，B，A，B，A，…，直至击中两枪为止. 设两人击中的概率均为 p，且各次击中与否相互独立. 求击中的两枪是由同一个人射击的概率.

10. 一射手对同一目标独立地进行四次射击后，至少命中一次的概率为 $\frac{80}{81}$，求该射手的命中率.

11. 假设一厂家生产的每台仪器，以概率0.70直接出厂，以概率0.30需进一步调试，经调试后以概率0.80出厂，以概率0.20定为不合格不能出厂. 现该厂新生产了 $n(n\geqslant 2)$ 台仪器(假设各台仪器的生产过程相互独立)，求：

(1) 全部能出厂的概率 α；

(2) 其中恰好有两件不能出厂的概率 β；

(3) 其中至少有两件不能出厂的概率 θ.

12. 若每条蚕产 n 个卵的概率为 $p_n=\frac{\lambda^n}{n!}e^{-\lambda}$，$n=0,1,2,\cdots(\lambda>0)$，每个卵变为成虫的概率为 p，且各卵是否变为成虫是相互独立的，

(1) 求每条蚕养出 k 条成虫的概率；

(2) 若某条蚕养出 k 条成虫，求它产了 n 个卵的概率.

第 2 章　随机变量及其分布

随机变量的概念在概率论中占有非常重要的地位. 随机变量概念的引入是概率论发展史上一个划时代的标志,使我们可以应用现代数学的方法研究随机事件. 如果说古典概率论主要是事件的运算,那么近代概率论则主要是随机变量的运算. “随机变量概型”在解决关于随机现象的问题上是比“随机事件概型”灵活、方便得多的工具.

§2.1　随机变量的概念

在随机现象中,有很大一部分问题与数值有关,如:抽样检验产品时出现的废品数,掷骰子出现的点数,某段时间超市内的顾客人数,某段时间内的话务量,农作物的亩产量等. 测量误差、气体分子运动的速度、候车时间、降水量、洪峰值等也都与数值有关. 还有许多初看起来与数值无关的随机现象,也能“联系”数值标识它. 比如,掷硬币的结果为正面或反面,与数值没有关系,但可以给它数值标识:出现“正面”记为 1,出现“反面”记为 0,而 n 次投掷中出现的正面数即是“1”出现的次数. 又如,生产的产品是“优质品”记为 2,“次品”记为“1”,“废品”记为 0. 类似的,还有新生儿性别登记,航班是否正点,通讯的状态等.

在这些例子中,每一个试验结果(样本点)ω 都对应着一个实数 $X(\omega)$,即在样本空间 Ω 上定义了一个实值函数 $X=X(\omega)$. 反过来,一个实数 X 即是对具有“属性 X”的随机事件的标识,随机事件发生的概率即是标识随机事件的实数 X 发生的概率,因而 X 又具有随机性. 这种取值随机的变量就称为*随机变量*.

简单说,将随机试验结果数量化即产生随机变量,随机变量取值则表示随机事件. 例如,在掷硬币试验中,“$X=1$”即表示出现正面的事件,“$X=0$”则表示出现反面的事件. 在产品抽样中,随机地抽取 n 件产品,若以“k”标识其中有 k 件废品的结果,那么“$X=0$”即表示 n 件中没有废品的事件,“$X=1$”表示 n 件中有 1 件废品的事件,…,“$X=n$”表示 n 件全是废品的事件,而“$X\leqslant 2$”则表示废品数不超过 2 的事件. 如果测量误差的范围是$[-0.5,0.5]$,那么“$X=0$”即表示测量误差为 0 的事件,“$-0.1<X\leqslant 0.2$”则表示测量误差在-0.1 至 0.2 的事件.

从随机现象的可能结果来看,随机变量可分为两种不同的类型,一种是试验结果的可能取值为可列个,这种随机变量称为*离散型随机变量*,如前面提到的废品数、骰子点数和顾客人数等. 另一种随机变量称为*非离散型随机变量*,如果试验结果的可能取值不止可列无穷多个.非离散型随机变量的范围很广,情况复杂,其中重要而又常见的是连续型随机变量.前面提到的亩产量、测量误差和洪峰值等都是连续型随机变量.

作为试验的目的,我们不仅要知道试验可能出现哪些结果,更重要的是要知道这些结果出现的可能性有多大.对于标识试验结果的随机变量,这相当于要知道它能取哪些数值,以及取这些值的概率是多少.

把能够描述随机变量的全部可能取值以及它取到这些值所对应的概率关系称为随机变量的概率分布律,简称概率分布.随机变量的概率分布即是随机变量取值的概率分布规律.概率关系可以是函数、表或图等形式,分别称为随机变量的概率分布函数(简称概率函数)、概率分布表和概率分布图.

随机变量通常用英文大写字母 $X,Y,Z,\cdots$ 以及希腊字母 $\xi,\eta,\zeta,\cdots$ 表示,而它的取值通常用英文小写字母表示.

习　题　2.1

举出几个你所熟悉的能用随机变量来描述的社会或生活现象.

§2.2　离散型随机变量及其分布

离散型随机变量是很常见的一种随机变量,本节讨论关于它的概率分布及性质、概率计算与常见分布.

2.2.1　离散型随机变量的分布律

离散型随机变量的概率分布又叫分布律,一般来说,可以用上面提到的三种概率关系形式中的任何一种表示.概率函数的一般形式为

$$f(x_i)=P\{X=x_i\}=p_i{}^{①},\quad i=1,2,\cdots. \tag{2.1}$$

它表示 X 的所有可能取值为 $x_1,x_2,\cdots$,且 X 取 x_i 的概率为 p_i.式中的 $\{X=x_i\}$ 即为事件“$X=x_i$”.在本章中 $f(x_i)$ 一般省略不写,但在第7章构造似然函数时会用到.

概率分布表的一般形式为

X	x_1	x_2	$\cdots$	x_i	$\cdots$
P	p_1	p_2	$\cdots$	p_i	$\cdots$

---

① 规定:$f(x)=P\{X=x\}=0$,如果 x 不是 X 的取值.

用矩阵则可以简单地表示为

$$X \sim \begin{pmatrix} x_1 & x_2 & \cdots & x_i & \cdots \\ p_1 & p_2 & \cdots & p_i & \cdots \end{pmatrix}.$$

为便于讨论,一般将 $x_i(i=1,2,\cdots)$ 按由小到大自左向右排序.

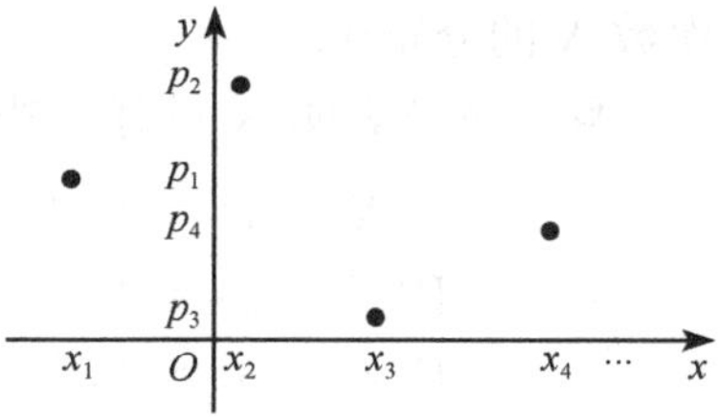

图 2.1 离散型随机变量的概率分布图

概率分布图则是一个散点图(图 2.1),它能直观地反映离散型随机变量的概率分布规律.

分布律(2.1)有如下性质:

(1) $p_i \geqslant 0, i=1,2,\cdots$;

(2) $\sum\limits_i p_i = 1$.

根据分布律,我们可以计算任意事件的概率:

(1) X 取一个值 x 的概率为

$$P\{X=x\}=p_i,\text{若 } x=x_i;\quad P\{X=x\}=0,\text{若 } x\neq x_i(i=1,2,\cdots). \tag{2.2}$$

(2) X 在集合 G 上取值的概率为

$$P\{X\in G\}=\sum_{x_i\in G}P\{X=x_i\}=\sum_{x_i\in G}p_i. \tag{2.3}$$

这里 $\sum\limits_{x_i\in G}$ 表示对 G 中的 X 取值项求和.

例 2.1 设离散型随机变量 X 的分布律为

X	-5	-3	-1	2	3	6
P	$0.05c$	$0.1c$	$0.15c$	$0.15c$	$0.25c$	$0.3c$

$G=(-3,2)\cup(4,7)$. 求常数 c 及 $P\{X=-2\}$, $P\{X<0\}$, $P\{X\in G\}$.

解 由 $0.05c+0.1c+0.15c+0.15c+0.25c+0.3c=1$,得 $c=1$.

$$\begin{aligned}
&P\{X=-2\}=0,\\
&P\{X<0\}=P\{X=-5\}+P\{X=-3\}+P\{X=-1\}=0.3,\\
&P\{X\in G\}=P\{-3<X<2\}+P\{4<X<7\}\\
&\qquad\qquad =P\{X=-1\}+P\{X=6\}=0.45.
\end{aligned}$$

例 2.2 按照遭受损伤影响的不同,飞机机身分为两个部分,要击落飞机就必须击中第一部分一次或第二部分三次. 设炮弹击中飞机时,第一部分命中的概率是 0.3,第二部分命中的概率是 0.7. 假定每次射击均能击中飞机,求击落飞机的射击

次数 X 的分布律.

解 题意表明 X 只有三种可能取值 1,2,3,X 的分布律为

$$P\{X=1\}=0.3,$$
$$P\{X=2\}=0.7\times0.3=0.21,$$
$$P\{X=3\}=0.7\times0.7\times0.3+0.7\times0.7\times0.7=0.49.$$

结果显示:被击落飞机由 3 次射击击落的概率接近 50%,由 1 次射击击落的概率达 30%,由 2 次射击击落的概率最低,仅为 21%.

2.2.2 常见的离散型随机变量及其分布

1. 0-1 变量及其分布

只有两个可能取值的随机变量叫两点变量,它所服从的分布叫两点分布.

两点变量中最常见的是取值为 0 和 1 的所谓 0-1 变量,其分布律

$$P\{X=k\}=p^kq^{1-k},\quad k=0,1(q=1-p,0<p<1) \tag{2.4}$$

称为参数为 p 的 0-1 分布.

0-1 变量常用来描述伯努利试验的结果:$\{X=1\}$表示事件 A,$\{X=0\}$表示事件 $\overline{A}$,故也称 0-1 分布为伯努利分布.

如掷一颗骰子,A 表示掷出数小于 3 的事件,如果用 0-1 变量来表示,则可令$\{X=1\}$表示事件 A,$\{X=0\}$表示掷出数大于等于 3 的事件 $\overline{A}$,事件$\{X=1\}$发生的概率即为 $P\{X=1\}=P(A)=\frac{1}{3}$,事件$\{X=0\}$发生的概率即为 $P\{X=0\}=P(\overline{A})=\frac{2}{3}$.

在实际中,新生儿性别登记、抽样产品是否合格、投资中标与否、系统是否正常工作等都可由 0-1 变量及其分布来描述.

2. 二项变量及其分布

在第 1 章已了解,n 重伯努利试验中事件 A 发生 $k(0\leqslant k\leqslant n)$次的概率为

$$p_k=C_n^kp^kq^{n-k}.$$

注意到 $C_n^kp^kq^{n-k}$恰好是二项式$(p+q)^n$ 展开式中的一般项,因此表示 n 重伯努利试验中事件 A 发生次数的随机变量 X 称为二项变量,其分布律

$$P\{X=k\}=C_n^kp^kq^{n-k},\quad k=0,1,2,\cdots,n(q=1-p) \tag{2.5}$$

称为参数为 n,p 的二项分布,并记 $X\sim B(n,p)$.

当 $n=1$ 时,二项变量即是 0-1 变量.

二项变量在实际中经常遇到,有非常重要的应用.

例 2.3 某车间有 12 台车床,各台车床的停开车是相互独立的,每台车床在任一时刻处于停车状态的概率均为 $\frac{1}{3}$,问:在任一时刻,车间

(1) 有 $k(0\leqslant k\leqslant 12)$ 台车床处于停车状态的概率是多少?

(2) 有几台车床同时停车的可能性最大?

(3) 车床停车台数不超过一半的概率是多少?

解 将在任一时刻对一台车床的观察看作一次试验,由于观察结果只有停车或开车两种可能,且各台车床的停开车相互独立,各台车床在任一时刻处于停车状态的概率 $p=\frac{1}{3}$ 固定不变,因而观察 12 台车床的试验是一个 12 重伯努利试验.

设 X 表示在某一时刻处于停车状态的车床台数,则 $X\sim B\left(12,\frac{1}{3}\right)$.

(1) $P\{X=k\}=C_{12}^{k}\left(\frac{1}{3}\right)^{k}\left(\frac{2}{3}\right)^{12-k}, \quad k=0,1,\cdots,12.$

详细结果见表 2.1.

表 2.1

k	P	k	P	k	P
0	0.0077073	5	0.1907568	10	0.0004968
1	0.0462441	6	0.1112748	11	0.0000452
2	0.1271712	7	0.0476892	12	0.0000019
3	0.2119520	8	0.0149029		
4	0.2384660	9	0.0033118		

(2) 由表 2.1 可见,有 4 台车床同时停车的可能性最大.

(3) $P\{X\leqslant 6\}=\sum\limits_{k=0}^{6}P\{X=k\}\approx 0.9336.$

概率分布图 2.2 显示,$P\{X=k\}$ 起初随 k 的增大而单调增大,直至达到最大值,随后又单调减少. 这是二项分布的一般规律.

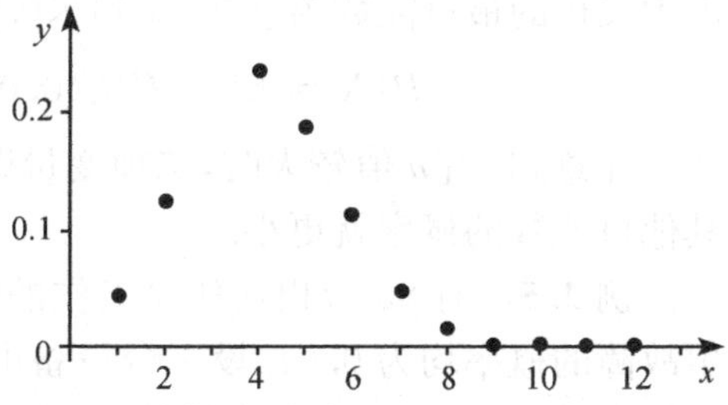

图 2.2 例 2.3 中的随机变量 X 的概率分布图

二项分布 $B(n,p)$ 具有这样的性质(证明留给读者):$P\{X=x\}$ 在 $x=[(n+1)p]$① 达到最大值. 当 $(n+1)p$ 为整数时,$P\{X=x\}$ 在 $x=(n+1)p-1$ 与 $x=$

① $[x]$表示不超过 x 的最大整数.

$(n+1)p$ 同时达到最大值. 使概率 $P\{X=x\}$ 达到最大值的二项变量的取值称为最可能数.

显然 p 越接近 0.5,二项变量的概率分布图像会越对称,如图 2.3. 而对于任意给定的 $p(0<p<1)$,二项变量的概率分布图像将随 n 的增大愈加对称①,如图 2.4.

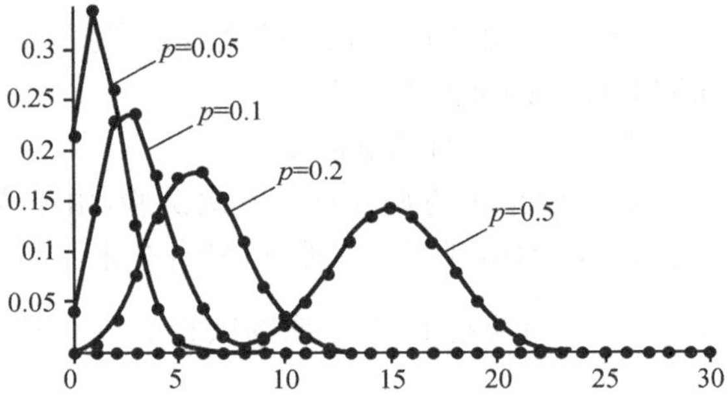

图 2.3 $n=30$ 时不同 p 值的二项分布图

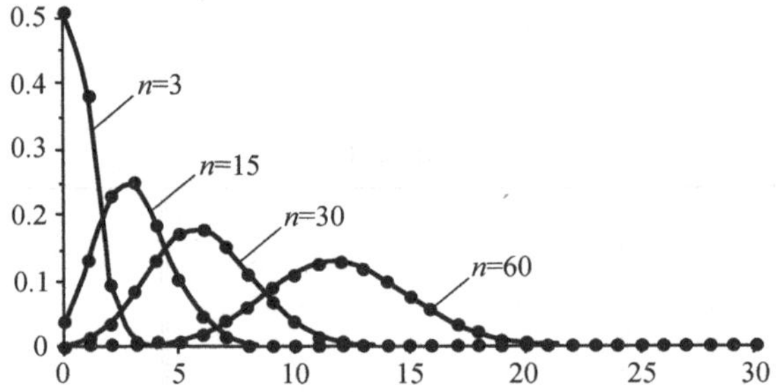

图 2.4 $p=0.2$ 时不同 n 值的二项分布图

例 2.4 设每颗子弹击中飞机的概率是 0.01,问 500 发子弹击中飞机的最可能数是多少? 相应的概率是多少?

解 设 500 发子弹击中飞机的子弹数为 X,则 $X\sim B(500,0.01)$. 500 发子弹击中飞机的最可能数为 $[(500+1)\times 0.01]=5$,其概率为

$$P\{X=5\}=\mathrm{C}_{500}^{5}(0.01)^{5}\times(0.99)^{495}\approx 0.1764.$$

注意到,当 n 值较大时,二项变量即便是取最可能数的概率也相当小,自然取其他可能数的概率就更小.

例 2.5 有 80 台相互独立工作的机床,每台每天最多只发生一次故障,且发生故障的概率均为 0.01. 设一台设备的故障由一名维护工处理. 现在有两种设备维护方式:一是由 4 人各自维护 20 台;二是由 3 人共同维护 80 台. 问:在设备发生

① 见第 5 章棣莫弗-拉普拉斯中心极限定理.

故障时，哪种方式及时维修的可能性大.

解 设备发生故障能及时维修，只有当同时发生故障的机床数不超过维护它们的工人数. 以 X 记 n 台机床中同时发生故障的机床数，则 $X\sim B(n,0.01)$.

第一种维护方式，4 人各自负责的 20 台车床同时发生故障的台数 X 均服从相同的分布 $B(20,0.01)$，4 人能及时维修的概率为

$$p_1=(P\{X\leqslant 1\})^4=\left(\sum_{k=0}^{1}P\{X=k\}\right)^4$$

$$=\left(\sum_{k=0}^{1}\mathrm{C}_{20}^{k}0.01^k\times 0.99^{20-k}\right)^4\approx 0.9343.$$

第二种维护方式，80 台车床同时发生故障的台数 $X\sim B(80,0.01)$，3 人能及时维修的概率为

$$p_2=P\{X\leqslant 3\}=\sum_{k=0}^{3}\mathrm{C}_{80}^{k}0.01^k\times 0.99^{80-k}\approx 0.9913.$$

$p_2>p_1$ 说明第二种维护方式更有利于及时维修. 第二种维护方式，每人平均维护近 27 台，任务重了工作效率反而提高，说明工作中合作的重要性.

这个例子说明，可以用概率方式讨论国民经济中的某些问题，以达到更有效使用人力、资源的目的.

例 2.6 一实习生用同一台机器接连独立地制造了三个同种零件，第 i 个零件为不合格品的概率是 $p_i=\dfrac{1}{i+1}(i=1,2,3)$. 若以 X 表示三个零件中合格品的个数，问 X 是二项变量吗？写出 X 的分布律.

解 制造这 3 个零件的过程独立但不重复，因此不是 3 重伯努利试验，故 X 不是二项变量.

X 取 0,1,2,3，其分布律为

$$P\{X=0\}=\frac{1}{2}\times\frac{1}{3}\times\frac{1}{4}=\frac{1}{24},$$

$$P\{X=1\}=\left(1-\frac{1}{2}\right)\times\frac{1}{3}\times\frac{1}{4}+\frac{1}{2}\times\left(1-\frac{1}{3}\right)\times\frac{1}{4}+\frac{1}{2}\times\frac{1}{3}\times\left(1-\frac{1}{4}\right)=\frac{1}{4},$$

$$P\{X=3\}=\left(1-\frac{1}{2}\right)\left(1-\frac{1}{3}\right)\left(1-\frac{1}{4}\right)=\frac{1}{4},$$

$$P\{X=2\}=1-\frac{1}{24}-\frac{1}{4}-\frac{1}{4}=\frac{11}{24}.$$

3. 泊松变量及其分布

当 n 很大时，给出二项变量分布律的具体结果是相当困难的，可是在实际中又

经常会碰到 n 很大的情形. 比如,牧草种子中的杂草种子数,物体表面的细菌数,放射性物质在某段时间内放射出的粒子数,5000 只纱绽在一分钟内的断头数,单位时间内电话交换台接到呼叫次数等. 对于"n 很大但 p 或 q 很小"的二项变量,泊松(Poisson)给出了"二项分布的泊松逼近"定理.

定理(泊松定理)　在 n 重伯努利试验中,设一次试验中事件 A 发生的概率为 p_n(p_n 与试验次数 n 有关). 若 $\lim\limits_{n\to+\infty} np_n=\lambda(\lambda>0,\lambda$ 为常数),则对任意非负整数 $k\leqslant n$,有

$$\lim_{n\to+\infty} C_n^k p_n^k(1-p_n)^{n-k}=\frac{\lambda^k}{k!}e^{-\lambda}①.$$

显然 $P\{X=k\}=\dfrac{\lambda^k e^{-\lambda}}{k!}>0, k=0,1,\cdots$,且

$$\sum_{k=0}^{+\infty} P\{X=k\}=\sum_{k=0}^{+\infty}\frac{\lambda^k}{k!}e^{-\lambda}=e^{-\lambda}\sum_{k=0}^{+\infty}\frac{\lambda^k}{k!}=e^{-\lambda}\cdot e^{\lambda}=1.$$

所以二项分布的极限情形

$$P\{X=k\}=\frac{\lambda^k}{k!}e^{-\lambda},\quad k=0,1,\cdots\quad(\lambda>0)\tag{2.6}$$

称为参数为 λ 的泊松分布,记作 $X\sim P(\lambda)$,X 则称为泊松变量. 图 2.5 为泊松变量的概率分布图.

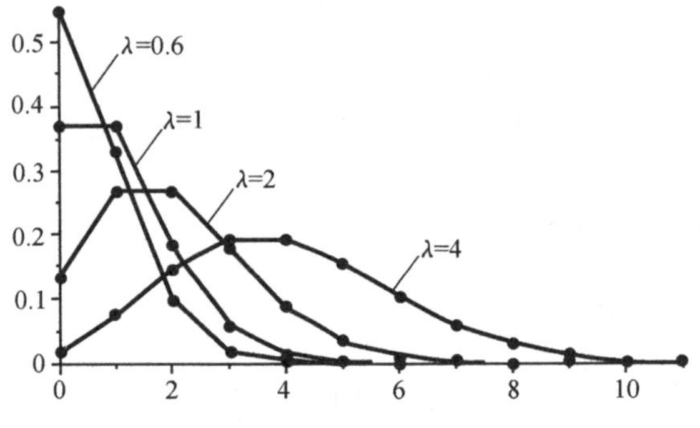

图 2.5　泊松分布图

泊松分布是二项分布的极限情形,因此可以用二项分布逼近泊松分布,但在实

① 记 $\lambda_n=np_n$,则

$$\lim_{n\to+\infty} C_n^k p_n^k(1-p_n)^{n-k}=\lim_{n\to+\infty}\frac{n(n-1)\cdots(n-k+1)}{k!}\left(\frac{\lambda_n}{n}\right)^k\left(1-\frac{\lambda_n}{n}\right)^{n-k}$$

$$=\lim_{n\to+\infty}\frac{\lambda_n^k}{k!}\left(1-\frac{1}{n}\right)\left(1-\frac{2}{n}\right)\cdots\left(1-\frac{k-1}{n}\right)\left(1-\frac{\lambda_n}{n}\right)^{-k}\left[\left(1-\frac{\lambda_n}{n}\right)^{-\frac{n}{\lambda_n}}\right]^{-\lambda_n}=\frac{\lambda^k}{k!}e^{-\lambda}.$$

际中更常见的是以泊松分布近似表示二项分布. 一般当 n 很大、p 或 q 很小时，有如下近似公式

$$C_n^k p^k q^{n-k} \approx \frac{\lambda^k}{k!}e^{-\lambda}, \quad k = 0,1,2,\cdots,n, \tag{2.7}$$

其中 $\lambda=np$.

在实际应用中，当 $n>50$，$p<0.1$，且 $np<5$（或 $nq<5$）时，就可以利用泊松分布作近似计算. 从表 2.2 可以清晰地看出这种近似程度.

表 2.2

k	按二项公式直接计算				按(2.7)式近似计算
	$n=10$ $p=0.1$	$n=20$ $p=0.05$	$n=40$ $p=0.025$	$n=100$ $p=0.01$	$\lambda=np=1$
0	0.34868	0.35849	0.36323	0.36603	0.36788
1	0.38742	0.37735	0.37255	0.36973	0.36788
2	0.19371	0.18868	0.18627	0.18486	0.18394
3	0.05740	0.05958	0.06050	0.06100	0.06131
4	0.01116	0.01333	0.01435	0.01494	0.01533
>4	0.00163	0.00257	0.00310	0.00344	0.00366

泊松变量在实际应用中很多见，前面提到的实际问题均可用泊松变量描述或近似描述. 还有许多与人们日常生活密切相关的泊松变量，比如，某地一天内邮件的总数，某大医院一天内的就诊人数，某交通道口在某时段内的汽车流量，某汽车客运站在某时段的候车人数，某地区一年内发生的交通事故数等.

例 2.7 设每分钟通过某交叉路口的汽车流量 X 服从泊松分布，且已知在一分钟内无车辆通过与恰有一辆车通过的概率相同，求在一分钟内至少有两辆车通过的概率.

解 设 $X\sim P(\lambda)$. 由题意知 $P\{X=0\}=P\{X=1\}$，即有

$$\frac{1}{0!}e^{-\lambda} = \frac{\lambda}{1!}e^{-\lambda},$$

得 $\lambda=1$.

一分钟内至少有两辆车通过的概率为

$$P\{X \geqslant 2\} = 1 - P\{X = 0\} - P\{X = 1\} = 1 - 2e^{-1} \approx 0.2642.$$

例 2.8 某种化验方法得出错误结论的概率是 0.005. 做 400 次独立试验，若有 5 次以上得出错误结论，就认为化验方法不能推广使用. 试说明此化验方法可以推广的可能性.

解 以 X 记得出错误结论的次数,则 $X\sim B(400,0.005)$. 由于 $n=400,p=0.005$,且 $\lambda=np=2<5$,故可以用泊松分布作近似计算. 该检验方法可以推广的概率为

$$P\{X\leqslant 5\}=\sum_{k=0}^{5}C_{400}^{k}0.005^{k}\times 0.995^{400-k}\approx\sum_{k=0}^{5}\frac{2^{k}}{k!}e^{-2}\approx 0.9834.^{①}$$

4. 超几何变量及其分布

超几何概型:有 N 件产品,其中 M 件为次品,从中抽取 n 件,则抽取出的次品数 X 的分布律

$$P\{X=k\}=\frac{C_{M}^{k}C_{N-M}^{n-k}}{C_{N}^{n}},\quad k=l_1,l_1+1,\cdots,l_2{}^{②}\tag{2.8}$$

称为参数为 N,M,n 的超几何分布,并记 $X\sim H(N,M,n)$,其中 $l_1=\max\{0,n-(N-M)\}$,$l_2=\min\{n,M\}$. X 则称为超几何变量.

超几何变量在实际中很常见.

例 2.9 甲、乙两箱装有同种产品,甲箱中有合格品与次品各 3 件,乙箱中仅有 3 件合格品. 今从甲箱中任取 3 件产品放入乙箱,求乙箱中次品数的分布律.

解 乙箱中出现的次品数 X 即为从甲箱中取出的 3 件产品中含有的次品数,服从参数为 $N=6,M=3,n=3$ 的超几何分布,即

$$P\{X=k\}=\frac{C_{3}^{k}C_{3}^{3-k}}{C_{6}^{3}},\quad k=0,1,2,3.$$

这里指出:当 N 很大但 n 相对较小时,有

$$\frac{C_{M}^{k}C_{N-M}^{n-k}}{C_{N}^{n}}\approx C_{n}^{k}\left(\frac{M}{N}\right)^{k}\left(1-\frac{M}{N}\right)^{n-k}.\tag{2.9}$$

这是因为

$$\left(\frac{M}{N}\right)\cdots\left(\frac{M}{N}-\frac{k-1}{N}\right)\approx\left(\frac{M}{N}\right)^{k},\quad\left(1-\frac{1}{N}\right)\cdots\left(1-\frac{n-1}{N}\right)\approx 1,$$

---

① 利用附录 2.

② $P\{X=k\}=\dfrac{C_{M}^{k}C_{N-M}^{n-k}}{C_{N}^{n}}>0,\quad k=l_1,l_1+1,\cdots,l_2,$

$$\sum_{k=l_1}^{l_2}P\{X=k\}=\sum_{k=l_1}^{l_2}\frac{C_{M}^{k}C_{N-M}^{n-k}}{C_{N}^{n}}=\frac{1}{C_{N}^{n}}\sum_{k=l_1}^{l_2}C_{M}^{k}C_{N-M}^{n-k}=\frac{1}{C_{N}^{n}}C_{N}^{n}=1.$$

$$\left(1-\frac{M}{N}\right)\cdots\left(1-\frac{M+n-k-1}{N}\right)\approx\left(1-\frac{M}{N}\right)^{n-k},$$

$$\begin{aligned}\frac{C_M^kC_{N-M}^{n-k}}{C_N^n}&=\frac{M!}{k!(M-k)!}\,\frac{(N-M)!}{(n-k)!(N-M-n+k)!}\,\frac{n!(N-n)!}{N!}\\&=\frac{n!}{k!(n-k)!}\,\frac{(N-M)!}{(N-M-n+k)!}\,\frac{n!(N-n)!}{(M-k)!N!}\\&=\frac{n!}{k!(n-k)!}\,\frac{(N-M)(N-M-1)\cdots(N-M-n+k+1)}{1}\\&\quad\frac{M(M-1)\cdots(M-k+1)}{N(N-1)\cdots(N-n+1)}\\&=\frac{n!}{k!(n-k)!}\,\frac{M(M-1)\cdots(M-k+1)}{N^k}\\&\quad\frac{(N-M)(N-M-1)\cdots(N-M-n+k+1)}{N^{n-k}}\\&\quad\frac{N^n}{N(N-1)\cdots(N-n+1)}\\&=\frac{n!}{k!(n-k)!}\left(\frac{M}{N}\right)\cdots\left(\frac{M}{N}-\frac{k-1}{N}\right)\\&\quad\left(1-\frac{M}{N}\right)\cdots\left(1-\frac{M+n-k-1}{N}\right)\frac{1}{\left(1-\frac{1}{N}\right)\cdots\left(1-\frac{n-1}{N}\right)}\\&\approx C_n^k\left(\frac{M}{N}\right)^k\left(1-\frac{M}{N}\right)^{n-k}.\end{aligned}$$

(2.9)式表明:当总量 N 比较大,而抽取量 n 比较小时,不放回抽取可当作有放回抽取处理.

例 2.10 某型号晶体管的一级品率为 0.2,现在从一大批该型号的晶体管中随机地抽查 20 只,问 20 只晶体管中有 $k(k=0,1,2,\cdots,20)$ 只一级品的概率是多少?

解 这是不放回抽取. 由于这批管子的总量很大,抽查的管子数量相对很小,因此可以把它当作有放回抽取处理. 这样做会有误差,但误差不大.

将检验一只管子是否为一级品看作一次试验,检查 20 只管子则相当于作 20 次伯努利试验. 若以 X 记 20 只管子中的一级品数,则 $X\sim B(20,0.2)$,20 只管子中有 k 只一级品的概率为

$$P\{X=k\}=C_{20}^k 0.2^k\times 0.8^{20-k},\quad k=0,1,\cdots,20.$$

详细结果见表 2.3.

表 2.3

k	P	k	P	k	P
0	0.011529	4	0.218200	8	0.022161
1	0.057646	5	0.174560	9	0.007387
2	0.136909	6	0.109100	10	0.002031
3	0.205364	7	0.054550		
$P\{X=k\}<0.001$，当 $k\geqslant 11$ 时					

5. 几何变量及其分布

重复独立地做伯努利试验，直到事件 $A(P(A)=p,0<p<1)$ 首次发生为止已进行的试验次数 X 的分布律

$$P\{X=k\}=q^{k-1}p,\quad k=1,2,\cdots^{①}(q=1-p) \tag{2.10}$$

称为参数为 p 的几何分布，并记 $X\sim G(p)$. X 则称为几何变量.

例 2.11 某人射击的命中率为 0.45，求他首次命中目标是在第偶数次的概率.

解 射击一次为一次伯努利试验，射击若干次则为多重伯努利试验. 若以 X 记此人首次击中目标时累计的射击次数，则 $X\sim G(0.45)$，其分布律为

$$P\{X=k\}=0.55^{k-1}\times 0.45,\quad k=1,2,\cdots.$$

他在第偶数次射击中命中目标的概率则为

$$\sum_{k=1}^{+\infty}P\{X=2k\}=0.45\sum_{k=1}^{+\infty}0.55^{2k-1}=0.45\times\frac{0.55}{1-0.55^2}=\frac{11}{31}.$$

例 2.12 十只同种电子元件，其中有两只废品. 装配仪器时，从中任取一只，一旦发现是废品则扔掉再重取一只，直到取到正品为止. 问在取到正品前已取出的废品件数 X 是几何变量吗? 写出 X 的分布律.

解 这个抽取过程不独立也不重复，因此不是重复的伯努利试验，故 X 不是几何变量.

X 取 0,1,2. $\{X=0\}$表示只取一次，且取到了正品；$\{X=1\}$表示不放回取了二次，第一次取到废品，第二次取到正品；$\{X=2\}$表示不放回取了三次，前两次取到废品，第三次取到正品. X 的分布律为

$$P\{X=0\}=\frac{8}{10}=\frac{4}{5},\quad P\{X=1\}=\frac{2\times 8}{10\times 9}=\frac{8}{45},$$

---

① $P\{X=k\}=q^{k-1}p>0,\quad k=1,2,\cdots;$

$$\sum_{k=1}^{+\infty}P\{X=k\}=\sum_{k=1}^{+\infty}q^{k-1}p=p\sum_{k=1}^{+\infty}q^{k-1}=p\frac{1}{1-q}=1.$$

$$P\{X=2\}=\frac{2\times1\times8}{10\times9\times8}=\frac{1}{45}.$$

几何分布具有无记忆性：如果在前 m 次试验中事件 A 未发生，那么直到事件 A 首次发生为止再进行的试验数 X 的分布仍服从几何分布，且与前面的试验数 m 无关，即

$$P\{X=k\}=\frac{q^{m+k-1}p}{q^m}=q^{k-1}p,\quad k=1,2,\cdots(q=1-p).$$

习 题 2.2

1. 问 c 取何值才能使下列数列：

(1) $f(k)=\frac{c}{N},k=1,2,\cdots,N$；　(2) $f(k)=c\frac{\lambda^k}{k!},k=1,2,\cdots(\lambda>0,\lambda$ 为常数)

成为分布律.

2. 已知随机变量 X 取四个值 $-1,0,1,2$，概率分别为 $\frac{1}{2c},\frac{3}{4c},\frac{5}{8c},\frac{7}{16c}$，试确定常数 c，并计算 $P\{X<1|X\neq0\}$.

3. 一批产品分一、二、三级，其中一级品是二级品的两倍，三级品是二级品的一半. 从这批产品中随机地抽取一个检验质量，试用随机变量描述检验的可能结果，并写出其分布律.

4. 某运动员的投篮命中率为 0.4，写出他一次投篮命中数 X 的分布律.

5. 上抛两枚硬币，写出正面朝上的个数 Y 的分布律.

6. 一批花生种子的发芽率为 0.9，如果每穴播种 3 粒，求发芽数 X 的分布律.

7. 设随机变量 $X\sim B(6,p)$，已知 $P\{X=1\}=P\{X=5\}$，求 $P\{X=2\}$的值.

8. 已知事件 A 在一次试验中发生的概率为 0.3，当 A 发生不少于三次时，指示灯将发出信号. 若按以下两种方式进行试验，分别求指示灯发出信号的概率.

(1) 进行 5 次重复独立的试验；

(2) 进行 7 次重复独立的试验.

9. 某实验室有 10 台相互独立地运行自动控制的仪器，发生故障的概率均为 0.03. 在一般情况下，一台仪器的故障需要一个技师处理，问配备多少技师可以保证在设备发生故障时不能及时处理的概率小于 0.05.

10. 从五批零件中各抽取一个零件组装一种产品，每批抽出非优质产品的概率均为 $\frac{1}{6}$. 如果 5 个零件中有超过 3 件的非优质品就制不成产品，求制不成产品的概率.

11. 某救援站在长度为 t 的时间(单位：h)内收到救援信号的次数 X 服从 $P\left(\frac{t}{2}\right)$ 分布，且与时间的起点无关，试求某天下午救援站在 1 点至 6 点间至少收到一次救援信号的概率.

12. 若 $X\sim P(\lambda)$ 且 $P\{X=2\}=P\{X=3\}$，求 $P\{X=5\}$.

13. 设步枪射击飞机的命中率为 0.001，今射击 6000 次，试按泊松分布近似计算步枪至少击中飞机两弹的概率，并求最可能击中数.

14. 有大量汽车通过一个繁忙的汽车站，经统计每辆汽车在一天某段时间内出事故的概率为0.0001.若在某天的该段时间内有1000辆汽车通过，问出事故的次数不小于2的概率（利用泊松定理近似计算）是多少？

15. 在有8件正品、2件次品的10件产品中随机地取3件，求取出的次品数X的分布律.

16. 在一副扑克牌中（按54张计）随机地抽出5张，求抽出黑桃张数的分布律.

17. 一批产品的次品率为0.02，从中任取20件，现已初步查出2件次品，求20件中次品数不少于3的概率.

18. 自动生产线在调整之后出现废品的概率为p，且生产过程中一旦出现废品即刻重新进行调整.求在两次调整之间生产的合格品数的分布律.

19. 某射手有5发子弹，每射一发子弹的命中率都是0.7，如果命中目标便停止射击，不中目标就一直射击到子弹用完为止，试求所用子弹数X的分布律.

20. 从有10件正品、3件次品的产品中一件一件地抽取，设每次抽取时，各件产品被抽到的可能性相等.在下列三种情形下，分别写出直到取得正品为止抽取次数X的分布律.

(1) 每次取出的产品不再放回；

(2) 每次取出的产品立即放回；

(3) 每次取出一件产品后随即放回一件正品.

§2.3 连续型随机变量及其分布

本节讨论连续型随机变量的概率分布及性质、概率计算与常见分布.

2.3.1 连续型随机变量的概率密度函数

连续型随机变量的概率分布一般用概率函数表示，但用于描述离散型随机变量的概率函数已不适于描述连续型随机变量（请想一想为什么?）.描述连续型随机变量的概率函数类似于刻画物体质量的“线密度”函数.

如果存在实数域上的非负可积函数$f(x)$，使随机变量X在任意区间$(a,b]$上取值的概率为

$$P\{a<X\leqslant b\}=\int_a^b f(x)\mathrm{d}x, \tag{2.11}$$

那么X是连续型随机变量.这里的非负函数$f(x)$即是描述连续型随机变量X取值规律的概率函数，简称为X的概率密度函数，简称为密度函数，并记$X\sim f(x)$.

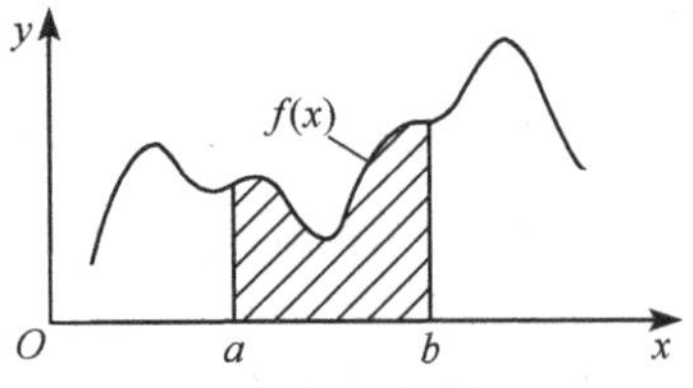

图2.6 式(2.11)的几何解释

X的密度函数有时记为$f_X(x)$，以有别于其他随机变量的密度函数.

从几何上看，X在区间$(a,b]$上取值的概率等于以$(a,b]$为底、以$y=f(x)$为高的曲边梯形的面

积(图 2.6 中阴影部分).

密度函数 $f(x)$ 有如下性质：

(1) $f(x)\geqslant 0$[①]；

(2) $\int_{-\infty}^{+\infty} f(x)\mathrm{d}x = 1$.

如果一个可积函数 $f(x)$ 符合(1)～(2),则可以将其视为一个连续型随机变量的密度函数.

根据密度函数,我们可以计算任意事件的概率：

(1) X 取任意一个值 x 的概率 $P\{X=x\}=0$.

(2) X 在集合 G 上取值的概率为

$$P\{X\in G\} = \int_G f(x)\mathrm{d}x. \tag{2.12}$$

由于密度函数多是分段函数,以及 G 可能为多个区间的并集,所以计算概率的积分常为分段积分.

例 2.13 判断函数 $f(x)=\begin{cases}0.5, & -1<x<0,\\ 0.25, & 0\leqslant x<2,\\ 0, & \text{其他}\end{cases}$ 可否作为密度函数.

解 注意到 $f(x)\geqslant 0$,且 $\int_{-\infty}^{+\infty} f(x)\mathrm{d}x = \int_{-\infty}^{-1} 0\mathrm{d}x + \int_{-1}^{0} 0.5\mathrm{d}x + \int_{0}^{2} 0.25\mathrm{d}x + \int_{2}^{+\infty} 0\mathrm{d}x = 1$,故 $f(x)$ 可作为密度函数.

例 2.14 设随机变量 X 的密度函数为 $f(x)=A\mathrm{e}^{-|x|}$,$G=(-1,2)\cup(5,6)$,求:(1)常数 A;(2) $P\{-1<X<2\}$ 和 $P\{X\in G\}$.

解 (1) 由 $f(x)\geqslant 0$ 可知 $A\geqslant 0$. 另由 $\int_{-\infty}^{+\infty} f(x)\mathrm{d}x = 1$,有

$$\int_{-\infty}^{0} A\mathrm{e}^{x}\mathrm{d}x + \int_{0}^{+\infty} A\mathrm{e}^{-x}\mathrm{d}x = 1,$$

$$A\left(\mathrm{e}^{x}\Big|_{-\infty}^{0} - \mathrm{e}^{-x}\Big|_{0}^{+\infty}\right) = 1,$$

得 $A=0.5$.

(2) $P\{-1<X<2\} = \int_{-1}^{2} f(x)\mathrm{d}x = \int_{-1}^{0} 0.5\mathrm{e}^{x}\mathrm{d}x + \int_{0}^{2} 0.5\mathrm{e}^{-x}\mathrm{d}x$

$$= 0.5\left(\mathrm{e}^{x}\Big|_{-1}^{0} - \mathrm{e}^{-x}\Big|_{0}^{2}\right) = 1 - 0.5\mathrm{e}^{-1} - 0.5\mathrm{e}^{-2},$$

$$P\{X\in G\} = P\{-1<X<2\} + P\{5<X<6\}$$

---

① 规定：$f(x)=0$,如果 x 不是 X 的可能取值.

$$= 1 - 0.5e^{-1} - 0.5e^{-2} + \int_5^6 0.5e^{-x}\,dx$$

$$= 1 - 0.5e^{-1} - 0.5e^{-2} + 0.5e^{-5} - 0.5e^{-6}.$$

由此可见，事件的概率等于密度函数在事件集合与使密度函数不为零的自变量的取值集合的交集上的定积分.

2.3.2 常见的连续型随机变量及其分布

1. 均匀变量及其分布

如果随机变量 X 只在有限区间 (a,b)[①]内取值，且在 (a,b) 内等长度的任意区间上取值的概率相同，粗略地讲，就是 X 取 (a,b) 内任何一个值的可能性一样，那么 X 的密度函数 $f(x)$ 在 (a,b) 上一定为常数，并因此称 X 是区间 (a,b) 上的均匀变量(图 2.7). 若设

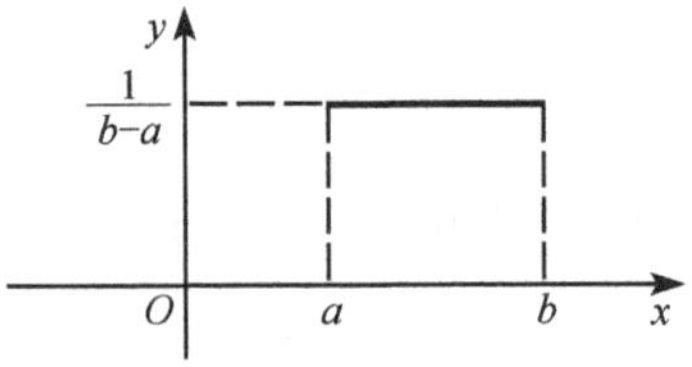

图 2.7 均匀变量的密度函数图像

$$f(x) = \begin{cases} c, & a < x < b, \\ 0, & \text{其他}, \end{cases}$$

那么由 $\int_{-\infty}^{+\infty} f(x)\,dx = 1$ 得 $c = \dfrac{1}{b-a}$，即

$$f(x) = \begin{cases} \dfrac{1}{b-a}, & a < x < b, \\ 0, & \text{其他}. \end{cases} \tag{2.13}$$

称 X 服从参数为 a,b 的均匀分布，并记 $X \sim U(a,b)$.

定点计算中的舍入误差一般假定为均匀变量. 有了这个假定，就能对经过大量运算后的数据进行误差分析，这种误差分析在用数字计算机解题时是很必要的，因为数字计算机的字长是有限的.

例 2.15 某公交汽车站在上午 7 时起每隔 15 分钟有一班车. 有一乘客在 7:00—7:30 之间等可能地到达该站，问他候车时间不到 5 分钟的可能性有多大?

解 设乘客于 7 时过 X 分钟到达车站，依题意则有 $X \sim U(0,30)$，其密度函数为

$$f(x) = \begin{cases} \dfrac{1}{30}, & 0 < x < 30, \\ 0, & \text{其他}. \end{cases}$$

乘客候车时间不到 5 分钟，那他必须在 7:10—7:15 之间或 7:25—7:30 之间到达车站. 因此，乘客候车时间不到 5 分钟的可能性为

① 区间也可以为 $[a,b]$，$(a,b]$ 或 $[a,b)$.

$$p=P\{10<X<15\}+P\{25<X<30\}=\int_{10}^{15}\frac{1}{30}\mathrm{d}x+\int_{25}^{30}\frac{1}{30}\mathrm{d}x=\frac{1}{3}.$$

例 2.16 已知随机变量 X 的密度函数为

$$f(x)=\begin{cases}\frac{3}{2}\theta, & 0<x<1,\\ \frac{1}{2}(1-\theta), & 1\leqslant x\leqslant 2,\\ 0, & \text{其他},\end{cases}$$

求数 θ 及 $P\{0.5<X<1.2\}$.

解 由 $f(x)\geqslant 0$,有 $0\leqslant\theta\leqslant 1$. 另由 $\int_{-\infty}^{+\infty}f(x)\mathrm{d}x=1$,有

$$\int_0^1\frac{3}{2}\theta\mathrm{d}x+\int_1^2\frac{1}{2}(1-\theta)\mathrm{d}x=1,$$

$$\frac{3}{2}\theta+\frac{1}{2}(1-\theta)=1,$$

得 $\theta=\frac{1}{2}$. 于是 X 的密度函数为

$$f(x)=\begin{cases}\frac{3}{4}, & 0<x<1,\\ \frac{1}{4}, & 1\leqslant x\leqslant 2,\\ 0, & \text{其他}\end{cases}$$

是所谓的分段均匀密度函数.

$$P\{0.5<X<1.2\}=\int_{0.5}^{1.2}f(x)\mathrm{d}x=\int_{0.5}^{1}\frac{3}{4}\mathrm{d}x+\int_1^{1.2}\frac{1}{4}\mathrm{d}x=\frac{17}{40}.$$

2. 指数变量及其分布

如果随机变量 X 只在区间 $(0,+\infty)$ 内取值,密度函数为

$$f(x)=\begin{cases}\lambda\mathrm{e}^{-\lambda x}, & x>0,\\ 0, & x\leqslant 0\end{cases}\quad(\lambda>0),\tag{2.14}$$

则 X 为指数变量(图 2.8),称其服从参数为 λ 的指数分布,并记 $X\sim E(\lambda)$.

显然 $f(x)\geqslant 0$,且 $\int_{-\infty}^{+\infty}f(x)\mathrm{d}x=\int_0^{+\infty}\lambda\mathrm{e}^{-\lambda x}\mathrm{d}x=-\mathrm{e}^{-\lambda x}\Big|_0^{+\infty}=1$. 而且对任意实数 $a,b(0\leqslant a<b)$,有

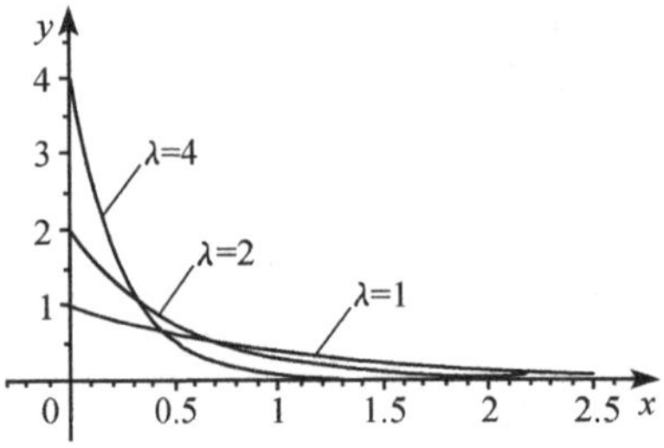

图 2.8 指数变量的密度函数图像

$$P\{a<X\leqslant b\}=\int_a^b \lambda e^{-\lambda x}dx=e^{-\lambda a}-e^{-\lambda b}.$$

例 2.17 打一次电话所用时间(单位:分钟)服从参数为 0.2 的指数分布. 如果有人刚好在你之前走进公用电话亭,那么你等待时间超过 5 分钟的可能性与等待时间在 5~10 分钟之间的可能性各有多大?

解 以 X 表示正在打电话的人所占用的时间,则 $X\sim E(0.2)$,其密度函数为

$$f(x)=\begin{cases}0.2e^{-0.2x}, & x>0,\\ 0, & x\leqslant 0.\end{cases}$$

等待时间超过 5 分钟,即事件$\{X>5\}$发生的可能性为

$$P\{X>5\}=\int_5^{+\infty}f(x)dx=\int_5^{+\infty}0.2e^{-0.2x}dx=e^{-1}-0\approx 0.3679.$$

等待时间在 5~10 分钟之间的可能性为

$$P\{5<X<10\}=\int_5^{10}0.2e^{-0.2x}dx=e^{-1}-e^{-2}\approx 0.2325.$$

指数分布常叫"寿命"分布,在可靠性理论与排队论中有重要而广泛的应用. 在可靠性问题中,电子元件的使用寿命常服从指数分布. 随机服务系统中的服务时间也可以认为服从指数分布.

指数分布具有无记忆性:假如某种元件的寿命 X 服从参数为 λ 的指数分布,已知它已使用了 m 小时,那么它可以再使用 t 小时的概率与已使用的 m 小时无关,即

$$\begin{aligned}P\{X>m+t\mid X>m\}&=\frac{P\{X>m+t,X>m\}}{P\{X>m\}}\\&=\frac{P\{X>m+t\}}{P\{X>m\}}=\frac{e^{-\lambda(m+t)}}{e^{-\lambda m}}=e^{-\lambda t}=P\{X>t\}.\end{aligned}$$

也就是说,服从指数分布的元件对已使用过的 m 小时没有记忆.

3. 正态变量及其分布

在解决实际问题的过程中,人们发现大量随机变量密度函数的曲线形状都具有相同的待征:像古钟剖面轮廓的"钟形"曲线. 因这类变量极其常见,故把它们称为常态变量. 常态变量亦叫正态变量或高斯变量. 如:青砖的抗压强度、细纱的强力、螺丝的口径、人的身高或体重、海浪的高度、零件长度的测量误差、电子管中的

热噪声电流或电压、飞机材料的疲劳压力等都可用正态变量来描述(图 2.9).

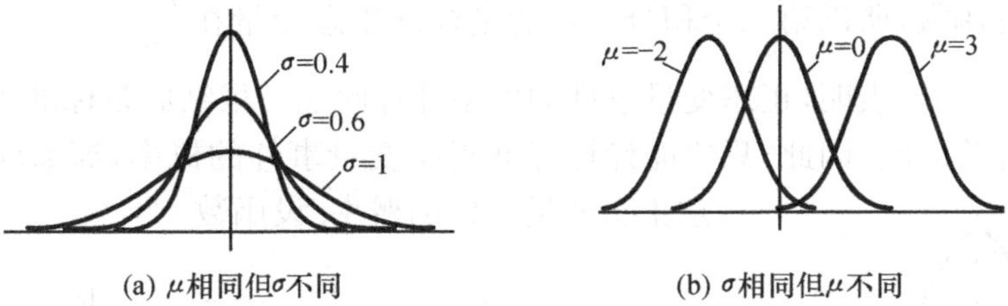

图 2.9 正态变量的密度函数图像

如果随机变量 X 的密度函数为

$$f(x)=\frac{1}{\sqrt{2\pi}\sigma}e^{-\frac{(x-\mu)^2}{2\sigma^2}}\text{①},\ (\text{其中 }\mu,\sigma(\sigma>0)\text{为常数}) \tag{2.15}$$

则 X 为正态变量,称其服从参数为 μ,σ^2 的正态分布,并记 $X\sim N(\mu,\sigma^2)$.

正态变量的密度函数 $f(x)$ 有以下性质:

(1) 曲线 $y=f(x)$ 关于直线 $x=\mu$ 对称,表明 $P\{X<\mu\}=P\{X\geqslant\mu\}=0.5$.

(2) 函数 $y=f(x)$ 在 $x=\mu$ 取得最大值 $\frac{1}{\sqrt{2\pi}\sigma}$,表明正态变量在 $x=\mu$ 附近取值的可能性最大.

(3) 当 σ^2 大时,曲线平坦,表明正态变量的取值比较分散;当 σ^2 小时,曲线陡峭,表明正态变量的取值比较集中.

正态变量的概率计算一般无法通过积分直接得到结果.

设 $X\sim N(\mu,\sigma^2)$,则对任意实数 $a,b(a<b)$,

$$P\{a<X\leqslant b\}=\int_a^b\frac{1}{\sqrt{2\pi}\sigma}e^{-\frac{(x-\mu)^2}{2\sigma^2}}dx.$$

令 $t=\frac{x-\mu}{\sigma}$,那么

$$\int_a^b\frac{1}{\sqrt{2\pi}\sigma}e^{-\frac{(x-\mu)^2}{2\sigma^2}}dx=\int_{\frac{a-\mu}{\sigma}}^{\frac{b-\mu}{\sigma}}\frac{1}{\sqrt{2\pi}}e^{-\frac{t^2}{2}}dt. \tag{2.16}$$

---

① 显然 $f(x)\geqslant0$. 令 $I=\int_{-\infty}^{+\infty}\frac{1}{\sqrt{2\pi}\sigma}e^{-\frac{(x-\mu)^2}{2\sigma^2}}dx=\int_{-\infty}^{+\infty}\frac{1}{\sqrt{2\pi}}e^{-\frac{u^2}{2}}du$,则有

$$I^2=\int_{-\infty}^{+\infty}\int_{-\infty}^{+\infty}\frac{1}{2\pi}e^{-\frac{u^2+v^2}{2}}dudv=\frac{1}{2\pi}\int_0^{2\pi}\int_0^{+\infty}re^{-\frac{r^2}{2}}drd\theta=1.$$

因为 $I>0$,故有 $I=1$.

注意到式(2.16)第二个积分的被积函数其实是 $\mu=0,\sigma=1$ 时的所谓标准正态变量的密度函数,所以第二个积分表示的是标准正态变量在$\frac{a-\mu}{\sigma}$与$\frac{b-\mu}{\sigma}$之间取值的概率. 式(2.16)表明,正态变量事件的概率计算问题归根结底是标准正态变量事件的概率计算问题. 因此,只要能计算标准正态变量事件的概率,那么就能计算任意正态变量事件的概率. 设函数

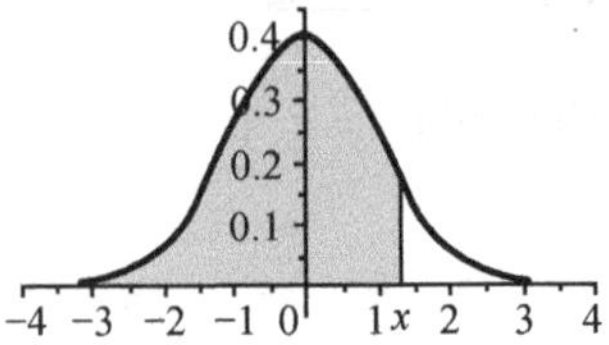

图 2.10 $\Phi(x)$的几何解释

$$\Phi(x)=\int_{-\infty}^{x}\frac{1}{\sqrt{2\pi}}e^{-\frac{t^2}{2}}dt.$$

Φ 在 x 处的函数值即是标准正态变量在$(-\infty,x]$内取值的概率(图 2.10). $\Phi(x)$的函数值已制成标准正态分布函数值表[①](见附录 3). 于是

$$\int_{\frac{a-\mu}{\sigma}}^{\frac{b-\mu}{\sigma}}\frac{1}{\sqrt{2\pi}}e^{-\frac{t^2}{2}}dt=\int_{-\infty}^{\frac{b-\mu}{\sigma}}\frac{1}{\sqrt{2\pi}}e^{-\frac{t^2}{2}}dt-\int_{-\infty}^{\frac{a-\mu}{\sigma}}\frac{1}{\sqrt{2\pi}}e^{-\frac{t^2}{2}}dt$$
$$=\Phi\left(\frac{b-\mu}{\sigma}\right)-\Phi\left(\frac{a-\mu}{\sigma}\right).$$

由此得到正态变量 $X\sim N(\mu,\sigma^2)$的概率计算公式

$$P\{a<X\leqslant b\}=\Phi\left(\frac{b-\mu}{\sigma}\right)-\Phi\left(\frac{a-\mu}{\sigma}\right). \tag{2.17}$$

标准正态变量的密度函数一般用 $\varphi(x)$表示,即

$$\varphi(x)=\frac{1}{\sqrt{2\pi}}e^{-\frac{x^2}{2}}.$$

由$\int_{-\infty}^{+\infty}\varphi(x)dx=1$,有$\int_{-\infty}^{+\infty}e^{-\frac{x^2}{2}}dx=\sqrt{2\pi}$. 由此,对任意 $a>0$,通过作变量代换可得

$$\int_{-\infty}^{+\infty}e^{-ax^2}dx=\sqrt{\frac{\pi}{a}}. \tag{2.18}$$

再根据对称性,有

---

① 关于标准正态分布函数值表,u 所在的列的数字表示 u 的取值小数点前的一位和小数点后的一位,所在行的数字表示 u 的取值小数点后的第二位,而 u 的列数字所在行与 u 的行数字所在列相交位置的数即为 $\Phi(u)$值. 例如 $\Phi(2.36)=0.9909$. 如果 u 的取值小数点后超过了两位,则 $\Phi(u)\approx\Phi(u_1)+\frac{|\Phi(u_2)-\Phi(u_1)|}{|u_2-u_1|}(u-u_1)$,其中 $u_1,u_2(u_1<u<u_2)$是表中最接近 u 的两个值. 例如:$\Phi(1.432)\approx\Phi(1.43)+\frac{|1.432-1.43|}{|1.44-1.43|}(\Phi(1.44)-\Phi(1.43))=0.9236+\frac{0.02}{0.01}\times|0.9251-0.9236|=0.9239$.

$$\int_0^{+\infty} e^{-ax^2} dx = \frac{1}{2}\sqrt{\frac{\pi}{a}}. \tag{2.19}$$

根据 $y=\varphi(x)$ 的特点及 $\Phi(x)$ 的定义，易知 $\Phi(x)$ 有以下性质(图 2.11)：

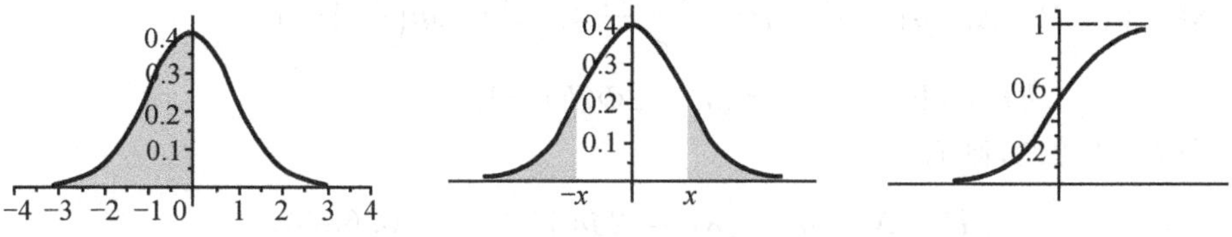

(a) 性质(1)的几何解释　(b) 性质(2)的几何解释　(c) 性质(3)、(4)的几何解释

图 2.11　$\Phi(x)$的性质的几何解释

(1) $\Phi(0)=0.5$；

(2) $\Phi(-x)=1-\Phi(x)$；

(3) $\Phi(x)$是 x 的单调增函数；

(4) $\Phi(-\infty)=0, \Phi(+\infty)=1$.

例 2.18　设 $X\sim N(0,1)$，计算 $P\{X>0\}$，$P\{-2.31<X<-1.25\}$，$P\{|X|<1.54\}$，$P\{1.23<X<2.15\}$.

解　$P\{X>0\}=0.5$，

$$\begin{aligned} P\{-2.31<X<-1.25\} &=\Phi(-1.25)-\Phi(-2.31)=\Phi(2.31)-\Phi(1.25) \\ &=0.9896-0.8944=0.0952, \\ P\{|X|<1.54\} &=\Phi(1.54)-\Phi(-1.54)=2\Phi(1.54)-1 \\ &=2\times 0.9382-1=0.8764. \end{aligned}$$

$$P\{1.23<X<2.15\}=\Phi(2.15)-\Phi(1.23)=0.9842-0.8907=0.0935.$$

例 2.19　某地区 18 岁女青年的血压(收缩压，以 mm-Hg 计) $X\sim N(110,12^2)$，(1)求 18 岁女青年血压低于 100mm-Hg 或高于 120mm-Hg 的概率；(2)确定 x，使 $P\{X>x\}<0.05$.

解　(1) $P\{X<100$ 或 $X>120\}=P\{X<100\}+P\{X>120\}$

$$=\Phi\left(\frac{100-110}{12}\right)+1-\Phi\left(\frac{120-110}{12}\right)=2\left(1-\Phi\left(\frac{5}{6}\right)\right)$$

$$\approx 2(1-\Phi(0.83))=2(1-0.7967)=0.4066,$$

即 18 岁女青年的血压低于 100mm-Hg 或高于 120mm-Hg 的可能性约为 40%.

(2) 由 $P\{X>x\}=1-\Phi\left(\frac{x-110}{12}\right)<0.05$，有 $\Phi\left(\frac{x-110}{12}\right)>0.95$.

考虑到 $\Phi(x)$是增函数，且查表知 $\Phi(1.64)=0.9495$，$\Phi(1.65)=0.9505$，所以当$\frac{x-110}{12}\geqslant 1.65$，即 $x\geqslant 129.80$ 时可以满足 $P\{X>x\}<0.05$，这说明该地区 18 岁

女青年的血压高于130mm-Hg的可能性低于5%.

例2.20 设$X\sim N(\mu,\sigma^2)$,(1)求$P\{|X-\mu|<a\}$;(2)当$a=k\sigma$时,分析正整数k的取值对(1)中所求概率的影响.

解 (1) $P\{|X-\mu|<a\}=P\left\{\frac{|X-\mu|}{\sigma}<\frac{a}{\sigma}\right\}=2\Phi\left(\frac{a}{\sigma}\right)-1.$

(2) 当$a=k\sigma$时,$P\{|X-\mu|<a\}=2\Phi(k)-1$.

令$k=1,2,3$,则有

$$P\{|X-\mu|<\sigma\}=2\Phi(1)-1=0.6826,$$
$$P\{|X-\mu|<2\sigma\}=2\Phi(2)-1=0.9544,$$
$$P\{|X-\mu|<3\sigma\}=2\Phi(3)-1=0.9974.$$

当$k\geqslant 4$,$P\{|X-\mu|<k\sigma\}\approx 1$.

计算结果说明,正态变量X的取值几乎都在区间$(\mu-3\sigma,\mu+3\sigma)$内,这称为正态变量的$3\sigma$原则.

设$X\sim N(0,1)$,对任意给定的$\alpha(0<\alpha<1)$,称使

$$P\{X>z_\alpha\}=\alpha$$

成立的z_α为标准正态分布$N(0,1)$的上α分位数(图2.12).

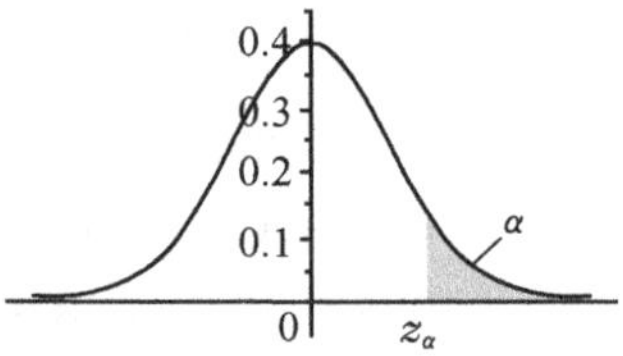

图2.12 标准正态分布的上α分位数图示

易见

$$\Phi(z_\alpha)=1-\alpha. \tag{2.20}$$

在数理统计中,经常使用这个公式.表2.4列出了几个常用的z_α值.

表2.4

α	0.001	0.005	0.010	0.025	0.050	0.100
z_α	3.090	2.576	2.327	1.960	1.645	1.282

习 题 2.3

1. 已知随机变量$X\sim f(x)=\begin{cases}cx^2, & 0<x<3,\\ 0, & \text{其他}.\end{cases}$求:(1)常数$c$;(2)$P\{1<X<2\}$,$P\{X\leqslant 1\}$,

$P\{X=2\}$.

2. 证明函数 $f(x)=\begin{cases}\dfrac{x}{c}e^{-\frac{x^2}{2c}}, & x\geqslant 0,\\ 0, & x<0\end{cases}$ (c 为正的常数)为密度函数.

3. 设随机变量 $X\sim U(-2,3)$,写出 X 的密度函数.

4. 设随机变量 $X\sim f(x)=\begin{cases}c, & 1<x<5,\\ 0, & \text{其他}.\end{cases}$ 求:(1)常数 c;(2)$P\{1<X<2\}$;(3)$P\{X\leqslant 3\}$;(4)$P\{X>2\}$.

5. 设随机变量 $X\sim U(-1,1)$,事件 $A=\{0<X<1\}$,$B=\left\{|X|<\dfrac{1}{4}\right\}$,则正确的是[　　].

(A) $P(AB)=0$;　(B) $P(AB)=P(A)$;　(C) $P(A)+P(B)=1$;　(D) $P(AB)=P(A)P(B)$.

6. 设随机变量 $X\sim E(2)$,(1)写出 X 的密度函数;(2)求 $P\{-1<X<2\}$,$P\{1<X<3\}$,$P\{X\leqslant 5\}$ 和 $P\{X>4\}$.

7. 假定打一次电话所用时间(以分计)服从 $\lambda=0.1$ 的指数分布,试求在排队打电话的人中,后一个人等待前一个人的时间超过 10 分钟的概率和在 10 分钟到 20 分钟之内的概率.

8. 设随机变量 $X\sim N(-2,9)$,写出 X 的密度函数.

9. 设随机变量 $X\sim f(x)=ce^{-x^2+x}$,求常数 c.

10. 设随机变量 $X\sim N(-1,16)$,求 $P\{X<2.44\}$,$P\{X>-1.48\}$,$P\{X<-2.8\}$,$P\{|X|<4\}$ 及 $P\{|X-1|>1\}$.

11. 设随机变量 $X\sim N(\mu,\sigma^2)$,方程 $y^2+4y+X=0$ 无实根的概率为 0.5,求 μ.

12. 设随机变量 $X\sim N(2,\sigma^2)$,且 $P\{2<X<4\}=0.3$,求 $P\{X<0\}$.

13. 设随机变量 $X\sim N(\mu,\sigma^2)$,则随着 σ 的增大,概率 $P\{|X-\mu|<\sigma\}$ 必然是[　　].

(A) 单调增大;　(B) 单调减小;　(C) 保持不变;　(D) 增减不定.

14. 随机变量 $X\sim N(\mu_1,\sigma_1^2)$,$Y\sim N(\mu_2,\sigma_2^2)$,且 $P\{|X-\mu_1|<1\}>P\{|Y-\mu_2|<1\}$,则正确的是[　　].

(A) $\sigma_1<\sigma_2$;　(B) $\sigma_1>\sigma_2$;　(C) $\mu_1<\mu_2$;　(D) $\mu_1>\mu_2$.

15. 某机器生产的螺栓的长度(单位:cm)服从参数为 $\mu=10.05$,$\sigma=0.06$ 的正态分布,规定长度在范围 10.05 ± 0.12 内为合格品,求一只螺栓为不合格品的概率.

16. 设随机变量 $X\sim N(160,\sigma^2)$,若 $P\{120<X<200\}\geqslant 0.8$,求 σ.

17. 设 $f_1(x)$ 为$[-1,3]$上的均匀分布的密度函数,$f_2(x)$ 为标准正态分布的密度函数,若

$$f(x)=\begin{cases}af_1(x), & x>0,\\ bf_2(x), & x\leqslant 0\end{cases}\quad(a>0,b>0)$$

为密度函数,则 a,b 应该满足什么条件?

§2.4 随机变量的分布函数

上面我们研究了两种类型有显著差异的随机变量,表示方式明显不同.本节将

仅基于随机变量这个概念,以统一的方式研究各种类型的随机变量.分布函数是这一方式的工具.

一个与随机变量 X 的类型无关,只与 X 所表达的特定事件的概率有关的一元函数

$$F(x)=P\{X\leqslant x\} \tag{2.21}$$

称为随机变量 X 的分布函数.这里 $\{X\leqslant x\}$ 表示 X 的取值不超过 x 的事件,函数 F 在 x 处的函数值即是事件 $\{X\leqslant x\}$ 发生的概率.

X 的分布函数有时记为 $F_X(x)$,以有别于其他随机变量的分布函数.

对于离散与连续这两种常见类型的随机变量,这里给出 $F(x)$ 的计算公式.

(1) 若 X 是离散型随机变量,则

$$F(x)=\begin{cases}0, & x<x_1,\\ p_1, & x_1\leqslant x<x_2,\\ p_1+p_2, & x_2\leqslant x<x_3,\\ \cdots & \\ p_1+p_2+\cdots+p_{i-1}, & x_{i-1}\leqslant x<x_i,\\ \cdots & \end{cases} \tag{2.22}$$

反之,对于任意实数 x,有

$$P\{X=x\}=F(x)-F(x^-)^{①}. \tag{2.23}$$

(2) 若 X 是连续型随机变量,则

$$F(x)=\int_{-\infty}^{x}f(x)\mathrm{d}x. \tag{2.24}$$

反之,在密度函数 $f(x)$ 的任意连续点 x 处,有

$$f(x)=\frac{\mathrm{d}F(x)}{\mathrm{d}x}. \tag{2.25}$$

显然,离散型随机变量的分布函数是的单调不减的、右连续阶跃函数②,连续型随机变量的分布函数则是单调不减的连续函数.

例 2.21 一只袋中有 6 个球,一个标有"-2"、三个标有"1"、两个标有"3".今从口袋中任取一个球,并以 X 记球上标有的数字,求 X 的分布函数.

解 X 的分布律为 $P\{X=-2\}=\frac{1}{6}$, $P\{X=1\}=\frac{1}{2}$, $P\{X=3\}=\frac{1}{3}$. 按公式

---

① $F(x^-)$ 表示 F 在 x 处的左极限.

② 各段函数皆为常数的分段函数称为阶跃函数.

(2.22)，X 的分布函数为

$$F(x)=\begin{cases}0, & x<-2,\\ \dfrac{1}{6}, & -2\leqslant x<1,\\ \dfrac{2}{3}, & 1\leqslant x<3,\\ 1, & x\geqslant 3.\end{cases}$$

其图像如图 2.13 所示.

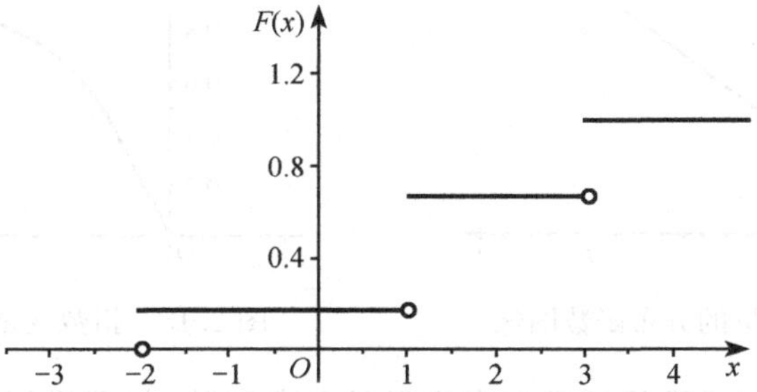

图 2.13　例 2.21 中的随机变量 X 的分布函数图像

分布律和分布函数都描述离散型随机变量的取值规律，只是前者比后者方便、直观.

例 2.22　求参数为 a,b 的均匀变量与参数为 λ 的指数变量的分布函数.

解　参数为 a,b 的均匀变量 X 的密度函数为

$$f(x)=\begin{cases}\dfrac{1}{b-a}, & a<x<b,\\ 0, & 其他.\end{cases}$$

注意到 $f(x)$ 是分段函数，三段的分界点 a,b 把 x 轴分成了三个区间：$(-\infty,a)$，$[a,b)$ 和 $[b,+\infty)$. 按公式(2.24)，则

当 $x<a$ 时，$F(x)=\int_{-\infty}^{x}f(t)\mathrm{d}t=\int_{-\infty}^{x}0\mathrm{d}t=0$；

当 $a\leqslant x<b$ 时，$F(x)=\int_{-\infty}^{x}f(t)\mathrm{d}t=\int_{-\infty}^{a}0\mathrm{d}t+\int_{a}^{x}\dfrac{1}{b-a}\mathrm{d}t=\dfrac{x-a}{b-a}$；

当 $x\geqslant b$ 时，$F(x)=\int_{-\infty}^{x}f(t)\mathrm{d}t=\int_{-\infty}^{a}0\mathrm{d}t+\int_{a}^{b}\dfrac{1}{b-a}\mathrm{d}t+\int_{b}^{x}0\mathrm{d}t=1$.

所以，参数为 a,b 的均匀变量的分布函数为

$$F(x)=\begin{cases}0, & x<a,\\ \dfrac{x-a}{b-a}, & a\leqslant x<b,\\ 1, & x\geqslant b.\end{cases}\qquad(2.26)$$

其图像如图 2.14 所示.

类似地,可求出参数为 λ 的指数变量的分布函数为

$$F(x)=\begin{cases}1-e^{-\lambda x}, & x>0,\\ 0, & x\leqslant 0.\end{cases} \tag{2.27}$$

其图像如图 2.15 所示.

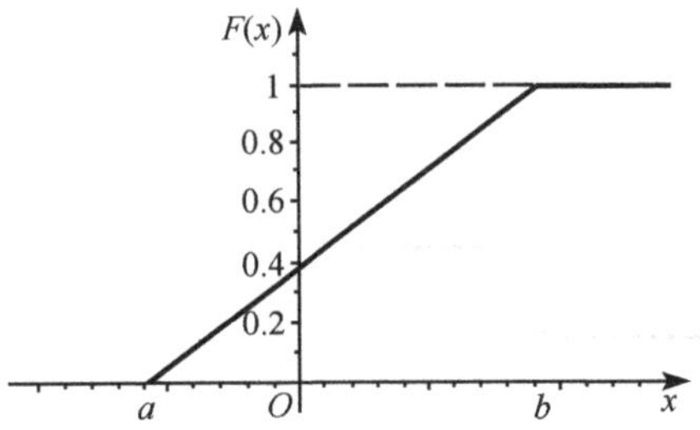

图 2.14 均匀变量的分布函数图像

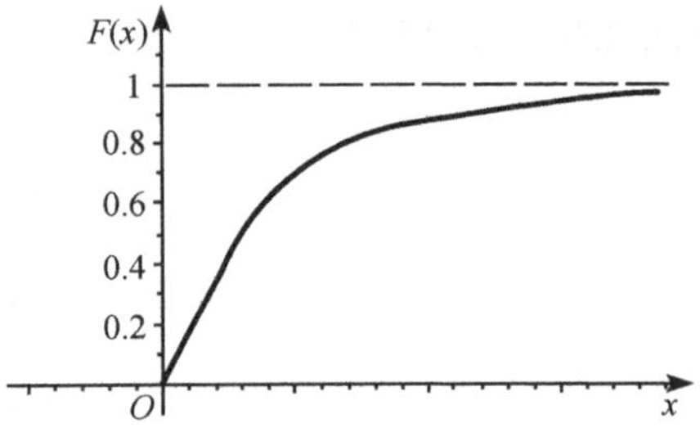

图 2.15 指数变量的分布函数图像

上节定义的 $\Phi(x)$ 既是标准正态变量的分布函数,其图像如图 2.16 所示.

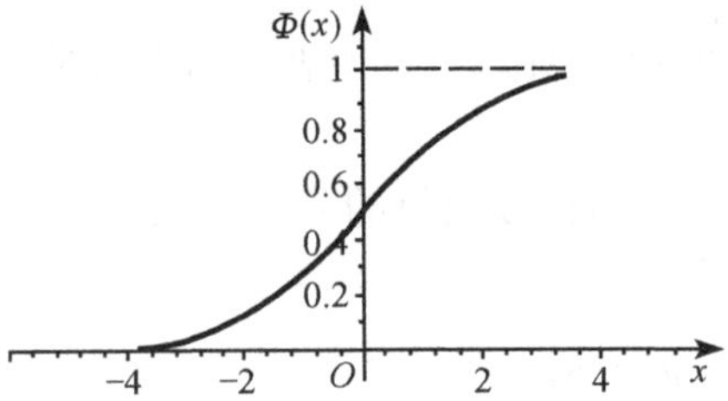

图 2.16 标准正态变量的分布函数图像

密度函数和分布函数都描述连续型随机变量的取值规律,只是前者比后者直观.

例 2.23* 随机变量 X 的绝对值不大于 1,且 $P\{X=-1\}=\frac{1}{8}$,$P\{X=1\}=\frac{1}{4}$,X 在区间 $(-1,1)$ 内任一子区间上取值的概率与该子区间的长度成正比,求 X 的分布函数.

解 依题意知,$P\{|X|\leqslant 1\}=1$,且对任意实数 $a,b(-1<a<b<1)$,有 $P\{a<X<b\}=k(b-a)$. 于是,由

$$P\{|X|\leqslant 1\}=P\{X=-1\}+P\{-1<X<1\}+P\{X=1\},$$

得

$$\frac{1}{8}+2k+\frac{1}{4}=1,\quad k=\frac{5}{16}.$$

显然 X 不是离散型随机变量,又因 $P\{X=1\}=\frac{1}{4}$,说明 X 也不是连续型随机变量,所以只能按式(2.21)求 X 的分布函数.

注意到 $-1,1$ 把 x 轴分为三个区间:$(-\infty,-1)$,$(-1,1)$ 和 $(1,+\infty)$,X 的分布函数为

$$F(x)=P\{X\leqslant x\}$$
$$=\begin{cases}0, & x<-1,\\ P\{X=-1\}+P\{-1<X\leqslant x\}, & -1\leqslant x<1,\\ 1, & x\geqslant 1\end{cases}$$
$$=\begin{cases}0, & x<-1,\\ \dfrac{1}{8}+\dfrac{5}{16}(x-(-1)), & -1\leqslant x<1,\\ 1, & x\geqslant 1\end{cases}$$
$$=\begin{cases}0, & x<-1,\\ \dfrac{5}{16}x+\dfrac{7}{16}, & -1\leqslant x<1,\\ 1, & x\geqslant 1.\end{cases}$$

X 既不是连续型的也不是离散型的随机变量,所以这个分布函数既不是阶跃函数也不是连续函数,仅是单调不减的右连续函数,其图像如图 2.17 所示. 像这种既不是连续型的也不是离散型的随机变量称为混合型随机变量.

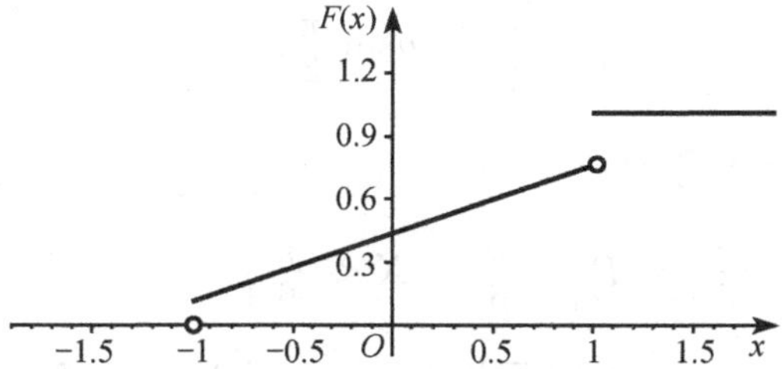

图 2.17 例 2.23 中的随机变量 X 的分布函数图像

分布函数 $F(x)$ 有以下性质:

(1) $0\leqslant F(x)\leqslant 1$;

(2) 对任意实数 $x_1,x_2(x_1<x_2)$,总有 $F(x_1)\leqslant F(x_2)$,即 $F(x)$ 是单调不减函数;

(3) $F(-\infty)=0,F(+\infty)=1$;

(4) $F(x^+)=F(x)$①,即 $F(x)$ 是右连续函数.

如果一个函数符合(1)~(4),则可以将其视为一个随机变量的分布函数.

与随机变量 X 的类型无关,利用其分布函数 $F(x)$ 总可以计算事件 $\{a<X\leqslant b\}$ 的概率,有

$$P\{a<X\leqslant b\}=P\{X\leqslant b\}-P\{X\leqslant a\}=F(b)-F(a). \qquad (2.28)$$

① $F(x^+)$ 表示 F 在 x 处的右极限.

进而可以计算

$$P\{a\leqslant X<b\}=P\{a^-<X\leqslant b^-\}=F(b^-)-F(a^-),$$
$$P\{X=a\}=P\{a^-<X\leqslant a\}=F(a)-F(a^-).$$

例 2.24 已知随机变量 X 的分布函数为

$$F(x)=\begin{cases}a, & x<0,\\ b\sin x, & 0\leqslant x\leqslant \dfrac{\pi}{2},\\ c, & x>\dfrac{\pi}{2},\end{cases}$$

求 $P\left\{|X|<\dfrac{\pi}{6}\right\}$.

解 因为 $F(-\infty)=0,F(+\infty)=1$ 及 $F(x)$ 在 $x=\frac{\pi}{2}$ 右连续,所以有

$$\begin{cases}a=0,\\ c=1,\\ c=b\sin\dfrac{\pi}{2}.\end{cases}$$

由此得 $a=0,b=1,c=1$. 于是

$$P\left\{|X|<\frac{\pi}{6}\right\}=P\left\{-\frac{\pi}{6}<X<\frac{\pi}{6}\right\}$$
$$=F\left(\left(\frac{\pi}{6}\right)^-\right)-F\left(-\frac{\pi}{6}\right)=\sin\frac{\pi}{6}-0=\frac{1}{2}.$$

例 2.25* 已知随机变量 X 的分布函数为

$$F(x)=\begin{cases}0, & x<1,\\ \dfrac{x}{2}, & 1\leqslant x<2,\\ 1, & x\geqslant 2.\end{cases}$$

试判断随机变量 X 的类型,并求 $P\{X=1\}$.

解 显然 X 不是离散型随机变量. 又因为 $F(1)\neq F(1^-)$,即 $F(x)$ 在 $x=1$ 处不连续,所以 X 也不是连续型随机变量. X 是混合型随机变量,

$$P\{X=1\}=P\{1^-<X\leqslant 1\}=F(1)-F(1^-)=\frac{1}{2}-0=\frac{1}{2}.$$

例 2.25 说明,不是阶跃函数的分布函数不一定是连续型随机变量的分布函数.

习 题 2.4

1. 写出分布函数的定义式以及离散与连续两种类型随机变量的分布函数计算公式.

2. 写出习题 2.2 第 3 题中的随机变量的分布函数.

3. 写出习题 2.2 第 15 题中的随机变量的分布函数.

4. 设随机变量 X 的密度函数 $f(x)=\begin{cases}2x, & 0<x<A,\\ 0, & \text{其他}.\end{cases}$ 求:(1)常数 A;(2)X 的分布函数.

5. 设随机变量 X 的密度函数为

$$f(x)=\begin{cases}x, & 0\leqslant x<1,\\ 2-x, & 1\leqslant x\leqslant 2,\\ 0, & \text{其他}.\end{cases}$$

求 X 的分布函数 $F(x)$,并计算概率 $P\{X=1\}$,$P\{0.5<X\leqslant 5\}$.

6. 设随机变量 X 的密度函数为 $f(x)=A\mathrm{e}^{-|x|}$,求 X 的分布函数.

7. 求与密度函数 $f(x)=\begin{cases}0.5\mathrm{e}^{x}, & x<0,\\ 0.25, & 0\leqslant x<2,\\ 0, & x\geqslant 2\end{cases}$ 对应的分布函数 $F(x)$的表达式.

8. 设随机变量 X 的分布函数

$$F(x)=\begin{cases}A+B\mathrm{e}^{-\frac{x^2}{2}}, & x>0,\\ 0, & x\leqslant 0.\end{cases}$$

(1)求常数 A,B;(2)求 $P\{-\sqrt{2}<X<\sqrt{2}\}$;(3)$X$ 是连续型随机变量吗? 如果是,则求 X 的密度函数.

9. 在区间$[0,a]$上任意投掷一个质点,设质点落在$[0,a]$内任意一小区间上的概率与小区间的长度成正比,若以 X 表示质点的坐标,试求 X 的分布函数.

10. 一个靶子是半径为 2m 的圆盘,设击中靶上同心圆盘上任意一点的概率与该圆盘的面积成正比,并且每次射击都能中靶.若以 X 表示弹着点与圆心的距离,试求 X 的分布函数.

11. 设 $F_1(x)$与 $F_2(x)$分别为随机变量 X_1 与 X_2 的分布函数,若 $F(x)=aF_1(x)-bF_2(x)$ 为随机变量的分布函数,则 a,b 应该满足什么条件?

12*. 设随机变量 X 的概率密度为 $\varphi(x)$,$\varphi(-x)=\varphi(x)$,$F(x)$是 X 的分布函数,则对任意实数 a,下列选项正确的是[　　].

(A) $F(-a)=1-\int_0^a\varphi(x)\mathrm{d}x$;　　(B) $F(-a)=\frac{1}{2}-\int_0^a\varphi(x)\mathrm{d}x$;

(C) $F(-a)=F(a)$;　　(D) $F(-a)=2F(a)-1$.

13*. 设 X_1 和 X_2 是任意两个连续型随机变量,它们的密度函数分别为 $f_1(x)$和 $f_2(x)$,分布函数分别为 $F_1(x)$和 $F_2(x)$,则下列选项正确的是[　　].

(A) $f_1(x)+f_2(x)$必为某一随机变量的密度函数;

(B) $f_1(x)f_2(x)$必为某一随机变量的密度函数;

(C) $F_1(x)+F_2(x)$必为某一随机变量的分布函数;

(D) $F_1(x)F_2(x)$必为某一随机变量的分布函数.

14*. 设随机变量 X 的分布函数为

$$F(x)=\begin{cases}0, & x<0,\\ \dfrac{1}{2}, & 0\leqslant x<1,\\ 1-\mathrm{e}^{-x}, & x\geqslant 1,\end{cases}$$

求 $P\{X=1\}$. X 是连续型随机变量吗?

15*. 函数 $F(x)=\begin{cases}c(1-x^2), & 0\leqslant x\leqslant 2,\\ 0, & \text{其他}\end{cases}$ 是分布函数吗? 说明理由.

§2.5 随机变量的函数的分布

在研究随机现象时,近代概率论广泛地使用着随机变量这个工具. 人们希望避免通过复杂又耗时费力的试验,而是通过简单、经济的方法,导出作为已知或已得到概率分布的随机变量的函数(也是随机变量)的概率分布. 例如,在分子运动中,希望由分子运动速度的绝对值变量 X 的概率分布推导出分子运动动能变量 $W=\frac{1}{2}mX^2$ 的概率分布. 希望由风速 V 的概率分布推导出飞机机翼所受压力 $F=kV^2(k>0$ 是常数)的概率分布. 希望由圆半径 R 的概率分布推导出圆面积 $A=\pi R^2$ 的概率分布,等等. 这即是随机变量的函数的分布问题.

随机变量的函数的分布问题的一般提法是:已知随机变量 X 的概率分布,求随机变量 $Y=g(X)$(g 是函数)的概率分布.

下面针对 X 是离散型的或连续型的随机变量,分别讨论 g 是连续函数或是非连续函数时,$Y=g(X)$的概率分布.

2.5.1 连续函数的分布

1. 随机变量是离散型的情形

如果 X 是离散型随机变量,那么由连续函数 g 所产生的随机变量 $Y=g(X)$ 也是离散型随机变量.

下面举例说明如何求离散型随机变量的函数的概率分布.

例 2.26 设随机变量 X 的分布律为

X	-1.5	-0.1	1.5	2.0	3.6
P	0.25	0.30	0.10	0.15	0.20

求 $Y=|X|$，$Z=(X-0.7)^2$ 和 $W=\max\{X,X^2\}$ 的分布律.

解 首先根据 X 的分布律列出下表：

P	0.25	0.30	0.10	0.15	0.20
X	-1.5	-0.1	1.5	2.0	3.6
$\lvert X\rvert$	1.5	0.1	1.5	2.0	3.6
$(X-0.7)^2$	4.84	0.64	0.64	1.69	8.41
$\max\{X,X^2\}$	2.25	0.01	2.25	4.00	12.96

合并相同取值项，即得 Y 的分布律为

Y	0.1	1.5	2.0	3.6
P	0.30	0.35	0.15	0.20

Z 的分布律为

Z	0.64	1.69	4.84	8.41
P	0.40	0.15	0.25	0.20

W 的分布律为

W	0.01	2.25	4.00	12.96
P	0.30	0.35	0.15	0.20

注意，如果有多个 $g(x_i)$ 的值相同，则把 X 取这些 x_i 的概率值 p_i 相加便得到 $Y=g(X)$ 取 $g(x_i)$ 的概率.

2. 随机变量是连续型的情形

如果 X 是连续型随机变量，那么由连续函数 g 所产生的随机变量 $Y=g(X)$ 是连续型随机变量.

设随机变量 X 的密度函数为 $f_X(x)$，则求 $Y=g(X)$ 的概率分布的一般方法是，利用 X 的密度函数 $f_X(x)$ 先求出 Y 的分布函数 $F_Y(y)$，然后对 $F_Y(y)$ 求导数即得到 Y 的密度函数 $f_Y(y)$. 具体步骤如下：

(1) 求 Y 的分布函数

$$F_Y(y)=P\{Y\leqslant y\}=P\{g(X)\leqslant y\}=\int_{g(x)\leqslant y}f_X(x)\mathrm{d}x,$$

其中 $\int_{g(x)\leqslant y}$ 表示在由 $g(x)\leqslant y$ 所决定的 x 取值区域上积分.

(2) 求 Y 的密度函数

$$f_Y(y)=\frac{\mathrm{d}F_Y(y)}{\mathrm{d}y}.$$

如果随机变量 X 的密度函数为 $f_X(x)$，X 的全部可能取值为区间 (a,b)①内的值，即 $f_X(x)$ 只在区间 (a,b) 内不为零，而函数 $y=g(x)$ 的一阶导数 $g'(x)$ 在 (a,b) 内大于零(或小于零)，那么按上面的步骤可以推导出随机变量 $Y=g(X)$ 的密度函数为

$$f_Y(y)=\begin{cases}f_X(h(y))\,|h'(y)|, & c<y<d,\\ 0, & \text{其他}.\end{cases} \tag{2.29}$$

其中 $x=h(y)$ 是 $y=g(x)$ 的反函数，$c=\min\{g(a),g(b)\}$，$d=\max\{g(a),g(b)\}$②.

例 2.27 设 $X\sim N(\mu,\sigma^2)$，求 $Y=aX+b$(其中 $a\neq 0$)的密度函数.

解 X 的密度函数为

$$f_X(x)=\frac{1}{\sqrt{2\pi}\sigma}\mathrm{e}^{-\frac{(x-\mu)^2}{2\sigma^2}}.$$

因为 $y'=(ax+b)'=a>0$(或 <0)，所以可以应用公式(2.29)，有 Y 的密度函数为

---

① 也可以为 $[a,b]$，$[a,b)$ 或 $(a,b]$.

② (1) 当 $g'(x)>0(a<x<b)$ 时，$y=g(x)(a<x<b)$ 有反函数 $x=h(y)(g(a)<y<g(b))$，$Y=g(X)$ 的全部可能取值为区间 $(g(a),g(b))$ 内的值. 且

当 $y\leqslant g(a)$ 时，$F_Y(y)=P\{Y\leqslant y\}=0$，$f_Y(y)=0$；

当 $g(a)<y<g(b)$ 时，$F_Y(y)=P\{Y\leqslant y\}=P\{g(X)\leqslant y\}=P\{X\leqslant h(y)\}=F_X(h(y))$，

$$f_Y(y)=f_X(h(y))h'(y);$$

当 $y\geqslant g(b)$ 时，$F_Y(y)=P\{Y\leqslant y\}=1$，$f_Y(y)=0$，

于是
$$f_Y(y)=\begin{cases}f_X(h(y))h'(y), & g(a)<y<g(b),\\ 0, & \text{其他}.\end{cases}$$

(2) 当 $g'(x)<0(a<x<b)$ 时，$y=g(x)(a<x<b)$ 有反函数 $x=h(y)(g(b)<y\ll g(a))$，$Y=g(X)$ 的全部可能取值为区间 $(g(b),g(a))$ 内的值. 且

当 $y\leqslant g(b)$ 时，$F_Y(y)=P\{Y\leqslant y\}=0$，$f_Y(y)=0$；

当 $g(b)<y<g(a)$ 时，$F_Y(y)=P\{Y\leqslant y\}=P\{g(X)\leqslant y\}=P\{X\geqslant h(y)\}=1-F_X(h(y))$，

$$f_Y(y)=-f_X(h(y))h'(y);$$

当 $y\geqslant g(a)$ 时，$F_Y(y)=P\{Y\leqslant y\}=1$，$f_Y(y)=0$，

于是
$$f_Y(y)=\begin{cases}-f_X(h(y))h'(y), & g(b)<y<g(a),\\ 0, & \text{其他}.\end{cases}$$

综上，只要 $g'(x)$ 在 (a,b) 内大于零或小于零，$Y=g(X)$ 的密度函数则为

$$f_Y(y)=\begin{cases}f_X(h(y))|h'(y)|, & c<y<d,\\ 0, & \text{其他}.\end{cases}$$

其中 $c=\min\{g(a),g(b)\}$，$d=\max\{g(a),g(b)\}$.

$$f_Y(y)=f_X\left(\frac{y-b}{a}\right)\left|\left(\frac{y-b}{a}\right)'\right|$$

$$=\frac{1}{|a|}f_X\left(\frac{y-b}{a}\right)=\frac{1}{\sqrt{2\pi}\,|a|\,\sigma}\mathrm{e}^{-\frac{[y-(a\mu+b)]^2}{2a^2\sigma^2}}.$$

例 2.27 的结果表明:若 $X\sim N(\mu,\sigma^2)$,则 $Y=aX+b(a\neq 0)\sim N(a\mu+b,a^2\sigma^2)$. 特别地,$Y=\dfrac{X-\mu}{\sigma}\sim N(0,1)$.

例 2.28 设 $X\sim f(x)=0.5\mathrm{e}^{-|x|}$,求 $Y=X^2$ 的密度函数.

解 在 $f(x)\neq 0$ 的 x 的取值范围 $(-\infty,+\infty)$ 内,$y'=(x^2)'=2x\not>0$ 且 $\not<0$,所以不能用式(2.29),而只能按一般方法求 $Y=X^2$ 的密度函数.

$F_Y(y)=P\{Y\leqslant y\}=P\{X^2\leqslant y\}$,

当 $y\leqslant 0$ 时,显然 $F_Y(y)=0$,故 $f_Y(y)=0$;

当 $y>0$ 时,$F_Y(y)=P\{-\sqrt{y}\leqslant X\leqslant\sqrt{y}\}=F_X(\sqrt{y})-F_X(-\sqrt{y})$,此时

$$f_Y(y)=\frac{\mathrm{d}F_Y(y)}{\mathrm{d}y}=\frac{1}{2\sqrt{y}}(f_X(\sqrt{y})+f_X(-\sqrt{y}))$$

$$=\frac{1}{2\sqrt{y}}(0.5\mathrm{e}^{-\sqrt{y}}+0.5\mathrm{e}^{-\sqrt{y}})=\frac{1}{2\sqrt{y}}\mathrm{e}^{-\sqrt{y}}.$$

所以 Y 的密度函数为

$$f_Y(y)=\begin{cases}\dfrac{1}{2\sqrt{y}}\mathrm{e}^{-\sqrt{y}}, & y>0,\\ 0, & y\leqslant 0.\end{cases}$$

2.5.2 非连续函数的分布

下面举例说明如何求由不连续函数 g 所产生的随机变量 $Y=g(X)$ 的概率分布.

例 2.29 设随机变量 $X\sim P(\lambda)$,随机变量 $Y=\begin{cases}0, & X\leqslant 1,\\ 1, & X>1,\end{cases}$ 求 Y 的概率分布.

解 X 是泊松变量,产生 Y 的函数显然是非连续函数. Y 只取 0,1,故是离散型随机变量,其分布律为

$$P\{Y=0\}=P\{X\leqslant 1\}=(1+\lambda)\mathrm{e}^{-\lambda},$$
$$P\{Y=1\}=P\{X>1\}=1-(1+\lambda)\mathrm{e}^{-\lambda}.$$

例 2.30 设随机变量 $X\sim N(0,1)$,随机变量 $Y=\begin{cases}-1, & X\leqslant 0,\\ 1, & X>0,\end{cases}$ 求 Y 的概率分布.

解 X 是连续型变量,但产生 Y 的函数是非连续函数. Y 只取 -1,1,故是离

散型随机变量,其分布律为

$$P\{Y=-1\}=P\{X\leqslant 0\}=0.5,\quad P\{Y=1\}=P\{X>0\}=0.5.$$

例 2.31* 设随机变量 $X\sim U[0,1]$,随机变量 $Y=\begin{cases}2X, & 0.25<X<0.75,\\ -1, & X\leqslant 0.25 \text{ 或 } X\geqslant 0.75,\end{cases}$ 求 Y 的概率分布.

解 X 是连续型变量,产生 Y 的函数是非连续函数. 由定义可知,Y 取 -1 和区间 $(0.5,1.5)$ 上的值,故 Y 既不是离散型的也不是连续型的随机变量,Y 的概率分布只能用 Y 的分布函数来表示.

当 $y<-1$ 时,$F_Y(y)=P\{Y\leqslant y\}=0$;

当 $-1\leqslant y<0.5$ 时,$F_Y(y)=P\{Y=-1\}=P\{X\leqslant 0.25\}+P\{X\geqslant 0.75\}=0.5$;

当 $0.5\leqslant y<1.5$ 时,

$$\begin{aligned}F_Y(y)&=P\{Y\leqslant y\}=P\{Y=-1\}+P\{0.5\leqslant Y\leqslant y\}\\&=0.5+P\{0.5\leqslant 2X\leqslant y\}=0.5+P\left\{0.25\leqslant X\leqslant \frac{y}{2}\right\}\\&=0.5+(0.5y-0.25)=0.5y+0.25;\end{aligned}$$

当 $y\geqslant 1.5$ 时,$F_Y(y)=1$.

综上,Y 的分布函数为

$$F_Y(y)=\begin{cases}0, & y<-1,\\ 0.5, & -1\leqslant y<0.5,\\ 0.5y+0.25, & 0.5\leqslant y<1.5,\\ 1, & y\geqslant 1.5.\end{cases}$$

例 2.32* 一设备开机后无故障工作的时间 X 服从指数分布. 设备定时开机,出现故障时自动关机,在无故障的情况下工作 2 个小时便关机. 求该设备每次开机后工作时间 Y 的概率分布.

解 设 $X\sim E(\lambda)$,则有

$$F_X(x)=\begin{cases}1-e^{-\lambda x}, & x>0,\\ 0, & x\leqslant 0.\end{cases}$$

根据题意可知 $Y=\min\{X,2\}$,据此不能确定 Y 的类型,故只有求 Y 的分布函数.

$$\begin{aligned}F_Y(y)&=P\{Y\leqslant y\}=P\{\min\{X,2\}\leqslant y\}\\&=\begin{cases}P\{X\leqslant y\}, & y<2,\\ 1, & y\geqslant 2\end{cases}=\begin{cases}F_X(y), & y<2,\\ 1, & y\geqslant 2\end{cases}\\&=\begin{cases}0, & y\leqslant 0,\\ 1-e^{-\lambda y}, & 0<y<2,\\ 1, & y\geqslant 2.\end{cases}\end{aligned}$$

注意到,$F_Y(y)$ 既不是阶跃函数也不是连续函数,说明 Y 是混合型随机变量.

习 题 2.5

1. 已知随机变量 X 的分布律为

X	-1	0	1	1.5
P	0.1	0.2	0.3	0.4

求 $Y=2X-1$ 与 $Z=X^2$ 的分布律.

2. 测量一个正方形的边长,结果是一个离散型随机变量 X(为方便起见把它看成是离散型的),分布律为

X	9	10	11	12
P	0.2	0.3	0.4	0.1

求该正方形的周长和面积的分布律.

3. 设 X 的密度函数为 $f(x)=\begin{cases}2x, & 0<x<1,\\ 0, & \text{其他.}\end{cases}$ 求 $Y=2X$, $Z=-X+1$ 和 $U=X^2$ 的密度函数.

4.(1) 设 $X\sim f(x)$,求 $Y=X^2$ 的密度函数;

(2) 设 $X\sim f(x)=\begin{cases}2x\mathrm{e}^{-x^2}, & x>0,\\ 0, & x\leqslant 0,\end{cases}$ 求 $Y=X^2$ 的密度函数.

5.(1) 设 $X\sim f(x)$,求 $Y=X^3$ 的密度函数;

(2) 设 $X\sim E(\lambda)$,求 $Y=X^3$ 的密度函数;

(3) 设 $X\sim E(1)$,求 $Y=\mathrm{e}^X$ 的概率密度.

6. 设 $X\sim U(0,1)$,求:

(1) $Y=3X+1$ 的密度函数;

(2) $Y=-2\ln X$ 的密度函数;

(3) $Y=\mathrm{e}^X$ 的密度函数.

7. 设 $X\sim N(0,1)$,求:

(1) $Y=\mathrm{e}^X$ 的密度函数;

(2) $Y=X^2$ 的密度函数;

(3) $Y=|X|$ 的密度函数.

8. 设随机变量 $X\sim f(x)=\begin{cases}|x|, & -1<x<1,\\ 0, & \text{其他.}\end{cases}$ 令 $Y=X^2+1$,求:(1) Y 的密度函数 $f_Y(y)$;(2) $P\left\{-1<Y<\dfrac{3}{2}\right\}$.

9. 对圆片直径进行测量,测量值 X 服从区间(5,6)上的均匀分布,求圆片面积 Y 的密度函数.

10*. 设随机变量 X 在区间$[-1,2]$上服从均匀分布,随机变量 $Y=\begin{cases}1, & X>0,\\ 0, & X=0,\\ -1, & X<0,\end{cases}$ 求随机

变量 Y 的分布律.

11*. 假设由自动生产线加工的某种零件的内径(单位:mm)服从正态分布 $N(11,1)$,内径小于 10 或大于 12 的为不合格品,其余为合格品. 销售每件合格品获利,销售每件不合格品则亏损. 已知销售利润 Y(单位:元)与销售零件的内径 X 有如下关系:

$$Y=\begin{cases}-1, & X<10,\\ 20, & 10\leqslant X\leqslant 12,\\ -5 & X>12.\end{cases}$$

求 Y 的分布律.

章末习题 2

1. 下面给出的数列哪些是随机变量的分布律? 说明理由.

(1) $P_i=\dfrac{i}{15}, i=0,1,2,3,4,5$;　　(2) $P_i=\dfrac{(5-i^2)}{6}, i=0,1,2,3$;

(3) $P_i=\dfrac{1}{4}, i=2,3,4,5$;　　(4) $P_i=\dfrac{i+1}{25}, i=1,2,3,4,5$.

2. 试确定常数 c,使 $P(X=i)=\dfrac{c}{2^i}(i=0,1,2,3,4)$ 为分布律,并求:$P\{X\leqslant 2\}$;$P\{0.5<X<2.5\}$.

3. 从正品率为 95%的一大批产品中任取一件产品进行检验,试用随机变量表示检验结果,并写出其概率分布.

4. 试分别用离散型分布的总和形式和连续型分布的积分形式分别表达概率 $P\{|X-a|>x\}$ 和 $P\{|X-a|\leqslant x\}$.

5. 火炮向某目标独立射击,每发炮弹命中目标的概率为 0.6,且只要命中一发目标就被摧毁. 今发射 4 发炮弹,求摧毁目标的概率. 若使目标被摧毁的概率达到 0.999 以上,则至少要发射多少发炮弹?

6. 已知随机变量 X 的概率密度 $f(x)=\begin{cases}2x, & 0<x<1,\\ 0 & 其他.\end{cases}$ 现对 X 进行 n 次独立的重复观测,并以 V_n 表示观测值不大于 0.1 的次数,求 V_n 的概率分布.

7. 某种生物出现畸形的概率为 0.001,如果在相同的环境中观察 5000 例,试按泊松分布近似计算至多有两例畸形的概率,并求最可能畸形例数.

8. 某试验成功的概率为 0.75,失败的概率为 0.25,若以 X 表示试验获得首次成功所进行的试验次数,写出 X 的分布律.

9. 袋中装有 1 个白球、4 个红球,每次从中任取一球,直到取出白球为止,试写出取球次数 X 的分布律. 假定取球方式为每次取出的红球不再放回,或者为每次取出的红球仍然放回.

10. 已知 $f(x)=\dfrac{K}{1+(x-a)^2}$($a$ 为常数)是概率密度函数,称为参数为 a 的柯西(Cauchy)分布,求常数 K.

11. 设 X 是区间 $(0,1)$ 中的随机数,试确定满足条件 $0<a<1$ 的数 a,使得随机抽取且可以重复的 4 个数的数值中至少有一个超过 a 的概率为 0.9.

12. 设顾客在某银行窗口等待服务的时间(单位:min)服从 $\lambda=0.2$ 的指数分布. 某顾客在窗口等待服务,若超过 10min,他就离开.

(1) 设某顾客某天去银行,求他未等到服务就离开的概率;

(2) 设某顾客一个月要去银行五次,求他五次中至多有一次未等到服务而离开的概率.

13. 某军事掩体的高度是按战士与掩体门顶撞头的概率在 0.01 以下设计的. 设战士身高服从参数 $\mu=165\text{cm}$, $\sigma=5\text{cm}$ 的正态分布,试确定掩体门的高度.

14. 设 $X\sim N(\mu,36)$, $Y\sim N(\mu,64)$, 记 $p_1=P\{X\leqslant\mu-6\}$, $p_2=P\{Y\geqslant\mu+8\}$, 则对任何实数 μ 都有[　　].

(A) $p_1=p_2$;　　(B) $p_1>p_2$;　　(C) $p_1<p_2$;　　(D) $p_1\neq p_2$.

15. 设随机变量 X 服从正态分布 $N(0,1)$, 对给定的 $\alpha\in(0,1)$, 数 u_α 满足 $P\{X>u_\alpha\}=\alpha$. 若 $P\{|X|<x\}=\alpha$, 则 x 等于[　　].

(A) $u_{\frac{\alpha}{2}}$;　　(B) $u_{1-\frac{\alpha}{2}}$;　　(C) $u_{\frac{1-\alpha}{2}}$;　　(D) $u_{1-\alpha}$.

16. 设随机变量 $X\sim f(x)=\begin{cases}\dfrac{A}{2\sqrt{x}}, & 0<x<1,\\ 0, & \text{其他}.\end{cases}$ 计算 $P\{X<0.64\,|\,0.25<X<1\}$, 求 X 的分布函数 $F(x)$, 画出 $F(x)$ 的图形.

17. 设随机变量 X 的密度函数为

$$f(x)=\begin{cases}1+x, & -1\leqslant x<0,\\ 1-x, & 0\leqslant x\leqslant 1,\\ 0, & \text{其他}.\end{cases}$$

求 X 的分布函数 $F(x)$.

18. 设随机变量 X 的分布函数为

$$F(x)=\begin{cases}A, & x\leqslant 0,\\ Bx^2, & 0<x\leqslant 1,\\ Cx-\dfrac{x^2}{2}-1, & 1<x\leqslant 2,\\ 1, & x>2.\end{cases}$$

(1) 求常数 A,B,C; (2) 求 $P\left\{X>\dfrac{1}{2}\right\}$; (3) X 是连续型随机变量吗? 如果是,则求 X 的密度函数.

19. 设随机变量 X 的密度函数为

$$f(x)=\begin{cases}\dfrac{1}{3}, & 0\leqslant x\leqslant 1,\\ \dfrac{2}{9}, & 3\leqslant x\leqslant 6,\\ 0, & \text{其他}.\end{cases}$$

若 k 使得 $P\{X\geqslant k\}=\dfrac{2}{3}$, 求 k 的取值范围.

20. 已知随机变量 X 的分布律为

X	-2	0	1	1.5	3
P	0.2	0.1	0.3	0.3	0.1

求 $X+2$、$-X+1$ 与 X^2 的分布律.

21. 设随机变量 X 服从参数为 2 的指数分布，证明：$Y=1-e^{-2X}$ 服从区间 $(0,1)$ 上的均匀分布.

22. 设随机变量 $X\sim f(x)=\begin{cases}\dfrac{2}{\pi(1+x^2)}, & x>0,\\ 0, & x\leqslant 0.\end{cases}$ 求 $Y=\ln X$ 的密度函数.

23. 设随机变量 X 的密度函数为

$$f_X(x)=\begin{cases}\dfrac{1}{2}, & -1<x<0,\\ \dfrac{1}{4}, & 0\leqslant x<2,\\ 0, & \text{其他}.\end{cases}$$

求 $Y=X^2$ 的密度函数.

24. 设随机变量 X 服从参数为 $\lambda=5$ 的指数分布，则随机变量 $Y=\min\{X,2\}$ 的分布函数是[ ].

(A) 连续函数； (B) 至少有两个间断点；

(C) 阶跃函数； (D) 恰好有一个间断点.

25*. 设随机变量 X 的分布函数为

$$F(x)=\begin{cases}0, & x<0,\\ cx^3, & 0\leqslant x<3,\\ 1, & x\geqslant 3.\end{cases}$$

若 $P\{X=3\}=0.1$，求常数 c. 问 X 是连续型随机变量吗？

第 3 章　二维随机变量及其分布

§3.1　多维随机变量的概念

在很多随机现象中，常会遇到试验结果需要同时用两个或更多个随机变量描述. 例如，为研究某地区学生的发育状况，要测量学生们的身高 H 和体重 W，H,W 就是用来描述学生发育状况的两个随机变量；某型号机器零件的质量检查，要求其口径 D 与重量 W 都得符合标准，D,W 就是描述零件质量的两个随机变量；又如炮弹弹着点的位置由三维坐标 (X,Y,Z) 确定，三个坐标 X,Y,Z 即是三个随机变量. 这种用于描述一个试验结果的多个随机变量称为多维随机变量. 一般地，由 n 个随机变量 $X,Y,\cdots,W$ 构成的 n 维随机变量记作 $(X,Y,\cdots,W)$.

研究多维随机变量，不仅要研究其中每一个随机变量的性质，更重要的是要研究随机变量之间的相关性质.

描述多维随机变量取值规律的方式仍有概率函数、概率分布表和概率分布图等，通常根据随机变量的维数与类型选择使用.

本章主要介绍二维随机变量，至于更多维情形可仿二维情形推得.

习　题　3.1

举出几个你所熟悉的能用多维随机变量来描述的社会或生活现象.

§3.2　二维离散型随机变量及其分布

如果 (X,Y) 的全部可能取值为可列对，那么 (X,Y) 就是二维离散型随机变量.

本节讨论二维离散型随机变量的联合分布律、边缘分布律、条件分布律与常见分布.

3.2.1　二维离散型随机变量的联合分布律

二维离散型随机变量 (X,Y) 的概率分布又叫 (X,Y) 的分布律或随机变量 X 与 Y 的联合分布律. 概率函数的一般形式为

$$f(x_i,y_j)=P\{X=x_i,Y=y_j\}=p_{ij}\text{①},\quad i,j=1,2,\cdots. \tag{3.1}$$

① 规定：$f(x,y)=P\{X=x,Y=y\}=0$，如果 (x,y) 不是 (X,Y) 的可能取值.

它表示(X,Y)的所有取值为$(x_i,y_j)(i,j=1,2,\cdots)$，且$(X,Y)$取$(x_i,y_j)$的概率为$p_{ij}$. 式中的$\{X=x_i,Y=y_j\}$表示事件“$X=x_i$”与事件“$Y=y_j$”的积事件.

概率分布表有“条形”表和“矩形”表两种. 条形概率分布表的一般形式为

(X,Y)	(x_1,y_1)	$\cdots$	(x_1,y_j)	$\cdots$	(x_i,y_1)	$\cdots$	(x_i,y_j)	$\cdots$
P	p_{11}	$\cdots$	p_{1j}	$\cdots$	p_{i1}	$\cdots$	p_{ij}	$\cdots$

矩形概率分布表的一般形式为

X \ Y	y_1	y_2	$\cdots$	y_j	$\cdots$
x_1	p_{11}	p_{12}	$\cdots$	p_{1j}	$\cdots$
x_2	p_{21}	p_{22}	$\cdots$	p_{2j}	$\cdots$
$\vdots$	$\vdots$	$\vdots$		$\vdots$	
x_i	p_{i1}	p_{i2}	$\cdots$	p_{ij}	$\cdots$
$\vdots$	$\vdots$	$\vdots$		$\vdots$	

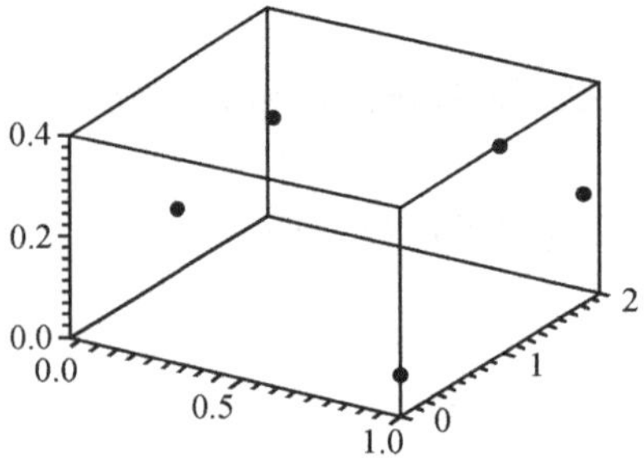

图 3.1 二维离散型随机变量的概率分布示意图

“条形”表能准确地描述(X,Y)的取值及其概率分布状况，而“矩形”表在描述(X,Y)的取值及其概率分布状况的同时，又能清楚地反映出X和Y各自的取值状况.

概率分布图是如图 3.1 所示的三维散点图.

联合分布律有如下性质：

(1) $p_{ij}\geqslant 0,i,j=1,2,\cdots$；

(2) $\sum\limits_i\sum\limits_j p_{ij}=1$.

根据联合分布律，可以计算任意事件的概率：

(1) (X,Y)取一对值(x,y)的概率为

$P\{X=x_i,Y=y_j\}=p_{ij}$，如果$(x,y)=(x_i,y_j)$；

$P\{X=x,Y=y\}=0$，如果$(x,y)\neq(x_i,y_j)(i,j=1,2,\cdots)$.

(2) (X,Y)的取值在区域G内的概率为

$$P\{(x,y)\in G\}=\sum_{(x_i,y_j)\in G}p_{ij}. \tag{3.2}$$

这里$\sum\limits_{(x_i,y_j)\in G}$表示对落在区域$G$中的$(X,Y)$取值的项求和.

例 3.1 已知二维随机变量(X,Y)只取四对值：$(0,0)$，$(-1,1)$，$\left(-1,\frac{1}{3}\right)$和

(2,0),且取它们的概率依次为$\frac{1}{6}$,$\frac{1}{3}$,$\frac{1}{12}$和$\frac{5}{12}$,则(X,Y)的分布律

(1) 用概率函数可表示为

$$P\{X=0,Y=0\}=\frac{1}{6},\quad P\{X=-1,Y=1\}=\frac{1}{3},$$

$$P\left\{X=-1,Y=\frac{1}{3}\right\}=\frac{1}{12},\quad P\{X=2,Y=0\}=\frac{5}{12}.$$

(2) 用条形概率分布表可表示为

(X,Y)	$(0,0)$	$(-1,1)$	$\left(-1,\frac{1}{3}\right)$	$(2,0)$
P	$\frac{1}{6}$	$\frac{1}{3}$	$\frac{1}{12}$	$\frac{5}{12}$

(3) 用矩形概率分布表可表示为

X \ Y	0	$\frac{1}{3}$	1
-1	—[①]	$\frac{1}{12}$	$\frac{1}{3}$
0	$\frac{1}{6}$	—	—
2	$\frac{5}{12}$	—	—

例 3.2 袋中装有 3 个红球和 2 个白球,从中任意取出 2 个球,若以 X 表示其中的红球数,以 Y 表示其中的白球数,(1)求 X 与 Y 的联合分布律;(2)求 $P\{X=1,Y=0\}$,$P\{X=1,Y=1\}$和 $P\{X\geqslant Y\}$.

解 这个取球试验有三个可能结果:{取出两个白球}、{取出红、白球各一个}和{取出两个红球}.取出两个白球时,$X=0,Y=2$;取出红、白球各一个时,$X=1,Y=1$;取出两个红球时,$X=2,Y=0$.

(1) X 与 Y 的联合分布律

用概率函数可表示为

$$P\{X=0,Y=2\}=\frac{C_3^0C_2^2}{C_5^2}=0.1,$$

$$P\{X=1,Y=1\}=\frac{C_3^1C_2^1}{C_5^2}=0.6,$$

$$P\{X=2,Y=0\}=\frac{C_3^2C_2^0}{C_5^2}=0.3.$$

① “—”表示这是非(X,Y)取值对,有别于概率为零的(X,Y)取值对.

用条形概率分布表可表示为

(X,Y)	$(0,2)$	$(1,1)$	$(2,0)$
P	0.1	0.6	0.3

用矩形概率分布表可表示为

X \ Y	0	1	2
0	0	0	0.1
1	0	0.6	0
2	0.3	0	0

(2) $(1,0)$不是(X,Y)的取值，故$P\{X=1,Y=0\}=0$；$(1,1)$是(X,Y)的取值，$P\{X=1,Y=1\}=0.6$.

满足$X\geqslant Y$的(X,Y)的取值有$(1,1)$和$(2,0)$，故

$$P\{X\geqslant Y\}=P\{X=1,Y=1\}+P\{X=2,Y=0\}=0.9.$$

3.2.2 边缘分布律与条件分布律

1. 边缘分布律

二维离散型随机变量(X,Y)的分量X和Y都是一维离散型随机变量，X的分布律和Y的分布律分别称为(X,Y)关于X的和关于Y的边缘分布律，常用概率函数和概率分布表表示.

由(X,Y)的分布律式(3.1)知，X的全部可能取值为$x_1,x_2,\cdots$，且

$$\begin{aligned}P\{X=x_i\}&=P\{X=x_i,-\infty<Y<+\infty\}\\&=\sum_j P\{X=x_i,Y=y_j\}=\sum_j p_{ij}\geqslant 0,\quad i=1,2,\cdots,\end{aligned}$$

$$\sum_i P\{X=x_i\}=\sum_i\sum_j p_{ij}=1,$$

所以

$$P\{X=x_i\}=\sum_j p_{ij}\triangleq p_{i\cdot},\quad i=1,2,\cdots \tag{3.3}$$

是(X,Y)关于X的边缘分布律.

同理，得(X,Y)关于Y的边缘分布律

$$P\{Y=y_j\}=\sum_i p_{ij}\triangleq p_{\cdot j},\quad j=1,2,\cdots \tag{3.4}$$

式(3.3)和式(3.4)所对应的边缘概率分布表分别为

X	x_1	x_2	$\cdots$	x_i	$\cdots$
P	$p_{1\cdot}$	$p_{2\cdot}$	$\cdots$	$p_{i\cdot}$	$\cdots$

与

Y	y_1	y_2	$\cdots$	y_i	$\cdots$
P	$p_{\cdot 1}$	$p_{\cdot 2}$	$\cdots$	$p_{\cdot i}$	$\cdots$

注意到,$p_{i\cdot}$ 是前述的联合概率分布表中 x_i 所在行的全部概率值的和,$p_{\cdot j}$ 则是 y_j 所在列的全部概率值的和.

显然,联合分布律决定边缘分布律.

例 3.3 袋中装有 3 个红球和 2 个白球,在其中随机地取两次,每次取一球.考虑两种取球方式:(1)有放回取球;(2)不放回取球.若以 X 记第一次取到的红球数,以 Y 记第二次取到的红球数,试就两种取球方式,求 X 与 Y 的联合分布律及边缘分布律.

解 (1) 有放回取球情形

根据题意可知 X,Y 均只取 0,1,X 与 Y 的联合分布律为

X \ Y	0	1
0	$\frac{2}{5}\times\frac{2}{5}$	$\frac{2}{5}\times\frac{3}{5}$
1	$\frac{3}{5}\times\frac{2}{5}$	$\frac{3}{5}\times\frac{3}{5}$

按公式(3.3)、(3.4)分别求得关于 X 的和关于 Y 的边缘分布律为

X	0	1
P	$\frac{2}{5}$	$\frac{3}{5}$

与

Y	0	1
P	$\frac{2}{5}$	$\frac{3}{5}$

(2) 不放回取球情形

X,Y 仍然只取 0,1,得 X 与 Y 的联合分布律为

X \ Y	0	1
0	$\frac{2}{5}\times\frac{1}{4}$	$\frac{2}{5}\times\frac{3}{4}$
1	$\frac{3}{5}\times\frac{2}{4}$	$\frac{3}{5}\times\frac{2}{4}$

关于 X 的和关于 Y 边缘分布律与(1)中的结果相同.

注意到,本题两种情形下的联合分布律不同,但边缘分布律相同,这说明边缘

分布律一般不能决定联合分布律.

2. 条件分布律

在第1章我们曾讨论过条件概率 $P(A|B)$，它表示在事件 B 发生的条件下事件 A 发生的概率. 将此概念运用到二维随机变量的研究中，便会产生随机变量的条件概率分布的概念. 二维离散型随机变量中的一个随机变量在另一个随机变量影响下，其取值的概率分布规律称为条件分布律.

如果 $p_{\cdot j}>0$，考虑条件概率

$$P\{X=x_i \mid Y=y_j\}=\frac{P\{X=x_i,Y=y_j\}}{P\{Y=y_j\}}=\frac{p_{ij}}{p_{\cdot j}},\quad j=1,2,\cdots. \tag{3.5}$$

由于 $\frac{p_{ij}}{p_{\cdot j}}\geqslant 0$ 且 $\sum\limits_i \frac{p_{ij}}{p_{\cdot j}}=1$，因而式(3.5)描述了在事件 $\{Y=y_j\}$ 发生的条件下随机变量 X 取值的概率分布规律，故称为在 $Y=y_j$ 条件下 X 的条件分布律.

同理，如果 $p_{i\cdot}>0$，则

$$P\{Y=y_j \mid X=x_i\}=\frac{P\{X=x_i,Y=y_j\}}{P\{X=x_i\}}=\frac{p_{ij}}{p_{i\cdot}},\quad j=1,2,\cdots \tag{3.6}$$

称为在 $X=x_i$ 条件下 Y 的条件分布律.

式(3.5)和式(3.6)所对应的条件分布律表为

$X\|Y=y_j$	x_1	x_2	$\cdots$	x_i	$\cdots$
P	$\frac{p_{1j}}{p_{\cdot j}}$	$\frac{p_{2j}}{p_{\cdot j}}$	$\cdots$	$\frac{p_{ij}}{p_{\cdot j}}$	$\cdots$

与

$Y\|X=x_i$	y_1	y_2	$\cdots$	y_j	$\cdots$
P	$\frac{p_{i1}}{p_{i\cdot}}$	$\frac{p_{i2}}{p_{i\cdot}}$	$\cdots$	$\frac{p_{ij}}{p_{i\cdot}}$	$\cdots$

显然，$\frac{p_{ij}}{p_{\cdot j}}(i=1,2,\cdots)$ 是边缘分布值 $p_{\cdot j}$ 除联合分布律表中 y_j 所在列各概率值的结果，$\frac{p_{ij}}{p_{i\cdot}}(j=1,2,\cdots)$ 则是边缘分布值 $p_{i\cdot}$ 除联合分布律表中 x_i 所在行各概率值的结果.

例 3.4 考虑例3.3中的二维随机变量 (X,Y)，就不放回取球情形，求在 $Y=0$ 条件下 X 的条件分布律与在 $X=1$ 条件下 Y 的条件分布律.

解 根据例3.3中已得出的 (X,Y) 的联合分布律，按(3.5)式计算，得在 $Y=0$ 条件下 X 的条件分布律为

$$P\{X=0 \mid Y=0\}=\frac{\frac{1}{10}}{\frac{2}{5}}=\frac{1}{4},\quad P\{X=1 \mid Y=0\}=\frac{\frac{3}{10}}{\frac{2}{5}}=\frac{3}{4}.$$

按式(3.6)计算，得在 $X=1$ 条件下随机变量 Y 的条件分布律为

$$P\{Y=0 \mid X=1\}=\frac{\frac{3}{10}}{\frac{3}{5}}=\frac{1}{2},\quad P\{Y=1 \mid X=1\}=\frac{\frac{3}{10}}{\frac{3}{5}}=\frac{1}{2}.$$

即

$X\|Y=0$	0	1
P	$\frac{1}{4}$	$\frac{3}{4}$

与

$Y\|X=1$	0	1
P	$\frac{1}{2}$	$\frac{1}{2}$

3.2.3* 常见的二维离散型随机变量及其分布

1. 三项变量及其分布

三项变量与重复独立试验有关.进行 n 次重复独立试验，每次试验中不相容事件 A_1 与 A_2 出现的概率分别为 p_1 和 p_2，A_1，A_2 都不出现的概率为 $1-p_1-p_2$.记 A_1 出现的次数为 X，A_2 出现的次数为 Y，那么事件 A_1 与 A_2 分别发生 $i,j(0\leqslant i+j\leqslant n)$次的概率为

$$p_n(i,j)=\mathrm{C}_n^i\mathrm{C}_{n-i}^j p_1^i p_2^j(1-p_1-p_2)^{n-i-j}.$$

注意到，$\mathrm{C}_n^i\mathrm{C}_{n-i}^j p_1^i p_2^j r^{n-i-j}$ 恰好是三项式$(p_1+p_2+r)^n$ 展开式中的一般项，因此表示 n 次重复独立试验中不相容事件 A_1 与 A_2 发生次数的随机变量(X,Y)称为三项变量，其分布律

$$P\{X=i,Y=j\}=\mathrm{C}_n^i\mathrm{C}_{n-i}^j p_1^i p_2^j(1-p_1-p_2)^{n-i-j},$$
$$i,j=0,1,\cdots,n(i+j\leqslant n) \tag{3.7}$$

称为参数为 n,p_1,p_2 的三项分布，并记$(X,Y)\sim T(n,p_1,p_2)$.

例 3.5 某工艺过程是这样控制的：产品尺寸超过容许上限的概率为 $p_1=0.06$，超过容许下限的概率为 $p_2=0.02$，落在容许限内的概率为 $1-p_1-p_2=0.92$.问这样生产的 100 件产品中有 n_1 件超过容许上限和 n_2 件容许下限的概率是多少?

解 以 X_1，X_2 分别记 100 件产品中超过容许上限的件数和超过容许下限的件数，题意表明(X_1,X_2)服从参数为 100，0.06，0.02 的三项分布，因而

$$P\{X_1=n_1,X_2=n_2\}=\mathrm{C}_{100}^{n_1}\mathrm{C}_{100-n_1}^{n_2}0.06^{n_1}\times 0.02^{n_2}\times 0.92^{100-n_1-n_2}.$$

式中 $n_1,n_2=0,1,\cdots,100$，且 $n_1+n_2\leqslant 100$.

2. 二维超几何变量及其分布

二维超几何概型：有 N 件产品，其中 M_1 件为一等品、M_2 件为二等品.从中抽

取 n 件，则抽取出的一等品件数 X 与二等品件数 Y 的联合分布律

$$P\{X=i,Y=j\}=\frac{C_{M_1}^{i}C_{M_2}^{j}C_{N-M_1-M_2}^{n-i-j}}{C_N^n},$$

$$i=h_1,h_1+1,\cdots,h_2,\quad j=l_1,l_2+1,\cdots,l_2(n-(N-M_1-M_2)\leqslant i+j\leqslant n)\tag{3.8}$$

称为参数为 N,M_1,M_2,n 的二维超几何分布，记作 $(X,Y)\sim H(N,M_1,M_2,n)$，其中 $h_1=\max\{0,n-(N-M_1)\}$，$l_1=\max\{0,n-(N-M_2)\}$，$h_2=\min\{n,M_1\}$，$l_2=\min\{n,M_2\}$．(X,Y) 则称为二维超几何变量．

例 3.6 袋中装有 2 个红球、3 个白球和 2 个黑球，从中任意取出 3 个球，若以 X,Y 分别表示取出的红球与白球的个数，那么 (X,Y) 服从参数为 7,2,3,3 的二维超几何分布，其分布律为

$$P\{X=i,Y=j\}=\frac{C_2^iC_3^jC_2^{3-i-j}}{C_7^3},$$

$$i=0,1,2,\quad j=0,1,2,3(1\leqslant i+j\leqslant 3).$$

这两种二维离散型随机变量的分布律容易推广到二维以上的情形．

习　题　3.2

1. 袋中装有 3 个球，分别标有数字 1,2,2. 从袋中顺次取两次球，每次任取一个. 以 X,Y 分别记第一、二次取到的球上的数字，试就有放回和不放回两种取球方式，写出 (X,Y) 的分布律.

2. 袋中装有 1 个红球、2 个黑球和 3 个白球. 现从袋中取两次，每次取一个球，以 X,Y,Z 分别表示两次取球所取得的红球、黑球与白球的个数. 若每次取出的球(1)立即放回袋中，再取下一个；或者(2)不放回袋中，接着取下一个，试就这两种取球方式，写出 (X,Y) 的概率分布律，求 $P\{X=1|Z=0\}$.

3. 将一硬币连掷三次，以 X 表示在三次中出现正面的次数，以 Y 表示三次中出现正面的次数与出现反面的次数之差的绝对值，试写出 X 与 Y 的联合分布律.

4. 以 X 表示在整数 1,2,3,4 中随机取的一个值，以 Y 表示在整数 $1\sim X$ 中随机取的另一个值，求 (X,Y) 的分布律.

5. 一射手射击命中目标的概率为 $p(0<p<1)$，射击进行到击中目标两次为止. 设以 X 表示第一次击中目标所进行的射击次数，以 Y 表示总共进行的射击次数，试求 X 与 Y 的联合分布律.

6. 对本节习题中第 1 题～第 4 题，求边缘分布律.

7. 设随机变量 U 在区间 $[-2,2]$ 上服从均匀分布，随机变量

$$X=\begin{cases}-1, & 若\ U\leqslant -1,\\ 1, & 若\ U>-1.\end{cases}\qquad Y=\begin{cases}-1, & 若\ U\leqslant 1,\\ 1, & 若\ U>1.\end{cases}$$

求 X 与 Y 的联合分布律.

8. 设 A,B 为随机事件，且 $P(A)=\frac{1}{4}$，$P(B|A)=\frac{1}{3}$，$P(A|B)=\frac{1}{2}$，令

$$X=\begin{cases}1, & A\text{发生},\\0, & A\text{不发生},\end{cases}\quad Y=\begin{cases}1, & B\text{发生},\\0, & B\text{不发生}.\end{cases}$$

求随机变量(X,Y)的分布律.

9. 已知随机变量 X_1，X_2 的分布律为

$$X_1\sim\begin{pmatrix}-1 & 0 & 1\\ \frac{1}{4} & \frac{1}{2} & \frac{1}{4}\end{pmatrix},\quad X_2\sim\begin{pmatrix}0 & 1\\ \frac{1}{2} & \frac{1}{2}\end{pmatrix},$$

且 $P\{X_1X_2=0\}=1$，求 X_1 与 X_2 的联合分布律.

10. 设二维离散型随机变量(X,Y)的分布律为

X \ Y	−2	−1	0	1	2
1	0.02	0.10	0.05	0.08	0.01
2	0	0.03	0.11	0.15	0.20
3	0.08	0	0.06	0.04	0.07

求：(1)关于 X 和关于 Y 的边缘分布律；(2)在 $X=1$ 条件下 Y 的条件分布律和在 $Y=0$ 条件下 X 的条件分布律；(3)$P\{X>Y\}$，$P\{X+Y=0\}$.

11. 已知随机变量 X 服从参数为 $p=0.6$ 的 0-1 分布，且在 $X=0$ 与 $X=1$ 条件下随机变量 Y 的条件分布律分别为

$Y\|X=0$	1	2	3
P	$\frac{1}{4}$	$\frac{1}{2}$	$\frac{1}{4}$

与

$Y\|X=1$	1	2	3
P	$\frac{1}{2}$	$\frac{1}{6}$	$\frac{1}{3}$

求(X,Y)的分布律.

§3.3 二维连续型随机变量及其分布

本节讨论二维连续型随机变量的联合密度函数、边缘密度函数、条件密度函数与常见分布.

3.3.1 二维连续型随机变量的联合概率密度函数

描述二维连续型随机变量的概率函数类似于刻画物体质量的"面密度"函数.

如果存在二维实空间 $\mathbf{R}^2$ 上的一个非负可积函数 $f(x,y)$，使二维随机变量(X,Y)在任意二维区域上取值的概率为

$$P\{(X,Y)\in G\}=\iint_G f(x,y)\mathrm{d}\sigma, \tag{3.9}$$

那么(X,Y)是二维连续型随机变量. 这里的非负函数 $f(x,y)$即是描述二维连续型随机变量(X,Y)取值规律的概率函数，称为(X,Y)的概率密度函数，简称密度函

数,并记$(X,Y)\sim f(x,y)$.

(X,Y)的概率密度函数又称为随机变量X与Y的联合概率密度函数,简称联合密度函数.

从几何上看,(X,Y)在区域G上取值的概率等于以G为底、以$z=f(x,y)$为高的曲顶柱体的体积.

密度函数$f(x,y)$有如下性质:

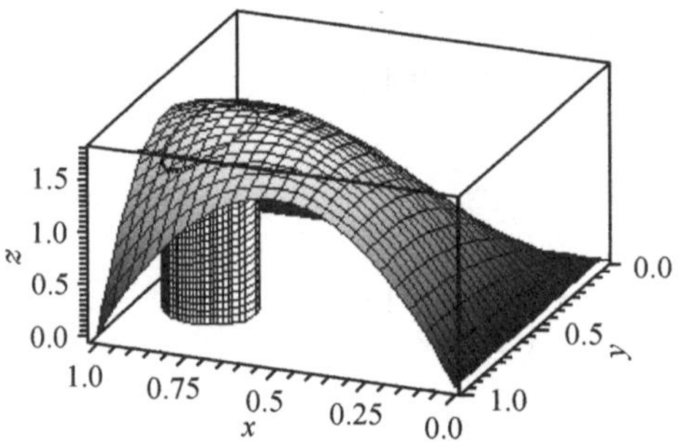

图 3.2 式(3.9)的几何解释

(1) $f(x,y)\geqslant 0$;

(2) $\int_{-\infty}^{+\infty}\int_{-\infty}^{+\infty}f(x,y)\mathrm{d}x\mathrm{d}y=1$.

在几何意义上,曲面$z=f(x,y)$总位于xOy坐标面z轴正方向一侧,它与xOy坐标平面所围成的曲顶柱体的体积恒为1.

根据密度函数,可以计算任意事件的概率:

(1) (X,Y)取任意一对值(x,y)的概率为0,即$P\{X,=x,Y=y\}=0$.

(2) (X,Y)的取值在任意一条曲线(包括直线)上的概率为0.

(3) (X,Y)的取值落在内部非空的区域G内概率为

$$P\{(X,Y)\in G\}=\iint_G f(x,y)\mathrm{d}\sigma. \tag{3.10}$$

特别地,当$G=\{(x,y)\,|\,a<x\leqslant b,c<y\leqslant d\}$时,有

$$P\{a<X\leqslant b,c<Y\leqslant d\}=\int_c^d\int_a^b f(x,y)\mathrm{d}x\mathrm{d}y. \tag{3.11}$$

因为密度函数多是分段函数,以及G可能为多个区域的并集,所以计算概率的积分经常为分区域积分.

例 3.7 设随机变量(X,Y)的密度函数为(图3.3)

$$f(x,y)=\begin{cases}c\mathrm{e}^{-(x+y)}, & 0<x<1,y>0,\\ 0, & \text{其他.}\end{cases}$$ ①

确定常数c,并求$P\{Y<2\}$和$P\{X-Y\leqslant 0\}$.

解 因$f(x,y)\geqslant 0$,可见$c\geqslant 0$.另由$\int_{-\infty}^{+\infty}\int_{-\infty}^{+\infty}f(x,y)\mathrm{d}x\mathrm{d}y=1$,有

$$c\int_0^1\mathrm{e}^{-x}\int_0^{+\infty}\mathrm{e}^{-y}\mathrm{d}y\mathrm{d}x=1,$$

$$c(1-\mathrm{e}^{-1})=1.$$

---

① 规定:$f(x,y)=0$,如果(x,y)不是(X,Y)的可能取值.

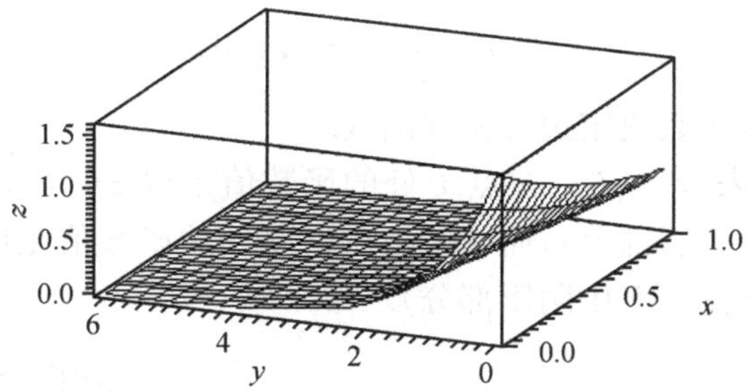

图 3.3 例 3.7 中的随机变量(X,Y)的密度函数图像

由此得 $c=\dfrac{1}{1-e^{-1}}$.

$$P\{Y<2\}=\int_{-\infty}^{+\infty}\int_{-\infty}^{2}f(x,y)\mathrm{d}y\mathrm{d}x=\int_0^1\int_0^2\frac{1}{1-e^{-1}}e^{-(x+y)}\mathrm{d}y\mathrm{d}x=1-e^{-2}.$$

$$P\{X-Y\leqslant 0\}=\int_{-\infty}^{+\infty}\int_{x}^{+\infty}f(x,y)\mathrm{d}y\mathrm{d}x=\int_0^1\int_x^{+\infty}\frac{1}{1-e^{-1}}e^{-(x+y)}\mathrm{d}y\mathrm{d}x$$

$$=\frac{1}{1-e^{-1}}\int_0^1 e^{-2x}\mathrm{d}x=\frac{1-e^{-2}}{2(1-e^{-1})}.$$

3.3.2 边缘概率密度函数与条件概率密度函数

1. 边缘概率密度函数

二维连续型随机变量(X,Y)的分量 X 和 Y 是一维连续型随机变量，X，Y 的概率分布常用概率函数表示，称为(X,Y)关于 X 和关于 Y 的边缘概率密度函数，简称边缘密度函数.

设(X,Y)的密度函数为 $f(x,y)$，那么对任意实数 a，$b(a<b)$，总有

$$P\{a<X\leqslant b\}=P\{a<X\leqslant b,-\infty<Y<+\infty\}$$
$$=\int_a^b\left(\int_{-\infty}^{+\infty}f(x,y)\mathrm{d}y\right)\mathrm{d}x,$$

且

$$\int_{-\infty}^{+\infty}f(x,y)\mathrm{d}y\geqslant 0,\quad \int_{-\infty}^{+\infty}\left(\int_{-\infty}^{+\infty}f(x,y)\mathrm{d}y\right)\mathrm{d}x=1.$$

所以

$$f_X(x)=\int_{-\infty}^{+\infty}f(x,y)\mathrm{d}y \tag{3.12}$$

是(X,Y)关于 X 的边缘密度函数.

同理，得(X,Y)关于 Y 的边缘密度函数

$$f_Y(y)=\int_{-\infty}^{+\infty}f(x,y)\mathrm{d}x. \tag{3.13}$$

显然，联合密度函数决定边缘密度函数.

从几何意义上来看，$f_X(x)$在点 $\hat{x}$ 处的函数值是以 $z=f(\hat{x},y)$为曲边的曲边梯形面积(图 3.4 中阴影部分)，而 $f_Y(y)$在点 $\hat{y}$ 处的函数值是以 $z=f(x,\hat{y})$为曲边的曲边梯形面积(图 3.5 中阴影部分).

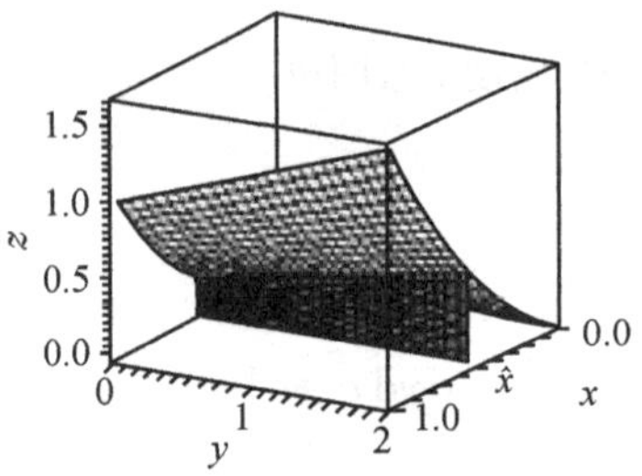

图 3.4 关于 X 的边缘密度函数值示意图

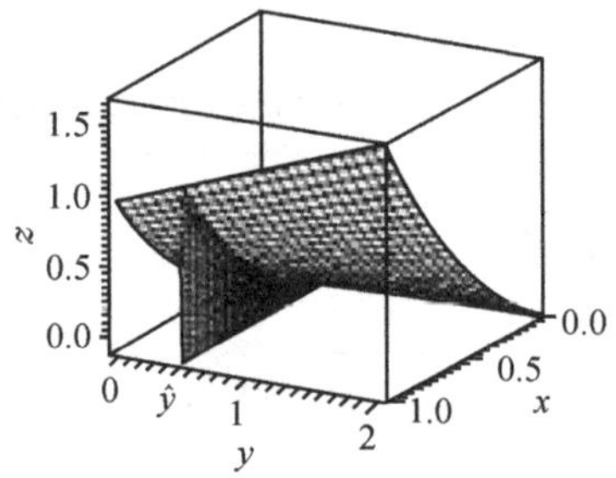

图 3.5 关于 Y 的边缘密度函数值示意图

例 3.8 考虑例 3.7 中的二维随机变量(X,Y)，求边缘密度函数 $f_X(x)$和 $f_Y(y)$.

解 (X,Y)的密度函数为

$$f(x,y)=\begin{cases}\dfrac{1}{1-\mathrm{e}^{-1}}\mathrm{e}^{-(x+y)}, & 0<x<1,y>0,\\ 0, & \text{其他}.\end{cases}$$

$x=0$ 和 $x=1$ 把 x 轴分为三个区间：$(-\infty,0]$，$(0,1)$和$[1,+\infty)$.

当$-\infty<x\leqslant 0$ 或 $1\leqslant x<+\infty$时，$f(x,y)=0$，$f_X(x)=\int_{-\infty}^{+\infty}f(x,y)\mathrm{d}y=0$；

当 $0<x<1$ 时，

$$f_X(x)=\int_{-\infty}^{+\infty}f(x,y)\mathrm{d}y=\frac{\mathrm{e}^{-x}}{1-\mathrm{e}^{-1}}\left[\int_{-\infty}^{0}0\mathrm{d}y+\int_{0}^{+\infty}\mathrm{e}^{-y}\mathrm{d}y\right]=\frac{\mathrm{e}^{-x}}{1-\mathrm{e}^{-1}}.$$

所以(X,Y)关于 X 的边缘密度函数为

$$f_X(x)=\begin{cases}\dfrac{\mathrm{e}^{-x}}{1-\mathrm{e}^{-1}}, & 0<x<1,\\ 0, & \text{其他}.\end{cases}$$

又 $y=0$ 把 y 轴分为两个区间：$(-\infty,0]$和$(0,+\infty)$.

当 $y\leqslant 0$ 时，$f(x,y)=0$，$f_Y(y)=\int_{-\infty}^{+\infty}f(x,y)\mathrm{d}x=0$；

当 $y>0$ 时，

$$f_Y(y)=\int_{-\infty}^{+\infty}f(x,y)\mathrm{d}x=\frac{\mathrm{e}^{-y}}{1-\mathrm{e}^{-1}}\left[\int_{-\infty}^{0}0\mathrm{d}x+\int_{0}^{1}\mathrm{e}^{-x}\mathrm{d}x+\int_{1}^{+\infty}0\mathrm{d}x\right]=\mathrm{e}^{-y}.$$

所以(X,Y)关于 Y 的边缘密度函数为

$$f_Y(y)=\begin{cases}\mathrm{e}^{-y}, & y>0,\\ 0, & y\leqslant 0.\end{cases}$$

例 3.9　已知二维随机变量(X,Y)的密度函数为

$$f(x,y)=\begin{cases}24(1-x)y, & 0\leqslant x\leqslant 1,0\leqslant y\leqslant x,\\ 0, & \text{其他}.\end{cases}$$

求(X,Y)关于 X 与关于 Y 的边缘密度函数.

解　当$-\infty<x<0$ 或 $1<x<+\infty$时，$f(x,y)=0$，　$f_X(x)=0$；

当 $0\leqslant x\leqslant 1$ 时，

$$f_X(x)=\int_{-\infty}^{+\infty}f(x,y)\mathrm{d}y=\int_{0}^{x}24(1-x)y\mathrm{d}y=12x^2(1-x).$$

所以(X,Y)关于 X 的边缘密度函数为

$$f_X(x)=\begin{cases}12x^2(1-x), & 0\leqslant x\leqslant 1,\\ 0, & \text{其他}.\end{cases}$$

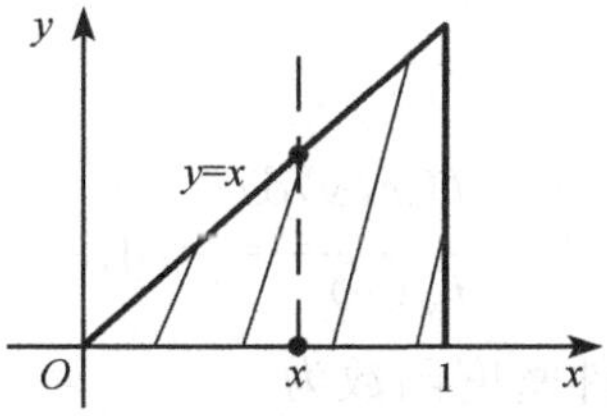

(a) 当 $0\leqslant x\leqslant 1$ 时的积分限图示

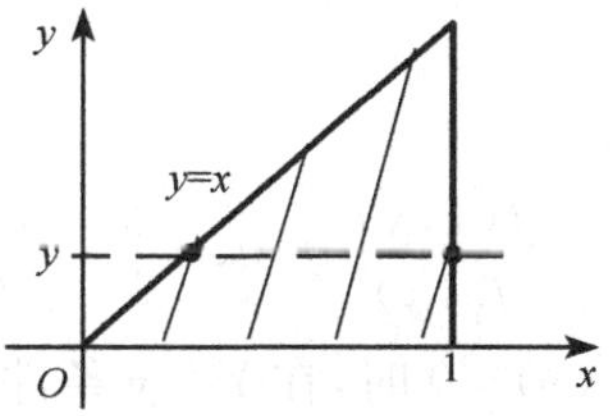

(b) 当 $0\leqslant y\leqslant 1$ 时的积分限图示

图 3.6　计算例 3.9 中的边缘密度函数时的积分限图示

当$-\infty<y<0$ 或 $1<y<+\infty$时，$f(x,y)=0$，　$f_Y(y)=0$；

当 $0\leqslant y\leqslant 1$ 时，

$$f_Y(y)=\int_{-\infty}^{+\infty}f(x,y)\mathrm{d}x=\int_{y}^{1}24(1-x)y\mathrm{d}x=12y(1-y)^2.$$

所以(X,Y)关于 Y 的边缘密度函数为

$$f_Y(y)=\begin{cases}12y(1-y)^2, & 0\leqslant y\leqslant 1,\\ 0, & \text{其他}.\end{cases}$$

2. 条件概率密度函数

设二维连续型随机变量(X,Y)的密度函数为$f(x,y)$，那么在$Y=y$条件下X的概率分布与在$X=x$条件下Y的概率分布称为(X,Y)的条件概率分布. 条件概率分布常用概率函数表示，称为条件概率密度函数，简称条件密度函数.

将在$Y=y$条件下事件$\{a<X\leqslant b\}$发生的概率记作$P\{a<X\leqslant b|Y=y\}$，在$Y=y$条件下X的条件密度函数记作$f_{X|Y}(x|y)$，那么对于任意实数$a,b(a<b)$及y，只要$f_Y(y)>0$，总有

$$\begin{aligned}P\{a<X\leqslant b\mid Y=y\}&=\lim_{\Delta y\to 0^+}P\{a<X\leqslant b\mid y-\Delta y<Y\leqslant y\}\\&=\lim_{\Delta y\to 0^+}\frac{P\{a<X\leqslant b,y-\Delta y<Y\leqslant y\}}{P\{y-\Delta y<Y\leqslant y\}}\\&=\lim_{\Delta y\to 0^+}\frac{\int_a^b\int_{y-\Delta y}^y f(x,u)\mathrm{d}u\mathrm{d}x}{\int_{-\infty}^{+\infty}\int_{y-\Delta y}^y f(x,u)\mathrm{d}u\mathrm{d}x}\\&=\frac{\int_a^b f(x,y)\mathrm{d}x}{\int_{-\infty}^{+\infty}f(x,y)\mathrm{d}x}=\frac{\int_a^b f(x,y)\mathrm{d}x}{f_Y(y)}=\int_a^b\frac{f(x,y)}{f_Y(y)}\mathrm{d}x,\end{aligned}$$

且

$$\frac{f(x,y)}{f_Y(y)}\geqslant 0,\quad \int_{-\infty}^{+\infty}\frac{f(x,y)}{f_Y(y)}\mathrm{d}x=\frac{\int_{-\infty}^{+\infty}f(x,y)\mathrm{d}x}{f_Y(y)}=1.$$

所以，当$f_Y(y)>0$时，在$Y=y$条件下X的条件密度函数为

$$f_{X|Y}(x|y)=\frac{f(x,y)}{f_Y(y)}. \tag{3.14}$$

同理，当$f_X(x)>0$时，在$X=x$条件下Y的条件密度函数为

$$f_{Y|X}(y|x)=\frac{f(x,y)}{f_X(x)}. \tag{3.15}$$

例 3.10 考虑例 3.9 中的二维随机变量(X,Y)，求条件密度函数$f_{X|Y}(x|y)$和$f_{Y|X}(y|x)$.

解 由例 3.9 知，(X,Y)的密度函数及其边缘密度函数分别为

$$f(x,y)=\begin{cases}24(1-x)y, & 0\leqslant x\leqslant 1,0\leqslant y\leqslant x,\\ 0, & \text{其他},\end{cases}$$

$$f_X(x)=\begin{cases}12x^2(1-x), & 0\leqslant x\leqslant 1,\\ 0, & \text{其他}\end{cases}$$

和

$$f_Y(y)=\begin{cases}12y(1-y)^2, & 0\leqslant y\leqslant 1,\\ 0, & \text{其他}.\end{cases}$$

当 $f_Y(y)>0$，即当 $0<y<1$ 而 $f_Y(y)=12y(1-y)^2$ 时，按式(3.14)得在 $Y=y$ 条件下 X 的条件密度函数为

$$f_{X|Y}(x\mid y)=\frac{f(x,y)}{f_Y(y)}=\begin{cases}\dfrac{2(1-x)}{(1-y)^2}, & y\leqslant x\leqslant 1,\\ 0, & \text{其他}.\end{cases}$$

当 $f_X(x)>0$，即当 $0<x<1$ 而 $f_X(x)=12x^2(1-x)$ 时，按式(3.15)得在 $X=x$ 条件下 Y 的条件密度函数为

$$f_{Y|X}(y\mid x)=\frac{f(x,y)}{f_X(x)}=\begin{cases}\dfrac{2y}{x^2}, & 0\leqslant y\leqslant x,\\ 0, & \text{其他}.\end{cases}$$

例 3.11 设随机变量 X 在区间 $(0,1)$ 上服从均匀分布，随机变量 Y 在 $X=x(0<x<1)$ 条件下服从区间 $(0,x)$ 上的均匀分布，求 X 与 Y 的联合密度函数.

解 依题意有

$$f_X(x)=\begin{cases}1, & 0<x<1,\\ 0, & \text{其他}.\end{cases}$$

且当 $0<x<1$ 时，有

$$f_{Y|X}(y\mid x)=\begin{cases}\dfrac{1}{x}, & 0<y<x,\\ 0, & \text{其他}.\end{cases}$$

因仅当 $0<x<1$ 时，$f_X(x)=1>0$，将其代入式(3.15)，则当 $0<x<1$ 且 $0<y<x$ 时，有

$$f(x,y)=f_{Y|X}(y\mid x)f_X(x)=\frac{1}{x}\times 1=\frac{1}{x};$$

否则，$f(x,y)=0$.

所以 X 与 Y 的联合密度函数为

$$f(x,y)=\begin{cases}\dfrac{1}{x}, & 0<y<x<1,\\ 0, & \text{其他}.\end{cases}$$

3.3.3 常见的二维连续型随机变量

1. 二维均匀变量及其分布

如果随机变量(X,Y)在有界平面区域G上取值，并在G内等面积的任意区域上取值的概率相等，则称(X,Y)是区域G上的二维均匀变量. 取值的等可能性说明(X,Y)的密度函数$f(x,y)$在G上为常数. 若设

$$f(x,y)=\begin{cases}c, & (x,y)\in G,\\ 0, & \text{其他},\end{cases}$$

那么由$\int_{-\infty}^{+\infty}\int_{-\infty}^{+\infty}f(x,y)\mathrm{d}x\mathrm{d}y=1$易得$c=\frac{1}{A}$，其中$A$为区域$G$的面积值. 即

$$f(x,y)=\begin{cases}\frac{1}{A}, & (x,y)\in G,\\ 0, & \text{其他}\end{cases}\tag{3.16}$$

称(X,Y)服从区域G上的二维均匀分布，并记$(X,Y)\sim U(G)$.

例 3.12 设随机变量(X,Y)在由直线$x=2,y=\frac{x}{2}$及x轴所围成的三角形区域上服从均匀分布，求$P\{X+Y<1\}$和$P\{X\geqslant 1\}$.

解 直线$x=2,y=\frac{x}{2}$及x轴所围成的三角形区域的面积为1，所以(X,Y)的密度函数

$$f(x,y)=\begin{cases}1, & 0\leqslant x\leqslant 2,0\leqslant y\leqslant \frac{x}{2},\\ 0, & \text{其他}.\end{cases}$$

按式(3.10)计算，可得

$$P\{X+Y<1\}=\iint\limits_{x+y<1}f(x,y)\mathrm{d}\sigma=\int_0^{\frac{1}{3}}\int_{2y}^{1-y}\mathrm{d}x\mathrm{d}y=\int_0^{\frac{1}{3}}(1-3y)\mathrm{d}y=\frac{1}{6},$$

$$P\{X\geqslant 1\}=\iint\limits_{x>1}f(x,y)\mathrm{d}\sigma=1-\int_0^1\int_0^{\frac{x}{2}}\mathrm{d}y\mathrm{d}x=1-\int_0^1\frac{x}{2}\mathrm{d}x=\frac{3}{4}.$$

由于均匀分布为几何概型，也可以按公式(1.6)计算，即

$$P\{X+Y<1\}=\frac{\frac{1}{2}\times 1\times\frac{1}{3}}{\frac{1}{2}\times 2\times 1}=\frac{1}{6},$$

$$P\{X\geqslant 1\}=1-P\{X<1\}=1-\frac{\frac{1}{2}\times 1\times\frac{1}{2}}{\frac{1}{2}\times 2\times 1}=\frac{3}{4}.$$

2. 二维正态变量及其分布

如果二维随机变量(X,Y)的密度函数为(图 3.7)

$$f(x,y)=\frac{1}{2\pi\sigma_1\sigma_2\sqrt{1-\rho^2}}e^{-\frac{1}{2(1-\rho^2)}\left[\frac{(x-\mu_1)^2}{\sigma_1^2}-\frac{2\rho(x-\mu_1)(y-\mu_2)}{\sigma_1\sigma_2}+\frac{(y-\mu_2)^2}{\sigma_2^2}\right]} \text{①}, \quad (3.17)$$

则(X,Y)为二维正态变量,称其服从参数为$\mu_1,\mu_2,\sigma_1^2,\sigma_2^2,\rho$的二维正态分布,并记$(X,Y)\sim N(\mu_1,\mu_2,\sigma_1^2,\sigma_2^2,\rho)$. 式中$\mu_1,\mu_2,\sigma_1,\sigma_2,\rho$均为常量,且$\sigma_1,\sigma_2>0,-1<\rho<1$.

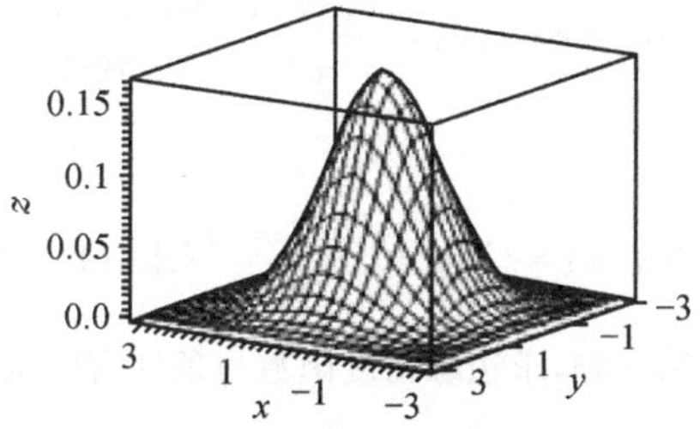

图 3.7 二维正态变量的密度函数图像

例 3.13 设二维正态变量(X,Y)的密度函数如式(3.17),求其边缘密度函数.

解 $f_X(x)=\int_{-\infty}^{+\infty}f(x,y)\mathrm{d}y$

$$=\int_{-\infty}^{+\infty}\frac{1}{2\pi\sigma_1\sigma_2\sqrt{1-\rho^2}}e^{-\frac{1}{2(1-\rho^2)}\left[\frac{(x-\mu_1)^2}{\sigma_1^2}-\frac{2\rho(x-\mu_1)(y-\mu_2)}{\sigma_1\sigma_2}+\frac{(y-\mu_2)^2}{\sigma_2^2}\right]}\mathrm{d}y,$$

整理:$\frac{(x-\mu_1)^2}{\sigma_1^2}-\frac{2\rho(x-\mu_1)(y-\mu_2)}{\sigma_1\sigma_2}+\frac{(y-\mu_2)^2}{\sigma_2^2}=\left(\frac{y-\mu_2}{\sigma_2}-\rho\frac{x-\mu_1}{\sigma_1}\right)^2+\frac{(1-\rho^2)(x-\mu_1)^2}{\sigma_1^2}$,并将$t=\frac{1}{\sqrt{1-\rho^2}}\left(\frac{y-\mu_2}{\sigma_2}-\rho\frac{x-\mu_1}{\sigma_1}\right),\mathrm{d}t=\frac{1}{\sigma_2\sqrt{1-\rho^2}}\mathrm{d}y$代入上式,得

$$f_X(x)=\frac{1}{\sqrt{2\pi}\sigma_1}e^{-\frac{(x-\mu_1)^2}{2\sigma_1^2}}\int_{-\infty}^{+\infty}\frac{1}{\sqrt{2\pi}}e^{-\frac{t}{2}}\mathrm{d}t=\frac{1}{\sqrt{2\pi}\sigma_1}e^{-\frac{(x-\mu_1)^2}{2\sigma_1^2}}.$$

根据对称性,关于Y的边缘密度函数则为

$$f_Y(y)=\frac{1}{\sqrt{2\pi}\sigma_2}e^{-\frac{(y-\mu_2)^2}{2\sigma_2^2}}.$$

由此可见,二维正态变量(X,Y)的分量X和Y均是一维正态变量,且$X\sim N(\mu_1,\sigma_1^2),Y\sim N(\mu_2,\sigma_2^2)$.

① 显然$f(x,y)\geqslant0$. 证明$\int_{-\infty}^{+\infty}\int_{-\infty}^{+\infty}f(x,y)\mathrm{d}x\mathrm{d}y=1$可参考例 3.13.

注意到，本题对于参数 ρ 的不同取值，联合密度函数不同，但边缘密度函数总相同，这说明边缘密度函数一般不能决定联合密度函数.

习 题 3.3

1. 设随机变量 (X,Y) 的密度函数为

$$f(x,y)=\begin{cases}ax^2y, & x^2<y<1,\\ 0, & \text{其他}.\end{cases}$$

求：(1)常数 a；(2) $P\{X>0.5\}$，$P\{Y>0.5\}$.

2. 设随机变量 (X,Y) 的密度函数 $f(x,y)=\begin{cases}bx, & 0\leqslant x\leqslant y\leqslant 1,\\ 0, & \text{其他}.\end{cases}$ 求：(1)常数 b；(2) $P\{X+Y\leqslant 1\}$.

3. 设随机变量 $(X,Y)\sim f(x,y)=\begin{cases}c\mathrm{e}^{-x}, & 0<y<x,\\ 0, & \text{其他}.\end{cases}$ 求：(1)常数 c；(2) $P\{X\leqslant 1|Y\leqslant 1\}$.

4. 对本习题中第1题～第3题，求边缘密度函数与条件密度函数.

5. 设二维随机变量 (X,Y) 在平面区域 D 上服从均匀分布，其中区域 D 由曲线 $y=\dfrac{1}{x}$ 及直线 $y=0$，$x=1$，$x=\mathrm{e}^2$ 围成，写出 (X,Y) 的密度函数，并求 (X,Y) 关于 X 的边缘密度函数在 $x=2$ 的值.

6. 随机变量 (X,Y) 在区域 D 上服从均匀分布，其中 D 为由 x 轴、y 轴及直线 $y=2x+1$ 所围成的三角形区域，求条件密度函数 $f_{Y|X}(y|x)$.

7. 已知随机变量 (X,Y) 的密度函数 $f(x,y)=A\mathrm{e}^{-2x^2+2xy-y^2}$，$-\infty<x<+\infty$，$-\infty<y<+\infty$，求常数 A 及条件密度函数 $f_{Y|X}(y|x)$.

§3.4 二维随机变量的分布函数

本节讨论二维随机变量的联合分布函数、边缘分布函数与条件分布函数.

3.4.1 二维随机变量的联合分布函数

与一维情形类似，我们可以借助分布函数这个工具研究各种类型的二维随机变量.

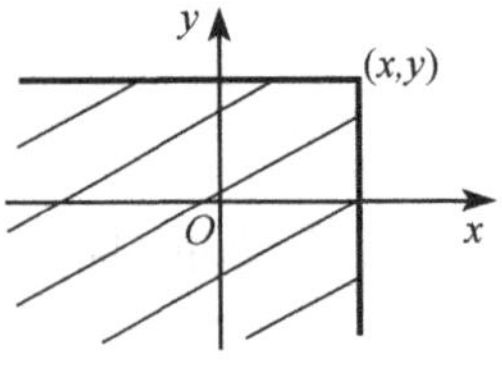

图 3.8 事件 $\{X\leqslant x,Y\leqslant y\}$ 的几何示意图

对于任意实数 x，y，二元函数

$$F(x,y)=P\{X\leqslant x,Y\leqslant y\} \tag{3.18}$$

称为二维随机变量 (X,Y) 的分布函数，或称为随机变量 X 和 Y 的联合分布函数. 这里 $\{X\leqslant x,Y\leqslant y\}$ 表示 X 的取值不超过 x 且 Y 的取值不超过 y 的积事件，而函数 F 在 (x,y) 的函数值即是事件 $\{X\leqslant x,Y\leqslant y\}$ 发生的概率.

从几何上看，事件 $\{X\leqslant x,Y\leqslant y\}$ 的区域即是 xOy

平面上以(x,y)为右上顶点的无穷矩形区域(图 3.8).

对于离散与连续这两种常见类型的二维随机变量,这里给出$F(x,y)$的计算公式.

(1) 若(X,Y)是离散型随机变量,则

$$F(x,y)=\sum_{x_i\leqslant x}\sum_{y_j\leqslant y}P\{X=x_i,Y=y_j\}=\sum_{x_i\leqslant x}\sum_{y_j\leqslant y}p_{ij}. \tag{3.19}$$

这里$\sum\limits_{x_i\leqslant x}\sum\limits_{y_j\leqslant y}$表示对满足$x_i\leqslant x,y_i\leqslant y$的$(X,Y)$取值的项求和.

反之,对于任意实数x,y,有

$$P\{X=x,Y=y\}=F(x,y)-F(x,y^-)-F(x^-,y)+F(x^-,y^-). \tag{3.20}$$

(2) 若(X,Y)是连续型随机变量,则

$$F(x,y)=\int_{-\infty}^{x}\int_{-\infty}^{y}f(u,v)\mathrm{d}v\mathrm{d}u. \tag{3.21}$$

反之,在密度函数$f(x,y)$的任意连续点(x,y)处,有

$$f(x,y)=\frac{\partial^2F(x,y)}{\partial x\partial y}. \tag{3.22}$$

显然,二维离散型随机变量的分布函数是关于两个变量单调不减、右连续的阶跃函数,连续型随机变量的分布函数则是关于两个变量单调不减的连续函数.

例如,按公式(3.19)可求得例 3.3 中的随机变量(X,Y)在不放回取球情形下的分布函数为

$$F(x,y)=\begin{cases}\dfrac{1}{10}, & 0\leqslant x<1,0\leqslant y<1,\\ \dfrac{2}{5}, & x\geqslant 1,0\leqslant y<1,\\ \dfrac{2}{5}, & 0\leqslant x<1,y\geqslant 1,\\ 1, & x\geqslant 1,y\geqslant 1,\\ 0, & \text{其他}.\end{cases}$$

按公式(3.21),可求得例 3.7 中的随机变量(X,Y)的分布函数为

$$F(x,y)=\begin{cases}\dfrac{1}{1-\mathrm{e}^{-1}}(1-\mathrm{e}^{-x})(1-\mathrm{e}^{-y}), & 0<x<1,y>0,\\ 1-\mathrm{e}^{-y}, & x\geqslant 1,y>0,\\ 0, & \text{其他}.\end{cases}$$

由于计算量一般比较大,所以不常按上面的方式求二维随机变量的分布函数.常见的是在随机变量相互独立的条件下(见§3.5)来求分布函数$F(x,y)$.

分布函数$F(x,y)$有以下性质:

(1) $0\leqslant F(x,y)\leqslant 1$;

(2) 对任意实数$x_1,x_2,y_1,y_2(x_1<x_2,y_1<y_2)$,总有$F(x_1,y)\leqslant F(x_2,y)$,

$F(x,y_1)\leqslant F(x,y_2)$，即 $F(x,y)$ 是关于 x 和关于 y 的单调不减函数；

(3) $F(-\infty,y)=0, F(x,-\infty)=0, F(-\infty,-\infty)=0, F(+\infty,+\infty)=1$；

(4) $F(x^+,y)=F(x,y^+)=F(x,y)$，即 $F(x,y)$ 是关于 x 和关于 y 的右连续函数.

与随机变量 (X,Y) 的类型无关，利用其分布函数 $F(x,y)$ 总可以计算事件 $\{x_1<X\leqslant x_2, y_1<Y\leqslant y_2\}$ 的概率，有

$$P\{x_1<X\leqslant x_2, y_1<Y\leqslant y_2\}$$
$$=F(x_2,y_2)-F(x_2,y_1)-F(x_1,y_2)+F(x_1,y_1). \tag{3.23}$$

进而可以计算

$$P\{x_1\leqslant X<x_2, y_1\leqslant Y<y_2\}$$
$$=F(x_2^-,y_2^-)-F(x_2^-,y_1^-)-F(x_1^-,y_2^-)+F(x_1^-,y_1^-),$$
$$P\{X=a,Y=b\}=F(a,b)-F(a,b^-)-F(a^-,b)+F(a^-,b^-)$$

等.

例 3.14 已知二维随机变量 (X,Y) 的分布函数为

$$F(x,y)=A\left(B+\arctan\frac{x}{2}\right)\left(C+\arctan\frac{y}{3}\right),$$

求常数 A,B,C 及 $P\{0<X\leqslant 2, 0<Y\leqslant 3\}$，$P\{Y<3\}$.

解 由 $F(-\infty,y)=0, F(x,-\infty)=0, F(+\infty,+\infty)=1$ 得方程组

$$\begin{cases} A\left(B-\dfrac{\pi}{2}\right)\left(C+\arctan\dfrac{y}{3}\right)=0, & (1)\\ A\left(B+\arctan\dfrac{x}{2}\right)\left(C-\dfrac{\pi}{2}\right)=0, & (2)\\ A\left(B+\dfrac{\pi}{2}\right)\left(C+\dfrac{\pi}{2}\right)=1. & (3)\end{cases}$$

首先由(3)知 $A\neq 0$，然后由(1)、(2)得 $B=C=\dfrac{\pi}{2}$，带回(3)中得 $A=\dfrac{1}{\pi^2}$.

该分布函数是连续函数，故 (X,Y) 是连续型随机变量，于是

$$P\{0<X\leqslant 2, 0<Y\leqslant 3\}=F(2,3)-F(2,0)-F(0,3)+F(0,0)$$
$$=\frac{1}{\pi^2}\left(\frac{\pi}{2}+\frac{\pi}{4}\right)\left(\frac{\pi}{2}+\frac{\pi}{4}\right)-\frac{1}{\pi^2}\left(\frac{\pi}{2}+\frac{\pi}{4}\right)\left(\frac{\pi}{2}\right)-\frac{1}{\pi^2}\left(\frac{\pi}{2}\right)\left(\frac{\pi}{2}+\frac{\pi}{4}\right)+\frac{1}{\pi^2}\left(\frac{\pi}{2}\right)\left(\frac{\pi}{2}\right)$$
$$=\frac{1}{16};$$

$$P\{Y<3\}=P\{X<+\infty, Y\leqslant 3\}$$
$$=F(+\infty,3)$$
$$=\frac{1}{\pi^2}\left(\frac{\pi}{2}+\frac{\pi}{2}\right)\left(\frac{\pi}{2}+\frac{\pi}{4}\right)=\frac{3}{4}.$$

3.4.2 边缘分布函数与条件分布函数

1. 边缘分布函数

分量 X 和 Y 的分布函数称为 (X,Y) 关于 X 和关于 Y 的边缘分布函数.

对任意实数 x,y,总有

$$P\{X\leqslant x\}=P\{X\leqslant x,Y<+\infty\}=F(x,+\infty),$$
$$P\{Y\leqslant y\}=P\{X<+\infty,Y\leqslant y\}=F(+\infty,y),$$

所以 (X,Y) 关于 X 的边缘分布函数为

$$F_X(x)=F(x,+\infty), \tag{3.24}$$

关于 Y 的边缘分布函数为

$$F_Y(y)=F(+\infty,y). \tag{3.25}$$

显然,联合分布函数决定边缘分布函数.

例如,例 3.14 中的随机变量 (X,Y) 的边缘分布函数分别为

$$F_X(x)=F(x,+\infty)=\frac{1}{\pi}\left(\frac{\pi}{2}+\arctan\frac{x}{2}\right)$$

与
$$F_Y(y)=F(+\infty,y)=\frac{1}{\pi}\left(\frac{\pi}{2}+\arctan\frac{y}{3}\right).$$

2*. 条件分布函数

在 $Y=y$ 条件下 X 的分布函数与在 $X=x$ 条件下 Y 的分布函数称为 (X,Y) 的条件分布函数.

将在 $Y=y$ 条件下 X 的分布函数记为 $F_{X|Y}(x|y)$,在 $X=x$ 条件下 Y 的分布函数记为 $F_{Y|X}(y|x)$.

如果 (X,Y) 是离散型随机变量,概率分布为式(3.1),那么对任意实数 x,只要 $P\{Y=y\}>0$(不妨设 $y=y_j$),总有

$$P\{X\leqslant x\mid Y=y\}=\frac{P\{X\leqslant x,Y=y\}}{P\{Y=y\}}=\frac{\sum\limits_{x_i\leqslant x}p_{ij}}{p_{\cdot j}}.$$

所以,在 $Y=y$($y=y_j$ 且 $p_{\cdot j}>0$)条件下 X 的分布函数为

$$F_{X|Y}(x\mid y)=\frac{\sum\limits_{x_i\leqslant x}p_{ij}}{p_{\cdot j}}. \tag{3.26}$$

同理,在 $X=x$($x=x_i$ 且 $p_{i\cdot}>0$)条件下 Y 的分布函数为

$$F_{Y|X}(y\mid x)=\frac{\sum\limits_{y_j\leqslant y}p_{ij}}{p_{i\cdot}}. \tag{3.27}$$

如果(X,Y)是连续型随机变量，密度函数为$f(x,y)$，那么对任意实数x，只要$f_Y(y)>0$，总有

$$P\{X\leqslant x \mid Y=y\}=\lim_{\Delta y\to 0^+}P\{X\leqslant x \mid y-\Delta y<Y\leqslant y\}$$

$$=\lim_{\Delta y\to 0^+}\frac{P\{X\leqslant x,y-\Delta y<Y\leqslant y\}}{P\{y-\Delta y<Y\leqslant y\}}=\lim_{\Delta y\to 0^+}\frac{\int_{-\infty}^{x}\int_{y-\Delta y}^{y}f(v,u)\mathrm{d}u\mathrm{d}v}{\int_{-\infty}^{+\infty}\int_{y-\Delta y}^{y}f(v,u)\mathrm{d}u\mathrm{d}v}$$

$$=\frac{\int_{-\infty}^{x}f(v,y)\mathrm{d}v}{\int_{-\infty}^{+\infty}f(v,y)\mathrm{d}v}=\frac{\int_{-\infty}^{x}f(v,y)\mathrm{d}v}{f_Y(y)}=\int_{-\infty}^{x}\frac{f(v,y)}{f_Y(y)}\mathrm{d}v.$$

所以，在$Y=y(f_Y(y)>0)$条件下X的分布函数为

$$F_{X|Y}(x \mid y)=\int_{-\infty}^{x}f_{X|Y}(v \mid y)\mathrm{d}v. \tag{3.28}$$

同理，在$X=x(f_X(x)>0)$条件下Y的分布函数为

$$F_{Y|X}(y \mid x)=\int_{-\infty}^{y}f_{Y|X}(u \mid x)\mathrm{d}u. \tag{3.29}$$

习 题 3.4

1. 对习题3.2的第1题，求随机变量(X,Y)的分布函数.
2. 对习题3.3的第3题，求随机变量(X,Y)的分布函数.
3. 对第1、2题，求随机变量(X,Y)的边缘分布函数.
4. 已知连续型随机变量X,Y的联合分布函数为

$$F(x,y)=\begin{cases}1-\mathrm{e}^{-0.5x}-\mathrm{e}^{-0.5y}+\mathrm{e}^{-0.5(x+y)}, & x>0,y>0,\\ 0, & \text{其他}.\end{cases}$$

求：(1)(X,Y)的边缘分布函数；(2)X,Y皆大于0.1的概率.

5. 随机变量X的密度函数为

$$f_X(x)=\begin{cases}\frac{1}{2}, & -1<x<0,\\ \frac{1}{4}, & 0\leqslant x<2,\\ 0, & \text{其他}.\end{cases}$$

而$Y=X^2$，$F(x,y)$为随机变量(X,Y)的分布函数，求$F\left(-\frac{1}{2},4\right)$.

6*. 证明函数$F(x,y)=\begin{cases}1, & x+y>0,\\ 0, & x+y\leqslant 0\end{cases}$不是分布函数.

§3.5 随机变量的独立性

在第1章我们曾讨论事件的独立性，事件A,B相互独立定义为$P(AB)=$

$P(A)P(B)$，而且当 $P(A)\neq 0$（或 $P(B)\neq 0$）时，即为 $P(B)=P(B|A)$（或 $P(A)=P(A|B)$），意为 A 发生不影响 B 发生或 B 发生不影响 A 发生，所以两个事件相互独立的本质是两个事件的发生没有任何关系. 将此概念运用到二维随机变量，便会产生两个随机变量相互独立的概念.

两个随机变量 X,Y 相互独立是指这两个变量之间没有任何关系，即关于 X 的任意一个事件与关于 Y 的任意一个事件都相互独立，这可以表示为对任意实数 x,y，总有

$$P\{X\leqslant x,Y\leqslant y\}=P\{X\leqslant x\}P\{Y\leqslant y\}, \tag{3.30}$$

即

$$F(x,y)=F_X(x)F_Y(y). \tag{3.31}$$

略去证明过程，以下直接给出两个及两个以上变量相互独立的一些充分必要条件.

随机变量 X,Y 相互独立的充分必要条件是

$$F_{X|Y}(x\mid y)=F_X(x)\qquad (\text{或 } F_{Y|X}(y\mid x)=F_Y(y)). \tag{3.32}$$

离散型随机变量 X,Y 相互独立的充分必要条件是对任意 $i,j=1,2,\cdots$，总有

$$P\{X=x_i,Y=y_j\}=P\{X=x_i\}P\{Y=y_j\}. \tag{3.33}$$

如果有一对下标 i,j 使式(3.33)不成立，则表明离散型随机变量 X 与 Y 不独立.

连续型随机变量 X,Y 相互独立的充分必要条件是对任意实数 x,y，总有

$$f(x,y)=f_X(x)f_Y(y). \tag{3.34}$$

如果有一对实数 x,y 使式(3.34)不成立，则表明连续型随机变量 X 与 Y 不独立.

连续型随机变量 X,Y 相互独立的充分必要条件是

$$f_{X|Y}(x\mid y)=f_X(x)(\text{或 } f_{Y|X}(y\mid x)=f_Y(y)). \tag{3.35}$$

如果有实数 x 使 $f_{X|Y}(x|y)\neq f_X(x)$（或有实数 y 使 $f_{Y|X}(y|x)\neq f_Y(y)$），则表明连续型随机变量 X 与 Y 不独立.

前面已经知道，联合分布决定边缘分布，但反之不成立. 现在知道：当随机变量相互独立时，边缘分布也决定联合分布.

两个变量 X,Y 相互独立的意义 一是 X 的事件与 Y 的事件同时发生的概率可以简化为 X 事件发生的概率与 Y 事件发生的概率的乘积；二是 X,Y 的联合分布即为 X 的边缘分布与 Y 的边缘分布的乘积，两者为解决概率问题提供了很大的便利. 后面几章将有很多这方面的应用.

例 3.15 对例 3.3 中的随机变量 X,Y，就两种取球方式分别讨论它们是否相互独立.

解 (1) 有放回取球情形

根据例 3.3 的结果，按式(3.33)检验，有 $P\{X=0,Y=0\}=P\{X=0\}P\{Y=0\}=\frac{4}{25}$，$P\{X=0,Y=1\}=P\{X=0\}P\{Y=1\}=\frac{6}{25}$，$P\{X=1,Y=0\}=P\{X=1\}$，$P\{Y=0\}=\frac{6}{25}$，$P\{X=1,Y=1\}=P\{X=1\}P\{Y=1\}=\frac{9}{25}$，所以 X,Y 相互独立.

(2) 不放回取球情形

根据例 3.3 的结果，显然有 $P\{X=0,Y=0\}=\frac{1}{10}\neq P\{X=0\}P\{Y=0\}=\frac{4}{25}$，所以 X,Y 不相互独立.

事实上，有放回取球时两次取球的结果显然互不影响，而不放回取球时第二次取球的结果显然会受到第一次取球结果的影响，这与上面的结论一致.

例 3.8 中的随机变量 X,Y 的联合密度函数等于两个边缘密度函数的乘积，所以 X,Y 相互独立.

例 3.16 设随机变量(X,Y)在由直线 $x=2$，$y=\frac{x}{2}$ 及 x 轴所围成的三角形区域上服从均匀分布，判断 X,Y 的独立性.

解 (X,Y)的密度函数与边缘密度函数分别为

$$f(x,y)=\begin{cases}1, & 0\leqslant x\leqslant 2,0\leqslant y\leqslant \frac{x}{2},\\ 0, & \text{其他},\end{cases}$$

$$f_X(x)=\begin{cases}\frac{x}{2}, & 0\leqslant x\leqslant 2,\\ 0, & \text{其他}\end{cases} \quad 和 \quad f_Y(y)=\begin{cases}2(1-y), & 0\leqslant y\leqslant 1,\\ 0, & \text{其他}.\end{cases}$$

由于 $f(1,0.4)=1\neq f_X(1)f_Y(0.4)=0.5\times 1.2=0.6$，所以 X,Y 不相互独立.

例 3.17 设随机变量$(X,Y)\sim f(x,y)$，而

$$f(x,y)=\frac{1}{2\pi\sigma_1\sigma_2\sqrt{1-\rho^2}}\mathrm{e}^{-\frac{1}{2(1-\rho^2)}\left[\frac{(x-\mu_1)^2}{\sigma_1^2}-\frac{2\rho(x-\mu_2)(y-\mu_2)}{\sigma_1\sigma_2}+\frac{(y-\mu_2)^2}{\sigma_2^2}\right]},$$

讨论 X,Y 的独立性.

解 (X,Y)是二维正态变量，根据例 3.13 得到的(X,Y)的边缘密度函数

$$f_X(x)=\frac{1}{\sqrt{2\pi}\sigma_1}\mathrm{e}^{-\frac{(x-\mu_1)^2}{2\sigma_1^2}} \quad 和 \quad f_Y(y)=\frac{1}{\sqrt{2\pi}\sigma_2}\mathrm{e}^{-\frac{(y-\mu_2)^2}{2\sigma_2^2}}$$

易见，只要 $\rho\neq 0$，总有 $f(x,y)\neq f_X(x)f_Y(y)$，反之亦然；而当 $\rho=0$ 时，对任意实数 x,y 则总有 $f(x,y)=f_X(x)f_Y(y)$，反之亦然.

因此，二维正态变量(X,Y)的分量 X,Y 相互独立的充分必要条件是 $\rho=0$.

实际中判断两个随机变量是否相互独立，主要看两个随机变量是否相互有影响，没影响或影响微弱就可以认为它们相互独立，否则认为不独立.

例 3.18 某单位班车在 7:05～7:25 之间抵达某站，员工甲则在 7:00～7:20 之间抵达该站，假设班车与员工甲的到站时间均服从均匀分布，求员工甲赶不上班车的概率.

解 设单位班车的到站时间为 X，员工甲的到站时间为 Y，则

$$f_X(x)=\begin{cases}\dfrac{1}{20}, & 5\leqslant x\leqslant 25,\\ 0, & \text{其他}.\end{cases}\qquad f_Y(y)=\begin{cases}\dfrac{1}{20}, & 0\leqslant y\leqslant 20,\\ 0, & \text{其他}.\end{cases}$$

显然 X,Y 相互独立，按式(3.34)则有 X,Y 的联合密度函数为

$$f(x,y)=\begin{cases}\dfrac{1}{400}, & 5\leqslant x\leqslant 25,0\leqslant y\leqslant 20,\\ 0, & \text{其他}.\end{cases}$$

员工甲赶不上班车的概率为

$$P\{Y>X\}=\frac{\frac{1}{2}\times 15\times 15}{20\times 20}=\frac{9}{32}.$$

类似地，可以定义三个及三个以上随机变量的相互独立概念. 下面简单叙述定义及有关结论.

一般地，$n(n\geqslant 3)$ 个随机变量 $X_1,X_2,\cdots,X_n$ 相互独立，如果对任意实数 $x_1,x_2,\cdots,x_n$，总有

$$F(x_1,x_2,\cdots,x_n)=F_{X_1}(x_1)F_{X_2}(x_2)\cdots F_{X_n}(x_n).$$

离散型随机变量 $X_1,X_2,\cdots,X_n$ 相互独立的充分必要条件是，对 $(X_1,X_2,\cdots,X_n)$ 的任意一组取值 $(x_1,x_2,\cdots,x_n)$，总有

$$P\{X_1=x_1,X_2=x_2,\cdots,X_n=x_n\}=P\{X_1=x_1\}P\{X_2=x_2\}\cdots P\{X_n=x_n\}.$$

连续型随机变量 $X_1,X_2,\cdots,X_n$ 相互独立的充分必要条件是，对任意一组实数 $x_1,x_2,\cdots,x_n$，总有

$$f(x_1,x_2,\cdots,x_n)=f_{X_1}(x_1)f_{X_2}(x_2)\cdots f_{X_n}(x_n).$$

例 3.19 设随机变量 $X_i\sim G(p)(i=1,2,\cdots,n)$，且它们相互独立，则 $X_1,X_2,\cdots,X_n$ 的联合分布律为

$$P\{X_1=k_1,X_2=k_2,\cdots,X_n=k_n\}=q^{k_1+k_2+\cdots+k_n}\left(\frac{p}{q}\right)^n,$$

$$k_1,k_2,\cdots,k_n=1,2,\cdots(q=1-p).$$

例 3.20 若随机变量 $X_i\sim E(\lambda_i)(i=1,2,\cdots,n)$，且它们相互独立，则 $X_1,X_2,\cdots,X_n$ 的联合密度函数为

$$f(x_1,x_2,\cdots,x_n)=\begin{cases}\lambda_1\lambda_2\cdots\lambda_n\mathrm{e}^{-(\lambda_1x_1+\lambda_2x_2+\cdots+\lambda_nx_n)}, & x_1>0,x_2>0,\cdots,x_n>0,\\ 0, & \text{其他}.\end{cases}$$

我们还可以定义两组随机变量的相互独立概念.

随机变量 $X_1,X_2,\cdots,X_{n_1}$ 与随机变量 $Y_1,Y_2,\cdots,Y_{n_2}$ 相互独立，如果 $X_1,X_2,\cdots,X_{n_1},Y_1,Y_2,\cdots,Y_{n_2}$ 的联合分布函数等于 $X_1,X_2,\cdots,X_{n_1}$ 的联合分布函数与 $Y_1,Y_2,\cdots,Y_{n_2}$ 的联合分布函数的乘积.

两组随机变量相互独立的意义 一是两个随机变量组的事件同时发生的概率可以简化为两个随机变量事件组的事件发生的概率的乘积；二是两个随机变量组的联合概率分布等于两个随机变量组的概率分布的乘积. 以后几章中会有很多这方面的应用.

这里不加证明地指出，如果随机变量 $X_1,X_2,\cdots,X_{n_1}$ 与随机变量 $Y_1,Y_2,\cdots,Y_{n_2}$ 相互独立，则随机变量 $H=h(X_1,X_2,\cdots X_{n_1})$ 与 $G=g(Y_1,Y_2,\cdots,Y_{n_2})$（$h,g$ 是连续函数）也相互独立.

两组以上的情形可类似地定义，并有类似的结论.

习 题 3.5

1. 对习题 3.2 的第 1、4 题，判断随机变量 X,Y 是否相互独立.

2. 对习题 3.3 的第 3、7 题，判断随机变量 X,Y 是否相互独立.

3. 随机变量 X,Y 相互独立，X,Y 的分布律为

X	-1	0	1
P	$\frac{1}{3}$	$\frac{1}{3}$	$\frac{1}{3}$

和

Y	-2	2
P	$\frac{1}{2}$	$\frac{1}{2}$

写出(X,Y)的分布律，并求 $P\{X+Y=1\}$ 和 $P\{XY=0\}$.

4. 设随机变量 X,Y 相互独立且有相同的分布，X 的分布律为

X	1	2
P	$\frac{2}{3}$	$\frac{1}{3}$

记 $U=\max\{X,Y\}$，$V=\min\{X,Y\}$，求(U,V)的分布律.

5. 下表列出了随机变量 X,Y 的联合分布律与边缘分布律中的部分数值，如果 X 与 Y 相互独立，试在表中的空白处填上其余数值.

X \ Y	y_1	y_2	y_3	P_X
x_1		$\frac{1}{8}$		
x_2	$\frac{1}{8}$			
P_Y	$\frac{1}{6}$			

6. 设随机变量 X 与 Y 相互独立，有相同的分布：$P\{X=-1\}=P\{Y=-1\}=\frac{1}{2}$，$P\{X=1\}=$

$P\{Y=1\}=\frac{1}{2}$，则下列选项正确的是[　　].

(A) $P\{X=Y\}=\frac{1}{2}$；(B) $P\{X=Y\}=1$；(C) $P\{X+Y=0\}=\frac{1}{4}$；(D) $P\{XY=1\}=\frac{1}{4}$.

7. 设随机变量(X,Y)的概率分布为

X \ Y	0	1
0	0.4	a
1	b	0.1

且事件$\{X=0\}$与$\{X+Y=1\}$相互独立，求常数a,b.

8. 已知随机变量X和Y的联合密度函数

$$f(x,y)=\begin{cases}4xy, & 0\leqslant x\leqslant 1,0\leqslant y\leqslant 1,\\ 0, & \text{其他}.\end{cases}$$

求X与Y的联合分布函数$F(x,y)$，计算事件$\{0<X<0.5,0<Y<0.5\}$的概率.

9. 已知(X,Y)的密度函数

$$f(x,y)=\begin{cases}2\mathrm{e}^{-(2x+y)}, & x>0,y>0,\\ 0, & \text{其他}.\end{cases}$$

求(X,Y)的分布函数$F(x,y)$，计算事件$\{X>5\}$，$\{Y<10\}$的概率.

10. 设随机变量X与Y相互独立，且均服从区间$[0,3]$上的均匀分布，求$P\{\max\{X,Y\}\leqslant 1\}$.

11. 在区间$(0,1)$中随机地取两个数，求两数之差的绝对值小于0.5的概率.

12. 设随机变量X与Y相互独立，且$X\sim U(0,0.2)$，$Y\sim E(5)$. (1)写出(X,Y)的密度函数；(2)求$P\{Y<X\}$.

13. 设随机变量$X_i\sim N(\mu,\sigma^2)(i=1,2,\cdots,n)$，且它们相互独立，写出$X_1,X_2,\cdots,X_n$的联合密度函数.

§3.6 二维随机变量的函数的分布

二维随机变量的函数的分布问题的一般提法是：已知二维随机变量(X,Y)的概率分布，求随机变量$Z=g(X,Y)$（g是函数）的概率分布.

下面针对(X,Y)是离散型或连续型的或X,Y一个为离散型而另一个为连续型的二维随机变量，分别讨论g为连续函数时的$Z=g(X,Y)$的概率分布.

1. (X,Y)为离散型的情形

如果(X,Y)是离散型随机变量，那么由连续函数g所产生的随机变量$Z=g(X,Y)$也是离散型随机变量.

下面举例说明如何求二维离散型随机变量的函数的概率分布.

例3.21 设(X,Y)的分布律为

(X,Y)	$(0,0)$	$(-1,1)$	$\left(-1,\frac{1}{3}\right)$	$(2,0)$
P	$\frac{1}{6}$	$\frac{1}{3}$	$\frac{1}{12}$	$\frac{5}{12}$

求随机变量 $U=X+Y$, $V=XY$, $W=\min\{X,Y\}$ 和 $Z=\max\{X,Y\}$ 的概率分布.

解 首先根据 (X,Y) 的分布律列出下表：

(X,Y)	$(0,0)$	$(-1,1)$	$(-1,1/3)$	$(2,0)$
$X+Y$	0	0	$-\frac{2}{3}$	2
XY	0	-1	$-\frac{1}{3}$	0
$\min\{X,Y\}$	0	-1	-1	0
$\max\{X,Y\}$	0	1	$\frac{1}{3}$	2
P	$\frac{1}{6}$	$\frac{1}{3}$	$\frac{1}{12}$	$\frac{5}{12}$

合并相同取值项，即得 U,V,W 和 Z 的分布律为

U	$-\frac{2}{3}$	0	2
P	$\frac{1}{12}$	$\frac{1}{2}$	$\frac{5}{12}$

V	-1	$-\frac{1}{3}$	0
P	$\frac{1}{3}$	$\frac{1}{12}$	$\frac{7}{12}$

W	-1	0
P	$\frac{5}{12}$	$\frac{7}{12}$

与

Z	0	$\frac{1}{3}$	1	2
P	$\frac{1}{6}$	$\frac{1}{12}$	$\frac{1}{3}$	$\frac{5}{12}$

注意到，如果有多个 $g(x_i,y_j)$ 的值相同，则把 (X,Y) 取这些 (x_i,y_j) 的概率值 p_{ij} 相加便得到 $Z=g(X,Y)$ 取 $g(x_i,y_j)$ 的概率.

例 3.22 设 X,Y 相互独立，且 $X\sim P(\lambda_1)$, $Y\sim P(\lambda_2)$，证明：$X+Y\sim P(\lambda_1+\lambda_2)$.

证 因为 X,Y 皆可取 $0,1,2,\cdots$，故 $X+Y$ 的取值为 $0,1,2,\cdots$，且

$$\begin{aligned}P\{X+Y=k\}&=\sum_{i=0}^{k}P\{X=i,Y=k-i\}=\sum_{i=0}^{k}P\{X=i\}P\{Y=k-i\}\\&=\sum_{i=0}^{k}\frac{\lambda_1^i\mathrm{e}^{-\lambda_1}}{i!}\frac{\lambda_2^{k-i}\mathrm{e}^{-\lambda_2}}{(k-i)!}=\frac{\mathrm{e}^{-(\lambda_1+\lambda_2)}}{k!}\sum_{i=0}^{k}\frac{k!\lambda_1^i\lambda_2^{k-i}}{i!(k-i)!}\\&=\frac{(\lambda_1+\lambda_2)^k\mathrm{e}^{-(\lambda_1+\lambda_2)}}{k!},\end{aligned}$$

所以 $X+Y\sim P(\lambda_1+\lambda_2)$.

该结果被称为泊松变量的可加性.

2. (X,Y)为连续型的情形

如果(X,Y)是连续型随机变量，那么由连续函数 g 所产生的随机变量 $Z=g(X,Y)$也是连续型随机变量.

设(X,Y)的密度函数为 $f(x,y)$，则求函数 $Z=g(X,Y)$的概率分布的一般方法是，利用(X,Y)的密度函数 $f(x,y)$先求出 Z 的分布函数 $F_Z(z)$，然后对 $F_Z(z)$ 求导数得到 Z 的密度函数 $f_Z(z)$. 具体步骤如下：

(1) 求 Z 的分布函数

$$F_Z(z)=P\{Z\leqslant z\}=P\{g(X,Y)\leqslant z\}=\iint\limits_{g(x,y)\leqslant z}f(x,y)\mathrm{d}\sigma,$$

其中 $\iint\limits_{g(x,y)\leqslant z}$ 表示在由 $g(x,y)\leqslant z$ 所决定的 x,y 取值区域上进行二重积分.

(2) 求 Z 的密度函数

$$f_Z(z)=\frac{\mathrm{d}F_Z(z)}{\mathrm{d}z}.$$

按照上述步骤，可以推导出以下几个常用的二维随机变量的函数的分布.

(1) $Z=X+Y$ 的分布(积分区域如图 3.9、图 3.10 所示)

$$\begin{aligned}F_Z(z)&=P\{Z\leqslant z\}=P\{X+Y\leqslant z\}\\&=\iint\limits_{x+y\leqslant z}f(x,y)\mathrm{d}\sigma=\int_{-\infty}^{+\infty}\int_{-\infty}^{z-x}f(x,y)\mathrm{d}y\mathrm{d}x,\\&=\int_{-\infty}^{+\infty}\int_{-\infty}^{z}f(x,t-x)\mathrm{d}t\mathrm{d}x\quad(令\ y=t-x)\\&=\int_{-\infty}^{z}\left(\int_{-\infty}^{+\infty}f(x,t-x)\mathrm{d}x\right)\mathrm{d}t.\end{aligned}$$

所以 $Z=X+Y$ 的密度函数为

$$f_Z(z)=\int_{-\infty}^{+\infty}f(x,z-x)\mathrm{d}x.\tag{3.36}$$

根据对称性，又有

$$f_Z(z)=\int_{-\infty}^{+\infty}f(z-y,y)\mathrm{d}y. \tag{3.37}$$

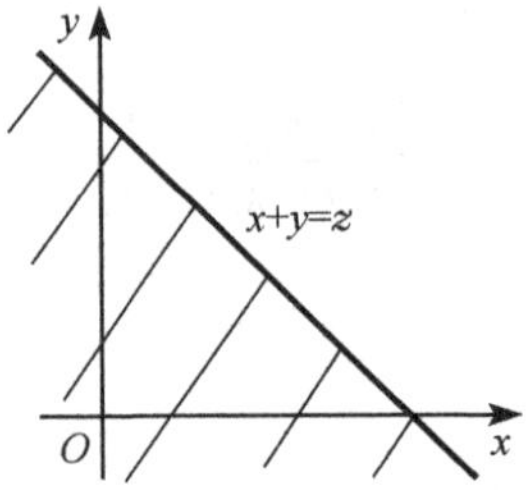

图 3.9 关于 x,y 的积分区域图示

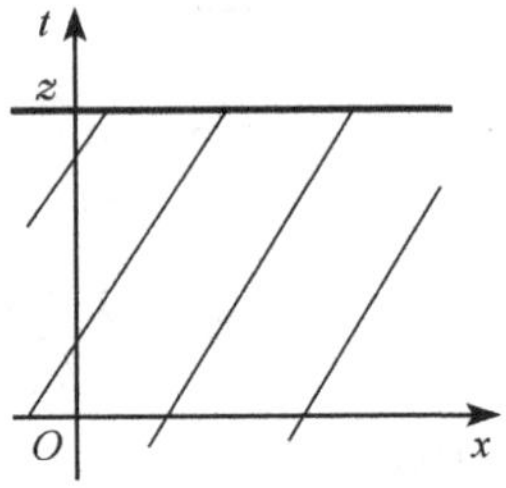

图 3.10 关于 x,t 的积分区域图示

(2) $Z=\max\{X,Y\}$的分布

$$F_Z(z)=P\{Z\leqslant z\}=P\{\max\{X,Y\}\leqslant z\}=P\{X\leqslant z,Y\leqslant z\},$$

所以

$$F_Z(z)=F(z,z), \tag{3.38}$$

$$f_Z(z)=\frac{\mathrm{d}F(z,z)}{\mathrm{d}z}. \tag{3.39}$$

(3) $Z=\min\{X,Y\}$的分布

$$\begin{aligned}F_Z(z)&=P\{Z\leqslant z\}=P\{\min\{X,Y\}\leqslant z\}\\&=1-P\{\min\{X,Y\}>z\}=1-P\{X>z,Y>z\}\\&=1-[1-F(+\infty,z)-F(z,+\infty)+F(z,z)]\\&=F(z,+\infty)+F(+\infty,z)-F(z,z).\end{aligned}$$

所以

$$F_Z(z)=F_X(z)+F_Y(z)-F(z,z), \tag{3.40}$$

$$f_Z(z)=f_X(z)+f_Y(z)-\frac{\mathrm{d}F(z,z)}{\mathrm{d}z}. \tag{3.41}$$

当 X,Y 相互独立时,$F(z,z)=F_X(z)F_Y(z)$,将其代入以上四式可得到独立条件下的相应结果.

例 3.23 设随机变量 X,Y 相互独立,且 $X\sim N(\mu_1,\sigma_1^2)$,$Y\sim N(\mu_2,\sigma_2^2)$,求 $Z=X+Y$ 的密度函数.

解 记 X,Y 的密度函数分别为

$$f_X(x)=\frac{1}{\sqrt{2\pi}\sigma_1}\mathrm{e}^{-\frac{(x-\mu_1)^2}{2\sigma_1^2}} \quad 和 \quad f_Y(y)=\frac{1}{\sqrt{2\pi}\sigma_2}\mathrm{e}^{-\frac{(y-\mu_2)^2}{2\sigma_2^2}}.$$

因为 X,Y 相互独立,所以 X,Y 的联合密度函数

$$f(x,y)=f_X(x)f_Y(y)=\frac{1}{2\pi\sigma_1\sigma_2}\mathrm{e}^{-\frac{1}{2}\left[\frac{(x-\mu_1)^2}{\sigma_1^2}+\frac{(y-\mu_2)^2}{\sigma_2^2}\right]}.$$

根据公式(3.36),有 Z 的密度函数

$$f_Z(z)=\int_{-\infty}^{+\infty}f(x,z-x)\mathrm{d}x=\int_{-\infty}^{+\infty}f_X(x)f_Y(z-x)\mathrm{d}x$$
$$=\int_{-\infty}^{+\infty}\frac{1}{2\pi\sigma_1\sigma_2}\mathrm{e}^{-\frac{1}{2}\left[\frac{(x-\mu_1)^2}{\sigma_1^2}+\frac{(z-x-\mu_2)^2}{\sigma_2^2}\right]}\mathrm{d}x,$$

整理:$\dfrac{(x-\mu_1)^2}{\sigma_1^2}+\dfrac{(z-x-\mu_2)^2}{\sigma_2^2}=\left[\dfrac{(x-\mu_1)\sqrt{\sigma_1^2+\sigma_2^2}}{\sigma_1\sigma_2}-\dfrac{\sigma_1(z-\mu_1-\mu_2)}{\sigma_2\sqrt{\sigma_1^2+\sigma_2^2}}\right]^2+\dfrac{(z-\mu_1-\mu_2)^2}{\sigma_1^2+\sigma_2^2}$,

并将 $t=\dfrac{(x-\mu_1)\sqrt{\sigma_1^2+\sigma_2^2}}{\sigma_1\sigma_2}-\dfrac{\sigma_1(z-\mu_1-\mu_2)}{\sigma_2\sqrt{\sigma_1^2+\sigma_2^2}}$, $\mathrm{d}t=\dfrac{\sqrt{\sigma_1^2+\sigma_2^2}}{\sigma_1\sigma_2}\mathrm{d}x$ 代入上式,得

$$f_Z(z)=\frac{1}{2\pi\sqrt{\sigma_1^2+\sigma_2^2}}\mathrm{e}^{-\frac{(z-\mu_1-\mu_2)^2}{2(\sigma_1^2+\sigma_2^2)}}\int_{-\infty}^{+\infty}\mathrm{e}^{-\frac{t^2}{2}}\mathrm{d}t=\frac{1}{\sqrt{2\pi}\sqrt{\sigma_1^2+\sigma_2^2}}\mathrm{e}^{-\frac{(z-\mu_1-\mu_2)^2}{2(\sigma_1^2+\sigma_2^2)}}.$$

即 $Z\sim N(\mu_1+\mu_2,\sigma_1^2+\sigma_2^2)$.

该结论可以推广到 n 个相互独立的正态变量之和的情形,即若 $X_1,X_2,\cdots,X_n$ 相互独立,且 $X_i\sim N(\mu_i,\sigma_i^2)(i=1,2,\cdots,n)$,则

$$\sum_{i=1}^{n}X_i\sim N\left(\sum_{i=1}^{n}\mu_i,\sum_{i=1}^{n}\sigma_i^2\right).$$

该结果被称为正态变量的可加性.

更一般地,

$$\sum_{i=1}^{n}a_iX_i\sim N\left(\sum_{i=1}^{n}a_i\mu_i,\sum_{i=1}^{n}a_i^2\sigma_i^2\right),$$

即相互独立的正态变量的线性组合仍然是正态变量.

例 3.24 系统 L 由两个相互独立工作的子系统 L_1 与 L_2 联接而成,联接的方式有三种,串联、并联与备用(当 L_1 损坏时,L_2 开始工作),如图 3.11 所示. 设 L_1,L_2 的寿命为 X 和 Y,它们的概率密度函数分别为

$$f_X(x)=\begin{cases}\alpha\mathrm{e}^{-\alpha x}, & x>0,\\ 0, & x\leqslant 0\end{cases} \quad 和 \quad f_Y(y)=\begin{cases}\beta\mathrm{e}^{-\beta y}, & y>0,\\ 0, & y\leqslant 0,\end{cases}$$

其中 $\alpha>0,\beta>0$ 且 $\alpha\neq\beta$. 试分别就以上三种联接方式求系统 L 的寿命 Z 的概率分布,并在 $\alpha=0.1,\beta=0.2$ 时求 $P\{Z>10\}$.

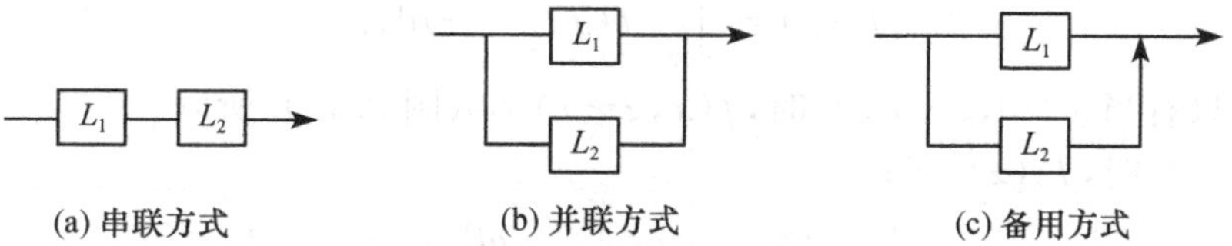

图 3.11 例 3.24 中的系统 L_1 与 L_2 的联接方式示意图

解 X,Y 均服从指数分布,X,Y 的分布函数分别为

$$F_X(x)=\begin{cases}1-e^{-\alpha x}, & x>0,\\ 0, & x\leqslant 0\end{cases}\quad 和 \quad F_Y(y)=\begin{cases}1-e^{-\beta y}, & y>0,\\ 0, & y\leqslant 0.\end{cases}$$

(1) 当 L_1 与 L_2 以串联方式联接时，只要有一个损坏，系统 L 便停止工作，因而 $Z=\min\{X,Y\}$，注意到 X 与 Y 相互独立，这时

$$F_Z(z)=1-[1-F_X(z)][1-F_Y(z)]=\begin{cases}1-e^{-(\alpha+\beta)z}, & z>0,\\ 0, & z\leqslant 0.\end{cases}$$

Z 的密度函数为

$$f_Z(z)=\begin{cases}(\alpha+\beta)e^{-(\alpha+\beta)z}, & z>0,\\ 0, & z\leqslant 0,\end{cases}$$

即 Z 服从参数为 $\alpha+\beta$ 的指数分布.

当 $\alpha=0.1,\beta=0.2$ 时，$P\{Z>10\}=1-F_Z(10)=e^{-3}\approx 0.0498$.

(2) 当 L_1 与 L_2 以并联方式联接时，只有它们都损坏，系统 L 才停止工作，因而 $Z=\max\{X,Y\}$，注意到 X 与 Y 相互独立，这时

$$F_Z(z)=F_X(z)F_Y(z)=\begin{cases}(1-e^{-\alpha z})(1-e^{-\beta z}), & z>0,\\ 0, & z\leqslant 0.\end{cases}$$

Z 的密度函数为

$$f_Z(z)=\begin{cases}\alpha e^{-\alpha z}+\beta e^{-\beta z}-(\alpha+\beta)e^{-(\alpha+\beta)z}, & z>0,\\ 0, & z\leqslant 0.\end{cases}$$

当 $\alpha=0.1,\beta=0.2$ 时，

$$P\{Z>10\}=1-F_Z(10)=1-(1-e^{-1})(1-e^{-2})\approx 0.4534.$$

(3) 留 L_2 备用时，L_1 损坏后 L_2 接着工作，这时 $Z=X+Y$. 由于 X 与 Y 相互独立，所以 (X,Y) 的密度函数为

$$f(x,y)=f_X(x)f_Y(y)=\begin{cases}\alpha\beta e^{-\alpha x-\beta y}, & x>0,y>0,\\ 0, & 其他.\end{cases}$$

根据公式(3.36)，有

$$f_Z(z)=\int_{-\infty}^{+\infty}f(x,z-x)\mathrm{d}x.$$

注意到，只有当 $x>0,z-x>0$ 时，$f(x,z-x)\neq 0$(图 3.12). 所以

当 $z\leqslant 0$ 时，$f_Z(z)=0$；

当 $z>0$ 时，$f_Z(z)=\int_0^z \alpha\beta e^{-\beta z}e^{-(\alpha-\beta)x}\mathrm{d}x=\dfrac{\alpha\beta}{\beta-\alpha}(e^{-\alpha z}-e^{-\beta z})$.

因此 Z 的概率密度函数为

$$f_Z(z)=\begin{cases}\dfrac{\alpha\beta}{\beta-\alpha}(e^{-\alpha z}-e^{-\beta z}), & z>0,\\ 0, & z\leqslant 0.\end{cases}$$

当 $\alpha=0.1,\beta=0.2$ 时，

$$P\{Z>10\}=\int_{10}^{+\infty}f_Z(z)dz$$
$$=\int_{10}^{+\infty}0.2(e^{-0.1z}-e^{-0.2z})dz$$
$$=2e^{-1}-e^{-2}\approx 0.6004.$$

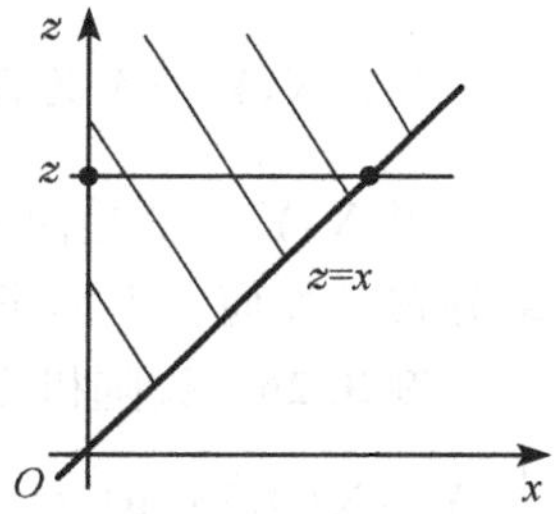

图 3.12 $x>0,z-x>0$ 时的积分区域图示

例 3.25 设二维随机变量 (X,Y) 的密度函数为

$$f(x,y)=\begin{cases}1, & 0<x<1,0<y<2x,\\ 0, & \text{其他}.\end{cases}$$

求 $Z=2X-Y$ 的密度函数.

解 首先求 Z 的分布函数，

$$F_Z(z)=P\{Z\leqslant z\}=P\{2X-Y\leqslant z\}=\iint\limits_{2x-y\leqslant z}f(x,y)d\sigma.$$

注意到，只有当 $0<x<1,0<y<2x$ 时，$f(x,y)\neq 0$（图 3.13）. 所以

当 $z\leqslant 0$ 即 $2x-y\leqslant 0$ 时，$f(x,y)=0$，此时 $F_Z(z)=0$，因而 $f_Z(z)=0$；

当 $0<z<2$ 即 $0<2x-y<2$ 时（图 3.14），$F_Z(z)=1-P\{2X-Y>z\}=1-\int_{\frac{z}{2}}^{1}\int_{0}^{2x-z}dydx=z-\dfrac{z^2}{4}$，此时 $f_Z(z)=1-\dfrac{z}{2}$；

当 $z\geqslant 2$ 时，$F_Z(z)=1$，此时 $f_Z(z)=0$.

综上，Z 的密度函数为

$$f_Z(z)=\begin{cases}1-\dfrac{z}{2}, & 0<z<2,\\ 0, & \text{其他}.\end{cases}$$

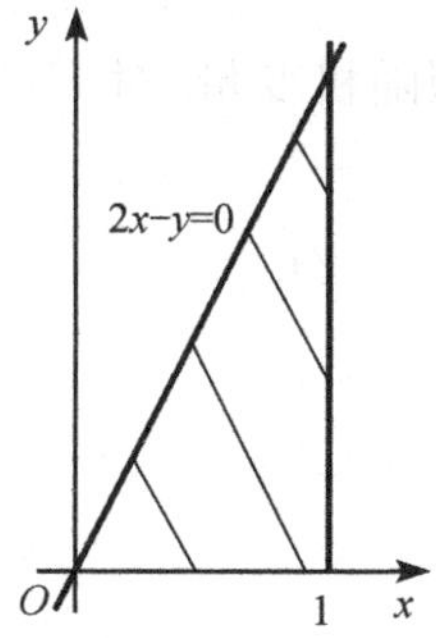

图 3.13 $f(x,y)\neq 0$ 的区域图示

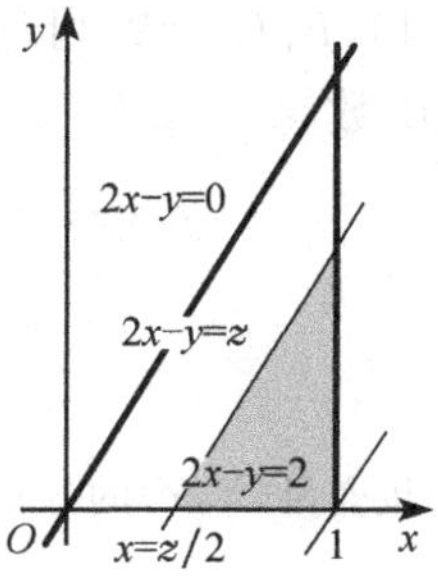

图 3.14 $0<z<2$ 时的积分区域图示

3*. X,Y 一个为离散型而另一个为连续型的情形

当 X,Y 一个是离散型的而另一个是连续型的随机变量时，$Z=g(X,Y)$的概率分布又如何？下面举例说明一般的处理方法.

例 3.26 设随机变量 X,Y 相互独立，且 X 的分布律为 $P\{X=0\}=P\{X=1\}=\frac{1}{2}$，$Y\sim N(0,1)$，记 $Z=XY$，求 Z 的概率分布.

解 X 是离散型变量，Y 是连续型变量，故不能确定随机变量 Z 的类型，因此先求 Z 的分布函数.

$$\begin{aligned}F_Z(z)&=P\{Z\leqslant z\}=P\{XY\leqslant z\}\\&=P\{X=0,0\leqslant z\}+P\{X=1,Y\leqslant z\}\\&=\begin{cases}0+P\{X=1\}P\{Y\leqslant z\}, & z<0,\\ P\{X=0\}+P\{X=1\}P\{Y\leqslant z\}, & z\geqslant 0.\end{cases}\\&=\begin{cases}0.5\Phi(z), & z<0,\\ 0.5+0.5\Phi(z), & z\geqslant 0.\end{cases}\end{aligned}$$

$z=0$ 是 $F_Z(z)$的不连续点，所以 Z 不是连续型随机变量；$F_Z(z)$不是阶跃函数，故 Z 也不是离散型随机变量. Z 是混合型随机变量.

例 3.27 设随机变量 X 与 Y 独立，其中 X 的概率分布为 $X\sim\begin{pmatrix}1 & 2\\0.3 & 0.7\end{pmatrix}$，而 Y 的密度函数为 $f(y)$，求随机变量 $Z=X+Y$ 的概率分布.

解 X 是离散型变量，Y 是连续型变量，因此不能确定随机变量 Z 的类型. Z 的分布函数为

$$\begin{aligned}F_Z(z)&=P\{Z\leqslant z\}=P\{X+Y\leqslant z\}\\&=P\{X=1,Y\leqslant z-1\}+P\{X=2,Y\leqslant z-2\}\\&=P\{X=1\}P\{Y\leqslant z-1\}+P\{X=2\}P\{Y\leqslant z-2\}\\&=0.3F_Y(z-1)+0.7F_Y(z-2).\end{aligned}$$

由于 $F_Y(z-1)$，$F_Y(x-2)$可导，故可确定 Z 是连续型随机变量. 对 $F_Z(z)$求导数，得 Z 的密度函数

$$f_Z(z)=0.3f(z-1)+0.7f(z-2).$$

习 题 3.6

1. 已知随机变量(X,Y)的分布律

X \ Y	−1	0	1
−1	0.3	0.2	0
1	0	0.4	0.1

求 $Z=2X-Y,U=\min\{X,Y\},V=\max\{X,Y\}$ 和 $W=XY$ 的分布律.

2. 设二维随机变量 (X,Y) 的分布律为

X \ Y	−2	−1	0	1	2
1	0.02	0.10	0.05	0.08	0.01
2	0.00	0.03	0.11	0.15	0.20
3	0.08	0.00	0.06	0.04	0.07

求:(1) $Z=X+Y,U=\max\{X,Y\}$ 和 $V=\min\{X,Y\}$ 的分布律;(2) $P\{X=2\mid Y=2\},P\{X=3\mid Y=0\}$.

3. 一个仪器的长度是它的两个主要组成部件的长度的和,设两个部件的长度 X 和 Y 是相互独立的随机变量,分布律分别为

X	9	10	11
P	0.3	0.5	0.2

与

Y	6	7
P	0.4	0.6

求此仪器长度的分布律.

4. 设随机变量 X 与 Y 相互独立,且均服从 $U(0,1)$,求 $Z=X+Y$ 的密度函数.

5. 设二维随机变量 (X,Y) 的密度函数为 $f(x,y)=\begin{cases}e^{-x}, & 0<y<x,\\ 0, & \text{其他}\end{cases}$ 求 $U=X+Y$ 与 $V=X-Y$ 的密度函数.

6. 设二维随机变量 (X,Y) 密度函数为

$$f(x,y)=\begin{cases}e^{-(x+y)}, & x>0,y>0,\\ 0, & \text{其他}.\end{cases}$$

求 $Z=\dfrac{X+Y}{2}$ 的密度函数.

7. 若随机变量 X,Y 相互独立,且均服从 $N(0,1)$,证明 $Z=X^2+Y^2$ 的密度函数为

$$f_Z(z)=\begin{cases}\dfrac{1}{2}e^{-\frac{z}{2}}, & z>0,\\ 0, & z\leqslant 0.\end{cases}$$

8. 设随机变量 X,Y 相互独立,且有相同的分布函数 $F(x)$,则 $Z=\max\{X,Y\}$ 的分布函数为[　　].

(A) $F^2(x)$;　　　　(B) $F(x)F(y)$;

(C) $1-[1-F(x)]^2$； (D) $[1-F(x)][1-F(y)]$.

9. 某电子元件的寿命 X(单位:小时)服从参数为 0.0015 的指数分布,现有 6 个元件在独立地工作,求 6 个元件工作时间均在 800 小时以上的概率和都不超过 3000 小时的概率.

10*. 设随机变量 X,Y 相互独立,且 X 的分布律为 $P\{X=i\}=\frac{1}{3}(i=-1,0,1)$,$Y$ 的密度函数为 $f_Y(y)=\begin{cases}1, & 0\leqslant y<1\\ 0, & \text{其他}\end{cases}$,记 $Z=X+Y$,(1)求 Z 的概率分布;(2)求 $P\left\{Z\leqslant\frac{1}{2}\,\middle|\,X=0\right\}$.

章末习题 3

1. 设随机变量 (X,Y) 在区域 $D=\{(x,y)\mid x^2+y^2\leqslant 1, y\geqslant 0\}$ 内服从均匀分布,在三次重复独立观察中事件 $\{X\geqslant Y\}$ 出现的次数为 Z,求 $P\{Z=2\}$.

2. 袋中装有 1 个红球、4 个白球,任意取出 2 个球,若以 X 表示其中的红球数,以 Y 表示其中的白球数,试求随机变量 (X,Y) 的分布律和分布函数.

3. 设随机变量 X 与 Y 的联合分布律为

Y \ X	0	1	2
-1	$\frac{2}{25}$	a	$\frac{1}{25}$
1	b	$\frac{3}{25}$	$\frac{2}{25}$

且 $P\{Y=1\mid X=0\}=\frac{3}{5}$,求常数 a,b 的值.

4. 已知随机变量 $X_i\sim\begin{pmatrix}-1 & 0 & 1\\ \frac{1}{4} & \frac{1}{2} & \frac{1}{4}\end{pmatrix}(i=1,2)$,且 $P\{X_1X_2=0\}=1$,则 $P\{X_1=X_2\}$ 等于[ ].

(A) 0; (B) 1/4; (C) 1/2; (D) 1.

5. 设随机变量 (X,Y) 的分布律为

(X,Y)	(1,1)	(1,2)	(1,3)	(2,1)	(2,2)	(2,3)
P	$\frac{1}{6}$	$\frac{1}{9}$	$\frac{1}{18}$	$\frac{1}{3}$	a	b

且 X,Y 相互独立,求常数 a,b 的值.

6. 设随机变量 X 与 Y 相互独立,分布律分别为

X	-2	-1	0	0.5
P	$\frac{1}{4}$	$\frac{1}{3}$	$\frac{1}{12}$	$\frac{1}{3}$

与

Y	-0.5	1	3
P	$\frac{1}{2}$	$\frac{1}{4}$	$\frac{1}{4}$

求 (X,Y) 的分布律及 $P\{X+Y=1\}$ 和 $P\{X+Y\neq 0\}$.

7. 设二维离散型随机变量 (X,Y) 的分布律为

Y \ X	1	2	3	4
−1	0.20	0.03	0.21	0.10
0	0	0.08	0.11	0.09
1	0.07	0.11	0	0

求:(1)边缘分布律;(2)在 $X=-1$ 和在 $Y=2$ 条件下的条件分布律;(3)$P\{X\neq Y\}$,$P\{X\leqslant 0\}$.

8. 设 X 和 Y 为两个随机变量,且 $P\{X\geqslant 0,Y\geqslant 0\}=\dfrac{3}{7}$,$P\{X\geqslant 0\}=P\{Y\geqslant 0\}=\dfrac{4}{7}$,求 $P\{\max(X,Y)\geqslant 0\}$.

9. 一个商店每周四进货,以备星期五、六、日销售. 根据多周统计,这三天的销售件数 X_1,X_2,X_3 彼此独立,且分别有如下的分布律

X_1	10	11	12
P	0.2	0.7	0.1

X_2	13	14	15
P	0.3	0.6	0.1

X_3	17	18	19
P	0.1	0.8	0.1

问三天的销售总量可以取那些值?进货 45 件不够卖的概率有多大?进货 40 件够卖的概率又是多少?

10. 设二维随机变量(X,Y)在区域 $G=\{(x,y|x^2\leqslant y\leqslant x)\}$上服从均匀分布,试求$(X,Y)$的概率密度函数及其边缘密度函数.

11. 已知随机变量(X,Y)的密度函数 $f(x,y)=\dfrac{1}{\pi}\mathrm{e}^{-\frac{1}{2}(x^2+2xy+5y^2)}$,$-\infty<x,y<+\infty$,求条件密度函数 $f_{Y|X}(y|x)$和 $f_{X|Y}(x|y)$.

12. 设随机变量(X,Y)的密度函数为

$$f(x,y)=\begin{cases}x^2+\dfrac{xy}{3}, & 0\leqslant x\leqslant 1,0\leqslant y\leqslant 2,\\ 0, & \text{其他}.\end{cases}$$

求:(1)$P\{X+Y\geqslant 1\}$;(2)边缘密度函数与条件密度函数;(3)判断 X,Y 的独立性.

13. 已知随机变量(X,Y)的密度函数为

$$f(x,y)=\begin{cases}6xy(2-x-y), & 0\leqslant x\leqslant 1,0\leqslant y\leqslant 1,\\ 0, & \text{其他}.\end{cases}$$

(1)求条件密度函数 $f_{X|Y}(x|y)$和 $f_{Y|X}(y|x)$;(2)说明 X,Y 是否相互独立.

14. 若随机变量(X,Y)的密度函数

$$f(x,y)=\begin{cases}12\mathrm{e}^{-(3x+4y)}, & x>0,y>0,\\ 0, & \text{其他}.\end{cases}$$

若 X,Y 相互独立,求联合分布函数 $F(x,y)$.

15. 设随机变量 X_1,X_2 相互独立,$X_1\sim B(n_1,p)$,$X_2\sim B(n_2,p)$,证明:$X_1+X_2\sim B(n_1+n_2,p)$.

16. 设随机变量 X 与 Y 的联合分布是正方形 $G=\{(x,y)\,|\,1\leqslant x\leqslant 3,1\leqslant y\leqslant 3\}$上的均匀分布,求:(1)$(X,Y)$的分布函数;(2)随机变量 $U=|X-Y|$的密度函数.

17. 两台同样自动记录仪，每台无故障工作的时间服从参数为 5 的指数分布．首先开动其中一台，当其发生故障时停用而另一台自行开动，试求两台记录仪无故障工作的总时间 T 的密度函数 $f(t)$.

18. 设随机变量 X 与 Y 相互独立且都服从 $N(0,1)$，试求 $Z=\sqrt{X^2+Y^2}$ 的密度函数.

19. 一电路装有三个同种电气元件，工作状态相互独立，且无故障工作时间均服从参数为 $\lambda,\lambda>0$ 的指数分布. 当三个元件都无故障时电路正常工作，否则整个电路不能正常工作. 试求电路正常工作时间 T 的概率分布.

20. 若随机变量 $X_1,X_2,\cdots,X_n$ 相互独立，且皆服从参数分别为 $\lambda_1,\lambda_2,\cdots,\lambda_n$ 的指数分布，试求 $Y=\min\{X_1,X_2,\cdots,X_n\}$概率分布.

21. 有四个独立工作的元件 $R_{ij}(i.j=1,2)$，它们的寿命(单位：小时)均服从参数为 λ 的指数分布. 若 R_{11} 与 R_{12} 串联为子系统 R_1，R_{21} 与 R_{22} 串联为子系统 R_2，子系统 R_1 与 R_2 并联为系统 R，R 的寿命为 Z，试求 Z 的寿命分布.

22. 设随机变量 $X_1,X_2,\cdots,X_5$ 相互独立，且均服从正态分布 $N(12,5)$，求 $P\left\{\sum_{i=1}^{5}X_i>65\right\}$.

第 4 章　随机变量的数字特征

第 2、3 章讨论的随机变量的概率分布完整地描述了随机变量的概率性质. 然而，在实际问题中，有时不容易确定随机变量的概率分布，况且有时也并不需要完全知道随机变量的概率分布，而只要知道它的一些特征就够了. 例如，老师对学生某科成绩的分布可能不知道，但他从学生这科的平均成绩，以及每个学生的成绩与平均成绩偏离程度的情况，就能比较清楚地知道学生这科的学习情况了. 再如，决定棉花质量的是棉纤维的长度、强度等指标，即使我们不知道这些指标的分布，但只要知道棉纤维长度、强度的平均值，棉纤维长度、强度与各自平均值的偏离程度，以及棉纤维长度、强度两者的相互关联程度，我们对棉花的质量从总体上就有了比较准确的了解.

这里的平均值、偏离程度、相互关联程度就是随机变量的一些特征，是由随机变量的分布所决定的常数，我们称之为随机变量的数字特征.

数字特征能反映随机变量的某些重要信息，在理论上和实践上都具有重要的意义.

§4.1　数学期望

4.1.1　离散型随机变量的数学期望

例 4.1　在一次考试中，10 名学生有 2 人得 70 分，5 人得 80 分，3 人得 90 分，他们的平均成绩是多少？

解　$平均成绩=\frac{70\times 2+80\times 5+90\times 3}{10}=81(分)$.

换一个角度，如果从这 10 个人中任意挑选一个学生，他的考试成绩 X 则是一个随机变量，其分布律为

X	70	80	90
P	0.2	0.5	0.3

而 X 的可能取值 x_i 与取 x_i 的概率 p_i 的乘积之和恰好是上述平均成绩. 即

$$平均成绩=70\times\frac{2}{10}+80\times\frac{5}{10}+90\times\frac{3}{10}=81(分).$$

例 4.2　有甲、乙两个射手，他们的射击水平见下表.

甲击中环数	8	9	10
概率	0.3	0.1	0.6

乙击中环数	8	9	10
概率	0.2	0.5	0.3

问哪一个射手的水平高一些?

解 这个问题的答案显然不是一眼能看出来的.若设他们各射 N 枪,则他们击中的总环数大约是

$$甲:8\times0.3N+9\times0.1N+10\times0.6N=9.3N(环),$$

$$乙:8\times0.2N+9\times0.5N+10\times0.3N=9.1N(环).$$

平均来看,甲每枪中9.3环,乙每枪中9.1环,因此甲的水平要高一些.而9.3恰好是甲击中环数的取值 x_i 与取 x_i 的概率 p_i 的乘积之和,9.1恰是乙击中环数的取值 y_j 与取 y_j 的概率 p_j' 的乘积之和.

受这两个例子的启发,我们给出数学期望的定义.

定义 4.1 设 X 是离散型随机变量,分布律为 $P\{X=x_i\}=p_i, i=1,2,\cdots$.若级数 $\sum_i x_i p_i$ 绝对收敛,则该级数的和称为 X 的数学期望,记为 $E(X)$,即

$$E(X)=\sum_i x_i p_i. \tag{4.1}$$

数学期望简称期望或均值,它是随机变量取值的平均值.

绝对收敛保证,随机变量的数学期望是唯一的,是由概率分布唯一决定的.

例 4.3 设 X 服从参数为 p 的0-1分布,求 $E(X)$.

解 X 的分布律为 $P\{X=1\}=p, P\{X=0\}=1-p$,因此

$$E(X)=1\times p+0\times(1-p)=p.$$

即0-1分布的期望为参数 p.

例 4.4 设 $X\sim P(\lambda)$,求 $E(X)$.

解 X 的分布律为

$$P\{X=k\}=\frac{\lambda^k e^{-\lambda}}{k!},\quad k=0,1,2,\cdots,$$

因此

$$E(X)=\sum_{k=0}^{+\infty}k\frac{\lambda^k e^{-\lambda}}{k!}=e^{-\lambda}\sum_{k=1}^{+\infty}\frac{\lambda^k}{(k-1)!}(令\ n=k-1)$$

$$=\lambda e^{-\lambda}\sum_{n=0}^{+\infty}\frac{\lambda^n}{n!}=\lambda e^{-\lambda}e^{\lambda}=\lambda,$$

即泊松分布的期望为参数 λ.

例 4.5 设 $X\sim G(p)$,求 $E(X)$.

解 X 的分布律为

$$P\{X=k\}=(1-p)^{k-1}p,\quad k=1,2,\cdots,$$

因此

$$E(X)=\sum_{k=1}^{+\infty}k(1-p)^{k-1}p=p\sum_{k=1}^{+\infty}k(1-p)^{k-1}.$$

设

$$s(x)=\sum_{k=0}^{+\infty}x^k\quad(0<x<1),$$

则有

$$s(x)=\frac{1}{1-x},\quad s'(x)=\sum_{k=1}^{+\infty}kx^{k-1}=\frac{1}{(1-x)^2}.$$

令 $x=1-p$ 代入上式,得

$$E(X)=ps'(x)\mid_{x=1-p}=p\frac{1}{(1-(1-p))^2}=\frac{1}{p}.$$

有时还需要求随机变量的函数的期望. 这里我们不加证明地给出如下定理.

定理 4.1 (1) 设 X 是离散型随机变量,分布律为 $P\{X=x_i\}=p_i,i=1,2,\cdots$, $Y=g(X)$(g 是连续函数). 若级数 $\sum\limits_i g(x_i)p_i$ 绝对收敛,则有

$$E(Y)=\sum_i g(x_i)p_i. \tag{4.2}$$

(2) 设(X,Y)是二维离散型随机变量,分布律为 $P\{X=x_i,Y=y_j\}=p_{ij},i,j=1,2,\cdots,Z=g(X,Y)$($g$ 是连续函数). 若级数 $\sum\limits_i\sum\limits_j g(x_i,y_j)p_{ij}$ 绝对收敛,则有

$$E(Z)=\sum_i\sum_j g(x_i,y_i)p_{ij}. \tag{4.3}$$

这个定理可以推广到两个以上随机变量的函数的情形.

定理 4.1 的意义在于,不必求出随机变量的函数的分布,就可以求出随机变量的函数的期望.

例 4.6 在例 4.2 中,设甲击中的环数记为 X,乙击中的环数记为 Y,求 $E(X^2)$ 和 $E(Y^2)$.

解 按(4.2)式,有

$$E(X^2)=8^2\times0.3+9^2\times0.1+10^2\times0.6=87.3,$$
$$E(Y^2)=8^2\times0.2+9^2\times0.5+10^2\times0.3=83.3.$$

例 4.7 续例 4.6,求 $E(XY)$.

解 首先求出(X,Y)的分布律. 显然 X,Y 相互独立,所以(X,Y)的分布律为

X \ Y	8	9	10
8	0.06	0.15	0.09
9	0.02	0.05	0.03
10	0.12	0.30	0.18

按(4.3)式,有

$$E(XY)=8\times8\times0.06+8\times9\times0.15+8\times10\times0.09+9\times8\times0.02+9\times9\times0.05+9\times10\times0.03+10\times8\times0.12+10\times9\times0.30+10\times10\times0.18=84.63.$$

4.1.2 连续型随机变量的数学期望

定义 4.2 设 X 是连续型随机变量,密度函数为 $f(x)$. 若积分 $\int_{-\infty}^{+\infty}xf(x)\mathrm{d}x$ 绝对收敛,则该积分的值称为 X 的数学期望,记为 $E(X)$,即

$$E(X)=\int_{-\infty}^{+\infty}xf(x)\mathrm{d}x. \tag{4.4}$$

例 4.8 设 $X\sim U(a,b)$,求 $E(X)$.

解 X 的密度函数为

$$f(x)=\begin{cases}\dfrac{1}{b-a}, & a<x<b,\\ 0, & \text{其他},\end{cases}$$

所以

$$E(X)=\int_{-\infty}^{+\infty}xf(x)\mathrm{d}x=\int_a^b\frac{x}{b-a}\mathrm{d}x=\frac{b^2-a^2}{2(b-a)}=\frac{a+b}{2}.$$

例 4.9 设 $X\sim E(\lambda)$,求 $E(X)$.

解 X 的密度函数为

$$f(x)=\begin{cases}\lambda\mathrm{e}^{-\lambda x}, & x>0,\\ 0, & x\leqslant 0,\end{cases}$$

所以

$$E(X)=\int_{-\infty}^{+\infty}xf(x)\mathrm{d}x=\int_0^{+\infty}\lambda x\mathrm{e}^{-\lambda x}\mathrm{d}x$$
$$=-x\mathrm{e}^{-\lambda x}\Big|_0^{+\infty}+\int_0^{+\infty}\mathrm{e}^{-\lambda x}\mathrm{d}x=-\frac{1}{\lambda}\mathrm{e}^{-\lambda x}\Big|_0^{+\infty}=\frac{1}{\lambda}.$$

例 4.10 设 $X\sim N(0,1)$,求 $E(X)$.

解 X 的密度函数为

$$f(x)=\frac{1}{\sqrt{2\pi}}\mathrm{e}^{-\frac{x^2}{2}},$$

所以

$$E(X)=\int_{-\infty}^{+\infty}\frac{1}{\sqrt{2\pi}}x\mathrm{e}^{-\frac{x^2}{2}}\mathrm{d}x=-\frac{1}{\sqrt{2\pi}}\mathrm{e}^{-\frac{x^2}{2}}\Big|_{-\infty}^{+\infty}=0.$$

与离散型的随机变量类似,这里我们不加证明地给出如下定理.

定理 4.2 (1) 设 X 是连续型随机变量，密度函数为 $f(x)$，$Y=g(X)$，(g 是连续函数). 若积分 $\int_{-\infty}^{+\infty} g(x)f(x)\mathrm{d}x$ 绝对收敛，则有

$$E(Y)=\int_{-\infty}^{+\infty} g(x)f(x)\mathrm{d}x. \tag{4.5}$$

(2) 设 (X,Y) 是二维连续型随机变量，密度函数为 $f(x,y)$，$Z=g(X,Y)$(g 是连续函数). 若积分 $\int_{-\infty}^{+\infty}\int_{-\infty}^{+\infty} g(x,y)f(x,y)\mathrm{d}x\mathrm{d}y$ 绝对收敛，则有

$$E(Z)=\int_{-\infty}^{+\infty}\int_{-\infty}^{+\infty} g(x,y)f(x,y)\mathrm{d}x\mathrm{d}y. \tag{4.6}$$

这个定理可以推广到两个以上随机变量的函数的情形.

例 4.11 设 $X\sim N(0,1)$，求 $E(X^2)$.

解 $E(X^2)=\int_{-\infty}^{+\infty} \frac{1}{\sqrt{2\pi}}x^2\mathrm{e}^{-\frac{x^2}{2}}\mathrm{d}x=\frac{1}{\sqrt{2\pi}}\left(-x\mathrm{e}^{-\frac{x^2}{2}}\Big|_{-\infty}^{+\infty}+\int_{-\infty}^{+\infty}\mathrm{e}^{-\frac{x^2}{2}}\mathrm{d}x\right)$

$$=\int_{-\infty}^{+\infty}\frac{1}{\sqrt{2\pi}}\mathrm{e}^{-\frac{x^2}{2}}\mathrm{d}x=1.$$

例 4.12 已知 (X,Y) 的密度函数

$$f(x,y)=\begin{cases}2xy, & 0<2y<x<2,\\ 0, & \text{其他}.\end{cases}$$

求 $E(X)$，$E(XY)$.

解 $E(X)=\int_{-\infty}^{+\infty}\int_{-\infty}^{+\infty} xf(x,y)\mathrm{d}x\mathrm{d}y=\int_0^2 x\mathrm{d}x\int_0^{\frac{x}{2}}2xy\mathrm{d}y=\frac{1}{4}\int_0^2 x^4\mathrm{d}x=\frac{8}{5}.$

$E(XY)=\int_{-\infty}^{+\infty}\int_{-\infty}^{+\infty} xyf(x,y)\mathrm{d}x\mathrm{d}y=\int_0^2 2x^2\mathrm{d}x\int_0^{\frac{x}{2}}y^2\mathrm{d}y=\frac{1}{12}\int_0^2 x^5\mathrm{d}x=\frac{8}{9}.$

4.1.3 数学期望的性质

数学期望有如下性质(设在性质中出现的随机变量的期望都存在).

性质 1 若 c 是常数，则 $E(c)=c$.

性质 2 设 X 是随机变量，c 是常数，则 $E(cX)=cE(X)$.

性质 3 设 X,Y 是随机变量，则

$$E(X+Y)=E(X)+E(Y).$$

推论 设 $X_1,X_2,\cdots,X_n$ 是 n 个随机变量，$c_1,c_2,\cdots,c_n$ 为任意常数，则

$$E(c_1X_1+c_2X_2+\cdots+c_nX_n)=c_1E(X_1)+c_2E(X_2)+\cdots+c_nE(X_n).$$

特别地，有

$$E(X_1+X_2+\cdots+X_n)=E(X_1)+E(X_2)+\cdots+E(X_n).$$

性质 4 设 X,Y 是随机变量，若 X,Y 相互独立，则

$$E(XY)=E(X)E(Y).$$

这一性质可以推广到多个随机变量的情形:若随机变量 $X_1,X_2,\cdots,X_n$ 相互独立,则

$$E(X_1X_2\cdots X_n)=E(X_1)E(X_2)\cdots E(X_n).$$

证 性质1、2的证明简单,留给读者.这里仅就连续型随机变量证明性质3、4.设(X,Y)的概率密度函数为 $f(x,y)$,则

$$\begin{aligned}E(X+Y)&=\int_{-\infty}^{+\infty}\int_{-\infty}^{+\infty}(x+y)f(x,y)\mathrm{d}x\mathrm{d}y\\&=\int_{-\infty}^{+\infty}\int_{-\infty}^{+\infty}xf(x,y)\mathrm{d}x\mathrm{d}y+\int_{-\infty}^{+\infty}\int_{-\infty}^{+\infty}yf(x,y)\mathrm{d}x\mathrm{d}y\\&=E(X)+E(Y).\end{aligned}$$

当 X,Y 相互独立时,$f(x,y)=f_X(x)f_Y(y)$,所以

$$\begin{aligned}E(XY)&=\int_{-\infty}^{+\infty}\int_{-\infty}^{+\infty}xyf(x,y)\mathrm{d}x\mathrm{d}y=\int_{-\infty}^{+\infty}\int_{-\infty}^{+\infty}xyf_X(x)f_Y(y)\mathrm{d}x\mathrm{d}y\\&=\int_{-\infty}^{+\infty}xf_X(x)\mathrm{d}x\int_{-\infty}^{+\infty}yf_Y(y)\mathrm{d}y=E(X)E(Y),\end{aligned}$$

例4.13 设 $X\sim N(\mu,\sigma^2)$,求 $E(X)$.

解 由第2章的例2.27知,$\frac{X-\mu}{\sigma}\sim N(0,1)$.再根据期望的性质,有

$$E\left(\frac{X-\mu}{\sigma}\right)=E\left(\frac{X}{\sigma}\right)-\frac{\mu}{\sigma}=\frac{1}{\sigma}E(X)-\frac{\mu}{\sigma}=0,$$

故 $E(X)=\mu$.

例4.14 设 $X\sim B(n,p)$,求 $E(X)$.

解 由二项分布的定义知,随机变量 X 是 n 重伯努利试验中事件 A 发生的次数,且在每次试验中 A 发生的概率为 p.令

$$X_i=\begin{cases}1, & A\text{ 在第 }i\text{ 次试验中发生},\\0, & A\text{ 在第 }i\text{ 次试验中不发生},\end{cases}\quad i=1,2,\cdots,n,$$

则 $X=X_1+X_2+\cdots+X_n$.由于 $X_i(i=1,2,\cdots,n)$均服从参数为 p 的0-1分布,且又知 $E(X_i)=p$.于是根据期望的性质3,有

$$E(X)=\sum_{i=1}^{n}E(X_i)=np.$$

例4.15 设 X 服从参数为 N,M,n 的超几何分布,求 $E(X)$.

解 由超几何分布的定义知,在 N 件产品(其中有 M 件次品)中抽取 n 件,X 即是抽出的次品数.这里我们利用期望的性质来求 X 的数学期望.令

$$X_i=\begin{cases}1, & \text{抽出的第 }i\text{ 件是次品},\\0, & \text{抽出的第 }i\text{ 件不是次品},\end{cases}\quad i=1,2,\cdots,n,$$

则有

$$P\{X_i = 1\} = \frac{M}{N},$$

因此 $E(X_i)=\frac{M}{N}$. 而 $X=X_1+X_2+\cdots+X_n$，所以

$$E(X) = E(X_1) + E(X_2) + \cdots + E(X_n) = \frac{nM}{N}.$$

例 4.16 一民航送客车载有 n 位乘客自机场开出，中途有 10 个停车站，若到一站无人下车就不停车. 假设中途无人上车，每位乘客在各站下车是等可能的，且每个人是否下车相互独立. 若 X 表示停车次数，求 $E(X)$.

解 显然 X 可取 $1,2,\cdots,10$，但求 $P\{X=k\}$ 比较困难，我们采用上两例的办法. 令

$$X_i = \begin{cases} 0, & \text{第 } i \text{ 站无人下车}, \\ 1, & \text{第 } i \text{ 站有人下车}, \end{cases} \quad i = 1,2,\cdots,10.$$

X_i 是 0-1 变量，X_i 的取值即是第 i 站的停车次数，于是 $X=\sum\limits_{i=1}^{10} X_i$. 因为

$$P\{X_i = 0\} = \left(\frac{9}{10}\right)^n, \quad P\{X_i = 1\} = 1 - \left(\frac{9}{10}\right)^n,$$

故

$$E(X_i) = 1 - \left(\frac{9}{10}\right)^n,$$

$$E(X) = \sum_{i=1}^{10} E(X_i) = 10\left(1 - \left(\frac{9}{10}\right)^n\right).$$

例如，当 $n=6$ 时，$E(X)\approx 4.6856$，即平均停车次数不到 5 次；当 $n=15$ 时，$E(X)\approx 7.9411$，即平均停车次数接近 8 次；而当 $n=30$ 时，$E(X)\approx 9.5761$，即几乎要站站停车.

这个模型可用于研究这样的问题：对于一个人口较少的地区，是否要开通一条公交线路. 考虑设 10 个车站，假定始发站有 a 个人上车(可通过调研方式得到 a 的一个参考值)，其余假设同例 4.16. 设 X 为停车次数，决策者认为如果 $E(X)<4$，则不开通该线路.

令 $10(1-0.9^a)<4$，得 $a<4.8484\approx 5$. 由于 a 为整数，故当 $a<5$ 时，不开通该线路.

4.1.4 数学期望的应用

数学期望有着广泛的应用. 如在自然科学、经济管理以及日常生活中，人们可以利用期望进行决策.

例 4.17 某销售公司的统计数据表明，每年某种型号电视机的需求量是一个

随机变量 X，且 X 在集合 $\{1001,1002,\cdots,2000\}$ 上服从离散型均匀分布，即

$$P\{X=k\}=\frac{1}{1000},\quad k=1001,1002,\cdots,2000.$$

假定销售公司每售出一台电视机可获利 3 百元，年终库存积压一台电视机亏损 1 百元；公司年初进货，年内不再进货. 问一年安排多少进货量可使公司有最大利润？

解 由于电视机的需求量 X 是一个随机变量，而利润是需求量 X 的函数，所以利润是一个随机变量，因此这里所说公司有最大利润是指公司有最大平均利润.

设公司年初进货 N 台，年利润 Y 百元，则

$$Y=g(X)=\begin{cases}3N, & X\geqslant N,\\ 3X-(N-X), & X<N.\end{cases}$$

平均利润为

$$\begin{aligned}E(Y)&=E(g(X))=\sum_{k=1001}^{2000}g(k)\times\frac{1}{1000}=\frac{1}{1000}\Big(\sum_{k=1001}^{N-1}(4k-N)+\sum_{k=N}^{2000}3N\Big)\\&=\frac{1}{1000}\Big[\Big(\frac{4\times(1001+(N-1))}{2}-N\Big)\times(N-1001)+3N(2001-N)\Big]\\&=\frac{1}{1000}(-2N^2+7002N-2002000).\end{aligned}$$

当 $N=1750.5$ 时，$E(Y)$ 最大. 但 N 实际是整数，且 $N=1750$ 或 1751 时，$E(Y)$ 的值相等. 因此公司可考虑年初进货 1750 或 1751 台电视机，这将为公司带来最大的平均利润

$$\max E(Y)=(-2\times1750^2+7002\times1750-2002000)/1000=4126.5(\text{百元}).$$

例 4.18 在一个单位普查某种疾病，共有 N 个人去验血（N 很大）. 有两种化验方法：(1) 每个人的血化验一次，共化验 N 次；(2) 把 k 个人的血混在一起化验一次，如果结果是阴性（无病），则这个 k 人均无病，这 k 个人共化验一次；如果结果是阳性（有人有病），那么对这 k 个人重新逐个化验，这 k 个人共化验 $k+1$ 次. 假定整个人群中每个人化验为阳性的概率是 p，为阴性的概率是 $1-p\triangleq q$，且每个人的情况是独立的. 以下将说明，适当地选取 k，方法 (2) 比方法 (1) 可以减少化验次数，可达到既省时省力又节省开支的目的.

在化验方法 (2) 中，以 X 表示一个人的化验次数，则取两个值 $\frac{1}{k}$，$\frac{k+1}{k}$，且

$$P\Big\{X=\frac{1}{k}\Big\}=q^k,\quad P\Big\{X=\frac{k+1}{k}\Big\}=1-q^k.$$

由

$$E(X)=\frac{1}{k}\times q^k+\Big(1+\frac{1}{k}\Big)\times(1-q^k)=1+\frac{1}{k}-q^k$$

可知，每个人的平均化验次数为 $1+\frac{1}{k}-q^k$.

对于给定的 q,如果选取 k,使$\frac{1}{k}-q^k<0$,那么每个人的平均化验次数将小于 1.

例如,当 $q=0.9$ 时,由

$$\frac{1}{8}-0.9^8=-0.3055,\quad \frac{1}{7}-0.9^7=-0.3354,\quad \frac{1}{6}-0.9^6=-0.3648,$$

$$\frac{1}{5}-0.9^5=-0.3905,\quad \frac{1}{4}-0.9^4=-0.4061,\quad \frac{1}{3}-0.9^3=-0.3957,$$

$$\frac{1}{2}-0.9^2=-0.3100$$

可见,当 $k=4$ 时,即 4 个人一组,可使$\frac{1}{k}-q^k$ 达到极小. 此时,每个人的平均化验次数为 $1-0.4061=0.5939$ 次. 若 $N=1000$,那么 N 个人的平均化验次数约为 $1000\times 0.5939\approx 594$ 次,方法(2)比方法(1)大约可以减少 40%的工作量.

当 $q=0.95$ 时,由

$$\frac{1}{8}-0.95^8=-0.5384,\quad \frac{1}{7}-0.95^7=-0.5555,\quad \frac{1}{6}-0.95^6=-0.5684,$$

$$\frac{1}{5}-0.95^5=-0.5738,\quad \frac{1}{4}-0.95^4=-0.5645,\quad \frac{1}{3}-0.95^3=-0.5240$$

可见,5 个人一组最好. 此时,每个人的平均化验次数为 $1-0.5738=0.4262$ 次. 若 $N=1000$,那么 N 个人的平均化验次数约为 $1000\times 0.4262\approx 426$ 次,方法(2)比方法(1)大约可以减少 57%的工作量.

所以采用第二种化验方式,事半功倍可能性比较大.

当然,k 的选择与 q 的数值有关. 由图 4.1 可见,对任意 $q(0.7\leqslant q<1)$,k 的最好选择不超过 10;而当阳性概率 p 比较大时$(0.3<p<1)$,不分组或少分组比较合适.

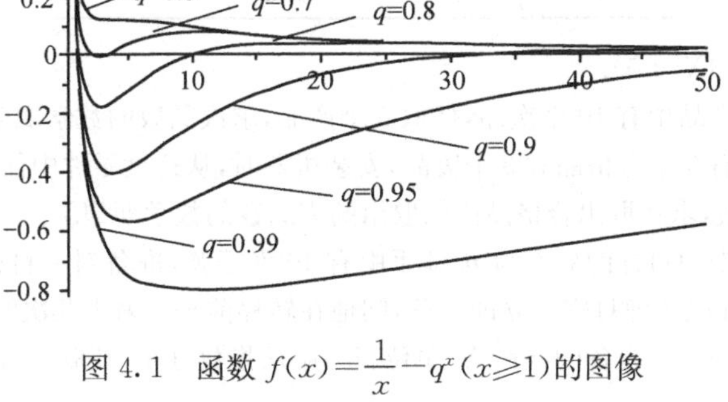

图 4.1 函数 $f(x)=\frac{1}{x}-q^x\ (x\geqslant 1)$的图像

例 4.19 某投资人有 10 万元,现有两种投资方案:(1)存入银行;(2)购买股票. 如存入银行,固定获利 0.8 万元. 购买股票的收益取决于经济形势,假设有三种状态:形势好(θ_1),形势中等(θ_2),形势不好(θ_3),在 θ_1 下可获利 4 万元,θ_2 下可获利 1 万元,θ_3 下损失 2 万元. 若 θ_1、θ_2、θ_3 发生的概率分别为 0.3、0.5、0.2,那么他该作何选择?

解 采用期望值法. 设 X 为选择(1)的获利,Y 为选择(2)的获利,则 X 是取值为 0.8 的常量,Y 是一个随机变量,有

$$E(X)=0.8(\text{万元}),\quad E(Y)=0.3\times4+0.5\times1-0.2\times2=1.3(\text{万元}).$$

由此可见,选择(1),一定获利 0.8 万元;选择(2),平均可获利 1.3 万元,因此倾向选择(2). 1.3 万元是个什么含义呢? 它是多次投资获利的平均值. 可是一旦选择了(2),在实际中,他有可能获利 4 万元,或 1 万元,也可能赔上 2 万元,即选择(2)是有风险的. 现在要对一次投资作决策,没有风险承受能力的投资人,不应该冒这个风险,那些有风险承受能力的投资人,则应该了解平均获利的计算及它的真实含义,以便作出合适的决策.

习 题 4.1

1. (1) 在下面的句子中随机地取一单词,以 X 表示取到的单词中的字母个数,写出 X 的分布律,并求 $E(X)$.

(2) 在下面句子的 30 个字母中随机地取一字母,以 Y 表示取到的字母所在单词中的字母数,写出 Y 的分布律,并求 $E(Y)$.

"THE GIRL PUT ON HER BEAUTIFUL RED HAT."

2. 某产品的次品率为 0.1. 检验员每天检验 4 次,每次随机地取 10 件产品进行检验,如发现其中的次品数多于 1,就需要调整设备. 以 X 表示一天中调整设备的次数,求 $E(X)$.(设各产品是否为次品是相互独立的.)

3. 设随机变量的分布律为

X	-2	0	2
P	0.4	0.3	0.3

求 $E(X)$,$E(X^2)$,$E(3X^2+5)$.

4. 假设 100 个产品中有 10 个次品,任取 5 个产品,求次品数的数学期望.

5. 一批零件中有 9 个合格品和 3 个废品,安装机器时,从这批零件中任取一个,如果取出的是废品就不再放回去,求在取出合格品前已取出的废品数的数学期望.

6. 某射手每次击中目标的概率为 p. 他手中有 10 发子弹,准备对一目标连续射击(每次打一发),一旦击中目标或子弹打完就立即转移,问他在转移前平均射击几次?

7. 一工厂生产的某种设备的寿命 X(单位:年)服从指数分布,其概率密度函数为

$$f(x)=\begin{cases}\dfrac{1}{4}e^{-\frac{x}{4}}, & x>0,\\ 0, & x\leqslant 0.\end{cases}$$

工厂规定:出售的设备若在售出一年之内损坏可予以调换.若工厂售出一台设备赢利 100 元,调换一台设备厂方需花费 300 元,求厂方出售一台设备净赢利的数学期望.

8. 设在某规定的时间间隔内,某电气设备承受最大负荷的时间 X(单位:分)是一个随机变量,其概率密度函数为

$$f(x)=\begin{cases}\dfrac{1}{1500^2}x, & 0\leqslant x\leqslant 1500,\\ -\dfrac{1}{1500^2}(x-3000), & 1500<x\leqslant 3000,\\ 0, & \text{其他}.\end{cases}$$

求 $E(X)$.

9. 设随机变量 X 的概率密度函数为 $f(x)=\begin{cases}e^{-x}, & x>0,\\ 0, & x\leqslant 0.\end{cases}$ 求:(1) $Y=2X$ 的数学期望;(2) $Y=e^{-2X}$ 的数学期望.

10. 设(X,Y)的分布律为

Y \ X	1	2	3
-1	0.2	0.1	0.0
0	0.1	0.0	0.3
1	0.1	0.1	0.1

(1) 求 $E(X)$,$E(Y)$;

(2) 设 $Z=Y/X$,求 $E(Z)$;

(3) 设 $Z=(X-Y)^2$,求 $E(Z)$.

11. 已知随机变量(X,Y)的概率密度函数为

$$f(x,y)=\begin{cases}12y^2, & 0\leqslant y\leqslant x\leqslant 1,\\ 0, & \text{其他}.\end{cases}$$

求 $E(X)$,$E(Y)$,$E(XY)$,$E(X^2+Y^2)$.

12. 设随机变量 X,Y 的概率密度函数分别为

$$f_X(x)=\begin{cases}2e^{-2x}, & x\geqslant 0,\\ 0, & x<0.\end{cases}\quad f_Y(y)=\begin{cases}4e^{-4y}, & y\geqslant 0,\\ 0, & y<0.\end{cases}$$

(1) 求 $E(X+Y)$,$E(2X-3Y^2)$;

(2) 当 X,Y 相互独立时,求 $E(XY)$.

13. 旅游车上载有 12 位游客,沿途有 6 个旅游景点.如果到达一个景点无人下车就不停车.设 X 表示停车总次数,求 $E(X)$.(假定每位游客在各个景点下车是等可能的,他们下车与否是相互独立的.)

14. 将 n 个球($1\sim n$ 号)随机地放入 n 个盒子($1\sim n$ 号)中,一个盒子装一个球.一个球装入同号的盒子称为一个配对.记 X 为总的配对数,求 $E(X)$.

15. 某种商品每周的需求量 $X \sim U(10,30)$，经销商店进货数量是区间$[10,30]$中的某一个整数. 商店每销售一单位商品可获利 500 元；若供大于求，则剩余的每单位商品带来亏损 100 元；若供不应求，则可从外部调剂供应，此时经调剂的每单位商品仅获利 300 元. 求使商店每周所获利润的期望值最大的最少进货量及最大期望利润值.

§4.2 方差和标准差

4.2.1 方差

尽管期望是随机变量一个有用的特征，但它所包含的随机变量的信息不多，致使它的应用范围有很大的局限性. 以下两例中，随机变量 X,Y 有比较明显的差异，但它们的均值却是同一个数，即用均值没能区分 X,Y. 下面即引入随机变量的又一个数字特征——方差，将从另一个角度来刻画和区分随机变量.

例 4.20 甲、乙两个工厂生产同一型号产品，产品寿命(单位：千小时)的分布分别如下：

X	5	6	7	8	9
P	0.1	0.2	0.4	0.2	0.1

Y	6	6.5	7	7.5	8
P	0.1	0.2	0.4	0.2	0.1

问哪个厂的产品质量好一些呢？

解 首先从两厂产品的平均寿命上来看，

$$E(X)=5\times 0.1+6\times 0.2+7\times 0.4+8\times 0.2+9\times 0.1=7,$$
$$E(Y)=6\times 0.1+6.5\times 0.2+7\times 0.4+7.5\times 0.2+8\times 0.1=7,$$

结果寿命的均值是一样的，似乎表明两厂产品的质量不分高低. 可是从分布看，甲厂产品的寿命在 5～9 中分布，乙厂的在 6～8 中分布，直观地说明乙厂产品的质量比甲厂的稳定. 所以尽管两厂产品的寿命均值相同，但质量还是有差别的.

例 4.21 在证券市场上有两种证券，收益率的分布分别如下：

X	5%	10%
P	0.4	0.6

Y	−5%	0	15%	20%
P	0.2	0.3	0.2	0.3

投资者怎样投资才合算些呢？

解 首先从两种证券的平均收益率上来看，

$$E(X)=5\%\times 0.4+10\%\times 0.6=8\%,$$
$$E(Y)=-5\%\times 0.2+0\times 0.3+15\%\times 0.2+20\%\times 0.3=8\%.$$

平均收益率相同，似乎说明两者的投资收益一样. 但从分布看，很明显证券 Y 的收益率的稳定性较证券 X 的差很多. 因此,投资者选择证券 X 比较好.

这两个例子有一个共同的特点,就是在对两个随机变量作比较时,一旦它们的均值相等,那就再比较两者的稳定性. 从两个例子看到,这里的稳定性其实是对随机变量的取值集中或分散的一种度量. 取值的集中或分散是相对随机变量的均值而言的,可用 $|X-E(X)|$ 表达,考虑到随机变量取值的随机特性,因此应该取它的平均值,即 $E(|X-E(X)|)$. $E(|X-E(X)|)$ 大,则说 X 的稳定性差;反之,则说 X 的稳定性好.

对于例 4.20,$Z=|X-E(X)|$ 的分布为

Z	0	1	2
P	0.4	0.4	0.2

所以 $E(Z)=0\times0.4+1\times0.4+2\times0.2=0.8$.

$Z=|Y-E(Y)|$ 的分布为

Z	0	0.5	1
P	0.4	0.4	0.2

所以 $E(Z)=0\times0.4+0.5\times0.4+1\times0.2=0.4<0.8$. 故乙厂产品的质量更稳定一些.

对于例 4.21,$Z=|X-E(X)|$ 的分布为

Z	3%	2%
P	0.4	0.6

所以 $E(Z)=3\%\times0.4+2\%\times0.6=2.4\%$.

$Z=|Y-E(Y)|$ 的分布为

Z	13%	8%	7%	12%
P	0.2	0.3	0.2	0.3

所以 $E(Z)=13\%\times0.2+8\%\times0.3+7\%\times0.2+12\%\times0.3=10\%>2.4\%$. 故证券 Y 的稳定性差一些.

带绝对值运算很不方便. 考虑到 $(X-E(X))^2$ 也是对随机变量取值集中或分散的一种度量,所以今后常用 $E[(X-E(X))^2]$ 来度量随机变量 X 的稳定性.

定义 4.3 设 X 是一个随机变量,若 $E[(X-E(X))^2]$ 存在,则称 $E[(X-E(X))^2]$ 为 X 的*方差*,记为 $D(X)$,即

$$D(X)=E[(X-E(X))^2]. \tag{4.7}$$

由定义知,$D(X)$ 是一个非负数. 在实际中常用与 X 有相同量纲的量 $\sqrt{D(X)}$,

称为 X 的标准差或均方差，记为 $\sigma(X)$.

方差 $D(X)$是 X 的取值相对其均值 $E(X)$分散程度的度量值. $D(X)$小，表示 X 的取值集中在 $E(X)$附近；$D(X)$大，表示 X 的取值相对 $E(X)$比较分散.

根据期望的性质，可以推导出方差的重要计算公式：

$$D(X)=E(X^2)-(E(X))^2. \tag{4.8}$$

例 4.22 设 X 为抛一颗骰子出现的点数，求 $D(X)$.

解 显然 X 的分布律为 $P\{X=k\}=\dfrac{1}{6}$，$k=1,2,\cdots,6$，所以

$$E(X)=\frac{1}{6}(1+2+\cdots+6)=\frac{7}{2},$$

$$E(X^2)=\frac{1}{6}(1^2+2^2+\cdots+6^2)=\frac{91}{6},$$

$$D(X)=E(X^2)-[E(X)]^2=\frac{91}{6}-\frac{49}{4}=\frac{35}{12}.$$

例 4.23 设 $X\sim B(1,p)$，求 $D(X)$.

解 X 的分布律为

X	0	1
P	$1-p$	p

故

$$E(X^2)=0^2\times(1-p)+1^2\times p=p.$$

已有 $E(X)=p$，所以

$$D(X)=E(X^2)-(E(X))^2=p-p^2=p(1-p).$$

例 4.24 设 $X\sim P(\lambda)$，求 $D(X)$.

解 X 的分布律为

$$P\{X=k\}=\frac{\lambda^k e^{-\lambda}}{k!},\quad k=0,1,2,\cdots.$$

$$\begin{aligned}E(X^2)&=\sum_{k=0}^{+\infty}k^2\frac{\lambda^k e^{-\lambda}}{k!}=e^{-\lambda}\sum_{k=1}^{+\infty}k\frac{\lambda^k}{(k-1)!}\\&=e^{-\lambda}\sum_{k=1}^{+\infty}(k-1+1)\frac{\lambda^k}{(k-1)!}\\&=e^{-\lambda}\sum_{k=2}^{+\infty}\lambda^2\frac{\lambda^{k-2}}{(k-2)!}+e^{-\lambda}\sum_{k=1}^{+\infty}\lambda\frac{\lambda^{k-1}}{(k-1)!}\\&=\lambda^2\sum_{m=0}^{+\infty}e^{-\lambda}\frac{\lambda^m}{m!}+\lambda\sum_{n=0}^{+\infty}e^{-\lambda}\frac{\lambda^n}{n!}=\lambda^2+\lambda,\end{aligned}$$

而 $E(X)=\lambda$，所以

$$D(X)=\lambda^2+\lambda-\lambda^2=\lambda.$$

例 4.25 设 $X\sim G(p)$，求 $D(X)$.

解 X 的分布律为

$$P\{X=k\}=(1-p)^{k-1}p,\quad k=1,2,\cdots,$$

所以

$$E(X^2)=\sum_{k=1}^{+\infty}k^2p(1-p)^{k-1}=p\sum_{k=1}^{+\infty}k^2(1-p)^{k-1}.$$

设

$$s(x)=\sum_{k=0}^{+\infty}x^k\quad(0<x<1),$$

则有

$$s(x)=\frac{1}{1-x},\quad s'(x)=\sum_{k=0}^{+\infty}kx^{k-1}=\sum_{k=1}^{+\infty}kx^{k-1}=\frac{1}{(1-x)^2}.$$

因此有

$$xs'(x)=\sum_{k=1}^{+\infty}kx^k=\frac{x}{(1-x)^2},$$

$$(xs'(x))'=\sum_{k=1}^{+\infty}k^2x^{k-1}=\frac{1+x}{(1-x)^3}.$$

令 $x=1-p$，代入上式，得

$$E(X^2)=p(xs'(x))'\big|_{x=1-p}=p\frac{1+(1-p)}{(1-(1-p))^3}=\frac{2-p}{p^2}.$$

而 $E(X)=\dfrac{1}{p}$，所以

$$D(X)=E(X^2)-(E(X))^2=\frac{2-p}{p^2}-\frac{1}{p^2}=\frac{1-p}{p^2}.$$

例 4.26 设 $X\sim U(a,b)$，求 $D(X)$.

解 X 的密度函数为

$$f(x)=\begin{cases}\dfrac{1}{b-a}, & a<x<b,\\ 0, & \text{其他}.\end{cases}$$

因此

$$E(X^2)=\int_a^b\frac{x^2}{b-a}\mathrm{d}x=\frac{1}{b-a}\frac{b^3-a^3}{3}=\frac{1}{3}(a^2+ab+b^2),$$

又 $E(X)=\frac{a+b}{2}$,所以

$$D(X)=\frac{a^2+b^2+ab}{3}-\frac{(a+b)^2}{4}=\frac{1}{12}(b-a)^2.$$

例 4.27 设 $X\sim E(\lambda)$,求 $D(X)$.

解 X 的密度函数为

$$f(x)=\begin{cases}\lambda e^{-\lambda x}, & x>0,\\ 0, & x\leqslant 0.\end{cases}$$

$$\begin{aligned}E(X^2)&=\int_0^{+\infty}\lambda x^2e^{-\lambda x}dx\\&=(-x^2e^{-\lambda x})\Big|_0^{+\infty}+\int_0^{+\infty}2xe^{-\lambda x}dx\\&=\frac{2}{\lambda}\int_0^{+\infty}\lambda xe^{-\lambda x}dx=\frac{2}{\lambda}E(X)=\frac{2}{\lambda}\cdot\frac{1}{\lambda}=\frac{2}{\lambda^2}.\end{aligned}$$

而 $E(X)=\frac{1}{\lambda}$,所以

$$D(X)=\frac{2}{\lambda^2}-\frac{1}{\lambda^2}=\frac{1}{\lambda^2}.$$

例 4.28 设 $X\sim N(0,1)$,求 $D(X)$.

解 X 的密度函数为

$$f(x)=\frac{1}{\sqrt{2\pi}}e^{-\frac{x^2}{2}},$$

且 $E(X)=0$ 所以

$$\begin{aligned}D(X)=E(X-0)^2&=\int_{-\infty}^{+\infty}\frac{1}{\sqrt{2\pi}}x^2e^{-\frac{x^2}{2}}dx\\&=-\frac{1}{\sqrt{2\pi}}xe^{-\frac{x^2}{2}}\Big|_{-\infty}^{+\infty}+\frac{1}{\sqrt{2\pi}}\int_{-\infty}^{+\infty}e^{-\frac{x^2}{2}}dx=1.\end{aligned}$$

4.2.2 方差的性质

方差有如下性质(设在性质中出现的随机变量的方差都存在).

性质 1 设 c 是常数,则 $D(c)=0$.

性质 2 设 X 是随机变量,c 是常数,则 $D(cX)=c^2D(X)$.

性质 3 设 X,Y 是随机变量,则

$$D(X+Y)=D(X)+D(Y)+2E[(X-E(X))(Y-E(Y))].$$

特别地，当 $Y=c$（c 是常数）时，$D(X+c)=D(X)$；当 X,Y 相互独立时，

$$D(X+Y)=D(X)+D(Y).$$

推论 若 $X_1,X_2,\cdots,X_n$ 是相互独立的随机变量，$c_1,c_2,\cdots,c_n$ 是任意常数，则

$$D(c_1X_1+c_2X_2+\cdots+c_nX_n)=c_1^2D(X_1)+c_2^2D(X_2)+\cdots+c_n^2D(X_n).$$

特别地，有

$$D(X_1+X_2+\cdots+X_n)=D(X_1)+D(X_2)+\cdots+D(X_n).$$

性质 4 设 X 是随机变量，则 $D(X)=0$ 的充分必要条件是存在常数 c，使得 $P\{X=c\}=1$，而且 $c=E(X)$.

证 性质 1 $D(c)=E[(c-E(c))^2]=E[(c-c)^2]=E(0)=0$.

性质 2 $D(cX)=E[(cX-E(cX))^2]=E[(cX-cE(X))^2]$

$$=E[c^2(X-E(X))^2]=c^2E[(X-E(X))^2]=c^2D(X).$$

性质 3

$$\begin{aligned}D(X+Y)&=E[(X+Y-E(X+Y))^2]\\&=E[(X-E(X)+Y-E(Y))^2]\\&=E[(X-E(X))^2+2(X-E(X))(Y-E(Y))+(Y-E(Y))^2]\\&=E[(X-E(X))^2]+E[(Y-E(Y))^2]+2E[(X-E(X))(Y-E(Y))]\\&=D(X)+D(Y)+2E[(X-E(X))(Y-E(Y))].\end{aligned}$$

当 $Y=c$（c 是常数）时，由上式易知 $D(X+c)=D(X)$.

当 X,Y 相互独立时，

$$\begin{aligned}&E[(X-E(X))(Y-E(Y))]\\=&E[XY-E(Y)X-E(X)Y+E(X)E(Y)]\\=&E(XY)-E(Y)E(X)-E(X)E(Y)+E(X)E(Y)\\=&E(X)E(Y)-E(Y)E(X)=0.\end{aligned}$$

所以 $D(X+Y)=D(X)+D(Y)$.

性质 4 的证明见例 4.34.

例 4.29 设 $X\sim B(n,p)$，求 $D(X)$.

解 本题若按定义式(4.7)或式(4.8)计算 $D(X)$ 会比较困难. 由例 4.14 知 $X=\sum\limits_{k=1}^{n}X_k$，其中 $X_1,X_2,\cdots,X_n$ 都是参数为 p 的 0-1 变量，并由题意及所设还知，$X_1,X_2,\cdots,X_n$ 相互独立. 所以

$$D(X)=\sum_{k=1}^{n}D(X_k)=\sum_{k=1}^{n}p(1-p)=np(1-p).$$

例 4.30 设 $X\sim N(\mu,\sigma^2)$，求 $D(X)$.

解 因为 $\dfrac{X-\mu}{\sigma}\sim N(0,1)$，$D\left(\dfrac{X-\mu}{\sigma}\right)=1$，所以由方差的性质有

$$D\left(\frac{X-\mu}{\sigma}\right)=D\left(\frac{X}{\sigma}-\frac{\mu}{\sigma}\right)=\frac{D(X)}{\sigma^2}=1,$$

即 $D(X)=\sigma^2$. 结合例 4.13,故正态分布的两个参数 μ 和 σ^2 分别是它的期望和方差.

在第 3 章的例 3.23 中已了解到,如果 $X_i \sim N(\mu_i,\sigma_i^2)(i=1,2,\cdots,n)$,且 X_1, $X_2,\cdots,X_n$ 相互独立,则 $\sum\limits_{i=1}^{n} c_iX_i+b$ (其中 $c_1,c_2,\cdots,c_n$ 为任意常数)服从正态分布. 在第 2 章及本章又了解到,一个正态分布由它的期望和方差唯一决定. 所以我们可以利用期望和方差的性质计算出 $\sum\limits_{i=1}^{n} c_iX_i+b$ 的期望和方差

$$\begin{aligned} E(c_1X_1+c_2X_2+\cdots+c_nX_n+b) &= c_1E(X_1)+cE(X_2)+\cdots+c_nE(X_n)+b \\ &= c_1\mu_1+c_2\mu_2+\cdots+c_n\mu_n+b, \\ D(c_1X_1+c_2X_2+\cdots+c_nX_n+b) &= c_1^2D(X_1)+c_2^2D(X_2)+\cdots+c_n^2D(X_n) \\ &= c_1^2\sigma_1^2+c_2^2\sigma_2^2+\cdots+c_n^2\sigma_n^2, \end{aligned}$$

从而 $\sum\limits_{i=1}^{n} c_iX_i+b \sim N\left(\sum\limits_{i=1}^{n} c_i\mu_i+b, \sum\limits_{i=1}^{n} c_i^2\sigma_i^2\right)$.

例 4.31 设活塞的直径(单位:cm) $X\sim N(22.40,0.03^2)$,气缸的直径(单位:cm) $Y\sim N(22.50,0.04^2)$,且 X,Y 相互独立. 任取一只活塞和一只气缸,求活塞能装入气缸的概率.

解 “活塞能装入气缸”即 $\{X<Y\}$,而 $\{X<Y\}=\{X-Y<0\}$. 注意到

$$X-Y\sim N(-0.10,0.0025),$$

所以

$$P\{X<Y\}=P\{X-Y<0\}=\Phi\left(\frac{0-(-0.10)}{0.05}\right)=\Phi(2)=0.9772.$$

例 4.32 重新考虑例 4.21. 由于证券 X 与证券 Y 的平均收益率均为 8%,据此无法做出决定,是选择证券 X 还是证券 Y. 从方差上看,

$$D(X)=0.05^2\times 0.4+0.1^2\times 0.6-0.08^2=0.0006,$$

$$D(Y)=(-0.05)^2\times 0.2+0^2\times 0.3+0.15^2\times 0.2+0.2^2\times 0.3-0.08^2$$
$$=0.0106,$$

$$\sigma(X)=\sqrt{0.0006}\approx 0.0245,\quad \sigma(Y)=\sqrt{0.0106}\approx 0.1030.$$

由于 $\frac{\sigma(Y)}{\sigma(X)}\approx 4.2041$,因此可以认为证券 Y 的风险是证券 X 的 4 倍多,所以应该选择投资证券 X(在收益相同的情况下,应选择方差小的投资;在方差相同的情况下,应选择收益大的投资;而对于收益小,方差也小,收益大,方差也大的则应考虑投资

组合).

例 4.33 设随机变量 X 具有数学期望 $E(X)$、方差 $D(X)$，若 $D(X)\neq 0$，记

$$X^* = \frac{X-E(X)}{\sqrt{D(X)}},$$

则由期望与方差性质易知

$$E(X^*)=0,\quad D(X^*)=1.$$

称 X^* 为 X 的标准化随机变量.

例如，当时 $X\sim B(n,p)$ 时，$X^*=\dfrac{X-np}{\sqrt{np(1-p)}}$ 是 X 的标准化随机变量；当 $Y\sim N(\mu,\sigma^2)$ 时，$Y^*=\dfrac{Y-\mu}{\sigma}$ 是 Y 的标准化随机变量，$Y^*\sim N(0,1)$.

4.2.3 切比雪夫(Chebyshev)不等式

第 2 章的例 2.20 提到了正态变量的 3σ 原则，它表明正态变量 X 的取值几乎都在区间 $(\mu-3\sigma,\mu+3\sigma)$ 内，有

$$P\{|X-\mu|<3\sigma\}=0.9974.$$

换句话说，正态变量的取值偏离其均值 3σ 以上的概率 $P\{|X-\mu|\geqslant 3\sigma\}$ 很小，不超过 0.003.

对任意一个随机变量 X，设 $E(X)=\mu$，$D(X)=\sigma^2$，它的 $P\{|X-\mu|\geqslant k\sigma\}$ 有多大？下面的定理给出了这个概率的一个上界.

定理 4.3(切比雪夫(Chebyshev)不等式) 若随机变量 X 具有数学期望 $E(X)=\mu$，方差 $D(X)=\sigma^2$，则对于任意正数 ε，有

$$P\{|X-\mu|\geqslant\varepsilon\}\leqslant\frac{\sigma^2}{\varepsilon^2}. \tag{4.9}$$

证 当 X 是离散型随机变量，其分布律为 $P\{X=x_k\}=p_k$，$k=1,2,\cdots$ 时，有

$$\begin{aligned}P\{|X-\mu|\geqslant\varepsilon\}&=P\{X\geqslant\mu+\varepsilon \text{ 或 } X\leqslant\mu-\varepsilon\}\\&=P\{X\geqslant\mu+\varepsilon\}+P\{X\leqslant\mu-\varepsilon\}=\sum_{x_k\geqslant\mu+\varepsilon}p_k+\sum_{x_k\leqslant\mu-\varepsilon}p_k.\end{aligned}$$

而

$$\begin{aligned}\frac{\sigma^2}{\varepsilon^2}&=\frac{E(X-\mu)^2}{\varepsilon^2}=\sum_k\frac{(x_k-\mu)^2}{\varepsilon^2}p_k\\&=\sum_{x_k\leqslant\mu-\varepsilon}\frac{(x_k-\mu)^2}{\varepsilon^2}p_k+\sum_{\mu-\varepsilon<x_k<\mu+\varepsilon}\frac{(x_k-\mu)^2}{\varepsilon^2}p_k+\sum_{x_k\geqslant\mu+\varepsilon}\frac{(x_k-\mu)^2}{\varepsilon^2}p_k\\&\geqslant\sum_{x_k\leqslant\mu-\varepsilon}\frac{(x_k-\mu)^2}{\varepsilon^2}p_k+\sum_{x_k\geqslant\mu+\varepsilon}\frac{(x_k-\mu)^2}{\varepsilon^2}p_k\end{aligned}$$

$$\geqslant \sum_{x_k \leqslant \mu-\varepsilon} p_k + \sum_{x_k \geqslant \mu+\varepsilon} p_k = P\{|X-\mu| \geqslant \varepsilon\}.$$

连续型随机变量情形的证明留给读者.

利用定理4.3,可以完成方差性质4的证明.

例4.34 设 X 是一个随机变量,证明:$D(X)=0$ 的充分必要条件是存在常数 c,使得 $P\{X=c\}=1$,而且 $c=E(X)$.

证 若 $P\{X=c\}=1$,则 $P\{X\neq c\}=0, E(X)=c\times 1=c, D(X)=c^2\times 1-c^2=0$.

反之,若 $D(X)=0$,则由概率的性质及切比雪夫不等式,有

$$0 \leqslant P\{|X-E(X)| \geqslant \varepsilon\} \leqslant \frac{D(X)}{\varepsilon^2}=0 \quad (\forall \varepsilon>0).$$

所以

$$P\{|X-E(X)| \geqslant \varepsilon\}=0,$$
$$P\{|X-E(X)|<\varepsilon\}=1-P\{|X-E(X)| \geqslant \varepsilon\}=1.$$

再由 ε 的任意性,所以必有 $P\{|X-E(X)|=0\}=1$,即 $P\{X=E(X)\}=1$.

例4.35 利用切比雪夫不等式,估计200个新生儿中,男孩数大于80,小于120的概率.假定生男孩和生女孩的概率都为0.5.

解 以 X 表示200个新生儿中男孩的个数,则 $X\sim B(200,0.5), E(X)=200\times 0.5=100, D(X)=200\times 0.5\times 0.5=50$.于是

$$P\{80<X<120\}=P\{|X-100|<20\}=1-P\{|X-E(X)| \geqslant 20\}$$
$$\geqslant 1-\frac{D(X)}{20^2}=1-\frac{50}{20^2}=\frac{7}{8}=0.8750.$$

切比雪夫不等式给出了事件 $\{|X-\mu| \geqslant \varepsilon\}$ 概率的上限估计,虽然估计是粗糙的,但在理论研究中却发挥着重要作用.

习题 4.2

1. 求习题4.1的第3、5题中的随机变量 X 的方差与均方差.

2. 设随机变量 X 的概率密度为

$$f(x)=\begin{cases} x, & 0<x\leqslant 1, \\ 2-x, & 1<x\leqslant 2, \\ 0, & \text{其他}. \end{cases}$$

求 $E(X)$ 及 $D(X)$.

3. 设长方形的高(单位:m) $X\sim U(0,2)$,已知长方形的周长(单位:m)为20,求长方形面积 A 的数学期望和方差.

4. (1) 设随机变量 X_1, X_2, X_3, X_4 相互独立,且有 $E(X_i)=i, D(X_i)=5-i, i=1,2,3,4$ 而 $Y=2X_1-X_2+3X_3-\frac{1}{2}X_4$,求 $E(Y), D(Y)$.

(2) 设随机变量 X, Y 相互独立,且 $X\sim N(720,30^2), Y\sim N(640,25^2)$,求 $Z_1=2X+Y, Z_2=X-Y, Z_3=X+Y$ 的概率分布,并求 $P\{X<Y\}, P\{X+Y>1400\}$.

5. 用卡车装运水泥，设每袋水泥的重量 X(单位:kg)服从 $N(50,2.5^2)$，若总重量超过 2000 的概率不大于 0.05，那么最多可装多少袋水泥？

6. 设随机变量 $X\sim U(-1,1)$.

(1) 求 $P\{|X|>0.6\}$；

(2) 利用切比雪夫不等式给出 $P\{|X|>0.6\}$的上界.

7. 已知正常男性成人血液中，每毫升中的白细胞数平均是 7300，均方差是 700，试利用切比雪夫不等式估计，每毫升男性成人血液中白细胞数在 5200～9400 之间的概率.

8. 设 X 为随机变量，c 是任意常数，证明：$D(X)\leqslant E[(X-c)^2]$，且等号成立当且仅当 $c=E(X)$.(不等式的含义：方差 $D(X)$是 $E[(X-c)^2]$的最小值.)

§4.3 协方差和相关系数

4.3.1 协方差及其性质

当 X,Y 是同一个样本空间中的随机变量时，还有必要讨论它们之间的关联程度. 例如，如果用身高 H 和体重 W 来反映学生身体的发育状况，我们从常识上知道，这两个随机变量 H,W 是有关联的. 再如，代表吸烟与健康程度的两个随机变量 S,K 显然是有关联的. 吸烟有害健康，人人皆知. 如果考虑某一特定的人群，那么在他们中间吸烟危害健康的程度如何？其实，在方差的性质 3 中出现的期望 $E[(X-E(X))(Y-E(Y))]$就是反映随机变量 X,Y 之间关联程度的一个量，我们给出如下定义.

定义 4.4 设(X,Y)为二维随机变量，称 $E[(X-E(X))(Y-E(Y))]$为 X 与 Y 的*协方差*，记为 $\mathrm{cov}(X,Y)$，即

$$\mathrm{cov}(X,Y)=E[(X-E(X))(Y-E(Y))]. \tag{4.10}$$

根据期望的性质，可以推导出协方差的重要计算公式：

$$\mathrm{cov}(X,Y)=E(XY)-E(X)E(Y). \tag{4.11}$$

如果令 $Y=X$，则有

$$\mathrm{cov}(X,X)=D(X),$$

即变量与变量自己的协方差等于变量的方差.

由方差的性质 3 知，当 X,Y 相互独立时，必有 $\mathrm{cov}(X,Y)=0$.

例 4.36 设(X,Y)的分布律为

Y \ X	-2	-1	1	2
1	—	$\frac{1}{4}$	$\frac{1}{4}$	—
4	$\frac{1}{4}$	—	—	$\frac{1}{4}$

求 $\mathrm{cov}(X,Y)$.

解 由(X,Y)的分布律易知 X,Y 的边缘分布律为

X	-2	-1	1	2
P	$\frac{1}{4}$	$\frac{1}{4}$	$\frac{1}{4}$	$\frac{1}{4}$

与

Y	1	4
P	$\frac{1}{2}$	$\frac{1}{2}$

有 $E(X)=(-2)\times\frac{1}{4}+(-1)\times\frac{1}{4}+2\times\frac{1}{4}+1\times\frac{1}{4}=0,$

$E(Y)=1\times\frac{1}{2}+4\times\frac{1}{2}=\frac{5}{2}.$

而
$$E(XY)=(-2)\times1\times0+(-1)\times1\times\frac{1}{4}+1\times1\times\frac{1}{4}+2\times1\times0$$
$$+(-2)\times4\times\frac{1}{4}+(-1)\times4\times0+1\times4\times0+2\times4\times\frac{1}{4}=0,$$

所以 $\mathrm{cov}(X,Y)=0$.

此外，由于 $P\{X=2,Y=1\}=0\neq P\{X=2\}P\{Y=1\}=\frac{1}{8}$，故 X 与 Y 不独立. 事实上，$Y=X^2$.

由此可见，$\mathrm{cov}(X,Y)=0$ 不能保证 X 与 Y 独立.

例 4.37 设(X,Y)的概率密度函数为

$$f(x,y)=\begin{cases}x+y, & 0\leqslant x\leqslant1,0\leqslant y\leqslant1,\\ 0, & \text{其他}.\end{cases}$$

求 $\mathrm{cov}(X,Y)$.

解 $E(X)=\int_{-\infty}^{+\infty}\int_{-\infty}^{+\infty}xf(x,y)\mathrm{d}x\mathrm{d}y$

$$=\int_0^1\mathrm{d}x\int_0^1x(x+y)\mathrm{d}y=\int_0^1x\left(x+\frac{1}{2}\right)\mathrm{d}x=\frac{7}{12}.$$

注意到 x,y 在 $f(x,y)$中的对称性，故有 $E(Y)=E(X)=\frac{7}{12}$. 而

$$E(XY)=\int_0^1\mathrm{d}x\int_0^1xy(x+y)\mathrm{d}y=\int_0^1x\left(\frac{x}{2}+\frac{1}{3}\right)\mathrm{d}x=\frac{1}{3},$$

所以

$$\mathrm{cov}(X,Y)=\frac{1}{3}-\left(\frac{7}{12}\right)^2=-\frac{1}{144}.$$

协方差有如下性质(设性质中出现的 X,Y,Z 为随机变量，a,b,c 为常数).

性质 1 $\mathrm{cov}(X,Y)=\mathrm{cov}(Y,X)$. 特别地，$\mathrm{cov}(X,c)=0$.

性质 2 $\text{cov}(aX,bY)=ab\text{cov}(X,Y)$.

性质 3 $\text{cov}(X+Y,Z)=\text{cov}(X,Z)+\text{cov}(Y,Z)$.

这一性质可以推广到多个随机变量的情形：

$$\text{cov}\Big(\sum_{i=1}^{n}X_i,Y\Big)=\text{cov}(X_1,Y)+\text{cov}(X_2,Y)+\cdots+\text{cov}(X_n,Y).$$

证 性质 1 显然成立.

性质 2 $\text{cov}(aX,bY)=E[(aX-E(aX))(bY-E(bY))]$

$=abE[(X-E(X))(Y-E(Y))]=ab\text{cov}(X,Y)$.

性质 3 $\text{cov}(X+Y,Z)=E[(X+Y-E(X+Y))(Z-E(Z))]$

$=E[(X-E(X)+Y-E(Y))(Z-E(Z))]$

$=E[(X-E(X))(Z-E(Z))]+E[(Y-E(Y))(Z-E(Z))]$

$=\text{cov}(X,Z)+\text{cov}(Y,Z)$.

定义 4.5 设$(X_1,X_2,\cdots,X_n)$是 n 维随机变量，X_i 与 X_j 的协方差都存在，$\text{cov}(X_i,X_j)=c_{ij}$，$i,j=1,2,\cdots,n$，则矩阵

$$\boldsymbol{C}=\begin{pmatrix}c_{11}&c_{12}&\cdots&c_{1n}\\c_{21}&c_{22}&\cdots&c_{2n}\\\vdots&\vdots&&\vdots\\c_{n1}&c_{n2}&\cdots&c_{nn}\end{pmatrix}$$

称为$(X_1,X_2,\cdots,X_n)$的*协方差矩阵*.

由协方差的性质 1 及定义可知，协方差矩阵 $\boldsymbol{C}$ 是一个对称矩阵，其对角线上的元素是 X_i 的方差 $D(X_i)$，$i=1,2,\cdots,n$.

例 4.38(*多元正态分布*) 为定义 n 元正态分布，首先将二元正态分布的概率密度函数改写为矩阵-向量形式.

设(X_1,X_2)为二元正态变量，其密度函数为

$$f(x_1,x_2)=\frac{1}{2\pi\sigma_1\sigma_2\sqrt{1-\rho^2}}\mathrm{e}^{-\frac{1}{2(1-\rho^2)}\left[\frac{(x_1-\mu_1)^2}{\sigma_1^2}-\frac{2\rho(x_1-\mu_1)(x_2-\mu_2)}{\sigma_1\sigma_2}+\frac{(x_2-\mu_2)^2}{\sigma_2^2}\right]}.$$

令

$$\boldsymbol{x}=\begin{pmatrix}x_1\\x_2\end{pmatrix},\quad \boldsymbol{\mu}=\begin{pmatrix}\mu_1\\\mu_2\end{pmatrix},\quad \boldsymbol{C}=\begin{pmatrix}c_{11}&c_{12}\\c_{21}&c_{22}\end{pmatrix}=\begin{pmatrix}\sigma_1^2&\rho\sigma_1\sigma_2\\\rho\sigma_1\sigma_2&\sigma_2^2\end{pmatrix}①,$$

$\boldsymbol{C}$ 为协方差矩阵，则有

---

① 参看例 4.40.

$$C^{-1}=\frac{1}{|C|}\begin{pmatrix}\sigma_2^2 & -\rho\sigma_1\sigma_2\\ -\rho\sigma_1\sigma_2 & \sigma_1^2\end{pmatrix},$$

$$(\boldsymbol{x}-\boldsymbol{\mu})^{\mathrm{T}}C^{-1}(\boldsymbol{x}-\boldsymbol{\mu})=\frac{1}{|C|}(x_1-\mu_1,x_2-\mu_2)\begin{pmatrix}\sigma_2^2 & -\rho\sigma_1\sigma_2\\ -\rho\sigma_1\sigma_2 & \sigma_1^2\end{pmatrix}\begin{pmatrix}x_1-\mu_1\\ x_2-\mu_2\end{pmatrix}$$

$$=\frac{1}{\sigma_1^2\sigma_2^2(1-\rho^2)}[\sigma_2^2(x_1-\mu_1)^2+\sigma_1^2(x_2-\mu_2)^2-2\rho\sigma_1\sigma_2(x_1-\mu_1)(x_2-\mu_2)]$$

$$=\frac{1}{1-\rho^2}\left[\frac{(x_1-\mu_1)^2}{\sigma_1^2}-2\rho\frac{(x_1-\mu_1)(x_2-\mu_2)}{\sigma_1\sigma_2}+\frac{(x_2-\mu_2)^2}{\sigma_2^2}\right].$$

于是

$$f(x_1,x_2)=\frac{1}{(2\pi)^{\frac{2}{2}}(|C|)^{\frac{1}{2}}}\mathrm{e}^{-\frac{1}{2}(\boldsymbol{x}-\boldsymbol{\mu})^{\mathrm{T}}C^{-1}(\boldsymbol{x}-\boldsymbol{\mu})}.$$

设$(X_1,X_2,\cdots,X_n)$为 n 元随机变量,令

$$\boldsymbol{x}=\begin{pmatrix}x_1\\ x_2\\ \vdots\\ x_n\end{pmatrix},\quad \boldsymbol{\mu}=\begin{pmatrix}\mu_1\\ \mu_2\\ \vdots\\ \mu_n\end{pmatrix},\quad C=\begin{pmatrix}c_{11} & c_{12} & \cdots & c_{1n}\\ c_{21} & c_{22} & \cdots & c_{2n}\\ \vdots & \vdots & & \vdots\\ c_{n1} & c_{n2} & \cdots & c_{nn}\end{pmatrix},$$

C 为协方差矩阵,如果$(X_1,X_2,\cdots,X_n)$的概率密度函数为

$$f(x_1,x_2,\cdots,x_n)=\frac{1}{(2\pi)^{\frac{n}{2}}(|C|)^{\frac{1}{2}}}\mathrm{e}^{-\frac{1}{2}(\boldsymbol{x}-\boldsymbol{\mu})^{\mathrm{T}}C^{-1}(\boldsymbol{x}-\boldsymbol{\mu})},\tag{4.12}$$

则称$(X_1,X_2,\cdots,X_n)$是参数为 $\boldsymbol{\mu},C$ 的 n 元正态变量.

4.3.2 相关系数及其性质

协方差 $\mathrm{cov}(X,Y)$的值一般受 X,Y 量纲的影响,通过把 X,Y 标准化,则可以消除这一影响. 设

$$X^*=\frac{X-E(X)}{\sqrt{D(X)}},\quad Y^*=\frac{Y-E(Y)}{\sqrt{D(Y)}},$$

我们把 $\mathrm{cov}(X^*,Y^*)$作为反映 X,Y 之间关联程度的数字特征.

定义 4.6 设(X,Y)是二维随机变量,当 $D(X)>0,D(Y)>0$ 时,数

$$\mathrm{cov}(X^*,Y^*)=E\left[\left(\frac{X-E(X)}{\sqrt{D(X)}}\right)\left(\frac{Y-E(Y)}{\sqrt{D(Y)}}\right)\right]=\frac{\mathrm{cov}(X,Y)}{\sqrt{D(X)}\sqrt{D(Y)}}$$

称为 X 与 Y 的相关系数,记为 $\rho(X,Y)$,即

$$\rho(X,Y)=\frac{\mathrm{cov}(X,Y)}{\sqrt{D(X)}\sqrt{D(Y)}}.\tag{4.13}$$

$\rho(X,Y)$无量纲,不受 X,Y 取值量纲的影响.

在例 4.36 中,$\operatorname{cov}(X,Y)=0$,所以 $\rho(X,Y)=0$. 在例 4.37 中,由于

$$E(X^2)=E(Y^2)=\int_0^1 \mathrm{d}x\int_0^1 x^2(x+y)\mathrm{d}y$$
$$=\int_0^1 x^2\left(x+\frac{1}{2}\right)\mathrm{d}x=\frac{1}{2}\times\frac{1}{3}+\frac{1}{4}=\frac{5}{12},$$
$$D(X)=D(Y)=\frac{5}{12}-\left(\frac{7}{12}\right)^2=\frac{11}{144},$$

而 $\operatorname{cov}(X,Y)=-\dfrac{1}{144}$,所以

$$\rho(X,Y)=\frac{\operatorname{cov}(X,Y)}{\sqrt{D(X)}\sqrt{D(Y)}}=\frac{-\dfrac{1}{144}}{\dfrac{11}{144}}=-\frac{1}{11}.$$

引理(Cauchy-Schwardz 不等式) 设 X,Y 是随机变量,$E(X^2)<+\infty$,$E(Y^2)<+\infty$,则有

$$[E(XY)]^2\leqslant E(X^2)E(Y^2).$$

证 若 $E(X^2)=0$,那么由 $E(X^2)=D(X)+(E(X))^2=0$ 得 $D(X)=0$,$E(X)=0$,再由方差的性质 4,有 $P\{X=0\}=1$,于是 $E(XY)=0$,故不等式成立.

当 $E(X^2)>0$ 时,对于实变量 t,设

$$f(t)=E[(Y+tX)^2]=E(X^2)t^2+2E(XY)t+E(Y^2).$$

由于 $f(t)$是 t 的二次函数,且 $f(t)=E[(Y+tX)^2]\geqslant 0$,所以

$$[2E(XY)]^2-4E(X^2)E(Y^2)\leqslant 0,$$

即

$$[E(XY)]^2\leqslant E(X^2)E(Y^2).$$

相关系数有如下性质.

性质 1 $\rho(X,Y)=\rho(Y,X)$.

性质 2 $|\rho(X,Y)|\leqslant 1$.

性质 3 $|\rho(X,Y)|=1$ 的充分必要条件是存在常数 a,b,使得 $P\{Y=aX+b\}=1$. 当 $a>0$ 时,$\rho(X,Y)=1$;当 $a<0$ 时,$\rho(X,Y)=-1$.

证 性质 1 由定义直接得.

性质 2 令 $X_1=X-E(X)$,$Y_1=Y-E(Y)$,由引理得

$$[\rho(X,Y)]^2=\frac{[\operatorname{cov}(X,Y)]^2}{D(X)D(Y)}=\frac{[E(X_1Y_1)]^2}{E(X_1^2)E(Y_1^2)}\leqslant 1,$$

所以$|\rho(X,Y)|\leqslant 1$.

性质3 由性质2的证明过程知，$|\rho(X,Y)|=1$的充分必要条件是

$$[E(X_1Y_1)]^2=E(X_1^2)E(Y_1^2).$$

按相关系数的定义，必有$D(X)>0$，所以$E(X_1^2)>0$. 于是由引理的证明过程知，上式成立等价于$f(t)=E[(Y_1+tX_1)^2]=0$有实的重根. 若设重根为t_0，则t_0使

$$f(t_0)=E[(Y_1+t_0X_1)^2]=0.$$

记$Z=Y_1+t_0X_1$，则由$E(Z^2)=D(Z)+[E(Z)]^2=0$得$E(Y_1+t_0X_1)=0$，$D(Y_1+t_0X_1)=0$，再由方差的性质4，即得

$$P\{Y_1+t_0X_1=0\}=1,$$
$$P\{Y-E(Y)+t_0(X-E(X))=0\}=1.$$

若令$a=-t_0$，$b=E(Y)+t_0E(X)$，即有

$$P\{Y=aX+b\}=1.$$

由于t_0是$f(t)=E(X_1^2)t^2+2E(X_1Y_1)t+E(Y_1^2)=0$的重根，故

$$t_0=-\frac{E(X_1Y_1)}{E(X_1^2)}=-\frac{\operatorname{cov}(X,Y)}{D(X)},$$

而

$$a=-t_0=\frac{\operatorname{cov}(X,Y)}{D(X)}=\frac{E(X_1Y_1)}{E(X_1^2)},$$

$$\rho(X,Y)=\frac{\operatorname{cov}(X,Y)}{\sqrt{D(X)}\sqrt{D(Y)}}=\frac{E(X_1Y_1)}{\sqrt{E(X_1^2)}\sqrt{E(Y_1^2)}},$$

因此当$a>0$时，$E(X_1Y_1)>0$，$\rho(X,Y)=1$；当$a<0$时，$E(X_1Y_1)<0$，$\rho(X,Y)=-1$.

性质3表明，$\rho(X,Y)$是对随机变量X,Y线性关系程度的度量. 当$|\rho(X,Y)|=1$时，X,Y以概率1成立线性关系. 若$\rho(X,Y)=1$，称X,Y正线性相关；若$\rho(X,Y)=-1$，称X,Y负线性相关. 当$\rho(X,Y)=0$时，称X,Y不(线性)相关. 若$|\rho(X,Y)|$接近于1，则X,Y有较紧密的线性关系；若$|\rho(X,Y)|$接近于0，则X,Y之间的线性关系程度很弱.

不考虑方差为0的情形，不相关也可以等价地表达为$\operatorname{cov}(X,Y)=0$，从而有结论：当$X,Y$独立时，$X,Y$一定不相关.

在例4.36中，$\rho(X,Y)=0$，但X,Y却不相互独立，事实上，$Y=X^2$. 所以X,Y不相关不能保证X,Y独立.

例 4.39 设随机变量(X,Y)的联合密度函数为

$$f(x,y)=\begin{cases}\dfrac{1}{\pi}, & x^2+y^2\leqslant 1,\\ 0, & \text{其他}.\end{cases}$$

验证 X 与 Y 不相关，也不相互独立.

解 因为

$$E(XY)=\iint\limits_{x^2+y^2\leqslant 1}\frac{1}{\pi}xy\mathrm{d}\sigma=0,E(X)=\iint\limits_{x^2+y^2\leqslant 1}\frac{1}{\pi}x\mathrm{d}\sigma=0,$$

所以 $\operatorname{cov}(X,Y)=0$. 显然 $D(X)=D(Y)\neq 0$，故 $\rho(X,Y)=0$，因此 X 与 Y 不相关.

再求 $f_X(x)$ 和 $f_Y(y)$.

当 $|x|>1$ 时，$f(x,y)=0,f_X(x)=\int_{-\infty}^{+\infty}f(x,y)\mathrm{d}y=0$；

当 $|x|\leqslant 1$ 时，$f_X(x)=\int_{-\sqrt{1-x^2}}^{\sqrt{1-x^2}}\frac{1}{\pi}\mathrm{d}y=\frac{2}{\pi}\sqrt{1-x^2}$，

因此

$$f_X(x)=\begin{cases}\frac{2}{\pi}\sqrt{1-x^2}, & |x|\leqslant 1,\\ 0, & \text{其他}.\end{cases}$$

由 x,y 在 $f(x,y)$ 中的对称性，有

$$f_Y(y)=f_X(y)=\begin{cases}\frac{2}{\pi}\sqrt{1-y^2}, & |y|\leqslant 1,\\ 0, & \text{其他}.\end{cases}$$

$f(x,y)\neq f_X(x)f_Y(y)$，故 X 与 Y 不相互独立.

例 4.40 设 (X,Y) 服从二维正态分布 $N(\mu_1,\mu_2,\sigma_1^2,\sigma_2^2,\rho)$，求 $\operatorname{cov}(X,Y)$，$\rho(X,Y)$.

解 (X,Y) 的密度函数为

$$f(x,y)=\frac{1}{2\pi\sigma_1\sigma_2\sqrt{1-\rho^2}}\mathrm{e}^{-\frac{1}{2(1-\rho^2)}\left[\frac{(x-\mu_1)^2}{\sigma_1^2}-\frac{2\rho(x-\mu_1)(y-\mu_2)}{\sigma_1\sigma_2}+\frac{(y-\mu_2)^2}{\sigma_2^2}\right]}.$$

由第 3 章例 3.13 知 $X\sim N(\mu_1,\sigma_1^2)$，$Y\sim N(\mu_2,\sigma_2^2)$，所以有

$$E(X)=\mu_1,\quad D(X)=\sigma_1^2,\quad E(Y)=\mu_2,\quad D(Y)=\sigma_2^2.$$

从而

$$\begin{aligned}\operatorname{cov}(X,Y)&=E[(X-\mu_1)(Y-\mu_2)]\\&=\int_{-\infty}^{+\infty}\int_{-\infty}^{+\infty}(x-\mu_1)(y-\mu_1)f(x,y)\mathrm{d}x\mathrm{d}y\\&=\frac{\sigma_1\sigma_2}{2\pi\sqrt{1-\rho^2}}\int_{-\infty}^{+\infty}\int_{-\infty}^{+\infty}uv\mathrm{e}^{-\frac{u^2-2\rho uv+v^2}{2(1-\rho^2)}}\mathrm{d}u\mathrm{d}v\end{aligned}$$

$$= \frac{\sigma_1\sigma_2}{\sqrt{2\pi}}\int_{-\infty}^{+\infty} v e^{\frac{v^2}{2}}\,dv\int_{-\infty}^{+\infty} \frac{1}{\sqrt{2\pi}\sqrt{1-\rho^2}} u e^{\frac{(u-\rho v)^2}{2(1-\rho^2)}}\,du$$

$$= \rho\sigma_1\sigma_2\int_{-\infty}^{+\infty} \frac{1}{\sqrt{2\pi}} v^2 e^{\frac{v^2}{2}}\,dv$$

（注：$\int_{-\infty}^{+\infty} \frac{1}{\sqrt{2\pi}\sqrt{1-\rho^2}} u e^{\frac{(u-\rho v)^2}{2(1-\rho^2)}}\,du$ 是正态分布 $N(\rho v, 1-\rho^2)$ 的期望）

$= \rho\sigma_1\sigma_2$（注：$\int_{-\infty}^{+\infty} \frac{1}{\sqrt{2\pi}} v^2 e^{-\frac{v^2}{2}}\,dv$ 是标准正态变量平方的期望），

所以

$$\rho(X,Y) = \frac{\rho\sigma_1\sigma_2}{\sqrt{D(X)}\sqrt{D(Y)}} = \rho.$$

二维正态分布的 5 个参数的含义现在就明确了，它们分别代表 X,Y 的期望、方差及相关系数.

例 3.17 曾指出，二维正态变量的分量相互独立的充分必要条件是第 5 个参数 $\rho=0$，所以例 4.40 表明：对于二维正态变量的分量而言，“相互独立”与“不相关”是等价的.

n 维正态变量有以下重要性质（证明略）.

性质 1 n 维正态变量 $(X_1,X_2,\cdots,X_n)$ 的每一个分量 $X_i(i=1,2,\cdots,n)$ 都是一维正态变量；反之，若 $X_1,X_2,\cdots,X_n$ 都是一维正态变量，且相互独立，则 $(X_1, X_2,\cdots,X_n)$ 是 n 维正态变量.

性质 2 n 维随机变量 $(X_1,X_2,\cdots,X_n)$ 服从 n 维正态分布的充分必要条件是 $X_1,X_2,\cdots,X_n$ 的任意线性组合 $l_1X_1+l_2X_2+\cdots+l_nX_n$（$l_1,l_2,\cdots,l_n$ 不全为零）服从一维正态分布.

利用这个性质，可以通过一维正态变量来研究多维正态变量.

性质 3 设 $(X_1,X_2,\cdots,X_n)$ 服从 n 维正态分布，若 $Y_1,Y_2,\cdots,Y_m$ 都是 $X_i(i=1,2,\cdots,n)$ 的线性函数，则 $(Y_1,Y_2,\cdots,Y_m)$ 服从 m 维正态分布.

这个性质表明正态变量在线性变换下还是正态变量，称为正态变量的线性变换不变性.

性质 4 若 $(X_1,X_2,\cdots,X_n)$ 服从 n 维正态分布，则 $X_1,X_2,\cdots,X_n$ 相互独立的充分必要条件是 $X_1,X_2,\cdots,X_n$ 两两不相关.

n 维正态分布在数理统计和随机过程中很常见.

习 题 4.3

1. 设随机变量 X 与 Y 的联合概率分布律为

$X \backslash Y$	-1	0	2
-1	$\frac{1}{6}$	$\frac{1}{12}$	0
0	$\frac{1}{4}$	0	0
1	$\frac{1}{12}$	$\frac{1}{4}$	$\frac{1}{6}$

求:(1) $E(X)$,$E(Y)$,$D(X)$,$D(Y)$;(2) $E(X-Y)$,$E(XY)$;(3) $\operatorname{cov}(X,Y)$,$D(X-2Y)$;(4) $\rho(X,Y)$.

2. 设随机变量(X,Y)的密度函数为

$$f(x,y)=\begin{cases}2-x-y, & 0<x<1,0<y<1,\\ 0, & \text{其他}.\end{cases}$$

求 X,Y 的相关系数.

3. 设随机变量 X 与 Y 的联合概率分布律为

$X \backslash Y$	-1	0	1
-1	$\frac{1}{8}$	$\frac{1}{8}$	$\frac{1}{8}$
0	$\frac{1}{8}$	0	$\frac{1}{8}$
1	$\frac{1}{8}$	$\frac{1}{8}$	$\frac{1}{8}$

证明:X 与 Y 不相关,且不相互独立.

4. 设随机变量(X,Y)的密度函数为

$$f(x,y)=\begin{cases}1, & |y|<x,0<x<1,\\ 0, & \text{其他}.\end{cases}$$

求 $E(X)$,$E(Y)$,$\operatorname{cov}(X,Y)$,并判断 X 与 Y 的独立性与相关性.

5. 设随机变量(X,Y)的密度函数为

$$f(x,y)=\begin{cases}\frac{1}{8}(x+y), & 0\leqslant x\leqslant 2,0\leqslant y\leqslant 2,\\ 0, & \text{其他}.\end{cases}$$

求 $E(X)$,$E(Y)$,$\operatorname{cov}(X,Y)$,$\rho(X,Y)$,$D(X+Y)$.

6. 随机变量 $X_1,X_2,\cdots,X_n$ 相互独立,有相同的期望 μ 和相同的方差 σ^2,设 $\overline{X}=\frac{1}{n}\sum_{i=1}^{n}X_i$,

$Y_i = X_i - \overline{X}, i = 1,2,\cdots,n$，求：(1) $E(\overline{X}),E(Y_1)$；(2) $D(\overline{X})$；(3) $\mathrm{cov}(X_i,\overline{X})$；(4) $D(Y_1)$，$\mathrm{cov}(Y_1,Y_n)$.

7. 设随机变量 $X_1,X_2,\cdots,X_{2n}$ 的期望均为 0、方差均为 1，且任意两个变量的相关系数均为 ρ，求 $Y_1=X_1+\cdots+X_n$ 与 $Y_2=X_{n+1}+\cdots+X_{2n}$ 的相关系数.

8. 设 $(X,Y)\sim N(\mu,\mu,\sigma_1^2,\sigma_1^2,0)$，$U=\max\{X,Y\}$，$V=\min\{X,Y\}$，求：(1) $E(XY^2)$；(2) $E(U+V)$；(3) $E(UV)$；(4) $E(U-V)$.

9. 已知随机变量 X,Y 的方差均存在，则下列等式不一定成立的是[ ].

(A) $D(X-Y)=D(X)-D(Y)$；

(B) $D(X-Y)=E[(X-Y)^2]-[E(X-Y)]^2$；

(C) $D(X-Y)=D(X)+D(Y)-2\mathrm{cov}(X,Y)$；

(D) $D(X-Y)=E[(X-E(X))-(Y-E(Y))]^2$.

10. 随机变量 $X\sim N(0,1)$，$Y\sim N(1,4)$，相关系数 $\rho_{XY}=1$，则正确的是[ ].

(A) $P\{Y=-2X+1\}=1$；　　(B) $P\{Y=2X+1\}=1$；

(C) $P\{Y=-2X-1\}=1$；　　(D) $P\{Y=2X-1\}=1$.

11. 设随机变量 X 和 Y 均服从正态分布，且它们不相关，则下列选项一定正确的是[ ].

(A) X 和 Y 一定独立；　　(B) (X,Y) 服从二维正态分布；

(C) X 和 Y 未必独立；　　(D) $X+Y$ 服从一维正态分布.

12. 求本习题第 3 题中的 (X,Y) 的协方差矩阵.

13. 求本习题第 5 题中的 (X,Y) 的协方差矩阵.

§4.4 矩

随机变量的幂函数的期望很常见. 一般地，称 $E(X^k)$ 为 X 的 **k 阶原点矩**，称 $E[(X-E(X))^k]$ 为 X 的 **k 阶中心矩**，其中 k 为正整数. 显然，$E(X)$ 是一阶原点矩，$D(X)$ 是二阶中心矩.

对于二维随机变量 (X,Y)，称 $E(X^kY^l)$ 为 X,Y 的 **(k,l) 阶混合原点矩**，称 $E[(X-E(X))^k(Y-E(Y))^l]$ 为 X 与 Y 的 **(k,l) 阶混合中心矩**，其中 k,l 为正整数. 显然，$\mathrm{cov}(X,Y)$ 是 $(1,1)$ 阶混合中心矩.

例 4.41 设 $X\sim N(0,1)$，求 $E(X^k)$.

解 $E(X^k) = \int_{-\infty}^{+\infty} \frac{1}{\sqrt{2\pi}} x^k \mathrm{e}^{-\frac{x^2}{2}} \mathrm{d}x.$

当 k 为奇数时，被积函数为奇函数，因而 $E(X^k)=0$；

当 k 为偶数时，

$$E(X^k)=\frac{1}{\sqrt{2\pi}}\left[-x^{k-1}\mathrm{e}^{-\frac{x^2}{2}}\Big|_{-\infty}^{+\infty}+(k-1)\int_{-\infty}^{+\infty}x^{k-2}\mathrm{e}^{-\frac{x^2}{2}}\mathrm{d}x\right]$$

$$=(k-1)\int_{-\infty}^{+\infty}\frac{1}{\sqrt{2\pi}}x^{k-2}\mathrm{e}^{-\frac{x^2}{2}}\mathrm{d}x=(k-1)E(X^{k-2})$$

$$= (k-1)(k-3)E(X^{k-4}) = (k-1)(k-3)\cdots 3E(X^2).$$

而 $E(X^2)=D(X)+[E(X)^2]=1$,因此 $E(X^k)=(k-1)(k-3)\cdots 3\times 1=(k-1)!!$.

于是

$$E(X^k)=\begin{cases}(k-1)!!, & \text{当 } k \text{ 为偶数},\\ 0, & \text{当 } k \text{ 为奇数}.\end{cases}$$

习 题 4.4

1. 设随机变量 X 服从参数为 λ 的指数分布,求 X 的 k 阶原点矩.
2. 设随机变量 $X\sim U(0,2)$,求 X 的 k 阶中心矩.

§4.5* 母 函 数

4.5.1 母函数的定义

在离散型随机变量中,那些只取非负整数值的随机变量占有重要的地位.在第2章中提到的几个常见的离散型随机变量,如二项变量、泊松变量、几何变量、超几何变量等就都是取非负整数值的.

我们称取非负整数值的随机变量为整值随机变量.

定义 4.7 若 X 是整值随机变量,概率分布为 $P\{X=k\}=p_k, k=0,1,2,\cdots$,则

$$G(s)=\sum_{k=0}^{+\infty} p_k s^k. \tag{4.14}$$

称为 X 的母函数.

显然有

$$G(s)=E(s^X). \tag{4.15}$$

由于 $G(1)=\sum_{k=0}^{+\infty} p_k=1$,知 $G(1)$ 收敛,那么由微积分学中的阿贝尔定理知,当 $|s|<1$ 时,$G(s)$ 绝对收敛.又由 $\sum_{k=0}^{+\infty}|(-1)^k|p_k=\sum_{k=0}^{+\infty}p_k=1$,知 $G(-1)$ 绝对收敛.从而 $G(s)$ 至少在 $[-1,1]$ 上绝对收敛.因此,任何整值随机变量的母函数都存在.

例 4.42 设 $X\sim B(n,p)$,求 X 的母函数.

解 $G(s)=\sum_{k=0}^{n} C_n^k p^k q^{n-k} s^k=\sum_{k=0}^{n} C_n^k (ps)^k q^{n-k}=(ps+q)^n, s\in(-\infty,+\infty)$.

例 4.43 设 $X\sim P(\lambda)$,求 X 的母函数.

解 $G(s)=\sum_{k=0}^{+\infty}\frac{\lambda^k e^{-\lambda}}{k!}s^k=e^{-\lambda}\sum_{k=0}^{+\infty}\frac{(\lambda s)^k}{k!}=e^{-\lambda}e^{s\lambda}=e^{\lambda(s-1)}, s\in(-\infty,+\infty)$.

例 4.44 设 $X \sim G(p)$，求 X 的母函数.

解 $G(s)=\sum\limits_{k=1}^{+\infty} pq^{k-1}s^k = ps\sum\limits_{k=1}^{+\infty}(qs)^{k-1}=\dfrac{ps}{1-qs}, s\in\left(-\dfrac{1}{q},\dfrac{1}{q}\right)$.

4.5.2 母函数的性质

显然，一个概率分布唯一确定一个母函数 $G(s)$. 反之，由于 $G(s)$ 至少在 $(-1,1)$ 内可逐项求 $k(k=0,1,2,\cdots)$ 阶导数，再代入 $s=0$，得

$$p_k=\frac{1}{k!}G^{(k)}(0),\quad k=0,1,2,\cdots.$$

可见一个母函数也唯一确定一个概率分布.

幂级数有许多良好的性质，所以母函数是研究整值随机变量的有效工具.

因为 $G(s)$ 的导数至少在 $(-1,1)$ 内是收敛的，而

$$G'(s)=\sum_{k=1}^{+\infty}kp_k s^{k-1},\quad G''(s)=\sum_{k=2}^{+\infty}k(k-1)p_k s^{k-2},$$

所以，当 X 的期望 $\sum\limits_{k=1}^{+\infty}kp_k$ 存在时，即有

$$E(X)=G'(1). \tag{4.16}$$

当方差 $D(X)$ 存在时，有

$$G''(1)=\sum_{k=2}^{+\infty}k^2p_k-\sum_{k=2}^{+\infty}kp_k=\sum_{k=0}^{+\infty}k^2p_k-\sum_{k=0}^{+\infty}kp_k=E(X^2)-E(X).$$

即有

$$E(X^2)=G''(1)+G'(1). \tag{4.17}$$

所以

$$D(X)=E(X^2)-[E(X)]^2=G''(1)+G'(1)-[G'(1)]^2. \tag{4.18}$$

例如，由二项变量 X 的母函数 $G(s)=(ps+q)^n$ 可得

$$E(X)=G'(1)=np(ps+q)^{n-1}\big|_{s=1}=np(p+q)^{n-1}=np,$$
$$D(X)=G''(1)+G'(1)-[G'(1)]^2=n(n-1)p^2+np-n^2p^2=np(1-p).$$

而由泊松变量 Y 的母函数 $G(s)=e^{\lambda(s-1)}$ 可得

$$E(Y)=G'(1)=\lambda e^{\lambda(s-1)}\big|_{s=1}=\lambda,$$
$$D(Y)=G''(1)+G'(1)-[G'(1)]^2=\lambda^2+\lambda-\lambda^2=\lambda.$$

它们与在§4.1 和§4.2 中计算出的结果是一致的，这里的计算比较方便.

4.5.3 独立和的母函数

设随机变量 X,Y 相互独立，且均是整值随机变量，概率分布分别为

$$P\{X=k\}=a_k \text{ 和 } P\{Y=k\}=b_k, \quad k=0,1,\cdots,$$

相应的母函数分别为 $A(s),B(s)$. 求随机变量 $Z=X+Y$ 的概率分布及其母函数.

显然 Z 是整值随机变量，取值 $0,1,2,\cdots$，且

$$\begin{aligned} P\{Z=n\} &= \sum_{k=0}^{n} P\{X=k,Y=n-k\} \\ &= \sum_{k=0}^{n} P\{X=k\}P\{Y=n-k\} = \sum_{k=0}^{n} a_k b_{n-k}. \end{aligned}$$

所以 Z 的母函数为 $G(s)=\sum\limits_{n=0}^{+\infty}\left(\sum\limits_{k=0}^{n} a_k b_{n-k}\right)s^n$.

另一方面，由于母函数 $A(s),B(s)$ 在 $[-1,1]$ 上绝对收敛，因此有

$$A(s)B(s)=\left(\sum_{i=0}^{+\infty} a_i s^i\right)\left(\sum_{j=0}^{+\infty} b_j s^j\right)=\sum_{n=0}^{+\infty}\left(\sum_{k=0}^{n} a_k b_{n-k}\right)s^n.$$

由于母函数是唯一的，所以

$$G(s)=A(s)B(s). \tag{4.19}$$

即两个相互独立的随机变量之和的母函数是这两个随机变量的母函数的乘积.

这个结果可以推广到 n 个独立整值随机变量之和的情形：若 $X_1,X_2,\cdots,X_n$ 是相互独立的整值随机变量，母函数分别为 $G_1(s),G_2(s),\cdots,G_n(s)$，则 $Y=X_1+X_2+\cdots+X_n$ 的母函数为

$$G(s)=G_1(s)G_2(s)\cdots G_n(s) \tag{4.20}$$

特别当它们有相同的概率分布时，设它们的母函数都为 $G_1(s)$，这时

$$G(s)=[G_1(s)]^n. \tag{4.21}$$

例 4.45 设 $X\sim B(n,p)$，求 X 的母函数 $G(s)$.

解 设

$$X_i=\begin{cases}1, & \text{第 } i \text{ 次试验 } A \text{ 发生}, \\ 0, & \text{第 } i \text{ 次试验 } A \text{ 不发生},\end{cases}$$

则 $X=X_1+X_2+\cdots+X_n$，$X_1,X_2,\cdots,X_n$，相互独立，有相同的概率分布，且

$$G_1(s)=(1-p)s^0+ps=ps+q,$$

所以

$$G(s)=[G_1(s)]^n=(ps+q)^n.$$

例 4.46 从装有号码为 $1,2,\cdots,6$ 的小球的袋中有放回地取 5 个小球，求这 5

个小球号码数总和为 15 的概率.

解 设 X_i 表示"第 i 次所取球的号码数",则 $X_1, X_2, \cdots, X_5$ 是相互独立的,且与 X_1 有相同的概率分布

$$P\{X_1 = k\} = \frac{1}{6}, \quad k = 1,2,\cdots,6.$$

X_1 的母函数为

$$G_1(s) = \frac{1}{6}(s + s^2 + \cdots + s^6) = \frac{s(1-s^6)}{6(1-s)}, \quad s \in (-\infty, +\infty).$$

于是 $X = X_1 + X_2 + \cdots + X_5$ 的母函数为

$$G(s) = [G_1(s)]^5 = \frac{s^5(1-s^6)^5}{6^5(1-s)^5}.$$

由母函数定义知,$G(s)$ 中 s^{15} 的系数 p_{15} 即为所求概率. 由二项式公式知

$$(1-s^6)^5 = 1 - 5s^6 + 10s^{12} - 10s^{18} + 5s^{24} - s^{30}.$$

再借助函数的幂级数的展开公式

$$(1-x)^{-m} = 1 + mx + \frac{m(m+1)}{2!}x^2 + \cdots + \frac{m(m+1)\cdots(m+n-1)}{n!}x^n + \cdots, m > 0$$

可得

$$\begin{aligned}(1-s)^{-5} &= 1 + 5s + \frac{5\times 6}{2!}s^2 + \cdots + \frac{5\times 6\times\cdots\times(5+n-1)}{n!}s^n + \cdots \\ &= 1 + \cdots + \frac{5\times 6\times 7\times 8}{4!}s^4 + \cdots + \frac{5\times 6\times\cdots\times 14}{10!}s^{10} + \cdots \\ &= 1 + \cdots + 70s^4 + \cdots + 1001s^{10} + \cdots,\end{aligned}$$

所以 $G(s)$ 中 s^{15} 项的系数为

$$\frac{1}{6^5}(1001 - 5\times 70) = \frac{651}{6^5} = \frac{651}{7776} \approx 0.0837.$$

母函数在十九世纪初由 Laplace 引进,是第一个被系统地应用在概率论中的变换法.

§4.6* 特征函数

4.6.1 特征函数的定义

应用母函数研究整值随机变量,取得了比较好的效果. 而对于一般的随机变量,受母函数法的启发,则引进了新的变换法,这就是特征函数法.

定义特征函数,需要稍许拓广随机变量的概念,引进复随机变量.

定义 4.8 设 X,Y 为实随机变量,则称 $Z=X+\mathrm{i}Y$①为复随机变量.

对复随机变量的研究,本质上是对二维随机变量的研究.例如,定义复随机变量 $Z=X+\mathrm{i}Y$ 的期望为 $E(Z)=E(X)+\mathrm{i}E(Y)$.如果二维随机变量 (X_1,Y_1) 与 (X_2,Y_2) 是相互独立的,则称复随机变量 $Z_1=X_1+\mathrm{i}Y_1$ 与 $Z_2=X_2+\mathrm{i}Y_2$ 是相互独立的.平行于实随机变量,我们可以得到复随机变量的一系列结果.

定义 4.9 设 X 是实随机变量,称复函数

$$g(t)=E(\mathrm{e}^{\mathrm{i}tX}),\quad(-\infty<t<+\infty)$$

为 X 的(一维)特征函数.

如果 X 是离散型随机变量,则特征函数为

$$g(t)=\sum_k p_k\mathrm{e}^{\mathrm{i}tx_k},\tag{4.22}$$

其中 $\{p_k\},k=1,2,\cdots$ 为 X 的分布律.

如果 X 是连续型随机变量,则特征函数为

$$g(t)=\int_{-\infty}^{+\infty}\mathrm{e}^{\mathrm{i}tx}f(x)\mathrm{d}x,\tag{4.23}$$

其中 $f(x)$ 为 X 的密度函数.

在计算特征函数时,经常用到欧拉公式

$$\mathrm{e}^{\mathrm{i}t}=\cos t+\mathrm{i}\sin t,$$

(4.22)因此又可以表示为

$$g(t)=\sum_k p_k\cos tx_k+\mathrm{i}\sum_k p_k\sin tx_k.\tag{4.24}$$

(4.23)又可以表示为

$$g(t)=\int_{-\infty}^{+\infty}(\cos tx)f(x)\mathrm{d}x+\mathrm{i}\int_{-\infty}^{+\infty}(\sin tx)f(x)\mathrm{d}x.\tag{4.25}$$

由于

$$|\mathrm{e}^{\mathrm{i}tx}|=\sqrt{\cos^2tx+\sin^2tx}=1,$$

所以(4.22)中的级数、(4.23)中的广义积分都绝对收敛(对任意 t).因此,对任意实数 t,$g(t)$ 都有定义.所以,任意一个概率分布的特征函数都是唯一存在的,而不像母函数,仅对部分概率分布、部分 s 才有定义.特征函数的这种普遍性,使它在近代概率论中有着广泛的应用.

例 4.47 给出常见随机变量的特征函数.

---

① $\mathrm{i}^2=-1$.

解 (1) 若 $X \sim B(n,p)$，则

$$g(t)=\sum_{k=0}^{n} C_n^k p^k q^{n-k} e^{itk}=\sum_{k=0}^{n} C_n^k (pe^{it})^k q^{n-k}=(pe^{it}+q)^n.$$

当 $n=1$ 时，$g(t)=pe^{it}+q$.

(2) 若 $X \sim P(\lambda)$，则

$$g(t)=\sum_{k=0}^{+\infty}\frac{\lambda^k e^{-\lambda}}{k!}e^{itk}=e^{-\lambda}\sum_{k=0}^{+\infty}\frac{(\lambda e^{it})^k}{k!}=e^{-\lambda}e^{\lambda e^{it}}=e^{\lambda(e^{it}-1)}.$$

(3) 若 $X \sim G(p)$，则

$$g(t)=\sum_{k=1}^{+\infty}q^{k-1}pe^{itk}=\sum_{k=1}^{+\infty}\frac{p}{q}(qe^{it})^k=\frac{p}{q}\left(\frac{qe^{it}}{1-qe^{it}}\right)=\frac{pe^{it}}{1-qe^{it}}.$$

(1)～(3)的结果表明，如果整值随机变量的母函数为 $G(s)$，则它的特征函数 $g(t)=G(e^{it})$.

(4) 若 $X \sim U(a,b)$，则

$$\begin{aligned}
g(t)&=\int_a^b e^{itx}\cdot\frac{1}{b-a}dx=\int_a^b\frac{\cos tx}{b-a}dx+i\int_a^b\frac{\sin tx}{b-a}dx\\
&=\frac{\sin tx}{t(b-a)}\Bigg|_a^b-i\frac{\cos tx}{t(b-a)}\Bigg|_a^b=\frac{i(\sin bt-\sin at)}{it(b-a)}+\frac{\cos bt-\cos at}{it(b-a)}\\
&=\begin{cases}\dfrac{(e^{ibt}-e^{iat})}{it(b-a)}, & t\neq 0,\\ 1, & t=0.\end{cases}
\end{aligned}$$

(5) 若 $X \sim E(\lambda)$，则

$$\begin{aligned}
g(t)&=\int_0^{+\infty}e^{itx}\lambda e^{-\lambda x}dx\\
&=\int_0^{+\infty}\lambda e^{-\lambda x}\cos tx\,dx+i\int_0^{+\infty}\lambda e^{-\lambda x}\sin tx\,dx\triangleq\lambda(J_1+iJ_2).
\end{aligned}$$

其中

$$J_1=\frac{1}{t}e^{-\lambda x}\sin tx\Big|_0^{+\infty}+\frac{\lambda}{t}\int_0^{+\infty}e^{-\lambda x}\sin tx\,dx=\frac{\lambda}{t}J_2,$$

$$J_2=-\frac{1}{t}e^{-\lambda x}\cos tx\Big|_0^{+\infty}-\frac{\lambda}{t}\int_0^{+\infty}\lambda e^{-\lambda x}\cos tx\,dx=\frac{1}{t}-\frac{\lambda}{t}J_1.$$

由此有

$$J_1=\frac{\lambda}{\lambda^2+t^2},\quad J_2=\frac{t}{\lambda^2+t^2},$$

$$g(t)=\frac{\lambda^2+i\lambda t}{\lambda^2+t^2}=\frac{\lambda}{\lambda-it}.$$

(6) 若 $X \sim N(\mu, \sigma^2)$，则

$$g(t) = \int_{-\infty}^{+\infty} e^{itx} \frac{1}{\sqrt{2\pi}\sigma} e^{-\frac{(x-\mu)^2}{2\sigma^2}} dx$$

$$= e^{i\mu t - \frac{\sigma^2}{2}t^2} \int_{-\infty}^{+\infty} \frac{1}{\sqrt{2\pi}\sigma} e^{-\frac{(x-\mu-i\sigma^2 t)^2}{2\sigma^2}} dx = e^{i\mu t - \frac{\sigma^2}{2}t^2}.$$

这里用到了复变函数的有关知识.

4.6.2 特征函数的性质

设 $g(t)$ 是随机变量 X 的特征函数，特征函数有如下性质.

性质 1 $g(0)=1$.

性质 2 $|g(t)| \leqslant 1$.

性质 3 $g(-t)=\overline{g(t)}$.

性质 4 $g(t)$ 在 $(-\infty, +\infty)$ 上一致连续.

性质 5 对于任意一个正整数 n、任意实数 $t_1, t_2, \cdots, t_n$ 及任意复数 $z_1, z_2, \cdots, z_n$，有

$$\sum_{j=1}^{n} \sum_{k=1}^{n} g(t_j - t_k) z_j \bar{z}_k \geqslant 0.$$

性质 6 如果 X 的 n 阶原点矩存在，则它的特征函数 $g(t)$ 的 n 阶导数存在，且

$$g^{(k)}(0) = i^k E(X^k), \quad k = 1, 2, \cdots, n. \tag{4.26}$$

性质 7 设 $Y=aX+b$ (a, b 是实数)，$g_x(t)$ 为 X 的特征函数，则 Y 的特征函数为

$$g_Y(t) = e^{ibt} g_X(at) \tag{4.27}$$

性质 8 如果 X_1, X_2 相互独立，特征函数分别为 $g_j(t), j=1,2$，则 $Y=X_1+X_2$ 的特征函数为

$$g_Y(t) = g_1(t) g_2(t). \tag{4.28}$$

这一性质可以推广到多个变量的情形：如果 $X_1, X_2, \cdots, X_n$ 相互独立，X_j 的特征函数为 $g_j(t), j=1,2,\cdots,n$，则 $Y=\sum_{j=1}^{n} X_j$ 的特征函数为

$$g_Y(t) = g_1(t) g_2(t) \cdots g_n(t). \tag{4.29}$$

证明略.

性质 6 告诉我们，可以通过求特征函数的导数得到原点矩.

例如,对于二项分布,$g(t)=(e^{it}p+q)^n$,有

$$g'(t)=np\mathrm{i}e^{it}(e^{it}p+q)^{n-1},\quad g'(0)=np\mathrm{i},$$
$$g''(t)=np\mathrm{i}[\mathrm{i}e^{it}(pe^{it}+q)^{n-1}+(n-1)e^{it}(pe^{it}+q)^{n-2}\mathrm{i}pe^{it}],$$
$$g''(0)=np\mathrm{i}[\mathrm{i}+(n-1)\mathrm{i}p]=-np-n(n-1)p^2,$$

所以

$$E(X)=np,\quad E(X^2)=np+n(n-1)p^2,$$
$$D(X)=np+n(n-1)p^2-(np)^2=np(1-p).$$

性质8告诉我们,相互独立的随机变量之和的特征函数等于它们的特征函数之积.

例如,若 $X_j\sim P(\lambda_j)$,$j=1,2,\cdots,n$,且 $X_1,X_2,\cdots,X_n$ 相互独立,由 $g_j(t)=\exp[\lambda_j(e^{it}-1)]$,$j=1,2,\cdots,n$,得 $Y=\sum\limits_{i=1}^{n}X_j$ 的特征函数为

$$\begin{aligned}g(t)&=g_1(t)g_2(t)\cdots g_n(t)\\&=\prod_{j=1}^{n}\exp[\lambda_j(e^{it}-1)]=\exp\left[(e^{it}-1)\sum_{j=1}^{n}\lambda_j\right].\end{aligned}$$

这是参数为 $\sum\limits_{j=1}^{n}\lambda_j$ 的泊松分布的特征函数,因此,Y 服从参数为 $\sum\limits_{j=1}^{n}\lambda_j$ 的泊松分布.

章末习题4

1. 某种鸡在某时间区间$(0,t_0]$内下蛋数为1~5只,下 r 只蛋的概率与 r 成正比,一个拾鸡蛋的人在时刻 t_0 去收集鸡蛋,但仅当鸡窝中多于3只蛋时他才从中取走1只蛋.在某处有这种鸡窝6个,每个鸡窝保存完好,各鸡窝中蛋的个数相互独立.

(1) 写出一个鸡窝中蛋的个数 X 的分布律;

(2) 对于指定的一个鸡窝,求拾蛋人在该鸡窝中拾到1只蛋的概率;

(3) 求拾蛋人在6个鸡窝中拾到蛋的总数 Y 的分布律及数学期望;

(4) 求 $P\{Y<4\}$,$P\{Y>4\}$;

(5) 当一个拾蛋人在这6个鸡窝中拾过蛋后,紧接着又有一个拾蛋人到这些鸡窝中拾蛋,也仅当鸡窝中多于3只蛋时,才取走1只蛋.求第二个拾蛋人拾得的蛋数 Z 的数学期望.

2. 设随机变量 X 的概率密度为 $f(x)=\begin{cases}\dfrac{1}{2}\cos\dfrac{x}{2}, & 0\leqslant x\leqslant\pi,\\ 0, & \text{其他},\end{cases}$ 对 X 独立地重复观察4次,用 Y 表示观察值大于$\dfrac{\pi}{3}$的次数,求 Y^2 的数学期望.

3. 设随机变量 X 的分布律为 $P\{X=k\}=\dfrac{c}{k!}$,$k=0,1,2,\cdots$,求 $E(X^2)$.

4. 某流水生产线上每个产品不合格的概率为0.05,各产品合格与否相互独立,当出现一个不合格产品时即停机检修.设开机后第一次停机时已生产了的产品个数为 X,求 X 的数学期望

$E(X)$和方差$D(X)$.

5. 已知甲、乙两箱中装有同种产品，其中甲箱中装有3件合格品和3件次品，乙箱中仅装有3件合格品. 从甲箱中任取3件产品放入乙箱后，求：

(1) 乙箱中次品件数X的数学期望；

(2) 从乙箱中任取一件产品是次品的概率.

6. 有3个球，4个盒子，盒子的编号为1,2,3,4. 将球逐个独立地随机放入4个盒子中. 以X表示其中至少有一个球的盒子的最小号码，例如$X=3$表示第1号、第2号盒子是空的，第3号盒子中至少有一个球，求$E(X)$.

7. 某城市共有N辆汽车，车牌号从1到N，若随机地记下n辆车的车牌号，最大号码记为X，求$E(X)$.

8. 从$0,1,\cdots,n$中任取两个不同的数字，求这两个数字之差的绝对值的数学期望.

9. 设A,B为随机事件，且$P(A)=\dfrac{1}{4}$，$P(B|A)=\dfrac{1}{3}$，$P(A|B)=\dfrac{1}{2}$，令

$$X=\begin{cases}1, & A\text{发生},\\ 0, & A\text{不发生}.\end{cases}\quad Y=\begin{cases}1, & B\text{发生},\\ 0, & B\text{不发生}.\end{cases}$$

求：(1) X和Y的相关系数$\rho(X,Y)$；

(2) $Z=X^2+Y^2$的概率分布.

10. 随机变量X的概率密度为

$$f_X(x)=\begin{cases}\dfrac{1}{2}, & -1<x<0,\\ \dfrac{1}{4}, & 0\leqslant x<2,\\ 0, & \text{其他}.\end{cases}$$

令$Y=X^2$. 求$\mathrm{cov}(X,Y)$.

11. 随机变量X和Y的期望分别为-2和2，方差分别为1和4，相关系数为-0.5，试根据切比雪夫不等式估计概率$P\{|X+Y|\geqslant 6\}$.

12. 二维随机变量(X,Y)的分布律为

X \ Y	-1	0	1
-1	a	0	0.2
0	0.1	b	0.2
1	0	0.1	c

且$E(X)=-0.2$，$P\{Y\leqslant 0|X\leqslant 0\}=0.5$，记$Z=X+Y$，求：(1) 常数$a,b,c$；(2) $P\{X=Z\}$；(3) Z的分布律.

13. 假设一部机器在一天内发生故障的概率为0.2，机器发生故障时全天停止工作. 若一周5个工作日里无故障，可获利润10万元；发生一次故障仍可获利润5万元；发生二次故障所获利润为0万元；发生三次或三次以上故障就要亏损2万元. 求一周内的期望利润.

14. 游客乘电梯从底层到电视塔顶层观光. 电梯于每个整点的第5分钟、25分钟和55分钟从底层起行. 假设一游客在早八点的第X分钟到达底层候梯处，且X在$[0,60]$上均匀分布，求该游客等候时间的数学期望.

15. 一商店经销某种商品，每周进货的数量 X 与顾客对该种商品的需求量 Y 是相互独立的随机变量，且均服从区间[10,20]上的均匀分布. 商店每售出一单位商品可得利润 1000 元；若需求量超过了进货量，商店可从其他商店调剂供应，这时每单位商品获利为 500 元. 试计算商店经销该种商品的每周利润的期望值.

16. 假定在自动流水线上加工的某种零件的内径 X(单位：mm)服从 $N(\mu,1)$，内径小于 10 或大于 12 为不合格品，其余为合格品. 销售每件合格品获利 20 元，销售内径小于 10 或大于 12 的一件零件分别带来亏损 1 元、5 元. 当平均内径 μ 取何值时，生产一个零件带来的平均利润最大?

第 5 章　大数定理与中心极限定理

§5.1　大数定理

在第 1 章中已经指出：人们在长期的实践中认识到，一个随机事件的发生在大量重复的试验中会呈现出明显的规律性，即随机事件发生的频率，随着试验次数 n 的增大，逐渐稳定于某个常数，这种“频率的稳定性”使人们认识到随机事件的概率是客观存在的，并成为概率定义的基础. 伯努利大数定理以严格的数学形式表达了频率的这种稳定性. 凡是阐述大量随机现象的平均结果具有稳定性的定理都称为大数定理.

如何用数学语言描述在一定条件下大量的重复试验呢？第 1 章中建立的 n 重伯努利试验概型即是在一定条件下重复试验的数学模型. 在 n 重伯努利试验中，各次试验是相互独立的，且在每次试验中某事件 A 发生的概率 p 保持不变.

例如，抛一枚均匀的硬币，设 A 表示“出现正面”. 试验数据显示，在相同的条件下，A 发生的频率会稳定在 0.5，因此 $P(A)=0.5$.

如果设

$$X_i=\begin{cases}1, & \text{第 } i \text{ 次试验 } A \text{ 发生},\\ 0, & \text{第 } i \text{ 次试验 } A \text{ 不发生},\end{cases}\quad i=1,2,\cdots,$$

则显然 $X_1,X_2,\cdots$是相互独立①有相同分布（简称独立同分布）的随机变量序列，且

$$E(X_i)=\frac{1}{2},\quad D(X_i)=\frac{1}{2}\times\frac{1}{2}=\frac{1}{4},\quad i=1,2,\cdots.$$

令

$$\overline{X}=\frac{1}{n}\sum_{i=1}^{n}X_i,$$

这是 n 个随机变量 $X_1,X_2,\cdots,X_n$ 的算数平均，也是 A 发生的频率，所以当 n 很大时，$\overline{X}$ 的值会稳定在 0.5. 由于 $\overline{X}$ 是一个随机变量，该如何表示 $\overline{X}$ 的值稳定在 0.5 呢？

一种提法是：当 n 足够大时，$\overline{X}$ 与 0.5 有较大偏差的概率很小. 用数学语言表述就是，对于任意正数 ε，有

$$\lim_{n\to\infty}P\{|\overline{X}-0.5|\geqslant\varepsilon\}=0.$$

---

① 指对于任意 $n(n>1)$，$X_1,X_2,\cdots,X_n$ 都是相互独立的.

等价的,即有

$$\lim_{n\to\infty} P\{|\overline{X}-0.5|<\varepsilon\}=1. \tag{5.1}$$

定义 5.1 设 $Y_1,Y_2,\cdots,Y_n,\cdots$ 是一个随机变量序列,如果有数 a,使对任意正数 ε,有

$$\lim_{n\to\infty} P\{|Y_n-a|<\varepsilon\}=1,$$

则称 $Y_1,Y_2,\cdots,Y_n,\cdots$ 依概率收敛于 $\boldsymbol{a}$,并记 $Y_n\xrightarrow{P}a$.

式(5.1)即表示 n 个相互独立同分布的 0-1 变量的算数平均 $\overline{X}$ 依概率收敛于 0.5.

依概率收敛的随机变量序列有如下性质:

若 $X_n\xrightarrow{P}a$,函数 $g(x)$ 在 a 处连续,则

$$g(X_n)\xrightarrow{P}g(a).$$

若 $X_n\xrightarrow{P}a$,$Y_n\xrightarrow{P}b$,函数 $g(x,y)$ 在 (a,b) 处连续,则

$$g(X_n,Y_n)\xrightarrow{P}g(a,b)①.$$

更一般的情形有类似的结果.

定理 5.1(切比雪夫大数定理的特殊情况) 设随机变量 $X_1,X_2,\cdots,X_n,\cdots$ 相互独立,且具有相同的数学期望和方差 $E(X_i)=\mu,D(X_i)=\sigma^2(i=1,2,\cdots)$. 若令

$$\overline{X}=\frac{1}{n}\sum_{i=1}^{n}X_i,$$

则对于任意正数 ε,有

$$\lim_{n\to\infty} P\{|\overline{X}-\mu|<\varepsilon\}=1.$$

证 由切比雪夫不等式知

$$P\{|\overline{X}-E(\overline{X})|\geqslant\varepsilon\}\leqslant\frac{D(\overline{X})}{\varepsilon^2}.$$

而

$$E(\overline{X})=E\left(\frac{1}{n}\sum_{i=1}^{n}X_i\right)=\frac{1}{n}\sum_{i=1}^{n}E(X_i)=\mu,$$

---

① 证 由 $g(x,y)$ 在 (a,b) 连续知,对任意 $\varepsilon>0$,存在 $\delta>0$,当 $|x-a|+|y-b|<\delta$ 时,总有 $|g(x,y)-g(a,b)|<\varepsilon$. 于是

$$\{|g(X_n,Y_n)-g(a,b)|\geqslant\varepsilon\}\subset\{|X_n-a|+|Y_n-b|\geqslant\delta\}\subset\left\{|X_n-a|\geqslant\frac{\delta}{2}\right\}\cup\left\{|Y_n-b|\geqslant\frac{\delta}{2}\right\},$$

因此

$$0\leqslant P\{|g(X_n,Y_n)-g(a,b)|\geqslant\varepsilon\}\leqslant P\left\{|X_n-a|\geqslant\frac{\delta}{2}\right\}+P\left\{|Y_n-b|\geqslant\frac{\delta}{2}\right\}\to 0,$$

所以

$$\lim_{n\to\infty} P\{|g(X_n,Y_n)-g(a,b)|<\varepsilon\}=1.$$

$$D(\overline{X})=D\left(\frac{1}{n}\sum_{i=1}^{n}X_i\right)=\frac{1}{n^2}\sum_{i=1}^{n}D(X_i)=\frac{\sigma^2}{n},$$

并注意到 $P\{|\overline{X}-\mu|<\varepsilon\}\leqslant 1$,于是有

$$1\geqslant P\{|\overline{X}-\mu|<\varepsilon\}=1-P\{|\overline{X}-\mu|\geqslant\varepsilon\}\geqslant 1-\frac{D(\overline{X})}{\varepsilon^2}=1-\frac{\sigma^2}{n\varepsilon^2}.$$

所以

$$\lim_{n\to\infty}P\{|\overline{X}-\mu|<\varepsilon\}=1.$$

切比雪夫大数定理表明,相互独立、具有相同数学期望和方差的随机变量 X_1,$X_2,\cdots,X_n$ 的算数平均依概率收敛于算术平均的期望. 即

$$\frac{1}{n}\sum_{i=1}^{n}X_i\xrightarrow{P}\frac{1}{n}\sum_{i=1}^{n}E(X_i).$$

定理 5.2(伯努利大数定理) 设 n_A 是 n 次独立重复试验中事件 A 发生的次数,p 是事件 A 在每次试验中发生的概率,则对于任意正数 ε,有

$$\lim_{n\to\infty}P\left\{\left|\frac{n_A}{n}-p\right|<\varepsilon\right\}=1.$$

证 由第 4 章的例 4.14 知,

$$n_A=X_1+X_2+\cdots+X_n,$$

其中 $X_1,X_2,\cdots,X_n$ 相互独立,均服从参数为 p 的 0-1 分布.

$$\frac{n_A}{n}=\frac{1}{n}\sum_{i=1}^{n}X_i,\quad E\left(\frac{n_A}{n}\right)=E\left(\frac{1}{n}\sum_{i=1}^{n}X_i\right)=p.$$

于是,由定理 5.1 有

$$\lim_{n\to\infty}P\left\{\left|\frac{n_A}{n}-p\right|<\varepsilon\right\}=1.$$

伯努利大数定理表明,事件发生的频率依概率收敛于事件发生的概率. 因此,当试验次数很大时,人们经常用事件发生的频率来代替事件发生的概率.

定理 5.3(辛钦大数定理) 设随机变量 $X_1,X_2,\cdots,X_n,\cdots$ 相互独立,服从同一分布,具有数学期望 $E(X_i)=\mu(i=1,2,\cdots)$,则对于任意正数 ε,有

$$\lim_{n\to\infty}P\left\{\left|\frac{1}{n}\sum_{i=1}^{n}X_i-\mu\right|<\varepsilon\right\}=1.$$

证明略.

不只是切比雪夫大数定理,伯努利大数定理和辛钦大数定理也同样说明:随机变量序列前 n 项和的算数平均依概率收敛于算数平均的期望,只要序列满足一定条件.

例 5.1 设随机变量 $X_1,X_2,\cdots,X_n,\cdots$ 相互独立,$X_i\sim\begin{pmatrix}-1 & 0 & 1\\ 0.2 & 0.5 & 0.3\end{pmatrix}$ (i

$=1,2,\cdots$). 问:随机变量序列 $Y_n=\frac{4}{n}\sum\limits_{i=1}^{n}X_i^2-\left(\frac{1}{n}\sum\limits_{i=1}^{n}X_i\right)^2-2$ $(n=1,2,\cdots)$ 依概率收敛吗? 若收敛,求收敛值.

解 因为 $X_1,X_2,\cdots,X_n$ 独立同分布,所以 $X_1^2,X_2^2,\cdots,X_n^2$ 独立同分布,并由于 $E(X_i)=0.1$, $E(X_1^2)=0.5$($i=1,2,\cdots,n$) ,则根据辛钦大数定理,有 $\frac{1}{n}\sum\limits_{i=1}^{n}X_i \xrightarrow{P} 0.1$, $\frac{1}{n}\sum\limits_{i=1}^{n}X_i^2 \xrightarrow{P} 0.5$.

设 $f(x,y)=4x-y^2-2$, $\bar{X}=\frac{1}{n}\sum\limits_{i=1}^{n}X_i$, $\overline{X^2}=\frac{1}{n}\sum\limits_{i=1}^{n}X_i^2$,那么 $Y_n=f(\overline{X_n^2},\overline{X_n})$,根据依概率收敛的性质,则随机变量序列 $\{Y_n\}$ 依概率收敛,且 $Y_n\xrightarrow{P}f(0.5,0.1)$,收敛值 $f(0.5,0.1)=4\times0.5-0.01^2-2=0.01$.

习 题 5.1

设 $X_1,X_2,\cdots$ 是独立同分布的随机变量序列. 在下列两种情形下,问 $\bar{X}=\frac{1}{n}\sum\limits_{i=1}^{n}X_i$ 依概率收敛于什么值?

(1) $X_i\sim P(\lambda),i=1,2,\cdots$;

(2) $X_i\sim U(0,\theta),i=1,2,\cdots$,其中 $\theta>0$.

§5.2 中心极限定理

设 $X_1,X_2,\cdots,X_n,\cdots$ 为独立同分布的随机变量序列,$E(X_i)=\mu,D(X_i)=\sigma^2$, $i=1,2,\cdots,\bar{X}=\frac{1}{n}\sum\limits_{i=1}^{n}X_i$. 切比雪夫不等式告诉我们,$P\{|\bar{X}-\mu|\geqslant\varepsilon\}$ 不超过 $\frac{\sigma^2}{n\varepsilon^2}$, 而大数定理则指出,当 n 足够大时,这个概率接近于 0. 两者都未能"精确地"给出这个概率. 一般说来,概率计算依赖于随机变量的概率分布,而 $\bar{X}$ 的概率分布往往难于求得,所以精确计算 $P\{|\bar{X}-\mu|\geqslant\varepsilon\}$ 几乎是不可能的. 本节讨论的中心极限定理则能较好地解决这个问题.

定理 5.4(列维-林德伯格(Levy-Lindberg)定理) 设随机变量 $X_1,X_2,\cdots,X_n,\cdots$相互独立,服从同一分布,具有数学期望和方差:$E(X_i)=\mu,D(X_i)=\sigma^2>0$, $i=1,2,\cdots$,则对任意实数 x,总有

$$\lim_{n\to\infty}P\left\{\frac{\sum\limits_{i=1}^{n}X_i-n\mu}{\sqrt{n}\sigma}\leqslant x\right\}=\int_{-\infty}^{x}\frac{1}{\sqrt{2\pi}}e^{-\frac{t^2}{2}}dt=\Phi(x).$$

证明略.

定理 5.4 又称为独立同分布的中心极限定理.

由于

$$E\left(\sum_{i=1}^{n} X_i\right) = \sum_{i=1}^{n} E(X_i) = n\mu, \quad D\left(\sum_{i=1}^{n} X_i\right) = \sum_{i=1}^{n} D(X_i) = n\sigma^2,$$

所以$\dfrac{\left(\sum\limits_{i=1}^{n} X_i - n\mu\right)}{\sqrt{n}\sigma}$是$\sum\limits_{i=1}^{n} X_i$的标准化变量. 因此定理 5.4 实际表明,均值为 μ,方差为 $\sigma^2(\sigma^2 > 0)$ 的独立同分布的随机变量 $X_1, X_2, \cdots, X_n$ 的和 $\sum\limits_{i=1}^{n} X_i$ 的标准化变量,当 n 很大时,近似地为标准正态变量,即

$$\frac{\sum\limits_{i=1}^{n} X_i - n\mu}{\sqrt{n}\sigma} \stackrel{\cdot}{\sim} N(0,1)^{①}. \tag{5.2}$$

而且 n 越大近似程度越好.

由(5.2)式,根据正态变量的性质(例 2.27),又有

$$\sum_{i=1}^{n} X_i \stackrel{\cdot}{\sim} N(n\mu, n\sigma^2), \tag{5.3}$$

$$\frac{1}{n}\sum_{i=1}^{n} X_i \stackrel{\cdot}{\sim} N\left(\mu, \frac{\sigma^2}{n}\right). \tag{5.4}$$

后一个结果是数理统计中大样本统计推断的基础.

中心极限定理表明,无论随机变量 $X_i(i=1,2,\cdots)$ 服从什么分布,只要满足一定的条件,它们的和 $\sum\limits_{i=1}^{n} X_i$,当 n 很大时,就近似地服从正态分布. 这就是为什么正态分布在概率统计中占有重要地位的一个基本原因. 在很多实际问题中,所考虑的随机变量都可以表示成很多个独立的随机变量的和,例如,在任一指定时刻,一个城市的耗电量是大量用户耗电量的总和;一个物理实验的测量误差是由许多观察不到的、可加的微小误差合成的,所以它们往往近似地服从正态分布.

例 5.2 某人要测量甲、乙两地之间的距离,由于测量工具的限制,他分成 1200 段来测量,每段测量误差(单位:cm)均服从 $U(-0.5,0.5)$,且相互独立. 求测量的总误差的绝对值超过 20cm 的概率.

解 设 X_i 为第 i 段的测量误差,$i=1,2,\cdots,1200$,于是测量的总误差为 $\sum\limits_{i=1}^{1200} X_i$.

---

① 这里符号"$\stackrel{\cdot}{\sim}$"表示近似地服从.

依题意知,随机变量 $X_1,X_2,\cdots,X_{1200}$ 独立同分布. 由 $X_i\sim U(-0.5,0.5)$,得

$$E(X_i)=0,\quad D(X_i)=\frac{1}{12}(0.5-(-0.5))^2=\frac{1}{12},\quad i=1,2,\cdots,1200.$$

于是,由定理 5.4 知,$\sum\limits_{i=1}^{1200}X_i \stackrel{\cdot}{\sim} N\left(1200\times 0,1200\times\frac{1}{12}\right)$. 所以

$$\begin{aligned}P\left\{\left|\sum_{i=1}^{1200}X_i\right|>20\right\}&=P\left\{\sum_{i=1}^{1200}X_i<-20\right\}+P\left\{\sum_{i=1}^{1200}X_i>20\right\}\\&\approx\Phi\left(\frac{-20-0}{10}\right)+1-\Phi\left(\frac{20-0}{10}\right)\\&=2(1-\Phi(2))=0.0456.\end{aligned}$$

定理 5.5(棣莫弗-拉普拉斯(De Moivre-Laplace)定理) 设随机变量 $\eta_n\sim B(n,p)$,$n=1,2,\cdots$,则对任意实数 x,有

$$\lim_{n\to\infty}P\left\{\frac{\eta_n-np}{\sqrt{np(1-p)}}\leqslant x\right\}=\Phi(x).$$

证 由第 4 章的例 4.14 知,

$$\eta_n=X_1+X_2+\cdots+X_n,$$

其中 $X_1,X_2,\cdots,X_n$ 相互独立,均服从参数为 p 的 0-1 分布.

$E(X_i)=p$,$D(X_i)=p(1-p)$. 于是,由定理 5.4 得

$$\lim_{n\to\infty}P\left\{\frac{\sum\limits_{i=1}^{n}X_i-np}{\sqrt{np(1-p)}}\leqslant x\right\}=\lim_{n\to\infty}P\left\{\frac{\eta_n-np}{\sqrt{np(1-p)}}\leqslant x\right\}=\Phi(x).$$

定理 5.5 表明,二项变量 $\eta_n\sim B(n,p)$ 近似地服从正态分布 $N(np,np(1-p))$.

例 5.3 抛掷一枚均匀的硬币 10000 次,求其中有 4900~5100 次出现正面的概率.

解 抛硬币 1 次是一个伯努利试验,抛 10000 次就是 10000 重伯努利试验. 由于硬币是均匀的,所以每次试验出现正面的概率都为$\frac{1}{2}$. 若设 10000 次试验中出现正面的次数为 T,则 $T\sim B\left(10000,\frac{1}{2}\right)$,所求概率为

$$P\{4900\leqslant T\leqslant 5100\}=\sum_{k=4900}^{5100}C_{10000}^{k}\left(\frac{1}{2}\right)^k\left(\frac{1}{2}\right)^{10000-k},$$

考虑到 $n=10000$ 很大,故可以利用棣莫弗-拉普拉斯定理对上式作近似计算.

由定理 5.5 知,$T\stackrel{\cdot}{\sim}N\left(10000\times\frac{1}{2},10000\times\frac{1}{2}\times\frac{1}{2}\right)$. 于是所求概率为

$$P\{4900\leqslant T\leqslant 5100\}\approx\Phi\left(\frac{5100-5000}{\sqrt{2500}}\right)-\Phi\left(\frac{4900-5000}{\sqrt{2500}}\right)$$

$$= 2\Phi(2) - 1 = 2 \times 0.9772 - 1 = 0.9544.$$

例 5.4 对于每一个学生而言,来参加家长会的家长人数是一个随机变量,一个学生无家长、1 名家长、2 名家长来参加会议的概率分别为 0.05、0.80、0.15. 学校共有 400 名学生,设每个学生参加家长会的家长人数相互独立,且服从同一分布. (1)求参加家长会议的家长总数超过 450 的概率;(2)求有 1 名家长来参加会议的学生人数不多于 340 的概率.

解 (1) 设 $X_k(k=1,2,\cdots,400)$ 表示第 k 名学生参加家长会的家长数,那么依题意知,$X_1,X_2,\cdots,X_{400}$ 相互独立,且服从同一分布,分布律为

X	0	1	2
P	0.05	0.80	0.15

$E(X)=1.1, D(X)=0.19$. 由定理 5.4 知,$\sum_{k=1}^{400} X_k \overset{\cdot}{\sim} N(400\times 1.1, 400\times 0.19)$,于是有

$$P\left\{\sum_{k=1}^{400} X_k > 450\right\} \approx 1 - \Phi\left(\frac{450-440}{\sqrt{76}}\right) \approx 1 - \Phi(1.147) \approx 0.1357.$$

(2) 以 Y 表示有 1 名家长来参加会议的学生数,则 $Y \sim B(400, 0.8)$. 由定理 5.5 知,$Y \overset{\cdot}{\sim} N(400\times 0.8, 400\times 0.8\times 0.2)$,于是

$$P\{Y \leqslant 340\} \approx \Phi\left(\frac{340-320}{8}\right) = \Phi(2.5) \approx 0.9938.$$

习 题 5.2

1. 已知某厂生产的晶体管的寿命服从均值为 100 小时的指数分布. 现在从该厂的产品中随机地抽取 64 只,求这 64 只晶体管的寿命总和超过 7000 小时的概率.(假定这些晶体管的寿命是相互独立的.)

2. 某产品成箱包装,每箱的重量是随机的. 假定每箱平均重量为 50kg,标准差为 5kg. 现用载重量为 5 吨的汽车承运,问汽车最多装多少箱才能使不超载的概率大于 0.9772.

3. 为了测定一台大型机床的重量,把它分解成若干个部件来称量. 假定每个部件的称量误差(单位:kg)均服从区间(−2,2)上的均匀分布. 问分解成多少个部件,才能以接近 99%的概率,保证总重量误差的绝对值不超过 20kg.

4. 报童沿街向行人兜售报纸. 设每位行人买报的概率为 0.2,且他们买报与否是相互独立的. 求报童在向 100 位行人兜售之后,卖掉 15~30 份报纸的概率.

5. 某厂有 200 台车床,每台车床的开工率仅 0.1. 假设每台车床开工时需要电力 50kW,开工与否相互独立. 问供电局至少要提供多少电力,才能以不低于 99.9%的概率,保证该厂不致因供电不足而影响生产.

6. 随机地选取两组学生,分别在两个实验室里测量某种化合物的 pH 值,每组 80 人. 假定

各人测量的结果是随机变量,它们相互独立,且服从同一分布,数学期望为5,方差为0.3.若以$\overline{X},\overline{Y}$分别表示第一组和第二组所得结果的算数平均,求:

(1) $P\{4.9<\overline{X}<5.1\}$;

(2) $P\{-0.1<\overline{X}-\overline{Y}<0.1\}$.

7. 设$X_1,X_2,\cdots,X_n,\cdots$为独立同分布的随机变量序列,且均服从参数为$\lambda(\lambda>1)$的指数分布,记$\Phi(x)$为标准正态分布函数,则下列选项正确的是[　　].

(A) $\lim\limits_{n\to\infty}P\left\{\dfrac{\sum\limits_{i=1}^{n}X_i-n\lambda}{\lambda\sqrt{n}}\leqslant x\right\}=\Phi(x)$;　　(B) $\lim\limits_{n\to\infty}P\left\{\dfrac{\sum\limits_{i=1}^{n}X_i-n\lambda}{\sqrt{n\lambda}}\leqslant x\right\}=\Phi(x)$;

(C) $\lim\limits_{n\to\infty}P\left\{\dfrac{\lambda\sum\limits_{i=1}^{n}X_i-n}{\sqrt{n}}\leqslant x\right\}=\Phi(x)$;　　(D) $\lim\limits_{n\to\infty}P\left\{\dfrac{\sum\limits_{i=1}^{n}X_i-\lambda}{\sqrt{n\lambda}}\leqslant x\right\}=\Phi(x)$.

章末习题5

1. 设$X_1,X_2,\cdots,X_n$相互独立,均服从参数为2的指数分布,则$Y_n=\dfrac{1}{n}\sum\limits_{i=1}^{n}X_i^2$依概率收敛于________.

2. 一部件包括10部分,每部分的长度是一个随机变量,它们相互独立,且服从同一分布,其数学期望为2mm,均方差为0.05mm.规定总长度为20±0.1(mm)的产品合格,求产品合格的概率.

3. 有3000个同龄的人参加了某人寿保险公司里人寿保险.参加了保险的人在第1年的第一天须交付保险费10元,死亡时家属可从保险公司领取2000元.若在1年内每人的死亡率为0.1%,求保险公司亏本的概率.

4. (1) 一个复杂系统由100个相互独立起作用的部件组成.在整个运行期间,每个部件损坏的概率为0.1.为使整个系统起作用,至少须有85个部件正常工作.求整个系统起作用的概率.

(2) 一个复杂系统由n个相互独立起作用的部件组成,每个部件的可靠性为0.9,且至少须有80%的部件工作才能使整个系统正常工作.问n至少为多大才能使系统的可靠性不低于0.95.

5. 设随机变量$X_1,X_2,\cdots,X_n$相互独立,$S_n=X_1+X_2+\cdots+X_n$,则根据列维-林德伯格定理,当n充分大时,S_n近似地服从正态分布,只要$X_1,X_2,\cdots,X_n$满足[　　].

(A) 有相同的数学期望;　　(B) 有相同的方差;

(C) 服从同一指数分布;　　(D) 服从同一离散型分布.

下篇　数理统计

第 6 章　样本与抽样分布

前 5 章的研究属于概率论范畴，即初步研究了事件的概率和随机变量. 很多实际问题中的随机现象都可以用随机变量来描述. 而要很好地了解一个随机变量，就需要知道它的概率分布，至少也要知道它的数字特征. 在概率论中，一切的分析和运算都基于分布为已知这个假设进行的. 但在实际问题中，情况往往并非如此，常常是我们对所要研究的随机变量知道不多或知之甚少. 这时需要经试验或观测，获得反映随机变量信息的数据，并以概率论为理论基础，对数据进行整理、分析，从而对研究对象的性质和统计规律做出合理、科学的估计和推断. 这就是数理统计基本的和主要的任务.

数理统计研究统计的一般原理和方法. 数理统计的应用领域很广泛，是众多学科从事科学研究和生产必不可少的工具.

本章主要介绍数理统计中的基本概念、基本分布和正态抽样分布及性质.

§6.1　总体与样本

6.1.1　总体和个体

在数理统计中，把对某一问题研究对象的全体称为*总体*，组成总体的每个基本元素称为*个体*. 例如，若视某校新学期新生的全体为一总体，则每名新生为个体；若视一钢厂生产的某批钢筋的全体为一总体，则其中的每根钢筋为个体；若视某地在某时间段内日平均气温的全体为一总体，则其中每天的日平均气温为个体. 这里的研究是对总体的一个或若干个数量指标进行研究，如新生的身高、体重分别用 H、W 表示，某批钢筋的强度用 S 表示，日平均气温的度数用 T 表示，那么对上述总体的研究就归结为讨论随机变量 H、W、S、T 的概率分布及其数字特征. 今后，我们把总体的数量指标当作总体，个体的数量指标值作为个体，数量指标的分布也说总体的分布. 如总体 H，其个体是每名新生的身高；总体 W，其个体是每名新生的体重；总体 S，其个体是每根钢筋的强度；总体 T，其个体是每天的日平均气温，数量指标 H、W、S、T 的概率分布即是总体 H、W、S、T 的概率分布.

在某些问题中，如果我们需要对某一对象的多个数量指标进行研究，这时可以采用多维随机变量及其分布来描述总体，此时总体称为多维总体. 例如，身高和体重是人的两个数量指标，我们可以用一个二维随机变量来描述某高校男大学生的身高和体重. 当然,有时也会涉及三维甚至更高维的总体.

总体中所包含的个体的数量称为总体容量. 根据总体容量的有限或无限,分为有限总体和无限总体.

6.1.2 样本和简单随机样本

了解总体分布最准确的方法是,逐一对个体进行试验. 但在实际中,这种普查的方法有时是行不通的,可能由于投入的人力、财力、物力过大,时间上不允许;也可能由于试验具有破坏性,比如检验灯泡的寿命,就不能采取逐个检验的方式,而且检验的数量应尽可能地少. 因此,人们通常采用抽样调查的方法了解总体分布,即从总体中只抽取若干个个体,观测这些个体的值,然后根据这些观测数据对总体的性质和统计规律进行估计和推断.

把从总体中抽取出的一部分个体称为总体的一个样本,样本中的个体称为样品,样本中所包含的个体的数目称为样本容量.

由于要通过样本来了解总体,所以样本应该具有代表性,这就对样本的抽取方法提出了要求,最常采用的方法是:在相同条件下对总体 X 进行 n 次重复且独立的随机观测,并把 n 次观测的结果按试验的次序记为 $X_1,X_2,\cdots,X_n$. 采用这种有放回抽取得到的样本 $X_1,X_2,\cdots,X_n$ 是相互独立的随机变量,且都与总体 X 具有相同的分布,因此它具有代表性,这样的样本称为简单随机样本,而样本的一次观测值,记为 $x_1,x_2,\cdots,x_n$,称为样本的一组样本值,这里的 n 就是样本容量. 如果没有特别说明,在今后的讨论中所提到的样本都指简单随机样本,并简称为样本.

怎样才能获得简单随机样本呢? 对有限总体来说,采用有放回抽取方式就可以得到简单随机样本. 但是有放回抽取在实际中有时使用起来不太方便. 采用不放回抽取方式取得的样本则不是简单随机样本,但是当总体容量比样本容量大很多时,可以把它当作简单随机样本. 对无限总体来说,抽走少量样本后不影响总体的构成或影响很小,因此常采用不放回抽取.

6.1.3 样本的联合分布

设 $X_1,X_2,\cdots,X_n$ 是来自总体 X 的样本.

如果总体 X 的分布函数为 $F_X(x)$,那么样本 $X_1,X_2,\cdots,X_n$ 的联合分布函数为

$$F(x_1,x_2,\cdots,x_n)=\prod_{i=1}^{n}F_X(x_i). \tag{6.1}$$

当 X 为连续型随机变量且概率密度函数为 $f_X(x)$ 时,样本 $X_1,X_2,\cdots,X_n$ 的联合概率密度函数为

$$f(x_1,x_2,\cdots,x_n)=\prod_{i=1}^{n}f_X(x_i). \tag{6.2}$$

当 X 为离散型随机变量且分布律为 $f_X(x)=P\{X=x\}$（x 取遍 X 的所有可能的取值）时，样本 $X_1,X_2,\cdots,X_n$ 的联合分布律为

$$P\{X=x_1,X=x_2,\cdots,X=x_n\}=\prod_{i=1}^{n}P\{X=x_i\}. \tag{6.3}$$

例 6.1 设总体 X 服从参数为 p 的 0-1 分布，则 X 的分布律为

$$P\{X=x\}=p^x(1-p)^{1-x},\quad x=0,1,$$

样本 $X_1,X_2,\cdots,X_n$ 的联合分布律则为

$$P\{X-x_1,X=x_2,\cdots,X=x_n\}=\prod_{i=1}^{n}P\{X=x_i\}=p^{s_n}(1-p)^{1-s_n},$$

其中 $x_i=0$ 或 $1(i=1,2,\cdots,n)$，$s_n=\sum_{i=1}^{n}x_i$.

例 6.2 设总体 $X\sim N(\mu,\sigma^2)$，则样本 $X_1,X_2,\cdots,X_n$ 的联合概率密度函数为

$$f(x_1,x_2,\cdots,x_n)=\prod_{i=1}^{n}f_X(x_i)=\left(\frac{1}{\sqrt{2\pi}\sigma}\right)^n \mathrm{e}^{-\frac{1}{2\sigma^2}\sum_{i=1}^{n}(x_i-\mu)^2}.$$

6.1.4 直方图与条形图

1. 直方图

在实际统计工作中，首先接触到的是一系列数据，样本数据的整理是统计研究的基础. 整理数据最常用的方法之一是给出数据的频数分布表或频率分布表. 在研究连续性随机变量总体的分布时，通常用由一组矩形组成的图形直观地表示频数、频率分布表，这个图形就称为样本的*频率直方图*，简称*直方图*.

设 $x_1,x_2,\cdots,x_n$ 为总体 X 的一组样本观测值，绘制直方图的一般步骤如下：

(1) 寻找样本观测值中的最大值 x_n^* 和最小值 x_1^*，即

$$x_n^*=\max\{x_1,x_2,\cdots,x_n\},\quad x_1^*=\min\{x_1,x_2,\cdots,x_n\}.$$

(2) 根据样本容量 n 或区间 $[x_1^*,x_n^*]$ 的大小确定组数 k. n 值小或 $[x_1^*,x_n^*]$ 小，组数就少些，否则组数就多些. 组数太多或太少均不易显示出分布特征.

(3) 选取区间 $(a,b]$，a 略小于 x_1^*，b 略大于 x_n^*，插入 $k-1$ 个分点：

$$a=t_0<t_1<\cdots<t_k=b,$$

把区间 $(a,b]$ 分为 k 个子区间

$$(a,t_1],(t_1,t_2],\cdots,(t_{i-1},t_i],\cdots,(t_{k-1},b].$$

第 i 个小区间 $(t_{i-1},t_i]$ 的长度为

$$\Delta t_i=t_i-t_{i-1},\quad i=1,2,\cdots,k,$$

称 Δt_i 为第 i 组的组距，$\frac{t_{i-1}+t_i}{2}$ 为第 i 组的组中值. 各组的组距可以相等，也可以不相等. 另外，分点 t_i 应比数据多取一位有效数字.

(4) 计算出数据 $x_1, x_2, \cdots, x_n$ 落在每个子区间 $(t_{i-1}, t_i]$ 内的频数 n_i 及频率 $f_i=\frac{n_i}{n}(i=1,2,\cdots,k)$.

(5) 在 x 轴上画出以区间 $(t_{i-1}, t_i]$ 为底，以 $\frac{f_i}{\Delta t_i}(i=0,1,2,\cdots,k)$ 为高的 k 个小矩形. 这样我们就作出了样本的频率直方图.

由于每个小矩形的面积 Δs_i 恰好等于在第 i 个小区间 $(t_{i-1}, t_i]$ 内的数据的频率，即

$$\Delta s_i = \Delta t_i \cdot \frac{f_i}{\Delta t_i} = f_i, \quad i = 1,2,\cdots,k,$$

所以有

$$\sum_{i=1}^{k} \Delta s_i = \sum_{i=1}^{k} f_i = \frac{\sum_{i=1}^{k} n_i}{n} = 1,$$

即所有小矩形面积的和等于 1.

因此，当样本容量 n 充分大，样本观测值 $x_1, x_2, \cdots, x_n$ 在第 i 个小区间 $(t_{i-1}, t_i]$ 内的频率就近似地等于随机变量 X 在 $(t_{i-1}, t_i]$ 内取值的概率，即

$$f_i \approx P\{t_{i-1} < X \leqslant t_i\}, \quad i = 1,2,\cdots,k.$$

这时直方图的上边线图形就近似于随机变量 X 的概率密度函数 $f(x)$ 的图形. 所以通过频率直方图，我们可以大致了解随机变量 X 的取值的分布规律.

例 6.3 某食品厂为加强质量管理，对某天生产的罐头抽查了 100 个，检测得到的重量数据(单位：克)如下：

344	352	340	351	353	348	353	349	351	355
350	345	352	349	355	341	351	355	352	348
353	348	341	346	349	350	351	348	353	362
338	355	352	356	350	351	349	357	348	358
353	346	352	350	352	345	347	354	351	347
346	343	347	343	357	349	353	345	350	358
354	344	349	340	345	359	348	356	346	357
359	349	355	354	344	353	346	351	354	352
352	344	347	363	355	342	366	352	350	347
346	349	350	360	346	358	350	345	349	355

试作出罐头重量的直方图.

解 首先从 $n=100$ 个数据中找出最小值 $x_1^*=338$ 和最大值 $x_n^*=366$，取 $a=336.5$，$b=366.5$. 将区间(336.5,366.5]分成 10 等份，即组数 $k=10$，各组组距均为 3，分组及频数见表 6.1. 作出的直方图如图 6.1 所示.

表 6.1

组　号	罐头重量区间	频数 n_i	频率 f_i
1	(336.5, 339.5]	1	0.01
2	(339.5, 342.5]	5	0.05
3	(342.5, 345.5]	11	0.11
4	(345.5, 348.5]	18	0.18
5	(348.5, 351.5]	24	0.24
6	(351.5, 354.5]	20	0.20
7	(354.5, 357.5]	12	0.12
8	(357.5, 360.5]	6	0.06
9	(360.5, 363.5]	2	0.02
10	(363.5, 366.5]	1	0.01
合计		100	1.00

有了直方图，就可以大致画出罐头重量的概率密度函数曲线(图 6.1 中光滑曲线)，可以看出它近似于正态分布的概率密度函数曲线.

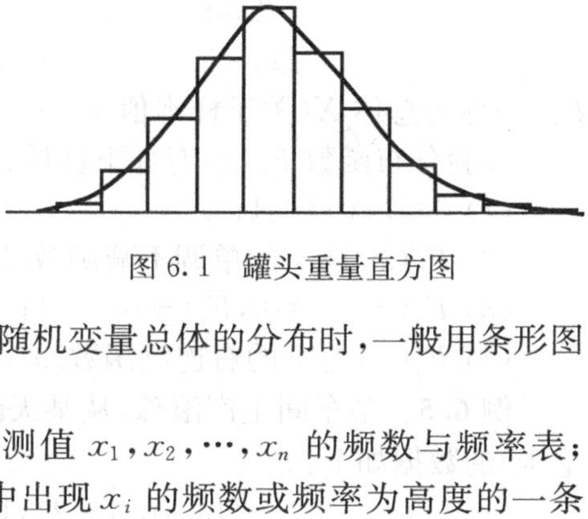
图 6.1 罐头重量直方图

2. 条形图

如果样本数据很少，以及在研究离散型随机变量总体的分布时，一般用条形图来直观地反映频数、频率分布表.

条形图的制作方法：(1)统计出样本观测值 $x_1,x_2,\cdots,x_n$ 的频数与频率表；(2)在 x 轴上的每个 x_i 处画出以样本数据中出现 x_i 的频数或频率为高度的一条线段.

例 6.4 某仪器记录了一分钟内射入该仪器的粒子数，共记录了 50 次，数据如下：

1 2 1 0 5 3 2 1 0 1 2 1 1 0 1 2 1 0 3 2 1 0 5 1 2

3 0 1 4 3 3 2 0 4 0 1 1 0 2 1 5 2 4 0 3 1 4 0 4 2

从这 50 个数据上看，只有 0,1,2,3,4,5 这六个不同的值，统计出的频数与频率表见表 6.2. 作出的条形图如图 6.2 所示. 从条形图可以大致看出，一分钟射入该仪器的粒子数的概率分布近似服从二项分布.

表 6.2

粒子数	频数 n_i	频率 f_i
0	11	0.22
1	15	0.30
2	10	0.20
3	6	0.12
4	5	0.10
5	3	0.06

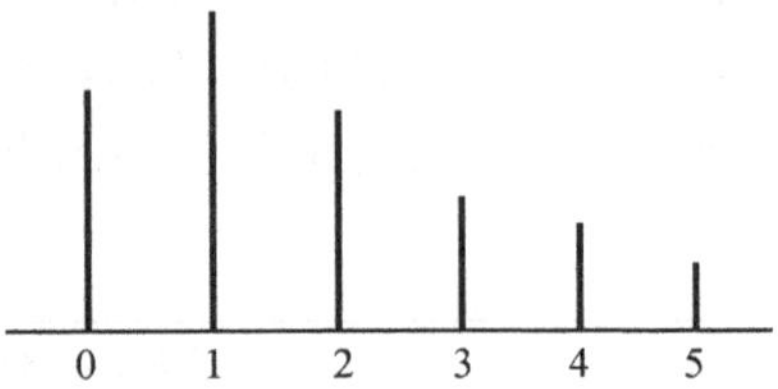

图 6.2 粒子数条形图

6.1.5 经验分布函数

根据总体 X 的样本值 $x_1,x_2,\cdots,x_n$，按如下方法可以得到一个函数.

将总体 X 的样本值 $x_1,x_2,\cdots,x_n$ 按由小到大重新排序为

$$\underbrace{x_{(1)},\cdots,x_{(1)}}_{n_1},\underbrace{x_{(2)},\cdots,x_{(2)}}_{n_2},\cdots,\underbrace{x_{(m)},\cdots,x_{(m)}}_{n_m},$$

其中 $x_{(1)}<x_{(2)}<\cdots<x_{(m)}$，$n_1+n_2+\cdots+n_m=n$. 定义函数

$$F_n(x)=\begin{cases}0, & x<x_{(1)},\\ \dfrac{1}{n}\sum\limits_{i=1}^{k}n_i, & x_{(k)}\leqslant x<x_{(k+1)}\quad(k=1,2,\cdots,m-1),\\ 1, & x\geqslant x_{(m)}.\end{cases}\tag{6.4}$$

$F_n(x)$称为总体 X(关于样本值 $x_1,x_2,\cdots,x_n$)的经验分布函数或样本分布函数.

经验分布函数 $F_n(x)$有如下性质：

(1) $0\leqslant F_n(x)\leqslant 1$；

(2) $F_n(x)$是 x 的单调不减函数. 即当 $x_1<x_2$ 时，有 $F_n(x_1)\leqslant F_n(x_2)$；

(3) $F_n(-\infty)=0$，$F_n(+\infty)=1$；

(4) $F_n(x)$是 x 的右连续函数. $x_i(i=1,2,\cdots,n)$是 $F_n(x)$的跳跃间断点.

例 6.5 某车间生产滚珠，从某天的产品里随机地抽取 5 个，测得直径(单位：毫米)的数据如下：

$$14.70,15.21,15.32,14.90,15.21.$$

求滚珠直径的经验分布函数.

解 将样本值按由小到大重新排序，有

$$14.70,14.90,15.21,15.21,15.32.$$

滚珠直径的经验分布函数为

$$F_5(x)=\begin{cases}0, & x<14.70,\\ 0.2, & 14.70\leqslant x<14.90,\\ 0.4, & 14.90\leqslant x<15.21,\\ 0.8, & 15.21\leqslant x<15.32,\\ 1, & x\geqslant 15.32.\end{cases}$$

关于经验分布函数 $F_n(x)$ 有下面重要的定理.

定理 6.1(格利文科(Glivenko)定理) 对于任意实数 x,经验分布函数 $F_n(x)$ 以概率 1 一致收敛于总体分布函数 $F(x)$,即

$$P\{\lim_{n\to\infty}\sup_{-\infty<x<+\infty}|F_n(x)-F(x)|=0\}=1. \tag{6.5}$$

(6.5)式的含义是,当 n 充分大,事件"对于任意实数 x,经验分布函数 $F_n(x)$ 与总体分布函数 $F(x)$ 之差的绝对值都很小"发生的概率等于 1. 所以格利文科定理表明,当样本容量充分大,经验分布函数常常是对总体分布函数的很好近似. 这一结论是数理统计依据样本来推断总体特征的理论基础.

习 题 6.1

1. 设 X_1,X_2,X_3,X_4 是来自正态总体 $N(\mu,1)$ 的一个样本,记

$$Y_1=\frac{1}{\sqrt{2}}(X_1-X_2),\quad Y_2=\frac{1}{\sqrt{6}}(2X_3-X_1-X_2),\quad Y_3=\frac{1}{\sqrt{12}}(3X_4-X_1-X_2-X_3).$$

试证:Y_1,Y_2 和 Y_3 均服从 $N(0,1)$.

2. 设某厂用自动装瓶机灌装饮料. 从生产线上随机抽取 20 瓶饮料,测量了它们的实际装瓶量(单位:ml),得到如下一组数据:

985 940 975 1020 940 975 1060 945 920 980

920 990 980 1010 935 945 1010 960 955 960

试列出数据的频数、频率分布表,画出直方图.

3. 掷骰子得到如下一组数据:

5 3 6 5 4 5 2 1 6 5 4 1 3 4 5 4 1 2 5 4

试列出数据的频数、频率分布表,画出条形图,给出经验分布函数.

§6.2 样本的数字特征

6.2.1 样本的基本数字特征

在本小节中均假设 $X_1,X_2,\cdots,X_n$ 是来自总体 X 的一个样本,$x_1,x_2,\cdots,x_n$ 为样本的观测值.

1. 样本总和、样本均值、样本 k 阶原点矩

(1) 样本总和 $\sum_{i=1}^{n}X_i=X_1+X_2+\cdots+X_n$;

它的观测值 $\sum_{i=1}^{n}x_i=x_1+x_2+\cdots+x_n$.

(2) 样本均值 $\overline{X}=\frac{1}{n}\sum_{i=1}^{n}X_i$;

它的观测值 $\bar{x}=\frac{1}{n}\sum_{i=1}^{n}x_i.$

(3) 样本 k 阶原点矩 $A_k=\frac{1}{n}\sum_{i=1}^{n}X_i^k,\quad k=1,2,\cdots;$

它的观测值 $a_k=\frac{1}{n}\sum_{i=1}^{n}x_i^k,\quad k=1,2,\cdots.$

显然,$\sum_{i=1}^{n}X_i=n\overline{X}$,$\sum_{i=1}^{n}(X_i-\overline{X})=0$,样本一阶原点矩是样本均值.

2. 样本离差平方和、样本方差和标准差、样本 k 阶中心矩

(1) 样本离差平方和 $SS=\sum_{i=1}^{n}(X_i-\overline{X})^2;$

它的观测值 $ss=\sum_{i=1}^{n}(x_i-\bar{x})^2.$

(2) 样本方差 $S^2=\frac{1}{n-1}\sum_{i=1}^{n}(X_i-\overline{X})^2;$

它的观测值 $s^2=\frac{1}{n-1}\sum_{i=1}^{n}(x_i-\bar{x})^2.$

(3) 样本标准差 $S=\sqrt{S^2}=\sqrt{\frac{1}{n-1}\sum_{i=1}^{n}(X_i-\overline{X})^2};$

它的观测值 $s=\sqrt{s^2}=\sqrt{\frac{1}{n-1}\sum_{i=1}^{n}(x_i-\bar{x})^2}.$

(4) 样本 k 阶中心矩 $B_k=\frac{1}{n}\sum_{i=1}^{n}(X_i-\overline{X})^k,\quad k=2,3,\cdots;$

它的观测值 $b_k=\frac{1}{n}\sum_{i=1}^{n}(x_i-\bar{x})^k,\quad k=1,2,\cdots.$

容易证明:$\sum_{i=1}^{n}(X_i-\overline{X})^2=\sum_{i=1}^{n}X_i^2-n\overline{X}^2.$

显然,样本的二阶中心矩与样本方差有如下关系:

$$B_2=\frac{n-1}{n}S^2.$$

假设$(X_1,Y_1),(X_2,Y_2),\cdots,(X_n,Y_n)$是来自二维总体$(X,Y)$的一个样本,$(x_1,y_1),(x_2,y_2),\cdots,(x_n,y_n)$为它的观测值,则有

3. 样本协方差

$$S_{XY}=\frac{1}{n-1}\sum_{i=1}^{n}(X_i-\overline{X})(Y_i-\overline{Y});$$

它的观测值 $s_{XY}=\frac{1}{n-1}\sum_{i=1}^{n}(x_i-\overline{x})(y_i-\overline{y}).$

4. 样本相关系数

$$\rho_{XY}=\frac{S_{XY}}{S_X S_Y},$$

其中 $S_X=\sqrt{\frac{1}{n-1}\sum_{i=1}^{n}(X_i-\overline{X})^2}, S_Y=\sqrt{\frac{1}{n-1}\sum_{i=1}^{n}(Y_i-\overline{Y})^2}$;

它的观测值 $\rho_{XY}=\frac{s_{XY}}{s_X s_Y}$,

其中 $s_X=\sqrt{\frac{1}{n-1}\sum_{i=1}^{n}(x_i-\overline{x})^2}, s_Y=\sqrt{\frac{1}{n-1}\sum_{i=1}^{n}(y_i-\overline{y})^2}$.

6.2.2 样本的简易数字特征

1. 众数

众数是指一组数据中出现频数最高的数,用 M_0 表示.

例 6.6 在某城市中随机抽取了 10 个人,调查每个人的月收入数据(单位:元)为

1080,750,1080,1080,850,960,2000,1250,1630,2500,

其中月收入为 1080 元的有 3 个,出现频数最高,所以 1080 元就是众数.

众数可以不唯一. 比如出现频数最高的位置特征有两个,那么众数就有两个. 如数据 2,1,2,3,1,3,1,4,3,5,2,6 的众数有 1,2,3 三个. 如果数据的分布没有明显的集中趋势或不存在频数最高峰值,众数也可能不存在. 例如,测得 10 名运动员的体重(单位:千克)分别为 76,77,82,84,83,83.5,81,82.5,90,95,其值各不相同,故认为不存在众数. 但由于这些数都集中在 83 左右,我们可以说:83 千克左右的人比较集中.

2. 中位数

中位数是指一组数据按大小排序后处于"中间"位置上的数,用 M_e 表示.

考虑到观测数为偶数或奇数两种情况,我们用如下方法确定中位数.

设 $x_1,x_2,\cdots,x_n$ 是总体 X 的一组样本观测值,将样本观测值由小到大重新进

行排序,记为 $x_{(1)},x_{(2)},\cdots,x_{(n)}$,则中位数定义为

$$M_e=\begin{cases}x_{((n+1)/2)}, & \text{当 } n \text{ 为奇数},\\ \dfrac{x_{(n/2)}+x_{(1+n/2)}}{2}, & \text{当 } n \text{ 为偶数}.\end{cases} \tag{6.6}$$

例 6.7 李雪是班级的优秀学生,她以往几次数学成绩为 96,98,95,93. 由于感冒,最近一次的数学考试成绩仅为 45 分,求李雪数学成绩的中位数.

解 先将调查的数据按由小到大排序,结果如下:

$$45<93<95<96<98.$$

由于观测数为奇数,所以 $M_e=95$.

中位数比较合理地反映了李雪的实际数学水平,可以消除异常值的影响.

3. 极差

极差是指一组数据中的最大值与最小值的差,用 R 表示.

极差很常见,如最大收入差、最大成绩差、最大身高差、……

平均数(即平均值)、众数、中位数和极差能够传达重要信息,通常综合考虑.

习 题 6.2

1. 观测到 5 头母羊的体重(单位:千克)分别为 53.2,51.3,54.5,47.8,50.9,试计算这组样本观测值的数字特征:(1)样本总和;(2)样本均值;(3)样本离差平方和;(4)样本方差;(5)样本标准差;(6)众数;(7)中位数;(8)极差.

2. 设 $x_1,x_2,\cdots,x_n$ 是一组实数,$y_i=\dfrac{x_i-a}{b}(i=1,2,\cdots,n)$,其中 $a,b(b\neq 0)$ 为任意实数;$\bar{x},\bar{y}$ 分别为两组实数的均值,$s_X^2=\dfrac{1}{n-1}\sum\limits_{i=1}^{n}(x_i-\bar{x})^2$,$s_Y^2=\dfrac{1}{n-1}\sum\limits_{i=1}^{n}(y_i-\bar{y})^2$. 证明:(1)$\bar{y}=\dfrac{\bar{x}-a}{b}$;(2)$s_Y^2=\dfrac{s_X^2}{b^2}$.

3. 设总体 $X\sim N(12,4)$,今从中抽取容量为 n 的一个样本 $X_1,X_2,\cdots,X_n$,其样本均值为 $\overline{X}$.

(1) 若 $n=5$,求 $P\{\overline{X}>13\}$;

(2) $P\{\min(X_1,X_2,X_3,X_4,X_5)<10\}$;

(3) $P\{\max(X_1,X_2,X_3,X_4,X_5)>15\}$;

(4) 若使 $P\{11<\overline{X}<13\}\geqslant 0.95$,问样本容量 n 至少取多少?

4. 设 $X_1,X_2,\cdots,X_{25}$ 与 $Y_1,Y_2,\cdots,Y_{25}$ 分别是两个相互独立总体 $N(0,16)$ 与 $N(1,9)$ 的简单随机样本,$\overline{X},\overline{Y}$ 为两个样本的样本均值,求 $P\{\overline{X}>\overline{Y}\}$.

5. 求习题 6.1 第 2 题中数据的众数和中位数.

6. 求习题 6.1 第 3 题中数据的众数和中位数.

§6.3　三个常用的抽样分布

χ^2 分布、t 分布和 F 分布都是由正态分布导出的分布，是试验统计中常用的分布，在数理统计中占有十分重要的地位.

1. χ^2 分布(卡方分布)

定义 6.1　若 $X_1,X_2,\cdots,X_n$ 相互独立且都服从 $N(0,1)$，则随机变量

$$X=X_1^2+X_2^2+\cdots+X_n^2$$

所服从的分布称为自由度为 n 的 χ^2 分布，记作 $X\sim\chi^2(n)$.

$\chi^2(n)$分布的概率密度函数为

$$f(x)=\begin{cases}\dfrac{1}{2^{\frac{n}{2}}\Gamma\left(\dfrac{n}{2}\right)}x^{\frac{n}{2}-1}\mathrm{e}^{-\frac{x}{2}}, & x>0,\\ 0, & x\leqslant 0,\end{cases}\tag{6.7}$$

其中 $\Gamma(\alpha)=\int_0^{+\infty}x^{\alpha-1}\mathrm{e}^{-x}\mathrm{d}x(\alpha>0)$ 是 Γ 函数①.

详细推导见附录 8.

χ^2 分布定义中提到的自由度表示和式中含有的相互独立的变量个数.

从图 6.3 可以看出，当自由度 $n\geqslant 3$，$\chi^2(n)$分布密度函数的曲线均为单峰曲线，且随着自由度 n 的增大，$\chi^2(n)$分布的密度函数图形逐渐变得对称，接近于正态分布的密度函数曲线.

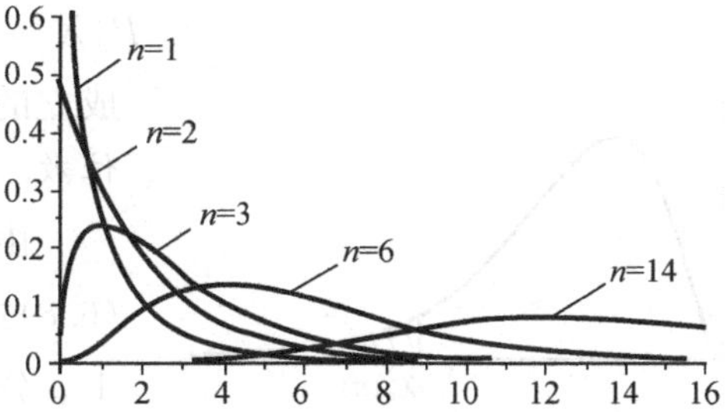

图 6.3　χ^2 分布的概率密度函数图像

χ^2 分布有如下两条重要性质.

性质 1　若 $X\sim\chi^2(n)$，$Y\sim\chi^2(m)$，且 X 与 Y 相互独立，则 $X+Y\sim\chi^2(n+m)$.

性质 2　若 $X\sim\chi^2(n)$，则 $E(X)=n$，$D(X)=2n$.

证　性质 1　设 $X\sim\chi^2(n)$，$Y\sim\chi^2(m)$，则由定义 6.1 可知，存在相互独立且均服从标准正态分布 $N(0,1)$ 的随机变量 $X_1,X_2,\cdots,X_n$ 与随机变量 $Y_1,Y_2,\cdots,Y_m$，使得 $X=\sum\limits_{i=1}^{n}X_i^2$，$Y=\sum\limits_{i=1}^{m}Y_i^2$. 由于 X 与 Y 相互独立，所以 $X_1,X_2,\cdots,X_n$ 与 Y_1，

① Γ 函数的基本性质：(1) $\Gamma(\alpha+1)=\alpha\Gamma(\alpha)$；(2) 对于正整数 n，$\Gamma(n)=(n-1)!$；(3) $\Gamma(0.5)=\sqrt{\pi}$.

$Y_2,\cdots,Y_m$ 也相互独立，于是由定义 6.1，有 $X+Y=\sum_{i=1}^{n}X_i^2+\sum_{i=1}^{m}Y_i^2\sim\chi^2(n+m)$.

性质 2　设 $X\sim\chi^2(n)$，则由定义 6.1 可知，存在相互独立且均服从标准正态分布 $N(0,1)$ 的随机变量 $X_1,X_2,\cdots,X_n$，使得 $X=\sum_{i=1}^{n}X_i^2$. 由于

$$E(X_i^2)=D(X_i)+(E(X_i))^2=1,$$

$$D(X_i^2)=E(X_i^4)-(E(X_i^2))^2=E(X_i^4)-1,$$

$$E(X_i^4)=\int_{-\infty}^{+\infty}\frac{1}{\sqrt{2\pi}}x^4\mathrm{e}^{-\frac{x^2}{2}}\mathrm{d}x=\frac{1}{\sqrt{2\pi}}\int_{-\infty}^{+\infty}x^3\mathrm{e}^{-\frac{x^2}{2}}\mathrm{d}\left(\frac{x^2}{2}\right)$$

$$=3\int_{-\infty}^{+\infty}\frac{1}{\sqrt{2\pi}}x^2\mathrm{e}^{-\frac{x^2}{2}}\mathrm{d}x=3E(X_i^2)=3,$$

所以

$$E(X)=E\Big(\sum_{i=1}^{n}X_i^2\Big)=\sum_{i=1}^{n}E(X_i^2)=n,\quad D(X)=D\Big(\sum_{i=1}^{n}X_i^2\Big)=\sum_{i=1}^{n}D(X_i^2)=2n.$$

性质 1 表明 χ^2 变量具有可加性.

定义 6.2　设 $X\sim\chi^2(n)$，对于任意给定的 $\alpha(0<\alpha<1)$，使

$$P\{X>\chi_\alpha^2(n)\}=\alpha \tag{6.8}$$

成立的 $\chi_\alpha^2(n)$ 称为自由度为 n 的 χ^2 分布的上 α 分位数.

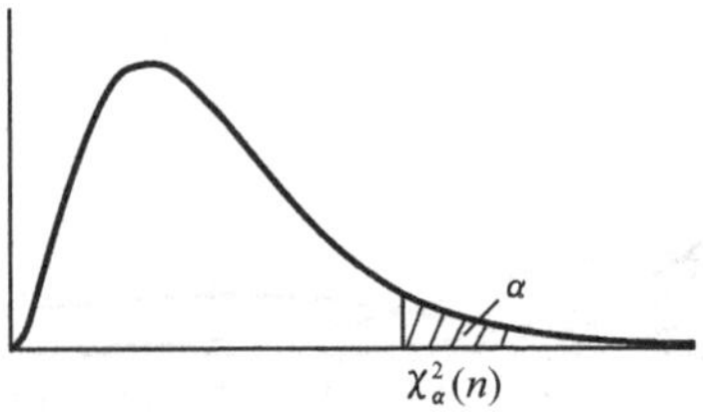

图 6.4　χ^2 分布的上 α 分位数示意图

由于 χ^2 分布的密度函数中出现了 Γ 函数，按 (6.8) 式直接求 $\chi_\alpha^2(n)$ 很困难，所以对于不同的 n,α，上 α 分位数的值已制成了 χ^2 分布表(见附录 4).

当 $n>45$ 时，$\chi^2(n)$ 分布近似于正态分布，所以可以利用标准正态分布的上 α 分位数 z_α 近似得到 $\chi_\alpha^2(n)$. 简单推导如下：

设 $X\sim\chi^2(n)$，则 $E(X)=n$，$D(X)=2n$，$X=\sum_{i=1}^{n}X_i^2$，其中 $X_1,X_2,\cdots,X_n$ 相互独立且均服从标准正态分布 $N(0,1)$，那么由中心极限定理可知，当 n 充分大，则有

$$\frac{X-n}{\sqrt{2n}}\overset{\cdot}{\sim}N(0,1).$$

于是

$$\frac{\chi_\alpha^2(n)-n}{\sqrt{2n}}\approx z_\alpha,$$

即

$$\chi_\alpha^2(n) \approx n + z_\alpha \sqrt{2n}, \tag{6.9}$$

其中 z_α 是标准正态分布的上 α 分位数.

2. t 分布

定义 6.3 若 X 与 Y 相互独立,且 $X \sim N(0,1)$,$Y \sim \chi^2(n)$,则随机变量

$$T = \frac{X}{\sqrt{Y/n}}$$

所服从的分布称为自由度为 n 的 t 分布,记作 $T \sim t(n)$.

$t(n)$分布的概率密度函数为

$$f(x) = \frac{\Gamma\left(\frac{n+1}{2}\right)}{\sqrt{n\pi}\,\Gamma\left(\frac{n}{2}\right)}\left(1+\frac{x^2}{n}\right)^{-\frac{n+1}{2}}, \quad -\infty < x < +\infty. \tag{6.10}$$

详细推导见附录 8.

从图 6.5 可以看出,$t(n)$分布的密度函数的图形关于 y 轴是对称的,且当 n 很大时,图形几乎与标准正态分布的密度函数曲线重叠.

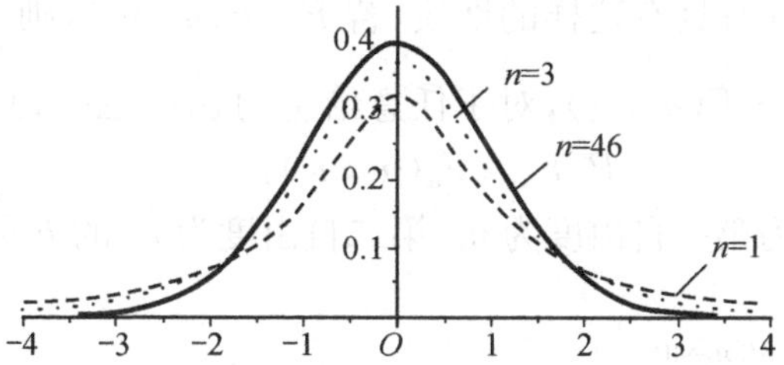

图 6.5 t 分布的概率密度函数图像

t 分布有性质:若 $T \sim t(n)$,则 $E(T)=0(n>1)$,$D(T)=\dfrac{n}{n-2}(n>2)$.

定义 6.4 设 $T \sim t(n)$,对于任意给定的 $\alpha(0<\alpha<1)$,使

$$P\{T > t_\alpha(n)\} = \alpha \tag{6.11}$$

成立的 $t_\alpha(n)$称为自由度为 n 的 t 分布的上 α 分位数.

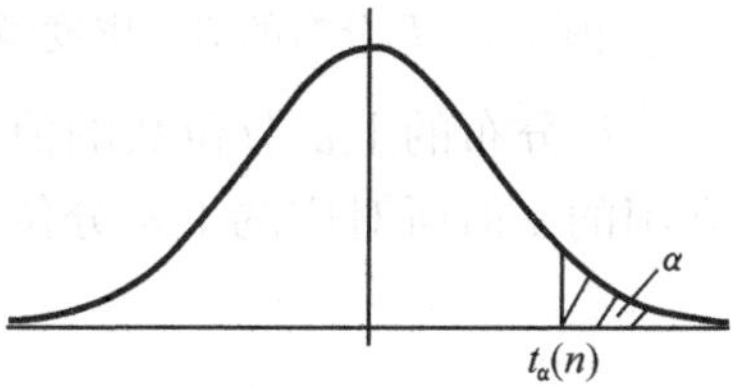

图 6.6 t 分布的上 α 分 位数示意图

与 χ^2 分布同样的原因,$t(n)$分布的上 α 分位数的值已制成 t 分布表(见附录 5),但只列出了 $n \leqslant 45$ 时常用 α 的上 α 分位数的数值.

当 $n>45$ 时,t 分布接近标准正态分布,此时 t 分布的上 α 分位数近似于标准正态分布的

上 α 分位数，即有 $t_\alpha(n)\approx z_\alpha$.

另外，由 $t(n)$ 分布的对称性易知，

$$t_{1-\alpha}(n)=-t_\alpha(n). \tag{6.12}$$

3. *F* 分布

定义 6.5 若 X 与 Y 相互独立，且 $X\sim\chi^2(n_1)$，$Y\sim\chi^2(n_2)$，则随机变量

$$F=\frac{X/n_1}{Y/n_2}$$

所服从的分布称为第一自由度为 n_1、第二自由度为 n_2 的 F 分布，记作 $F\sim F(n_1,n_2)$.

$F(n_1,n_2)$ 分布的概率密度函数为

$$f(x)=\begin{cases}\dfrac{\Gamma\left(\dfrac{n_1+n_2}{2}\right)}{\Gamma\left(\dfrac{n_1}{2}\right)\Gamma\left(\dfrac{n_2}{2}\right)}\left(\dfrac{n_1}{n_2}\right)^{\frac{n_1}{2}}x^{\frac{n_1}{2}-1}\left(1+\dfrac{n_1}{n_2}x\right)^{-\frac{n_1+n_2}{2}}, & x>0,\\ 0, & x\leqslant 0.\end{cases} \tag{6.13}$$

详细推导见附录 8.

$F(n_1,n_2)$ 分布的概率密度函数的图形如图 6.7 所示.

由定义易知 F 分布具有这样的性质：若 $F\sim F(n_1,n_2)$，则 $\dfrac{1}{F}\sim F(n_2,n_1)$.

定义 6.6 设 $F\sim F(n_1,n_2)$，对于任意给定的 $\alpha(0<\alpha<1)$，使

$$P\{F>F_\alpha(n_1,n_2)\}=\alpha \tag{6.14}$$

成立的 $F_\alpha(n_1,n_2)$ 称为第一自由度为 n_1、第二自由度为 n_2 的 F 分布的上 α 分位数.

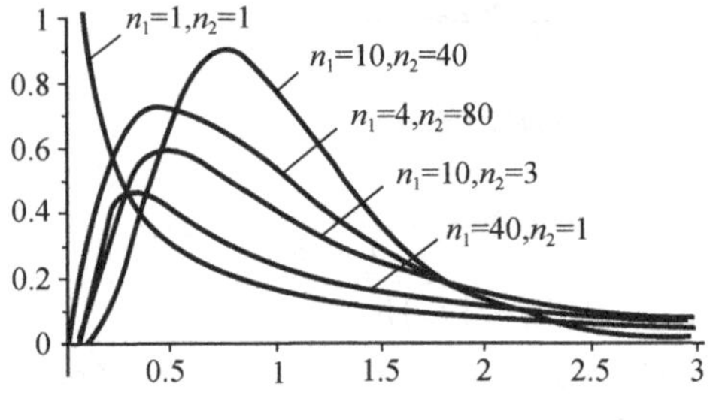

图 6.7 *F* 分布的概率密度函数图像

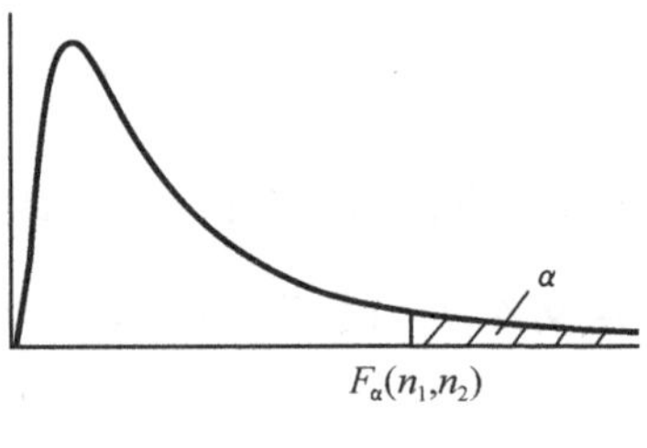

图 6.8 *F* 分布的上 α 分位数示意图

F 分布的上 α 分位数的值已制成 F 分布表(见附录 6)，但表中只列出了一些常用的 α 值所对应的上 α 分位数. 上、下 α 分位数有如下关系：

$$F_{1-\alpha}(n_1,n_2)=\frac{1}{F_\alpha(n_2,n_1)}①. \tag{6.15}$$

例如，由附录 6 可以查出 $F_{0.05}(10,11)=2.85$，然后利用(6.15)式得

$$F_{0.95}(11,10)=\frac{1}{F_{0.05}(10,11)}=\frac{1}{2.85}=0.3509.$$

习 题 6.3

1. 设 $z_{1-\alpha}=z_{0.975}=-1.96$，写出上 α 分位数.
2. 求上 α 分位数：(1) $\chi^2_{0.05}(8)$；(2) $\chi^2_{0.95}(12)$.
3. 求上 α 分位数：(1) $t_{0.05}(8)$；(2) $t_{0.95}(12)$.
4. 求上 α 分位数：(1) $F_{0.05}(7,5)$；(2) $F_{0.95}(10,12)$.
5. 设 $X_1,X_2,\cdots,X_{20}$ 是来自正态总体 $N(0,0.3^2)$ 的一个样本，求：

(1) $P\left\{\sum_{i=1}^{16}X_i^2>2.88\right\}$；

(2) $P\left\{\dfrac{X_1+X_2+\cdots+X_9}{\sqrt{X_{10}^2+\cdots+X_{18}^2}}>1.383\right\}$.

(3) $P\left\{\dfrac{X_1^2+\cdots+X_8^2}{X_9^2+\cdots+X_{20}^2}>1.9\right\}$.

6. 设 $X\sim t(n)$，证明：$X^2\sim F(1,n)$.

§6.4 常用统计量及其分布

6.4.1 统计量的概念

样本是总体的代表，包含总体的许多信息，但这些信息比较分散，一般不能直接用于对总体进行统计推断，必须进行整理、加工，将有用的信息集中起来. 以样本作为自变量的样本函数就是样本信息集中的一种表现，我们可以利用它对总体进行统计推断.

定义 6.7 设 $X_1,X_2,\cdots,X_n$ 是来自总体 X 的样本，$x_1,x_2,\cdots,x_n$ 是样本的观测值，$g(t_1,t_2,\cdots,t_n)$ 为 n 元函数. 若样本函数 $g(X_1,X_2,\cdots,X_n)$ 中不含有未知参

---

① **证** 根据 F 分布的定义，若 $F\sim F(n_1,n_2)$，则 $\frac{1}{F}\sim F(n_2,n_1)$. 于是，按分位数的定义有

$$P\{F>F_{1-\alpha}(n_1,n_2)\}=1-\alpha, \tag{1}$$

和 $P\left\{\frac{1}{F}>F_\alpha(n_2,n_1)\right\}=\alpha$，即 $P\left\{F<\frac{1}{F_\alpha(n_2,n_1)}\right\}=1-P\left\{F\geqslant\frac{1}{F_\alpha(n_2,n_1)}\right\}=\alpha$，

$$P\left\{F\geqslant\frac{1}{F_\alpha(n_2,n_1)}\right\}=1-\alpha. \tag{2}$$

比较(1)、(2)两式，即得 $F_{1-\alpha}(n_1,n_2)=\frac{1}{F_\alpha(n_2,n_1)}$.

数,则 $g(X_1,X_2,\cdots,X_n)$称为统计量,$g(x_1,x_2,\cdots,x_n)$称为统计量的观测值.

统计量是随机变量,统计量的分布也称为抽样分布.

在 §6.2 中介绍的样本的基本数字特征都是统计量. 但 $\sum_{i=1}^{n} c_i X_i$(数 $c_i, i=1,2,\cdots,n$ 不全已知) 不是统计量.

6.4.2 来自正态总体的常用统计量及其分布

正态分布是应用最为广泛的一种分布,由正态总体的样本均值与样本方差所构成的统计量的分布则是统计推断中最常采用的抽样分布.

定理 6.2 设 $X_1,X_2,\cdots,X_n$ 是来自正态总体 $N(\mu,\sigma^2)$的样本,$\overline{X}$ 为样本均值,则有

(1) $\overline{X}\sim N(\mu,\sigma^2/n)$;

(2) $\dfrac{\overline{X}-\mu}{\sigma/\sqrt{n}}\sim N(0,1)$;

(3) $\sum_{i=1}^{n}\left(\dfrac{X_i-\mu}{\sigma}\right)^2 \sim \chi^2(n)$.

由样本的相互独立性、正态分布的性质及χ^2 分布的定义容易证明该定理.

定理 6.3 若 $X_1,X_2,\cdots,X_n$ 是来自正态总体$N(\mu,\sigma^2)$ 的样本,其样本均值和样本方差分别为 $\overline{X}=\dfrac{1}{n}\sum_{i=1}^{n}X_i$ 和 $S^2=\dfrac{1}{n-1}\sum_{i=1}^{n}(X_i-\overline{X})^2$,则

(1) $\dfrac{(n-1)S^2}{\sigma^2}\sim\chi^2(n-1)$;

(2) $\overline{X}$ 与 S^2 相互独立;

(3) $\dfrac{\overline{X}-\mu}{S/\sqrt{n}}\sim t(n-1)$.

证明见附录 8.

定理 6.4 若 $X_1,X_2,\cdots,X_{n_1}$ 与 $Y_1,Y_2,\cdots,Y_{n_2}$ 是分别来自正态总体 $N(\mu_1,\sigma_1^2)$ 和$N(\mu_2,\sigma_2^2)$的相互独立的两个样本,$\overline{X},\overline{Y}$ 和 S_1^2,S_2^2 分别是两个样本的样本均值和样本方差,则有

(1) $\overline{X}-\overline{Y}\sim N\left(\mu_1-\mu_2,\dfrac{\sigma_1^2}{n_1}+\dfrac{\sigma_2^2}{n_2}\right)$;

(2) $\dfrac{S_1^2/S_2^2}{\sigma_1^2/\sigma_2^2}\sim F(n_1-1,n_2-1)$;

(3) 当 $\sigma_1^2=\sigma_2^2=\sigma^2$ 时,

$$\frac{\overline{X}-\overline{Y}-(\mu_1-\mu_2)}{S_\omega\sqrt{\frac{1}{n_1}+\frac{1}{n_2}}}\sim t(n_1+n_2-2)$$

其中 $S_\omega^2=\frac{(n_1-1)S_1^2+(n_2-1)S_2^2}{n_1+n_2-2}, S_\omega=\sqrt{\frac{(n_1-1)S_1^2+(n_2-1)S_2^2}{n_1+n_2-2}}$.

证 (1) 因为 $X_1,X_2,\cdots,X_{n_1}$ 与 $Y_1,Y_2,\cdots,Y_{n_2}$ 是来自两个正态总体的相互独立的样本,故由正态分布的性质可知,$\overline{X}-\overline{Y}$ 仍然服从正态分布. 而

$$E(\overline{X}-\overline{Y})=E(\overline{X})-E(\overline{Y})=\mu_1-\mu_2,\quad D(\overline{X}-\overline{Y})=D(\overline{X})+D(\overline{Y})=\frac{\sigma_1^2}{n_1}+\frac{\sigma_2^2}{n_2},$$

所以有 $\overline{X}-\overline{Y}\sim N\left(\mu_1-\mu_2,\frac{\sigma_1^2}{n_1}+\frac{\sigma_2^2}{n_2}\right)$.

(2) 根据定理 6.3(1)及两样本的相互独立性,由 F 分布的定义可得

$$\frac{\dfrac{(n_1-1)S_1^2}{\sigma_1^2}\Big/(n_1-1)}{\dfrac{(n_2-1)S_2^2}{\sigma_2^2}\Big/(n_2-1)}=\frac{S_1^2/S_2^2}{\sigma_1^2/\sigma_2^2}\sim F(n_1-1,n_2-1).$$

(3) 当 $\sigma_1^2=\sigma_2^2=\sigma^2$ 时,由本定理结论(1),有

$$U=\frac{\overline{X}-\overline{Y}-(\mu_1-\mu_2)}{\sigma\sqrt{\frac{1}{n_1}+\frac{1}{n_2}}}\sim N(0,1).$$

又根据定理 6.3(1)、两样本的相互独立性及 χ^2 分布的可加性,有

$$V=\frac{(n_1-1)S_1^2}{\sigma^2}+\frac{(n_2-1)S_2^2}{\sigma^2}=\frac{(n_1-1)S_1^2+(n_2-1)S_2^2}{\sigma^2}\sim\chi^2(n_1+n_2-2).$$

再根据定理 6.3(2)及两样本的相互独立性可知,$\overline{X},\overline{Y}$ 与 S_1^2,S_2^2 相互独立,因此 U 与 V 相互独立. 于是由 t 分布的定义可得

$$\frac{U}{\sqrt{\frac{V}{n_1+n_2-2}}}=\frac{\overline{X}-\overline{Y}-(\mu_1-\mu_2)}{S_\omega\sqrt{\frac{1}{n_1}+\frac{1}{n_2}}}\sim t(n_1+n_2-2).$$

例 6.8 设 X_1,X_2,X_3,X_4 是来自正态总体 $N(0,2^2)$的样本,且

$$Y=a(X_1-2X_2)^2+b(3X_3-4X_4)^2.$$

问 a,b 取何值,统计量 Y 服从 χ^2 分布.

解 因为 $X_i\sim N(0,2^2)(i=1,2,3,4)$且相互独立,所以 $X_1-2X_2,3X_3-4X_4$ 服从正态分布且相互独立. 由

$$X_1-2X_2\sim N(0,20),\quad 3X_3-4X_4\sim N(0,100),$$

有

$$\frac{X_1-2X_2}{\sqrt{20}}\sim N(0,1),\quad \frac{3X_3-4X_4}{\sqrt{100}}\sim N(0,1),$$

$$\left(\frac{X_1-2X_2}{\sqrt{20}}\right)^2+\left(\frac{3X_3-4X_4}{\sqrt{100}}\right)^2\sim\chi^2(2).$$

与 Y 的表达式比较，得 $a=1/20, b=1/100$. 故当 $a=1/20, b=1/100$ 时，Y 服从自由度为 2 的 χ^2 分布.

例 6.9 设 $X\sim N(\mu,16)$，其中 μ 未知，$X_1,X_2,\cdots,X_9$ 是来自总体 X 的容量为 9 的样本，求 $P\{|\overline{X}-\mu|\leqslant 3\}$.

解 根据定理 6.2 知

$$\frac{\overline{X}-\mu}{4/\sqrt{9}}=\frac{3}{4}(\overline{X}-\mu)\sim N(0,1).$$

于是

$$\begin{aligned}P\{|\overline{X}-\mu|\leqslant 3\}&=P\left\{\frac{3}{4}|\overline{X}-\mu|\leqslant\frac{9}{4}\right\}=2\Phi(2.25)-1\\&=2\times 0.9878-1=0.9756.\end{aligned}$$

习 题 6.4

1. 选择题.

(1) 设 $X_1,X_2,\cdots,X_n(n\geqslant 2)$ 为来自正态总体 $N(0,1)$ 的简单随机样本，$\overline{X}$ 为样本均值，S^2 为样本方差，则正确的是[　　].

(A) $n\overline{X}\sim N(0,1)$；　(B) $nS^2\sim\chi^2(n)$；

(C) $(n-1)\overline{X}/S\sim t(n-1)$；　(D) $(n-1)X_1^2\Big/\sum\limits_{i=2}^{n}X_i^2\sim F(1,n-1)$.

(2) 设随机变量 $X\sim t(n)(n>1)$，$Y=1/X^2$，则正确的是[　　].

(A) $Y\sim\chi^2(n)$；　(B) $Y\sim\chi^2(n-1)$；　(C) $Y\sim F(n,1)$；　(D) $Y\sim F(1,n)$.

(3) 设随机变量 X 和 Y 均服从标准正态分布，则正确的是[　　].

(A) $X+Y$ 服从正态分布；　(B) X^2+Y^2 服从 χ^2 分布；

(C) X^2 和 Y^2 都服从 χ^2 分布；　(D) X^2/Y^2 服从 F 分布.

2. 设 $X_1,X_2,\cdots,X_{2n}(n\geqslant 1)$ 为来自正态总体 $N(1,0.5)$ 的一个样本，求统计量 $Y=(X_1-X_2)^2+(X_3-X_4)^2+\cdots+(X_{2n-1}-X_{2n})^2$ 的分布.

3. 设 $X_1,X_2,\cdots,X_{2n}(n\geqslant 1)$ 为来自正态总体 $N(0,\sigma^2)$ 的一个样本，$U=\dfrac{X_1+X_2+\cdots+X_n}{\sqrt{X_{n+1}^2+\cdots+X_{2n}^2}}$，求统计量 U 的分布.

4. 设 $X_1,X_2,\cdots,X_{20}$ 是来自正态总体 $N(0,\sigma^2)$ 的一个样本，求统计量 $Z=\dfrac{X_1^2+X_3^2+\cdots+X_{19}^2}{X_2^2+X_4^2+\cdots+X_{20}^2}$ 的分布.

章末习题 6

1. 某百货公司 6 月份各天的销售额数据(单位:万元)如下：

257	276	297	252	238	310	240	236	265	278
271	292	261	281	301	274	267	280	291	258
272	284	268	303	273	263	322	249	269	295

列出数据的频数分布表,画出直方图.

2. 抽查100袋洗衣粉,测得重量数据(单位:克)如下:

494	498	493	505	496	492	485	483	508	511
494	495	483	485	511	493	505	485	501	491
493	509	509	512	484	509	510	495	497	498
504	498	483	510	503	497	502	511	497	500
493	509	510	493	491	497	515	503	515	518
510	514	509	499	493	499	509	492	505	489
494	501	509	498	502	500	508	491	509	509
499	495	493	509	496	509	505	499	486	491
492	496	499	508	485	498	496	495	492	505
499	505	493	501	510	496	487	511	501	496

列出数据的频数分布表,画出直方图.

3. 根据本习题中第1题的数据,求百货公司日销售额的众数和中位数.

4. 根据本习题中第2题的数据,求每袋洗衣粉重量的众数和中位数.

5. 设 X_1,X_2,X_3 是来自正态总体 $N(0,1)$ 的一个样本,证明:$Y_1=\sqrt{2}(0.3X_1-0.4X_2-0.5X_3)$,$Y_2=0.8X_1+0.6X_2$ 均与总体同分布.

6. 设 $X_1,X_2,\cdots,X_n$ 是来自正态总体 $N(\mu,\sigma^2)$ 的简单随机样本,$\overline{X}$ 为样本均值,记

$$S_1^2=\frac{1}{n-1}\sum_{i=1}^{n}(X_i-\overline{X})^2,\quad S_2^2=\frac{1}{n}\sum_{i=1}^{n}(X_i-\overline{X})^2,$$

$$S_3^2=\frac{1}{n-1}\sum_{i=1}^{n}(X_i-\mu)^2,\quad S_4^2=\frac{1}{n}\sum_{i=1}^{n}(X_i-\mu)^2,$$

则自由度为 $n-1$ 的 t 分布变量是[　　].

(A) $(\overline{X}-\mu)\Big/\dfrac{S_1}{\sqrt{n-1}}$;　　(B) $(\overline{X}-\mu)\Big/\dfrac{S_2}{\sqrt{n-1}}$;

(C) $(\overline{X}-\mu)\Big/\dfrac{S_3}{\sqrt{n}}$;　　(D) $(\overline{X}-\mu)\Big/\dfrac{S_4}{\sqrt{n}}$.

7. 设 $X_1,X_2,\cdots,X_9$ 为来自正态总体的样本,$Y_1=\frac{1}{6}(X_1+\cdots+X_6)$,$Y_2=\frac{1}{3}(X_7+X_8+X_9)$,$S^2=\frac{1}{2}\sum_{i=7}^{9}(X_i-Y_2)^2$,$Z=\frac{\sqrt{2}(Y_1-Y_2)}{S}$. 证明:统计量 Z 服从自由度为2的 t 分布.

8. 设 $X_1,X_2,\cdots,X_n$ 是来自总体 $N(\mu,\sigma^2)$ 的样本,$\overline{X}$ 和 S^2 为样本均值和样本方差,又设 $X_{n+1}\sim N(\mu,\sigma^2)$,且 X_{n+1} 与 $X_1,X_2,\cdots,X_n$ 相互独立,求统计量 $\sqrt{\frac{n}{n+1}}\frac{(X_{n+1}-\overline{X})}{S}$ 的分布.

9. 设 $X_1,X_2,\cdots,X_n$ 是来自总体 $N(0,1)$ 的样本,记 $\overline{X}=\frac{1}{n}\sum_{i=1}^{n}X_i$,$S^2=\frac{1}{n-1}\sum_{i=1}^{n}(X_i-\overline{X})^2$,$T=\overline{X}^2-\frac{1}{n}S^2$,求 $D(T)$.

第 7 章　参数估计

在研究总体时,经常会面临这样的问题:总体的分布已知,但分布中有未知参数,而为了研究总体,又需要知道这些参数. 研究如何用样本所提供的信息来估计未知参数(也说未知参数的真值)的问题即是参数估计问题. 参数估计是统计推断的重要组成部分. 参数估计有两种基本形式:点估计和区间估计.

§7.1　点　估　计

假设总体 X 的分布中有一个或多个参数未知,利用总体的样本统计量及其观测值来给出未知参数的一个估计,这就是参数的*点估计*.

定义 7.1　设 $f(x,\theta)$ 为总体 X 的分布,其中 θ 是未知参数(这里 θ 代表全部未知参数);$X_1,X_2,\cdots,X_n$ 是来自总体 X 的一个样本,$x_1,x_2,\cdots,x_n$ 是该样本的一组观测值. 如果统计量 $g(X_1,X_2,\cdots,X_n)$ 的观测值 $g(x_1,x_2,\cdots,x_n)$ 被当作 θ 的估计值,则称 $g(x_1,x_2,\cdots,x_n)$ 是 θ 的一个*点估计值*,$g(X_1,X_2,\cdots,X_n)$ 是 θ 的一个*点估计量*.

为方便起见,定义 7.1 中所指 θ 的点估计值与点估计量都用 $\hat{\theta}$ 来表示.

例如,某批产品的数量很大,其产品的质量用次品率 p 来衡量. 如果以逐一检测方式得到 p 显然不切合实际,一般常采取抽样检测方法. 比如,从这批产品中随机地抽取出 100 件进行检测,结果发现其中有 95 件正品,5 件次品,于是这 100 件样品的次品率 0.05 就是该批产品次品率 p 的一个点估计值. 如果设 $X_1,X_2,\cdots,X_{100}$ 为 100 件样品的样本,取到正品时 $X_i=0$,否则 $X_i=1$,那么 $\hat{p}=\dfrac{1}{100}\sum\limits_{i=1}^{100}X_i$ 就是次品率 p 的一个点估计量.

7.1.1　点估计方法

本小节介绍两种常用的也是基本的点估计方法——矩估计法和最大似然估计法.

1. *矩估计法*

许多分布的期望与方差都是分布中参数的函数. 例如,参数为 λ 的泊松分布,其均值和方差都为 λ;区间$[a,b]$上的均匀分布,其均值和方差分别为$(a+b)/2$ 和

$(b-a)^2/12$.而期望和方差又都可以由一、二阶原点矩表示,因此许多分布的一、二阶原点矩都是分布中未知参数的函数.

另一方面,辛钦大数定理指出:如果 X 的 k 阶原点矩 $E(X^k)(k=1,2,\cdots)$ 存在,则当 $n\to\infty$ 时,X 的样本 k 阶原点矩 $A_k=\frac{1}{n}\sum_{i=1}^{n}X_i^k$ 依概率收敛于 $E(X^k)$.这说明样本 k 阶原点矩能比较好地估计总体 k 阶原点矩.

结合上述两方面,建立一个关于未知参数的方程(若未知参数只有一个)或方程组(若未知参数不只一个),解此方程或方程组便可得到未知参数的一个点估计.这种利用样本原点矩得到点估计的方法就称为**矩估计法**.这一过程可作如下表述:

设总体 X 的分布中含有 k 个未知参数 $\theta_1,\theta_2,\cdots,\theta_k$,$X_1,X_2,\cdots,X_n$ 是来自总体 X 的一个样本,$x_1,x_2,\cdots,x_n$ 是该样本的样本值.假设总体 X 的 $i(i=1,2,\cdots,k)$阶原点矩均存在,有 $E(X^i)=g_i(\theta_1,\theta_2,\cdots,\theta_k)$,$i=1,2,\cdots,k$,那么令

$$g_i(\theta_1,\theta_2,\cdots,\theta_k)=A_i,\quad i=1,2,\cdots,k. \tag{7.1}$$

方程或方程组(7.1)的解(记为 $\hat{\theta}_1,\hat{\theta}_2,\cdots,\hat{\theta}_k$)

$$\hat{\theta}_i=\hat{\theta}_i(X_1,X_2,\cdots,X_n),\quad i=1,2,\cdots,k$$

称为 $\theta_1,\theta_2,\cdots,\theta_k$ 的**矩估计量**,而

$$\hat{\theta}_i=\hat{\theta}_i(x_1,x_2,\cdots,x_n),\quad i=1,2,\cdots,k$$

称为 $\theta_1,\theta_2,\cdots,\theta_k$ 的**矩估计值**.

如果 $E(X)$的表达式中不含未知参数 θ,则求 $E(X^2)$,…直到某个 $E(X^r)$的表达式中含有 θ 为止.综合考虑,通常利用低阶矩建立方程或方程组(7.1).

例 7.1 已知总体 X 的分布律为

X	1	2	3
P	θ^2	$2\theta(1-\theta)$	$(1-\theta)^2$

其中 $\theta(0<\theta<1)$为未知参数.若已取得总体 X 的一组样本值 1,2,1,求 θ 的矩估计值.

解 分布中有一个未知参数 θ,故求 X 的一阶矩,有

$$E(X)=\theta^2+4\theta(1-\theta)+3(1-\theta)^2=3-2\theta.$$

令 $3-2\theta=\frac{1}{3}(1+2+1)$,由此得 θ 的矩估计值 $\hat{\theta}=\frac{5}{6}$.

例 7.2 设 X 的概率密度函数为

$$f(x)=\begin{cases}(\theta+1)x^\theta, & 0<x<1,\\ 0, & \text{其他},\end{cases}$$

其中 $\theta(\theta>-1)$为未知参数;$X_1,X_2,\cdots,X_n$ 是来自总体 X 的一个样本,$x_1,x_2,\cdots,x_n$ 为样本的样本值.求 θ 的矩估计.

解 该分布中只有一个未知参数 θ,故求 X 的一阶矩,有

$$E(X)=\int_{-\infty}^{+\infty}xf(x)\mathrm{d}x=\int_0^1 x(\theta+1)x^\theta\mathrm{d}x=\frac{\theta+1}{\theta+2}.$$

令

$$\frac{\theta+1}{\theta+2}=\frac{1}{n}\sum_{i=1}^{n}X_i=\overline{X},$$

由此得 θ 的矩估计量 $\hat{\theta}=\dfrac{2\overline{X}-1}{1-\overline{X}}$,$\hat{\theta}=\dfrac{2\bar{x}-1}{1-\bar{x}}$ 则是 θ 的矩估计值.

例 7.3 设 $X_1,X_2,\cdots,X_n$ 是来自总体 X 的样本,$x_1,x_2,\cdots,x_n$ 为样本值;X 的均值 μ 与方差 $\sigma^2(\sigma^2\neq 0)$ 均存在,但 μ,σ^2 未知,试求 μ,σ^2 的矩估计.

解 X 的一、二阶原点矩都是 μ,σ^2 的函数,有

$$E(X)=\mu,\quad E(X^2)=\sigma^2+\mu^2.$$

令

$$\begin{cases}\mu=\dfrac{1}{n}\displaystyle\sum_{i=1}^{n}X_i,\\[2ex] \sigma^2+\mu^2=\dfrac{1}{n}\displaystyle\sum_{i=1}^{n}X_i^2.\end{cases}$$

解此方程组得 μ,σ^2 的矩估计量分别为

$$\hat{\mu}=\frac{1}{n}\sum_{i=1}^{n}X_i=\overline{X},\tag{7.2}$$

$$\hat{\sigma}^2=\frac{1}{n}\sum_{i=1}^{n}X_i^2-\overline{X}^2=\frac{1}{n}\sum_{i=1}^{n}(X_i-\overline{X})^2.\tag{7.3}$$

它们的矩估计值分别为

$$\hat{\mu}=\frac{1}{n}\sum_{i=1}^{n}x_i=\bar{x}\quad 和\quad \hat{\sigma}^2=\frac{1}{n}\sum_{i=1}^{n}x_i^2-\bar{x}^2=\frac{1}{n}\sum_{i=1}^{n}(x_i-\bar{x})^2.$$

例 7.3 的结果表明,任何总体的均值和方差的矩估计表达式都均为式(7.2)与式(7.3),并不因总体分布的不同而有差异.

矩估计法是由皮尔逊(K. Pearson)在十九世纪末提出的,它可以不涉及总体的分布类型,但要求知道总体的原点矩,且未知参数都可以表示为总体原点矩的函数.

2. 最大似然估计法

矩估计法可以不涉及总体的分布类型,但分布类型其实是很有用的信息. 最大似然估计法①是在总体的分布类型为已知的前提下,利用分布类型来求未知参数

① 最大似然估计法是由英国统计学家 R. A. Fisher 提出的.

点估计的一种很好的方法.

先来看一个小例子.

设某一事件 A 在一次试验中发生的概率为 p，今在连续两次的独立试验中事件 A 都发生了. 假如 p 只可以取 0.6 或 0.9，人们则通常会认为 p 应该取 0.9. 人们普遍基于一个既简单又为大家所公认的事实：$0.6^2<0.9^2$.

这个例子反映的正是最大似然估计方法的基本思想，而这个思想基于小概率原理：

(1) 概率很小的事件在一次试验中几乎是不出现的；

(2) 概率很小的事件在次数很多的重复试验中几乎是一定会出现的.

根据最大似然估计方法的基本思想，对最大似然估计法作如下表述：

设已知总体 X 的分布为 $f(x;\theta)$，其中 θ 为未知参数(这里 $f(x;\theta)$ 或为离散型随机变量的分布律，或为连续型随机变量的概率密度函数)；$X_1,X_2,\cdots,X_n$ 是来自总体 X 的一个样本，$x_1,x_2,\cdots,x_n$ 是样本观测值，把样本值 $x_1,x_2,\cdots,x_n$ 出现的概率称为**样本似然函数**，记作 $L(\theta)$，使 $L(\theta)$ 达到最大值的 θ 的取值 $\hat{\theta}$ 称为 θ 的**最大似然估计值**. $\hat{\theta}$ 一般是 $x_1,x_2,\cdots,x_n$ 的函数，记为 $\hat{\theta}=\hat{\theta}(x_1,x_2,\cdots,x_n)$，则 $\hat{\theta}=\hat{\theta}(X_1,X_2,\cdots,X_n)$ 称为 θ 的**最大似然估计量**.

下面就离散型与连续型两种总体情形分别作进一步讨论.

(1) X 为离散型总体

设 X 的分布律为

$$f(x;\theta)=P\{X=x\},$$

其中 θ 为未知参数，则由样本的独立同分布性可知，观测值 $x_1,x_2,\cdots,x_n$ 出现的概率为

$$\begin{aligned}P\{X_1=x_1,X_2=x_2,\cdots,X_n=x_n\}&=P\{X_1=x_1\}P\{X_2=x_2\}\cdots P\{X_n=x_n\}\\&=\prod_{i=1}^{n}P\{X=x_i\},\end{aligned}$$

故总体为离散型随机变量的样本似然函数为

$$L(\theta)=\prod_{i=1}^{n}P\{X=x_i\}. \tag{7.4}$$

由于对数函数是单调递增函数，所以 $\ln L(\theta)$ 与 $L(\theta)$ 具有相同的最大值点. 在许多情况下，对 $\ln L(\theta)$ 求最大值点会比较简单.

我们可以用微积分中求极大值的方法来求 $L(\theta)$ 或 $\ln L(\theta)$ 的最大值点.

例 7.4 设 $X\sim B(m,p)$，其中 $p(0<p<1)$ 为未知参数；$X_1,X_2,\cdots,X_n$ 是来自总体 X 的一个样本，$x_1,x_2,\cdots,x_n$ 为样本的观测值. 求 p 的最大似然估计.

解 由 X 的分布律

$$f(x;p)=P\{X=x\}=C_m^x p^x(1-p)^{m-x},\quad x=0,1,\cdots,m,$$

有样本似然函数

$$L(p)=\prod_{i=1}^{n}f(x_i;p)=\prod_{i=1}^{n}\mathrm{C}_m^{x_i}p^{x_i}(1-p)^{m-x_i}=p^{\sum\limits_{i=1}^{n}x_i}(1-p)^{nm-\sum\limits_{i=1}^{n}x_i}\prod_{i=1}^{n}\mathrm{C}_m^{x_i}.$$

对 $L(p)$ 取对数,有

$$\ln L(p)=\left(\sum_{i=1}^{n}x_i\right)\ln p+\left(nm-\sum_{i=1}^{n}x_i\right)\ln(1-p)+\ln\left(\prod_{i=1}^{n}\mathrm{C}_m^{x_i}\right).$$

令 $\frac{\mathrm{d}}{\mathrm{d}p}\ln L(p)=0$,即

$$\frac{1}{p}\sum_{i=1}^{n}x_i-\frac{1}{1-p}\left(nm-\sum_{i=1}^{n}x_i\right)=0,$$

得 p 的最大似然估计值

$$\hat{p}=\frac{1}{nm}\sum_{i=1}^{n}x_i=\frac{1}{m}\bar{x}.$$

将 x_i 换成 X_i,$\bar{x}$ 换成 $\bar{X}$,即得 p 的最大似然估计量

$$\hat{p}=\frac{1}{nm}\sum_{i=1}^{n}X_i=\frac{1}{m}\bar{X}.$$

例如,当 $m=1,n=10,x_1=x_3=x_5=x_7=x_8=x_9=1$ 而其余 x_i 均为 0 时,有 $\bar{x}=\frac{6}{10}$,$\hat{p}=\bar{x}=\frac{3}{5}$,$p$ 的一个最大似然估计值为 $\frac{3}{5}$.

注意到,当 $m=1$ 时,X 所服从的是 0-1 分布,这时最大似然估计值 $\hat{p}=\bar{x}$ 即是 n 次抽样中事件 A 发生的频率,因此频率是概率的最大似然估计值.

(2) X 是连续型总体

设 X 的概率密度函数为 $f_X(x;\theta)$,其中 θ 为未知参数,则由样本的独立同分布性可知,$X_1,X_2,\cdots,X_n$ 的联合概率密度函数为

$$f(x_1,x_2,\cdots,x_n;\theta)=\prod_{i=1}^{n}f_X(x_i;\theta).$$

而"观测值 $x_1,x_2,\cdots,x_n$ 出现的概率"是样本 $X_1,X_2,\cdots,X_n$ 在观测值 $x_1,x_2,\cdots,x_n$ 的非常小的邻域 G 内(不妨设为边长分别为 $\Delta x_1,\Delta x_2,\cdots,\Delta x_n$ 的 n 维立方体)取值的概率,而这个概率为

$$\begin{aligned}P\{(X_1,X_2,\cdots,X_n)\in G\}&=\int\!\!\int_{(x_1,x_2,\cdots,x_n)\in G}\!\!\cdots\!\!\int f(t_1,t_2,\cdots,t_n;\theta)\mathrm{d}t_1\mathrm{d}t_2\cdots\mathrm{d}t_n\\&\approx f(x_1,x_2,\cdots,x_n;\theta)\Delta x_1\Delta x_2\cdots\Delta x_n\\&=\prod_{i=1}^{n}f_X(x_i;\theta)\prod_{i=1}^{n}\Delta x_i.\end{aligned}$$

由于 $\prod\limits_{i=1}^{n}\Delta x_i$ 与 θ 无关,故要使 $\prod\limits_{i=1}^{n}f_X(x_i;\theta)\Delta x_i$ 达到最大值,只须 $\prod\limits_{i=1}^{n}f_X(x_i;\theta)$ 达到

最大值. 因此将总体为连续型随机变量的样本似然函数设为

$$L(\theta)=\prod_{i=1}^{n}f_X(x_i;\theta). \tag{7.5}$$

例 7.5 设 $X\sim N(\mu,\sigma^2)$，其中 μ,σ^2 为未知参数；$X_1,X_2,\cdots,X_n$ 是来自总体 X 的一个样本，$x_1,x_2,\cdots,x_n$ 为样本的观测值. 求 μ,σ^2 的最大似然估计.

解 X 的概率密度函数为

$$f(x;\mu,\sigma^2)=\frac{1}{\sqrt{2\pi}\sigma}e^{-\frac{(x-\mu)^2}{2\sigma^2}},$$

则样本似然函数

$$L(\mu,\sigma^2)=\prod_{i=1}^{n}\frac{1}{\sqrt{2\pi}\sigma}e^{-\frac{(x_i-\mu)^2}{2\sigma^2}}=\left(\frac{1}{\sqrt{2\pi}\sigma}\right)^n e^{-\frac{1}{2\sigma^2}\sum\limits_{i=1}^{n}(x_i-\mu)^2}.$$

对 $L(\mu,\sigma^2)$ 取对数，有

$$\ln L(\mu,\sigma^2)=-n\ln(\sqrt{2\pi})-\frac{n}{2}\ln(\sigma^2)-\frac{1}{2\sigma^2}\sum_{i=1}^{n}(x_i-\mu)^2.$$

由于有两个未知参数 μ 和 σ^2，所以要对 $L(\mu,\sigma^2)$ 中的这两个未知参数求偏导数，建立起关于它们的联立方程，然后求出 μ,σ^2. 令

$$\frac{\partial\ln L(\mu,\sigma^2)}{\partial\mu}=0,\quad \frac{\partial\ln L(\mu,\sigma^2)}{\partial\sigma^2}=0,$$

即

$$\begin{cases}\dfrac{1}{\sigma^2}\sum\limits_{i=1}^{n}(x_i-\mu)=0,\\ -\dfrac{n}{2\sigma^2}+\dfrac{1}{2\sigma^4}\sum\limits_{i=1}^{n}(x_i-\mu)^2=0,\end{cases}$$

由此得 μ,σ^2 的最大似然估计值

$$\begin{cases}\hat{\mu}=\bar{x},\\ \hat{\sigma}^2=\dfrac{1}{n}\sum\limits_{i=1}^{n}(x_i-\bar{x})^2.\end{cases}$$

将 x_i 换成 X_i，$\bar{x}$ 换成 $\overline{X}$，即得 μ,σ^2 的最大似然估计量

$$\begin{cases}\hat{\mu}=\overline{X},\\ \hat{\sigma}^2=\dfrac{1}{n}\sum\limits_{i=1}^{n}(X_i-\overline{X})^2.\end{cases}$$

例 7.6 设 X 在闭区间 $[a,b]$ 上服从均匀分布，其中 $a,b(a<b)$ 为未知参数；$X_1,X_2,\cdots,X_n$ 是来自总体 X 的一个样本，$x_1,x_2,\cdots,x_n$ 为样本值，求 a,b 的最大似然估计.

解 X 的密度函数为

$$f(x;a,b)=\begin{cases}\dfrac{1}{b-a}, & a\leqslant x\leqslant b,\\ 0, & \text{其他},\end{cases}$$

则样本似然函数

$$L(a,b)=\prod_{i=1}^{n}f(x_i;a,b)=\frac{1}{(b-a)^n},\quad a\leqslant x_1\leqslant b,\cdots,a\leqslant x_n\leqslant b.$$

显然,$L(a,b)$关于a是单调增的,关于b是单调减的,故a越大、b越小,$L(a,b)$就越大.

由于每个观测值x_i满足$a\leqslant x_i\leqslant b$,故$a\leqslant\min\{x_1,\cdots,x_n\}$,$b\geqslant\max\{x_1,\cdots,x_n\}$,所以当$\hat{a}=\min\limits_{1\leqslant i\leqslant n}\{x_i\}$,$\hat{b}=\max\limits_{1\leqslant i\leqslant n}\{x_i\}$时,$L(a,b)$取到最大值. 因此,$a,b$的最大似然估计值分别为$\hat{a}=\min\limits_{1\leqslant i\leqslant n}\{x_i\}$,$\hat{b}=\max\limits_{1\leqslant i\leqslant n}\{x_i\}$,最大似然估计量则分别为$\hat{a}=\min\limits_{1\leqslant i\leqslant n}\{X_i\}$,$\hat{b}=\max\limits_{1\leqslant i\leqslant n}\{X_i\}$.

需要注意的是,如果X是在开区间(a,b)、半开区间$[a,b)$或$(a,b]$上服从均匀分布,那么开侧端点不存在最大似然估计. 类似情形并不少见.

在统计问题中往往先使用最大似然估计法,当使用不方便时,再使用矩估计法.

统计估计方法还有贝叶斯法,相比之下,它的专业性很强,在经济领域中有比较多的应用.

7.1.2 点估计量的评价准则

从前面一节的讨论中看到,同一参数可以有不同的估计量. 例如,若总体为$U(0,\theta)$,则θ的矩估计量为$2\overline{X}$,而最大似然估计量为$\max\limits_{1\leqslant i\leqslant n}\{X_i\}$. 事实上,许多统计量原则上都可以作为未知参数的估计量. 因此客观上就存在判断同一参数的不同估计量孰优孰劣的问题,进一步讲,存在着不同估计法的比较问题.

数理统计中常见的估计量评价准则有无偏性、有效性和相合性.

1. 无偏性

θ的估计量$\hat{\theta}$一般是随机变量. 对于不同的样本观测值,估计值$\hat{\theta}$一般不等于θ,而是在θ的真值附近波动,因此把$\hat{\theta}$值当作θ会有偏差($\hat{\theta}-\theta$可以是正的,也可以是负的). 我们希望多次测得的估计值的平均数与θ相差无几,即$\hat{\theta}-\theta$的平均数为零,这相当于说,估计量的均值是θ. 这就是估计量的无偏性准则.

定义 7.2 设$\hat{\theta}=\hat{\theta}(X_1,X_2,\cdots,X_n)$是未知参数$\theta$的一个估计量,如果$E(\hat{\theta})$存在,且

$$E(\hat{\theta})=\theta,\tag{7.6}$$

则称 $\hat{\theta}$ 为 θ 的无偏估计量，也称 $\hat{\theta}$ 作为 θ 的估计具有无偏性；否则称 $\hat{\theta}$ 是 θ 的有偏估计量.

在实际应用中，$E(\hat{\theta})-\theta$ 称为系统误差，无偏的含义就是无系统误差.

定义 7.3 设 $\hat{\theta}=\hat{\theta}(X_1,X_2,\cdots,X_n)$ 是未知参数 θ 的一个估计量，如果 $E(\hat{\theta})$ 存在，且

$$\lim_{n\to\infty}E(\hat{\theta})=\theta, \tag{7.7}$$

则称 $\hat{\theta}$ 为 θ 的渐近无偏估计量.

例 7.7 设 $X_1,X_2,\cdots,X_n$ 是来自总体 X 的一个样本，X 的期望 μ 与方差 σ^2 均存在，证明：样本均值 $\overline{X}$ 和样本方差 S^2 分别是 μ,σ^2 的无偏估计量，$S_n^2=\frac{1}{n}\sum_{i=1}^{n}(X_i-\overline{X})^2$ 是 σ^2 的渐近无偏估计量.

证 由样本的同分布性及数学期望的性质，有

$$E(\overline{X})=E\left(\frac{1}{n}\sum_{i=1}^{n}X_i\right)=\frac{1}{n}\sum_{i=1}^{n}E(X_i)=\frac{1}{n}\sum_{i=1}^{n}\mu=\mu,$$

所以样本均值 $\overline{X}$ 是总体期望 μ 的无偏估计量. 而

$$\begin{aligned}E(S^2)&=\frac{1}{n-1}E\Big[\sum_{i=1}^{n}(X_i-\overline{X})^2\Big]=\frac{1}{n-1}E\Big(\sum_{i=1}^{n}X_i^2-n\overline{X}^2\Big)\\&=\frac{1}{n-1}\Big(\sum_{i=1}^{n}E(X_i^2)-nE(\overline{X}^2)\Big)\\&=\frac{1}{n-1}\Big\{\sum_{i=1}^{n}[D(X_i)+(E(X_i))^2]-n[D(\overline{X})+(E(\overline{X}))^2]\Big\}\\&=\frac{1}{n-1}\left[n(\sigma^2+\mu^2)-n\left(\frac{\sigma^2}{n}+\mu^2\right)\right]=\sigma^2,\end{aligned}$$

所以样本方差 S^2 是总体方差 σ^2 的无偏估计量. 由于

$$E(S_n^2)=E\left(\frac{n-1}{n}S^2\right)=\frac{n-1}{n}E(S^2)=\frac{n-1}{n}\sigma^2,$$

故 S_n^2 不是总体方差 σ^2 的无偏估计量. 但

$$\lim_{n\to\infty}E(S_n^2)=\lim_{n\to\infty}\frac{n-1}{n}\sigma^2=\sigma^2,$$

因此 S_n^2 是总体方差 σ^2 的渐近无偏估计量.

例 7.8(续例 7.6) 当 $a=0$ 时，证明 $\frac{n+1}{n}\hat{b}$ 是 b 的无偏估计量.

证 由 X 的分布函数

$$F(x)=\begin{cases}0, & x<0,\\ \dfrac{x}{b}, & 0\leqslant x\leqslant b,\\ 1, & x>b\end{cases}$$

及§3.6中的内容可知,$\hat{b}$ 的分布函数为

$$F_{\hat{b}}(x)=[F(x)]^n=\begin{cases}0, & x<0,\\ \dfrac{x^n}{b^n}, & 0\leqslant x\leqslant b,\\ 1, & x>b.\end{cases}$$

因此 $\hat{b}$ 的密度函数为

$$f_{\hat{b}}(x)=\begin{cases}\dfrac{n}{b^n}x^{n-1}, & 0\leqslant x\leqslant b,\\ 0, & 其他.\end{cases}$$

由 $E(\hat{b})=\int_{-\infty}^{+\infty}xf_{\hat{b}}(x)\mathrm{d}x=\int_0^b\frac{n}{b^n}x^n\mathrm{d}x=\frac{n}{n+1}b$,有

$$E\left(\frac{n+1}{n}\hat{b}\right)=b,$$

所以 $\frac{n+1}{n}\hat{b}$ 是 b 的无偏估计量.

2. 有效性

同一参数的不同无偏估计量之间如何比较优劣呢?

设 $\hat{\theta}_1$ 和 $\hat{\theta}_2$ 是参数 θ 的两个无偏估计量,取值都在 θ 的附近波动. 在样本容量相同的条件下,如果 $\hat{\theta}_1$ 在 θ 附近取值的概率比 $\hat{\theta}_2$ 在 θ 附近取值的概率更大,换句话说,$\hat{\theta}_1$ 的观测值比 $\hat{\theta}_2$ 的更密集在 θ 的附近,那么就认为用 $\hat{\theta}_1$ 估计 θ 比用 $\hat{\theta}_2$ 估计 θ 更好. 因此提出了无偏估计量的有效性准则.

定义 7.4 设 $\hat{\theta}_1=\hat{\theta}_1(X_1,X_2,\cdots,X_n)$ 和 $\hat{\theta}_2=\hat{\theta}_2(X_1,X_2,\cdots,X_n)$ 都是未知参数 θ 的无偏估计量,如果

$$D(\hat{\theta}_1)<D(\hat{\theta}_2), \tag{7.8}$$

则称 $\hat{\theta}_1$ 比 $\hat{\theta}_2$ 有效.

例 7.9 设 X_1,X_2,X_3 是来自总体 $N(\mu,\sigma^2)$ 的一个样本,验证:

$$\hat{\mu}_1=\frac{1}{5}X_1+\frac{3}{10}X_2+\frac{1}{2}X_3,\quad \hat{\mu}_2=\frac{1}{3}X_1+\frac{1}{4}X_2+\frac{5}{12}X_3,$$

$$\hat{\mu}_3=\frac{1}{3}X_1+\frac{1}{3}X_2+\frac{1}{3}X_3$$

都是 μ 的无偏估计量,并比较它们的有效性.

解 $E(\hat{\mu}_1)=\frac{1}{5}E(X_1)+\frac{3}{10}E(X_2)+\frac{1}{2}E(X_3)=\mu,$

$$E(\hat{\mu}_2)=\frac{1}{3}E(X_1)+\frac{1}{4}E(X_2)+\frac{5}{12}E(X_3)=\mu,$$

$$E(\hat{\mu}_3)=\frac{1}{3}E(X_1)+\frac{1}{3}E(X_2)+\frac{1}{3}E(X_3)=\mu,$$

所以它们都是 μ 的无偏估计量.另由

$$D(\hat{\mu}_1)=\frac{1}{25}D(X_1)+\frac{9}{100}D(X_2)+\frac{1}{4}D(X_3)=\frac{38}{100}\sigma^2,$$

$$D(\hat{\mu}_2)=\frac{1}{9}D(X_1)+\frac{1}{16}D(X_2)+\frac{25}{144}D(X_3)=\frac{50}{144}\sigma^2,$$

$$D(\hat{\mu}_3)=\frac{1}{9}D(X_1)+\frac{1}{9}D(X_2)+\frac{1}{9}D(X_3)=\frac{1}{3}\sigma^2,$$

可知,$\hat{\mu}_2$ 比 $\hat{\mu}_1$ 有效,$\hat{\mu}_3$ 比 $\hat{\mu}_2$ 有效,$\hat{\mu}_3$ 比 $\hat{\mu}_1$,$\hat{\mu}_2$ 都有效.

3. 相合性(一致性)

无偏性和有效性都是在样本容量为有限的前提下讨论的,在样本容量有限的条件下,无偏估计量的观测值一般不等于未知参数.§6.1 中的格利文科定理指出,样本容量越大,经验分布函数越逼近总体分布函数.遵循此理,我们希望随着样本容量的增大,估计量的观测值越来越逼近未知参数.因此,在大样本前提下,提出估计量的相合性准则.

定义 7.5 设 $\hat{\theta}=\hat{\theta}(X_1,X_2,\cdots,X_n)$ 是未知参数 θ 的一个估计量,如果对于任意的正数 ε,有

$$\lim_{n\to\infty}P\{|\hat{\theta}-\theta|\geqslant\varepsilon\}=0, \tag{7.9}$$

则称 $\hat{\theta}$ 为 θ 的(弱)相合估计量.

定义表明,依概率收敛于被估参数的估计量都是(弱)相合估计量.

辛钦大数定理指出,如果 X 的 k 阶原点矩 $E(X^k)=\mu_k$ 存在,则当 $n\to\infty$ 时,X 的样本 k 阶原点矩 $A_k=\frac{1}{n}\sum_{i=1}^{n}X_i^k$ 依概率收敛于 μ_k.因此,样本 k 阶原点矩是总体 k 阶原点矩的相合估计量,从而矩估计量都是相合估计量.

大样本下,相合性是对估计量的基本要求,不具相合性的估计量不是好的估计量.

例 7.10*(续例 7.6) 当 $a=0$ 时,证明 $\frac{n+1}{n}\hat{b}$ 是 b 的相合估计量.

证 由 $E(\hat{b}^2)=\int_{-\infty}^{+\infty}x^2f_b(x)\mathrm{d}x=\int_0^b\frac{n}{b^n}x^{n+1}\mathrm{d}x=\frac{n}{n+2}b^2$,有

$$D(\hat{b})=E(\hat{b}^2)-[E(\hat{b})]^2=\frac{n}{(n+2)(n+1)^2}b^2.$$

再由切比雪夫不等式及概率的性质,有

$$0 \leqslant P\left\{\left|\frac{n+1}{n}\hat{b}-b\right| \geqslant \varepsilon\right\} \leqslant \frac{D\left(\frac{n+1}{n}\hat{b}\right)}{\varepsilon^2}.$$

因为

$$\frac{D\left(\frac{n+1}{n}\hat{b}\right)}{\varepsilon^2} = \frac{(n+1)^2}{n^2\varepsilon^2}D(\hat{b}) = \frac{b^2}{n(n+2)\varepsilon^2},$$

且

$$\lim_{n\to\infty}\frac{b^2}{n(n+2)\varepsilon^2} = 0,$$

所以对于任意给定的正数 ε，总有

$$\lim_{n\to\infty}P\left\{\left|\frac{n+1}{n}\hat{b}-b\right| \geqslant \varepsilon\right\} = 0.$$

因此，$\frac{n+1}{n}\hat{b}$ 是 b 的相合估计量.

习 题 7.1

1. (1) 设 X 服从参数为 $\lambda(\lambda>0)$ 的泊松分布，其中 λ 未知；$X_1,X_2,\cdots,X_n$ 是来自总体 X 的一个样本，求 λ 的矩估计和最大似然估计.

(2) 设 X 服从参数为 $\lambda(\lambda>0)$ 的指数分布，其中 λ 未知；$X_1,X_2,\cdots,X_n$ 是来自总体 X 的一个样本，求 λ^{-1} 的矩估计和最大似然估计.

2. 总体 X 的分布律为

X	0	1	2	3
P	θ^2	$2\theta(1-\theta)$	θ^2	$1-2\theta$

其中 $\theta(0<\theta<0.5)$ 未知. 已知 X 的一组样本值 3,1,3,0,3,1,2,3，求 θ 的矩估计.

3. 设总体 X 的分布律为

X	1	2	3
P	$1-\theta$	$\theta(1-\theta)$	θ^2

其中 $\theta(0<\theta<1)$ 未知. 以 n_i 表示来自总体 X 的简单随机样本(样本容量为 n)中等于 i 的个数 $(i=1,2,3)$，求 θ 的最大似然估计.

4. 设 $X_1,X_2,\cdots,X_n$ 是来自总体 X 的一个样本，而 X 的概率密度函数为

$$f(x,a)=\begin{cases}\frac{2}{a^2}(a-x), & 0<x<a,\\ 0, & \text{其他},\end{cases}$$

求 a 的矩估计.

5. 某元件的使用寿命 X 的概率密度函数为

$$f(x;\theta)=\begin{cases}2\mathrm{e}^{-2(x-\theta)}, & x\geqslant\theta,\\ 0, & x<\theta,\end{cases}$$

其中 $\theta(\theta>0)$未知. 设 $x_1,x_2,\cdots,x_n$ 是 X 的一组样本观测值,求 θ 的矩估计和最大似然估计.

6. 设总体 X 的概率密度函数为

$$f(x;\theta)=\begin{cases}(\theta+1)x^{\theta}, & 0<x<1,\\ 0, & \text{其他},\end{cases}$$

其中 $\theta(\theta>-1)$是未知参数,而 $x_1,x_2,\cdots,x_n$ 是 X 的一组样本观测,求 θ 的最大似然估计.

7*. 设 $\hat{\theta}$ 是未知参数 θ 的无偏估计量,方差 $D(\hat{\theta})$依赖于子样容量 n. 若 $\lim\limits_{n\to\infty}D(\hat{\theta})=0$,试证 $\hat{\theta}$ 是 θ 的相合估计量.

8. 设 $X_1,X_2,\cdots,X_{n_1}$ 和 $Y_1,Y_2,\cdots,Y_{n_2}$ 是分别来自总体 $N(\mu_1,\sigma^2)$ 和 $N(\mu_2,\sigma^2)$ 的简单随机样本,试证:$\dfrac{1}{n_1+n_2-2}\left(\sum\limits_{i=1}^{n_1}(X_i-\overline{X})^2+\sum\limits_{j=1}^{n_2}(Y_j-\overline{Y})^2\right)$是 σ^2 的无偏估计.

9. 设 $X_1,X_2,\cdots,X_n$ 是来自总体 $N(\mu,\sigma^2)$ 的简单随机样本,记统计量 $T=\dfrac{1}{n}\sum\limits_{i=1}^{n}X_i^2$,求 $E(T)$.

10. 设总体 X 的密度函数为 $f(x)=\dfrac{1}{2}\mathrm{e}^{-|x|}\ (-\infty<x<+\infty)$,$X_1,X_2,\cdots,X_n$ 是 X 的简单随机样本,样本方差为 S^2,求 $E(S^2)$.

11. 设 X_1,X_2,X_3,X_4 是来自参数为 λ 的指数分布总体的简单随机样本,其中 λ 未知. 设有估计量

$$T_1=\frac{1}{6}(X_1+X_2)+\frac{1}{3}(X_3+X_4),\quad T_2=\frac{1}{5}(X_1+2X_2+3X_3+4X_4),$$

$$T_3=\frac{1}{4}(X_1+X_2+X_3+X_4).$$

(1) 指出 T_1,T_2,T_3 中哪几个是 λ^{-1}的无偏估计量;

(2) 在 λ^{-1}的无偏估计量中哪个较为有效?

12. 设 $\hat{\theta}$ 是未知参数 θ 的无偏估计,且 $D(\hat{\theta})>0$,试证$(\hat{\theta})^2$ 不是 θ^2 的无偏估计.

13. 一个地质学家为研究密歇根湖滩地区的岩石成分,从该地区随机地取了 100 个样品,每个样品有 10 块石子,记录下每个样品中属石灰石的石子数. 该地质学家获得如下数据:

样品中属石灰石的石子数	0	1	2	3	4	5	6	7	8	9	10
观察到石灰石的样品个数	0	1	6	7	23	26	21	12	3	1	0

假设这 100 次观察相互独立,且由经验知,每次的观察结果均服从二项分布 $B(10,p)$,其中 p 是该地区一块石子为石灰石的概率,求 p 的最大似然估计.

14. (1) 设 $X_1,X_2,\cdots,X_n$ 是来自参数为$\lambda(\lambda>0)$的泊松分布总体的一个样本,求 $P\{X=0\}$ 的最大似然估计.

(2) 某铁路局的证实一个扳道员在五年内所引起的严重事故的次数服从泊松分布. 下表是该铁路局某五年内的相关数据:

一扳道员在某五年中引起的严重事故的次数	0	1	2	3	4	5
在某五年中观察到的扳道员人数	44	42	21	9	4	2

求一个扳道员在五年内未引起严重事故的概率 p 的最大似然估计.

§7.2 区间估计

7.2.1 置信区间

未知参数的点估计量一般是随机变量,对于不同的样本观测值,点估计值往往是不同的,一般不等于未知参数,而是在未知参数的真值附近波动,因此点估计不能反映估计的精度. 由样本给出未知参数的一个估计范围(称为估计区间),并使其包含未知参数真值的可靠性达到一定的要求,是对未知参数的另一种估计方法,这就是参数的区间估计. 点估计与区间估计是两种参数估计.

定义 7.6 设 $X_1, X_2, \cdots, X_n$ 是来自总体 X 的样本,X 的分布 $f(x,\theta)$ 中含有未知参数 θ. 对给定的数 $\alpha(0<\alpha<1)$,若有统计量 $\hat{\theta}_1=\hat{\theta}_1(X_1, X_2, \cdots, X_n)$ 和 $\hat{\theta}_2=\hat{\theta}_2(X_1, X_2, \cdots, X_n)(\hat{\theta}_1<\hat{\theta}_2)$ 使得

$$P\{\hat{\theta}_1<\theta<\hat{\theta}_2\}\geqslant 1-\alpha, \tag{7.10}$$

则称随机区间$(\hat{\theta}_1, \hat{\theta}_2)$是 θ 的置信度(置信水平)为 $1-\alpha$ 的双侧置信区间,称 $\hat{\theta}_1$ 和 $\hat{\theta}_2$ 是该双侧置信区间的置信下限和置信上限.

(7.10)式的直观意义是:反复抽样多次,每一组样本值均可以确定置信区间的一个观测区间,由伯努利大数定理知,在这些区间中,包含 θ 真值的约占 $100(1-\alpha)\%$,不包含 θ 真值的仅占 $100\alpha\%$左右. 例如,若 $\alpha=0.01$,反复抽样 1000 次,那么在 1000 个置信区间中包含 θ 真值的约占 990 个.

置信度 $1-\alpha$ 是指参数 θ 的真值在置信区间内的可靠程度(可信度). 置信区间的长度是对估计精度的度量,长度越短,估计的精度越高.

下面介绍求置信区间的方法——枢轴量法.

枢轴量法是针对正态总体参数给出的区间估计方法. 枢轴量是被估参数的无偏估计量.

枢轴量法:

(1) 建立关于未知参数 θ 的双侧分位数方程:找一个与 θ 及其无偏估计量有关、不含其他未知参数、能够进行方程转换、概率分布确定的样本的函数 $Y=g(X_1, X_2, \cdots, X_n;\theta)$(注:$Y$ 一般是标准正态变量,χ^2 变量,t 变量和 F 变量之一),基于双侧分位数,令

$$P\{Y_{1-\alpha/2}<Y<Y_{\alpha/2}\}=1-\alpha.$$

(2) 方程转换:由 $Y_{1-\alpha/2}<Y<Y_{\alpha/2} \quad \Leftrightarrow \quad \hat{\theta}_1<\theta<\hat{\theta}_2$,得

$$P\{\hat{\theta}_1<\theta<\hat{\theta}_2\}=1-\alpha,$$

因而得到 θ 的置信度为 $1-\alpha$ 的一个双侧置信区间 $(\hat{\theta}_1, \hat{\theta}_2)$.

这里指出,找样本函数 Y 的一个基本原则:多含确定信息,少含样本信息.

若对正态总体的参数 μ 或 σ^2 作区间估计,Y 就从定理 6.2 和定理 6.3 的结论中选,枢轴量则分别指样本均值和样本方差.

例 7.11 设 $X\sim N(\mu,\sigma^2)$,其中参数 σ^2 已知,但 μ 未知,$X_1,X_2,\cdots,X_n$ 是来自总体 X 的样本,求 μ 的置信度为 0.95 的置信区间[①].

解 由§6.4 中的定理 6.2 知

$$Z=\frac{\overline{X}-\mu}{\sigma/\sqrt{n}}\sim N(0,1).$$

$Z=\dfrac{\overline{X}-\mu}{\sigma/\sqrt{n}}$ 中除 μ 外,不含其他未知参数,且它所服从分布 $N(0,1)$ 的常用分位数可通过查表 2.4 得到. 由标准正态分布分位数的定义,令

$$P\{-z_{\alpha/2}<Z<z_{\alpha/2}\}=1-\alpha,$$

则有

$$P\left\{-z_{\alpha/2}<\frac{\overline{X}-\mu}{\sigma/\sqrt{n}}<z_{\alpha/2}\right\}=1-\alpha,$$

$$P\left\{\overline{X}-\frac{\sigma}{\sqrt{n}}z_{\alpha/2}<\mu<\overline{X}+\frac{\sigma}{\sqrt{n}}z_{\alpha/2}\right\}=1-\alpha.$$

这样就得到了 μ 的置信度为 $1-\alpha$ 的一个置信区间

$$\left(\overline{X}-\frac{\sigma}{\sqrt{n}}z_{\alpha/2},\overline{X}+\frac{\sigma}{\sqrt{n}}z_{\alpha/2}\right),$$

其中 $\hat{\mu}_1=\overline{X}-\dfrac{\sigma}{\sqrt{n}}z_{\alpha/2}$,$\hat{\mu}_2=\overline{X}+\dfrac{\sigma}{\sqrt{n}}z_{\alpha/2}$ 分别是该置信区间的置信下限和置信上限.

如果取 $\alpha=0.05$,查表有 $z_{\alpha/2}=z_{0.025}=1.96$. 当 $\sigma=1,n=16,\bar{x}=5.20$ 时,经计算得 $\dfrac{\sigma}{\sqrt{n}}z_{\alpha/2}=\dfrac{1}{\sqrt{16}}\times1.96=0.49$,于是得到一个区间(4.71,5.69).

注意,(4.71,5.69)已不是随机区间,只是仍然称它为 μ 的置信度为 0.95 的置信区间,但如果认为

$$P\{4.71<\mu<5.69\}=0.95,$$

那是错误的. 因为事实上要么 $\mu\in(4.71,5.69)$,此时 $P\{4.71<\mu<5.69\}=1$;要么 $\mu\notin(4.71,5.69)$,此时 $P\{4.71<\mu<5.69\}=0$.

另外,需要强调的是置信度为 $1-\alpha$ 的置信区间并不唯一. 如上例,对给定的 $\alpha=0.05$,

$$P\left\{\overline{X}-\frac{\sigma}{\sqrt{n}}z_{0.02}<\mu<\overline{X}+\frac{\sigma}{\sqrt{n}}z_{0.03}\right\}=0.95,$$

---

① 如果未加说明,本书中提到的置信区间均指双侧置信区间.

因此$\left(\overline{X}-\frac{\sigma}{\sqrt{n}}z_{0.02},\overline{X}+\frac{\sigma}{\sqrt{n}}z_{0.03}\right)$也是$\mu$的置信度为0.95的置信区间.

比较以上两个置信度均为0.95的置信区间的长度，前者的长度$2\times\frac{\sigma}{\sqrt{n}}z_{0.025}=3.92\times\frac{\sigma}{\sqrt{n}}$要比后者的长度$\frac{\sigma}{\sqrt{n}}(z_{0.02}+z_{0.03})=3.94\times\frac{\sigma}{\sqrt{n}}$短，故前者的估计精度高于后者.

还有这样一些实际问题，例如，国家幸福指数的一个指标是国民的平均寿命，寿命长是人们所希望的，国民的平均寿命不应该低于某个值；又如在检测系统误差时，系统误差越接近0越好，关键的是误差的绝对值不应该超过某限定值，等等.这些问题只涉及一个上限或下限，是所谓的单侧区间估计问题.

若有统计量$\hat{\theta}_3=\hat{\theta}_3(X_1,X_2,\cdots,X_n)$使得

$$P\{\theta<\hat{\theta}_3\}\geqslant 1-\alpha,$$

则称随机区间$(-\infty,\hat{\theta}_3)$是θ的置信度(置信水平)为$1-\alpha$的单侧置信区间，称$\hat{\theta}_3$是该单侧置信区间的单侧置信上限.

若有统计量$\hat{\theta}_4=\hat{\theta}_4(X_1,X_2,\cdots,X_n)$使得

$$P\{\theta>\hat{\theta}_4\}\geqslant 1-\alpha,$$

则称随机区间$(\hat{\theta}_4,+\infty)$是θ的置信度(置信水平)为$1-\alpha$的单侧置信区间，称$\hat{\theta}_4$是该单侧置信区间的单侧置信下限.

在例7.11中，若令

$$P\{Z<z_\alpha\}=1-\alpha,$$

则有

$$P\left\{\frac{\overline{X}-\mu}{\sigma/\sqrt{n}}<z_\alpha\right\}=1-\alpha,$$

$$P\left\{\mu>\overline{X}-\frac{\sigma}{\sqrt{n}}z_\alpha\right\}=1-\alpha.$$

于是得到μ的置信度为$1-\alpha$的一个单侧置信区间

$$\left(\overline{X}-\frac{\sigma}{\sqrt{n}}z_\alpha,+\infty\right), \tag{7.11}$$

其中$\hat{\mu}=\overline{X}-\frac{\sigma}{\sqrt{n}}z_\alpha$是该置信区间的置信下限.

同理可得μ的置信度为$1-\alpha$的另一个单侧置信区间

$$\left(-\infty,\overline{X}+\frac{\sigma}{\sqrt{n}}z_\alpha\right), \tag{7.12}$$

其中$\hat{\mu}=\overline{X}+\frac{\sigma}{\sqrt{n}}z_\alpha$是该置信区间的置信上限.

注意到,单测置信区间(7.11)和(7.12)的单侧置信下限与单侧置信上限,其实就是将例 7.11 的双侧置信区间的置信下限与置信上限中的 $\alpha/2$ 分位数换成 α 分位数的结果.

以下两小节将全面讨论正态总体参数的区间估计.

7.2.2 单个正态总体均值与方差的区间估计

本小节以下均假设 $X_1,X_2,\cdots,X_n$ 是来自总体 $N(\mu,\sigma^2)$ 的样本.

1. 均值 μ 的置信区间

(1) 方差 σ^2 已知.

这种情况,例 7.11 已给出了结论,μ 的置信度为 $1-\alpha$ 的一个双侧置信区间为

$$\left(\overline{X}-\frac{\sigma}{\sqrt{n}}z_{\alpha/2},\overline{X}+\frac{\sigma}{\sqrt{n}}z_{\alpha/2}\right). \tag{7.13}$$

μ 的置信度为 $1-\alpha$ 的两个单侧置信区间为

$$\left(-\infty,\overline{X}+\frac{\sigma}{\sqrt{n}}z_{\alpha}\right) \quad 和 \quad \left(\overline{X}-\frac{\sigma}{\sqrt{n}}z_{\alpha},+\infty\right).$$

例 7.12 某车间生产滚珠的直径 $X\sim N(\mu,\sigma^2)$. 从某一天的产品中随机地抽取 6 个,测得直径(单位:毫米)如下:

$$14.70,15.21,14.90,14.91,15.32,15.32.$$

如果已知这天产品直径的方差为 0.05,试求这天产品直径平均值的置信度为 0.95 的置信区间.

解 由于 $1-\alpha=0.95$,故 $\alpha=0.05$. 查表得 $z_{0.025}=1.96$. 计算

$$\bar{x}=\frac{1}{6}(14.70+15.21+14.90+14.91+15.32+15.32)=15.06,$$

及

$$\bar{x}-z_{\alpha/2}\frac{\sigma}{\sqrt{n}}=15.06-1.96\sqrt{\frac{0.05}{6}}\approx 14.88,$$

$$\bar{x}+z_{\alpha/2}\frac{\sigma}{\sqrt{n}}=15.06+1.96\sqrt{\frac{0.05}{6}}\approx 15.24.$$

于是这天滚球直径平均值的置信度为 0.95 的置信区间约为(14.88,15.24).

(2) 方差 σ^2 未知.

根据定理 6.3,选择样本的函数

$$T=\frac{\overline{X}-\mu}{S/\sqrt{n}}\sim t(n-1).$$

令

$$P\{-t_{\alpha/2}(n-1)<T<t_{\alpha/2}(n-1)\}=1-\alpha,$$

则有

$$P\left\{\overline{X}-\frac{S}{\sqrt{n}}t_{\alpha/2}(n-1)<\mu<\overline{X}+\frac{S}{\sqrt{n}}t_{\alpha/2}(n-1)\right\}=1-\alpha.$$

于是得到μ的置信度为$1-\alpha$的一个双侧置信区间

$$\left(\overline{X}-\frac{S}{\sqrt{n}}t_{\alpha/2}(n-1),\overline{X}+\frac{S}{\sqrt{n}}t_{\alpha/2}(n-1)\right). \tag{7.14}$$

μ的置信度为$1-\alpha$的单侧置信区间为

$$\left(\overline{X}-\frac{S}{\sqrt{n}}t_{\alpha}(n-1),+\infty\right) \quad 和 \quad \left(-\infty,\overline{X}+\frac{S}{\sqrt{n}}t_{\alpha}(n-1)\right).$$

例 7.13 有一大批罐头,从中随机抽取16个,称得它们的质量(单位:克)为

506,508,499,503,504,510,497,512,514,505,493,496,506,502,509,496.

设罐头质量近似地服从正态分布,求均值置信度为0.95的置信区间.

解 设罐头质量近似地服从正态分布$N(\mu,\sigma^2)$,σ^2未知,故按式(7.14),μ的置信度为$1-\alpha$的一个置信区间近似地为

$$\left(\overline{X}-\frac{S}{\sqrt{n}}t_{\alpha/2}(n-1),\overline{X}+\frac{S}{\sqrt{n}}t_{\alpha/2}(n-1)\right).$$

由$\alpha=0.05,n=16$,查表$t_{0.025}(15)=2.1315$.计算

$$\bar{x}=\frac{1}{16}\sum_{i=1}^{16}x_i=503.75,s=\sqrt{\frac{1}{15}\sum_{i=1}^{16}(x_i-\bar{x})^2}\approx 6.2022,$$

所以均值置信度为0.95的置信区间约为(500.44,507.05).

在实际问题中,总体方差未知的情况比较常见.

2. 方差σ^2的置信区间

(1) 均值μ已知.

根据定理6.2,选择样本的函数

$$\chi^2=\frac{1}{\sigma^2}\sum_{i=1}^{n}(X_i-\mu)^2\sim\chi^2(n),$$

那么根据χ^2分布分位数的定义,令

$$P\{\chi^2_{1-\alpha/2}(n)<\chi^2<\chi^2_{\alpha/2}(n)\}=1-\alpha,$$

则有

$$P\left\{\frac{\sum_{i=1}^{n}(X_i-\mu)^2}{\chi^2_{\alpha/2}(n)}<\sigma^2<\frac{\sum_{i=1}^{n}(X_i-\mu)^2}{\chi^2_{1-\alpha/2}(n)}\right\}=1-\alpha.$$

于是得到方差σ^2的置信度为$1-\alpha$的一个双侧置信区间

$$\left[\frac{\sum_{i=1}^{n}(X_i-\mu)^2}{\chi^2_{\alpha/2}(n)}, \frac{\sum_{i=1}^{n}(X_i-\mu)^2}{\chi^2_{1-\alpha/2}(n)}\right]. \tag{7.15}$$

σ^2 的置信度为 $1-\alpha$ 的单侧置信区间为

$$\left[\frac{\sum_{i=1}^{n}(X_i-\mu)^2}{\chi^2_{\alpha}(n)}, +\infty\right) \quad 和 \quad \left(0, \frac{\sum_{i=1}^{n}(X_i-\mu)^2}{\chi^2_{1-\alpha}(n)}\right].$$

(2) 均值 μ 未知.

根据定理 6.3,选择样本的函数

$$\chi^2 = \frac{(n-1)S^2}{\sigma^2} \sim \chi^2(n-1).$$

令

$$P\left\{\chi^2_{1-\alpha/2}(n-1) < \frac{(n-1)S^2}{\sigma^2} < \chi^2_{\alpha/2}(n-1)\right\} = 1-\alpha,$$

则有

$$P\left\{\frac{(n-1)S^2}{\chi^2_{\alpha/2}(n-1)} < \sigma^2 < \frac{(n-1)S^2}{\chi^2_{1-\alpha/2}(n-1)}\right\} = 1-\alpha,$$

于是就得到了方差 σ^2 的置信度为 $1-\alpha$ 的一个双侧置信区间

$$\left(\frac{(n-1)S^2}{\chi^2_{\alpha/2}(n-1)}, \frac{(n-1)S^2}{\chi^2_{1-\alpha/2}(n-1)}\right). \tag{7.16}$$

σ^2 的置信度为 $1-\alpha$ 的单侧置信区间为

$$\left(\frac{(n-1)S^2}{\chi^2_{\alpha}(n-1)}, +\infty\right) \quad 和 \quad \left(0, \frac{(n-1)S^2}{\chi^2_{1-\alpha}(n-1)}\right).$$

例 7.14 随机地取某种炮弹 9 发做试验,得到炮口速度的样本标准差 $s=11$m/s. 设炮口速度服从正态分布. 求这种炮弹的炮口速度的标准差 σ 的置信度为 0.95 的单侧置信上限.

解 由于炮口速度服从正态分布,总体均值 μ 未知,根据 σ^2 的置信度为 $1-\alpha$ 的单侧置信区间 $\left(0, \frac{(n-1)S^2}{\chi^2_{1-\alpha}(n-1)}\right)$,有

$$P\left\{\sigma^2 < \frac{(n-1)S^2}{\chi^2_{1-\alpha}(n-1)}\right\} = 1-\alpha,$$

即

$$P\left\{\sigma < \frac{\sqrt{(n-1)S^2}}{\sqrt{\chi^2_{1-\alpha}(n-1)}}\right\} = 1-\alpha.$$

因此标准差 σ 的置信度为 $1-\alpha$ 的单侧置信上限为 $\frac{\sqrt{n-1}S}{\sqrt{\chi^2_{1-\alpha}(n-1)}}$.

由于 $n=9,\alpha=0.05$,查表得 $\chi^2_{1-\alpha}(8)=\chi^2_{0.95}(8)=2.733$. 又 $s=11$,所以 σ 的置信度为 0.95 的单侧置信上限约为 18.82(m/s).

在实际问题中,总体均值未知的情况较常见.

7.2.3 两个正态总体均值差与方差比的区间估计

在两个正态总体情形下,人们关心的未知参数往往是均值差 $\mu_1-\mu_2$ 与方差比 σ_1^2/σ_2^2,因为它们可以反映两个正态总体之间的异同.

在本小节中均假设 $X_1,X_2,\cdots,X_{n_1}$ 是来自总体 $N(\mu_1,\sigma_1^2)$ 的样本,$Y_1,Y_2,\cdots,Y_{n_2}$ 是来自总体 $N(\mu_2,\sigma_2^2)$ 的样本,且两个样本相互独立. 以 $\overline{X},S_1^2$ 表示第一个总体的样本均值和样本方差,以 $\overline{Y},S_2^2$ 表示第二个总体的样本均值和样本方差.

1. 均值差 $\mu_1-\mu_2$ 的置信区间

(1) 方差 σ_1^2,σ_2^2 已知.

根据定理 6.4,选择样本的函数

$$U=\frac{\overline{X}-\overline{Y}-(\mu_1-\mu_2)}{\sqrt{\dfrac{\sigma_1^2}{n_1}+\dfrac{\sigma_2^2}{n_2}}}\sim N(0,1).$$

令

$$P\left\{-z_{\alpha/2}<\frac{\overline{X}-\overline{Y}-(\mu_1-\mu_2)}{\sqrt{\dfrac{\sigma_1^2}{n_1}+\dfrac{\sigma_2^2}{n_2}}}<z_{\alpha/2}\right\}=1-\alpha,$$

则有

$$P\left\{\overline{X}-\overline{Y}-z_{\alpha/2}\sqrt{\frac{\sigma_1^2}{n_1}+\frac{\sigma_2^2}{n_2}}<\mu_1-\mu_2<\overline{X}-\overline{Y}+z_{\alpha/2}\sqrt{\frac{\sigma_1^2}{n_1}+\frac{\sigma_2^2}{n_2}}\right\}=1-\alpha.$$

于是得到均值差 $\mu_1-\mu_2$ 的置信度为 $1-\alpha$ 的一个双侧置信区间

$$\left(\overline{X}-\overline{Y}-z_{\alpha/2}\sqrt{\frac{\sigma_1^2}{n_1}+\frac{\sigma_2^2}{n_2}},\overline{X}-\overline{Y}+z_{\alpha/2}\sqrt{\frac{\sigma_1^2}{n_1}+\frac{\sigma_2^2}{n_2}}\right).\tag{7.17}$$

均值差 $\mu_1-\mu_2$ 的置信度为 $1-\alpha$ 的单侧置信区间为

$$\left(\overline{X}-\overline{Y}-z_{\alpha}\sqrt{\frac{\sigma_1^2}{n_1}+\frac{\sigma_2^2}{n_2}},+\infty\right)\quad 和\quad \left(-\infty,\overline{X}-\overline{Y}+z_{\alpha}\sqrt{\frac{\sigma_1^2}{n_1}+\frac{\sigma_2^2}{n_2}}\right).$$

例 7.15 设两个总体 $X\sim N(\mu_1,4)$,$Y\sim N(\mu_2,6)$,独立地从这两个总体中分别抽取样本容量为 16 和 24 的样本,样本均值分别为 16.9 和 15.3. 求两总体均值差 $\mu_1-\mu_2$ 的置信度为 0.95 的置信区间.

解 由于两总体的方差 σ_1^2,σ_2^2 已知,所以按公式(7.17)知,均值差 $\mu_1-\mu_2$ 的置信度为 0.95 的置信区间为

$$\left(\overline{X}-\overline{Y}-z_{0.025}\sqrt{\frac{\sigma_1^2}{n_1}+\frac{\sigma_2^2}{n_2}},\overline{X}-\overline{Y}+z_{0.025}\sqrt{\frac{\sigma_1^2}{n_1}+\frac{\sigma_2^2}{n_2}}\right).$$

已知 $n_1=16$，$n_2=24$，$\alpha=0.05$，查表得 $z_{\alpha/2}=z_{0.025}=1.96$. 而 $\overline{x}=16.9$，$\overline{y}=15.3$，$\sigma_1^2=4$，$\sigma_2^2=6$，故这两个总体均值差 $\mu_1-\mu_2$ 的置信度为 0.95 的一个置信区间为 (0.214，2.986).

(2) 方差 $\sigma_1^2=\sigma_2^2=\sigma^2$ 未知.

根据定理 6.4，选择样本的函数

$$\frac{\overline{X}-\overline{Y}-(\mu_1-\mu_2)}{S_\omega\sqrt{\frac{1}{n_1}+\frac{1}{n_2}}}\sim t(n_1+n_2-2),$$

其中 $S_\omega^2=\frac{(n_1-1)S_1^2+(n_2-1)S_2^2}{n_1+n_2-2}$.

令

$$P\left\{-t_{\alpha/2}(n_1+n_2-2)<\frac{\overline{X}-\overline{Y}-(\mu_1-\mu_2)}{S_\omega\sqrt{\frac{1}{n_1}+\frac{1}{n_2}}}<t_{\alpha/2}(n_1+n_2-2)\right\}=1-\alpha,$$

则有

$$P\left\{\overline{X}-\overline{Y}-t_{\alpha/2}S_\omega\sqrt{\frac{1}{n_1}+\frac{1}{n_2}}<\mu_1-\mu_2<\overline{X}-\overline{Y}+t_{\alpha/2}S_\omega\sqrt{\frac{1}{n_1}+\frac{1}{n_2}}\right\}=1-\alpha.$$

于是得到均值差 $\mu_1-\mu_2$ 的置信度为 $1-\alpha$ 的一个双侧置信区间

$$\left(\overline{X}-\overline{Y}-t_{\alpha/2}(n_1+n_2-2)S_\omega\sqrt{\frac{1}{n_1}+\frac{1}{n_2}},\overline{X}-\overline{Y}+t_{\alpha/2}(n_1+n_2-2)S_\omega\sqrt{\frac{1}{n_1}+\frac{1}{n_2}}\right).\tag{7.18}$$

均值差 $\mu_1-\mu_2$ 的置信度为 $1-\alpha$ 的单侧置信区间为

$$\left(\overline{X}-\overline{Y}-t_\alpha(n_1+n_2-2)S_\omega\sqrt{\frac{1}{n_1}+\frac{1}{n_2}},+\infty\right)$$

和

$$\left(-\infty,\overline{X}-\overline{Y}+t_\alpha(n_1+n_2-2)S_\omega\sqrt{\frac{1}{n_1}+\frac{1}{n_2}}\right).$$

例 7.16 为提高某一化学生产过程的得率，希望采用一种新的催化剂. 为慎重起见，在实验工厂先进行试验. 设采用原来的催化剂进行了 $n_1=8$ 次试验，得率的平均值 $\overline{x}=91.73$，样本方差 $s_1^2=3.89$；采用新的催化剂也进行了 $n_2=8$ 次试验，得率的平均值 $\overline{y}=93.75$，样本方差 $s_2^2=4.02$. 假设两总体均服从正态分布，方差相等，且两样本相互独立，试求两总体均值差 $\mu_1-\mu_2$ 的置信度为 0.95 的单侧置信上限.

解 因为两总体的方差 σ_1^2，σ_2^2 未知，所以 $\mu_1-\mu_2$ 的单侧置信上限为 $\overline{X}-\overline{Y}+t_\alpha(n_1+n_2-2)S_\omega\sqrt{\frac{1}{n_1}+\frac{1}{n_2}}$.

由于 $s_1^2=3.89, s_2^2=4.02, n_1=n_2=8$,计算可得

$$s_\omega^2=\frac{(n_1-1)s_1^2+(n_2-1)s_2^2}{n_1+n_2-2}=3.955,$$

又 $\alpha=0.05$,查表得 $t_{0.05}(14)=1.7613$,而 $\bar{x}=91.73, \bar{y}=93.75$,所以 $\mu_1-\mu_2$ 的置信度为 $1-\alpha=0.95$ 的单侧置信上限为

$$\bar{x}-\bar{y}+t_\alpha(n_1+n_2-2)s_\omega\sqrt{\frac{1}{n_1}+\frac{1}{n_2}}=-0.2686.$$

新、原催化剂得率的平均值之差 $\mu_2-\mu_1>0.2686$,即新催化剂的得率的平均值 μ_2 大于原催化剂得率的平均值 μ_1,因此可以认为采用新的催化剂能提高生产率.

2. 方差比$\dfrac{\sigma_1^2}{\sigma_2^2}$的置信区间

(1) 均值 μ_1, μ_2 已知.

根据定理 6.2 知

$$\frac{1}{\sigma_1^2}\sum_{i=1}^{n_1}(X_i-\mu_1)^2\sim\chi^2(n_1),\quad \frac{1}{\sigma_2^2}\sum_{i=1}^{n_2}(Y_i-\mu_2)^2\sim\chi^2(n_2).$$

再由两个样本的相互独立性及 F 分布的定义,则有

$$F=\frac{n_1\sigma_1^2}{n_2\sigma_2^2}\frac{\sum\limits_{i=1}^{n_2}(Y_i-\mu_2)^2}{\sum\limits_{i=1}^{n_1}(X_i-\mu_1)^2}\sim F(n_2,n_1)$$

令

$$P\left\{F_{1-\alpha/2}(n_2,n_1)<\frac{n_1\sigma_1^2}{n_2\sigma_2^2}\frac{\sum\limits_{i=1}^{n_2}(Y_i-\mu_2)^2}{\sum\limits_{i=1}^{n_1}(X_i-\mu_1)^2}<F_{\alpha/2}(n_2,n_1)\right\}=1-\alpha,$$

则有

$$P\left\{\frac{n_2}{n_1}\frac{\sum\limits_{i=1}^{n_1}(X_i-\mu_1)^2}{\sum\limits_{i=1}^{n_2}(Y_i-\mu_2)^2}F_{1-\alpha/2}(n_2,n_1)<\frac{\sigma_1^2}{\sigma_2^2}<\frac{n_2}{n_1}\frac{\sum\limits_{i=1}^{n_1}(X_i-\mu_1)^2}{\sum\limits_{i=1}^{n_2}(Y_i-\mu_2)^2}F_{\alpha/2}(n_2,n_1)\right\}=1-\alpha.$$

于是得到方差比$\dfrac{\sigma_1^2}{\sigma_2^2}$的置信度为 $1-\alpha$ 的一个双侧置信区间

$$\left(\frac{n_2}{n_1}\frac{\sum\limits_{i=1}^{n_1}(X_i-\mu_1)^2}{\sum\limits_{i=1}^{n_2}(Y_i-\mu_2)^2}F_{1-\alpha/2}(n_2,n_1),\frac{n_2}{n_1}\frac{\sum\limits_{i=1}^{n_1}(X_i-\mu_1)^2}{\sum\limits_{i=1}^{n_2}(Y_i-\mu_2)^2}F_{\alpha/2}(n_2,n_1)\right). \quad (7.19)$$

方差比$\frac{\sigma_1^2}{\sigma_2^2}$的置信度为$1-\alpha$的单侧置信区间为

$$\left[\frac{n_2}{n_1}\frac{\sum_{i=1}^{n_1}(X_i-\mu_1)^2}{\sum_{i=1}^{n_2}(Y_i-\mu_2)^2}F_{1-\alpha}(n_2,n_1),+\infty\right) \text{ 和 } \left(0,\frac{n_2}{n_1}\frac{\sum_{i=1}^{n_1}(X_i-\mu_1)^2}{\sum_{i=1}^{n_2}(Y_i-\mu_2)^2}F_{\alpha}(n_2,n_1)\right].$$

例 7.17 已知总体$X\sim N(24,\sigma_1^2)$，$Y\sim N(20,\sigma_2^2)$，从这两个总体中独立地抽到两组样本值

总体X：23，22，26，24，22，25； 总体Y：22，18，19，23，17，

求$\frac{\sigma_1^2}{\sigma_2^2}$的置信度为0.95的置信区间.

解 因为两个总体的均值μ_1,μ_2已知，所以由公式(7.19)知，两总体方差比$\frac{\sigma_1^2}{\sigma_2^2}$的置信度为0.95的一个置信区间为

$$\left(\frac{n_2}{n_1}\frac{\sum_{i=1}^{n_1}(X_i-\mu_1)^2}{\sum_{i=1}^{n_2}(Y_i-\mu_2)^2}F_{0.975}(n_2,n_1),\frac{n_2}{n_1}\frac{\sum_{i=1}^{n_1}(X_i-\mu_1)^2}{\sum_{i=1}^{n_2}(Y_i-\mu_2)^2}F_{0.025}(n_2,n_1)\right).$$

由$n_1=6,n_2=5,\alpha=0.05$及$F_{1-\alpha}(n_2,n_1)=\frac{1}{F_{\alpha}(n_1,n_2)}$，查表与计算得

$$F_{0.975}(5,6)=\frac{1}{F_{0.025}(6,5)}=\frac{1}{6.98},\quad F_{0.025}(5,6)=5.99,$$

$$\sum_{i=1}^{n_1}(x_i-\mu_1)^2=\sum_{i=1}^{6}(x_i-24)^2=14,$$

$$\sum_{i=1}^{n_2}(y_i-\mu_2)^2=\sum_{i=1}^{5}(y_i-20)^2=27,$$

$$\frac{n_2}{n_1}\frac{\sum_{i=1}^{n_1}(x_i-\mu_1)^2}{\sum_{i=1}^{n_2}(y_i-\mu_2)^2}F_{0.975}(n_2,n_1)=\frac{5}{6}\times\frac{14}{27}\times\frac{1}{6.98}\approx 0.0619,$$

$$\frac{n_2}{n_1}\frac{\sum_{i=1}^{n_1}(x_i-\mu_1)^2}{\sum_{i=1}^{n_2}(y_i-\mu_2)^2}F_{0.025}(n_2,n_1)=\frac{5}{6}\times\frac{14}{27}\times 5.99\approx 2.5883.$$

于是得到$\frac{\sigma_1^2}{\sigma_2^2}$的置信度是0.95的一个置信区间约为(0.0619，2.5883).

(2) 均值 μ_1,μ_2 未知.

根据定理 6.4,选择的样本函数为

$$\frac{S_1^2/S_2^2}{\sigma_1^2/\sigma_2^2}\sim F(n_1-1,n_2-1).$$

令

$$P\left\{F_{1-\alpha/2}(n_1-1,n_2-1)<\frac{S_1^2/S_2^2}{\sigma_1^2/\sigma_2^2}<F_{\alpha/2}(n_1-1,n_2-1)\right\}=1-\alpha,$$

则有

$$P\left\{\frac{S_1^2}{S_2^2}\frac{1}{F_{\alpha/2}(n_1-1,n_2-1)}<\frac{\sigma_1^2}{\sigma_2^2}<\frac{S_1^2}{S_2^2}\frac{1}{F_{1-\alpha/2}(n_1-1,n_2-1)}\right\}=1-\alpha.$$

由于$\frac{1}{F_{1-\alpha/2}(n_1,n_2)}=F_{\alpha/2}(n_2,n_1)$,所以方差比$\frac{\sigma_1^2}{\sigma_2^2}$的置信度为 $1-\alpha$ 的一个双侧置信区间为

$$\left(\frac{S_1^2}{S_2^2}F_{1-\alpha/2}(n_2-1,n_1-1),\frac{S_1^2}{S_2^2}F_{\alpha/2}(n_2-1,n_1-1)\right).\tag{7.20}$$

方差比$\frac{\sigma_1^2}{\sigma_2^2}$的置信度为 $1-\alpha$ 的单侧置信区间为

$$\left(\frac{S_1^2}{S_2^2}F_{1-\alpha}(n_2-1,n_1-1),+\infty\right)\quad 和\quad \left(0,\frac{S_1^2}{S_2^2}F_{\alpha}(n_2-1,n_1-1)\right).$$

例 7.18 从甲、乙两个生产蓄电池的工厂的产品中,分别独立地抽取一些样品,测得这些样品的蓄电池的电容量为

甲厂:144,141,138,142,141,143,138,137;

乙厂:142,143,139,140,138,141,140,138,142,136.

假设两个工厂生产的蓄电池电容量分别服从正态分布 $X\sim N(\mu_1,\sigma_1^2)$和 $Y\sim N(\mu_2,\sigma_2^2)$,求方差比$\frac{\sigma_1^2}{\sigma_2^2}$的置信度为 $1-\alpha=0.95$ 的置信区间.

解 两个总体的均值 μ_1,μ_2 未知,所以由公式(7.20)知,两总体方差比$\frac{\sigma_1^2}{\sigma_2^2}$的置信度为 0.95 的一个置信区间为

$$\left(\frac{S_1^2}{S_2^2}F_{0.975}(n_2-1,n_1-1),\frac{S_1^2}{S_2^2}F_{0.025}(n_2-1,n_1-1)\right).$$

由 $n_1=8,n_2=10$ 及 $F_{1-\alpha}(n_2,n_1)=\frac{1}{F_\alpha(n_1,n_2)}$,查表得

$$F_{0.975}(9,7)=\frac{1}{F_{0.025}(7,9)}=\frac{1}{4.20}=0.2381,\quad F_{0.025}(9,7)=4.82.$$

再利用样本值计算得 $s_1^2=6.5714, s_2^2=4.7667$. 从而

$$\frac{s_1^2}{s_2^2}F_{0.975}(n_2-1,n_1-1)=\frac{6.5714}{4.7667}\times 0.2381\approx 0.3282,$$

$$\frac{s_1^2}{s_2^2}F_{0.025}(n_2-1,n_1-1)=\frac{6.5714}{4.7667}\times 4.82\approx 6.6449.$$

于是$\frac{\sigma_1^2}{\sigma_2^2}$的置信度为 0.95 的置信区间约为(0.3282,6.6449).

7.2.4 非正态总体参数的区间估计

对非正态总体分布中的参数作区间估计时，寻找样本的函数遇到很大困难，但我们根据中心极限定理可知，来自总体的样本容量为 n 的样本均值 $\overline{X}$ 近似地服从正态分布 $N(\mu,\sigma^2/n)$(其中 μ,σ^2 是非正态总体的均值和方差). 所以当样本容量 n 充分大时，单个正态总体均值的置信区间(7.13)即是 μ 的近似置信区间(当 σ^2 未知时，则用样本标准差 S 替代(7.13)式中的 σ)，并由此可以得到能用 μ 表示的参数的近似置信区间. 这种利用大样本来对非正态总体的参数作区间估计的方法称为大样本法.

当样本的容量 n 很大时，对于统计推断来说，这种近似程度是令人满意的.

0-1 分布在实际中有着广泛的应用. 例如，某市老龄人口研究会想知道该市老龄人口的比例，进行产品质量检测的质检员要估计产品的不合格率，等等.

下面利用大样本法来求 0-1 分布参数 p 的置信区间.

设 $X\sim B(1,p)$，$X_1,X_2,\cdots,X_n$ 是来自总体 X 的样本，根据二项变量的可加性，则 $\mu_n=X_1+X_2+\cdots+X_n\sim B(n,p)$. 再根据中心极限定理，则 $\left(\frac{\mu_n}{n}-p\right)\Big/\sqrt{\frac{p(1-p)}{n}}$近似地服从标准正态分布 $N(0,1)$. 按枢轴量法，令

$$P\left\{-z_{\alpha/2}<\frac{\frac{\mu_n}{n}-p}{\sqrt{\frac{p(1-p)}{n}}}<z_{\alpha/2}\right\}=1-\alpha,$$

并设 $\lambda=(z_{\alpha/2})^2$，那么上式括号里的不等式等价于

$$\left(1+\frac{\lambda}{n}\right)p^2-\left(\frac{2\mu_n}{n}+\frac{\lambda}{n}\right)p+\left(\frac{\mu_n}{n}\right)^2<0.$$

由此解出 p 的一个近似的置信度为 $1-\alpha$ 的双侧置信区间为

$$(p_1,p_2),$$

其中

$$p_1=\left[\frac{\mu_n}{n}+\frac{\lambda}{2n}-\sqrt{\lambda}\sqrt{\frac{\frac{\mu_n}{n}\left(1-\frac{\mu_n}{n}\right)}{n}+\frac{\lambda}{4n^2}}\right]\Big/\left(1+\frac{\lambda}{n}\right),$$

$$p_2=\left[\frac{\mu_n}{n}+\frac{\lambda}{2n}+\sqrt{\lambda}\sqrt{\frac{\frac{\mu_n}{n}\left(1-\frac{\mu_n}{n}\right)}{n}+\frac{\lambda}{4n^2}}\right]\Big/\left(1+\frac{\lambda}{n}\right).$$

通常情况下 n 是比较大的，所以在实际应用中通常略去 λ/n 项，于是

$$p_1\approx\frac{\mu_n}{n}-z_{\alpha/2}\sqrt{\frac{\frac{\mu_n}{n}\left(1-\frac{\mu_n}{n}\right)}{n}},\quad p_2\approx\frac{\mu_n}{n}+z_{\alpha/2}\sqrt{\frac{\frac{\mu_n}{n}\left(1-\frac{\mu_n}{n}\right)}{n}}.$$

因此 p 的置信度为 $1-\alpha$ 的一个双侧置信区间近似为

$$\left(\frac{\mu_n}{n}-z_{\alpha/2}\sqrt{\frac{\frac{\mu_n}{n}\left(1-\frac{\mu_n}{n}\right)}{n}},\frac{\mu_n}{n}+z_{\alpha/2}\sqrt{\frac{\frac{\mu_n}{n}\left(1-\frac{\mu_n}{n}\right)}{n}}\right).\tag{7.21}$$

例 7.19 某手机生产厂打算专为女性设计一款新型手机. 为了解女性对这种设计的赞成度，调研人员从正在使用手机的女性中，随机选了 1000 人进行调查. 调查结果表明有 750 人赞成这种设计，有 250 人不赞成. 试求这款新型手机在女性人群中的赞成度 p 的置信度为 0.95 的置信区间.

解 设 A 表示女性赞成这款新型手机，则 $P(A)=p$. 本题就是要对这个 0-1 分布的参数 p 作区间估计.

由题意可知，在本题中 $n=1000$，$\mu_n=750$，所以

$$\frac{\mu_n}{n}=\frac{750}{1000}=0.75,\quad \sqrt{\frac{\frac{\mu_n}{n}\left(1-\frac{\mu_n}{n}\right)}{n}}=\sqrt{\frac{0.75\times0.25}{1000}}=0.01369.$$

查表有 $z_{\alpha/2}=z_{0.025}=1.96$，从而

$$\frac{\mu_n}{n}-z_{\alpha/2}\sqrt{\frac{\frac{\mu_n}{n}\left(1-\frac{\mu_n}{n}\right)}{n}}=0.75-1.96\times\sqrt{0.75\times0.25/1000}\approx0.7232,$$

$$\frac{\mu_n}{n}+z_{\alpha/2}\sqrt{\frac{\frac{\mu_n}{n}\left(1-\frac{\mu_n}{n}\right)}{n}}=0.75+1.96\times\sqrt{0.75\times0.25/1000}\approx0.7768.$$

于是，赞成度 p 的置信度为 0.95 的一个近似的置信区间为(0.7232，0.7768).

习 题 7.2

1. 已知一批零件的长度 X(单位：cm)服从正态分布 $N(\mu,1)$，从中随机地抽取 16 个零件，算得长度的平均值为 40cm，求 μ 的置信度为 0.95 的置信区间.

2. 用某仪器间接测量温度，重复测 5 次得数据：1250，1265，1245，1260，1275. 设温度 X 服从正态分布，试求置信度为 0.99 的温度均值的置信区间.

3. 估计一批钢索的平均张力，取样做了 10 次试验，由试验值算得平均张力为 6720kPa，张力的标准差为 220kPa. 设张力服从正态分布，求钢索平均张力的单侧置信下限(设置信水平为 0.95).

4. 测试 10 个灯泡，得灯泡使用时数的样本均值 $\bar{x}=1500\text{h}$ 和样本标准差 $s=20\text{h}$. 已知灯泡使用时数服从正态分布，求 σ^2 及 σ 的置信区间(设置信水平为 0.95).

5. 从一批某种型号电子管中抽取容量为 10 的样本，得电子管寿命的样本标准差 $s=45\text{h}$. 设该批电子管的寿命服从正态分布，求寿命标准差 σ 的单侧置信上限(设置信水平为 0.95).

6. 某食品处理前取样分析，含脂率为

$$0.19, 0.12, 0.18, 0.30, 0.21, 0.27, 0.30, 0.42, 0.66, 0.08.$$

处理后取样分析，含脂率为

$$0.15, 0.04, 0.13, 0.18, 0.00, 0.20, 0.07, 0.12, 0.24, 0.13, 0.24.$$

假如处理前后的含脂率均服从正态分布，且方差不变，试求处理前后含脂率均值差的置信水平为 0.95 的置信区间.

7. 某自动机床加工一种套筒，假定套筒直径服从正态分布. 现从 A，B 两班的产品中各随机地抽取 5 个套筒，测得直径数据：

A 班： 2.066， 2.063， 2.068， 2.060， 2.067；

B 班： 2.058， 2.057， 2.063， 2.059， 2.060.

求两班套筒方差比 σ_A^2/σ_B^2 的置信水平为 0.90 的置信区间.

8. 在一批货物容量为 100 的样本中检验出 6 个次品，求这批货物次品率的置信区间(设置信水平为 0.95).

9. 在某饮料厂的市场调查中，1000 名被调查者中有 650 人喜欢含有酸味的饮料，请对喜欢含有酸味饮料的人的比率作置信水平为 0.95 的区间估计.

章末习题 7

1. 设 $X_1, X_2, \cdots, X_n$ 是来自参数为 λ 的泊松分布总体的样本，证明：对满足 $0\leqslant\alpha\leqslant1$ 的任意实数 α，$\alpha\overline{X}+(1-\alpha)S^2$ 都是 λ 的无偏估计.

2. 设 $X_1, X_2, \cdots, X_n$ 是来自总体 $N(\mu, \sigma^2)$ 的样本，选择常数 c，使 $c\sum\limits_{i=1}^{n-1}(X_{i+1}-X_i)^2$ 为 σ^2 的无偏估计.

3. 设分别从总体 $N(\mu_1, \sigma^2)$ 和 $N(\mu_2, \sigma^2)$ 中抽取容量为 n，m 的两个独立样本，它们的样本方差分别为 S_1^2 和 S_2^2. (1) 试证：对于满足 $a+b=1$ 的任意非负实数 a，b，$Z=aS_1^2+bS_2^2$ 是 σ^2 的无偏估计量；(2) 确定 a，b，使 $D(Z)$ 达到最小.

4. 设 $X_1, X_2, \cdots, X_n(n\geqslant2)$ 为来自总体 $N(0, \sigma^2)$ 的简单随机样本，$Y_i=X_i-\overline{X}$，$i=1,2,\cdots,n$，其中 $\overline{X}$ 为样本均值. 若 $c(Y_1+Y_n)^2$ 为 σ^2 的无偏估计，求常数 c.

5. 设 $X_1, X_2, \cdots, X_{2n}(n\geqslant2)$ 是来自总体 X 的简单随机样本，总体 X 服从正态分布 $N(\mu,$

σ^2)($\sigma>0$). 设 $\overline{X}=\frac{1}{2n}\sum_{i=1}^{2n}X_i$,求统计量 $Y=\sum_{i=1}^{n}(X_i+X_{n+i}-2\overline{X})^2$ 的数学期望 $E(Y)$.

6. 设总体 X 的分布函数为 $F(x;\beta)=\begin{cases}1-\frac{1}{x^\beta}, & x>1,\\ 0, & x\leqslant 1,\end{cases}$ 其中未知参数 $\beta>1$. $X_1,X_2,\cdots,X_n$ 为来自总体 X 的简单随机样本,(1) 求 β 的矩估计;(2) 求 β 的最大似然估计.

7. 设总体 X 的概率密度函数为

$$f(x,\theta)=\begin{cases}\theta, & 0<x<1,\\ 1-\theta, & 1\leqslant x\leqslant 2,\\ 0, & \text{其他},\end{cases}$$

其中 $\theta(0<\theta<1)$ 是未知参数. $X_1,X_2,\cdots,X_n$ 为来自总体的简单随机样本. 记 N 为样本值 x_1, $x_2,\cdots,x_n$ 中小于 1 的个数,求 θ 的最大似然估计.

8. 设总体 X 的的概率密度函数为 $f(x,\theta)=\begin{cases}\frac{1}{2\theta}, & 0<x<\theta,\\ \frac{1}{2(1-\theta)}, & \theta\leqslant x<1,\\ 0, & \text{其他},\end{cases}$ 其中参数 $\theta(0<\theta<1)$ 未知;$X_1,X_2,\cdots,X_n$ 是来自总体 X 的简单随机样本,$\overline{X}$ 是样本均值. (1)求参数 θ 的矩估计量 $\hat{\theta}$;(2)判断 $4\overline{X}^2$ 是否为 θ^2 的无偏估计量.

9. 设 $X_1,X_2,\cdots,X_n$ 是来自总体 X 的一个样本,$\hat{\theta}=\{\min X_1,X_2,\cdots,X_n\}$,而 X 的概率密度函数为

$$f(x)=\begin{cases}2\mathrm{e}^{-2(x-\theta)}, & x>\theta,\\ 0, & x\leqslant\theta,\end{cases}$$

其中 $\theta>0$ 是未知参数. (1)求总体 X 的分布函数 $F(x)$;(2)求统计量 $\hat{\theta}$ 的分布函数 $F_{\hat{\theta}}(x)$;(3)判断 $\hat{\theta}$ 是否为 θ 的无偏估计量.

10. 设 X 的概率密度函数为 $f(x)=\begin{cases}\frac{6x}{\theta^3}(\theta-x), & 0<x<\theta,\\ 0, & \text{其他},\end{cases}$ $X_1,X_2,\cdots,X_n$ 是取自总体 X 的简单随机样本. (1)求 θ 的矩估计量 $\hat{\theta}$;(2)求 $\hat{\theta}$ 的方差 $D(\hat{\theta})$.

11. 已知来自总体 $N(\mu,0.9^2)$ 容量为 9 的样本的样本均值 $\bar{x}=5$,求参数 μ 的置信度为 0.95 的置信区间.

12. 一批零件的长度服从正态分布 $N(\mu,\sigma^2)$,其中 μ,σ^2 均未知,今随机抽取了 16 个零件,测得样本均值 $\bar{x}=20$(cm),样本标准差 $s=1$(cm),求 μ 的置信度为 0.90 的置信区间.

13. 假设 0.50,1.25,0.80,2.00 是来自总体 X 的简单随机样本值. 已知 $Y=\ln X$ 服从正态分布 $N(\mu,1)$.

(1) 求 X 的数学期望 $E(X)$(记 $E(X)$ 为 b);

(2) 求 μ 的置信度为 0.95 的置信区间;

(3) 利用上述结果求 b 的置信度为 0.95 的置信区间.

表 7.1　正态总体均值、方差的置信区间(置信度为 $1-\alpha$)

	待估参数	其他参数	置信函数 G 的分布	双侧置信区间	单侧置信区间
单个正态总体	μ	σ^2 已知	$\frac{\overline{X}-\mu}{\sigma/\sqrt{n}}\sim N(0,1)$	$\left(\overline{X}-\frac{\sigma}{\sqrt{n}}z_{\alpha/2},\overline{X}+\frac{\sigma}{\sqrt{n}}z_{\alpha/2}\right)$	$\left(-\infty,\overline{X}+\frac{\sigma}{\sqrt{n}}z_\alpha\right),\left(\overline{X}-\frac{\sigma}{\sqrt{n}}z_\alpha,+\infty\right)$
		σ^2 未知	$\frac{\overline{X}-\mu}{S/\sqrt{n}}\sim t(n-1)$	$\left(\overline{X}-\frac{S}{\sqrt{n}}t_{\alpha/2}(n-1),\overline{X}+\frac{S}{\sqrt{n}}t_{\alpha/2}(n-1)\right)$	$\left(\overline{X}-\frac{S}{\sqrt{n}}t_\alpha(n-1),+\infty\right),\left(-\infty,\overline{X}+\frac{S}{\sqrt{n}}t_\alpha(n-1)\right)$
	σ^2	μ 已知	$\frac{1}{\sigma^2}\sum_{i=1}^{n}(X_i-\mu)^2\sim\chi^2(n)$	$\left(\frac{\sum_{i=1}^{n}(X_i-\mu)^2}{\chi^2_{\alpha/2}(n)},\frac{\sum_{i=1}^{n}(X_i-\mu)^2}{\chi^2_{1-\alpha/2}(n)}\right)$	$\left(\frac{\sum_{i=1}^{n}(X_i-\mu)^2}{\chi^2_\alpha(n)},+\infty\right),\left(0,\frac{\sum_{i=1}^{n}(X_i-\mu)^2}{\chi^2_{1-\alpha}(n)}\right)$
		μ 未知	$\frac{(n-1)S^2}{\sigma^2}\sim\chi^2(n-1)$	$\left(\frac{(n-1)S^2}{\chi^2_{\alpha/2}(n-1)},\frac{(n-1)S^2}{\chi^2_{1-\alpha/2}(n-1)}\right)$	$\left(\frac{(n-1)S^2}{\chi^2_\alpha(n-1)},+\infty\right),\left(0,\frac{(n-1)S^2}{\chi^2_{1-\alpha}(n-1)}\right)$
两个正态总体	$\mu_1-\mu_2$	σ_1^2,σ_2^2 已知	$\frac{\overline{X}-\overline{Y}-(\mu_1-\mu_2)}{\sqrt{\frac{\sigma_1^2}{n_1}+\frac{\sigma_2^2}{n_2}}}\sim N(0,1)$	$\left(\overline{X}-\overline{Y}\mp z_{\alpha/2}\sqrt{\frac{\sigma_1^2}{n_1}+\frac{\sigma_2^2}{n_2}}\right)$	$\left(\overline{X}-\overline{Y}-z_\alpha\sqrt{\frac{\sigma_1^2}{n_1}+\frac{\sigma_2^2}{n_2}},+\infty\right)$, $\left(-\infty,\overline{X}-\overline{Y}+z_\alpha\sqrt{\frac{\sigma_1^2}{n_1}+\frac{\sigma_2^2}{n_2}}\right)$
		$\sigma_1^2=\sigma_2^2=\sigma^2$ 未知	$\frac{\overline{X}-\overline{Y}-(\mu_1-\mu_2)}{S_\omega\sqrt{\frac{1}{n_1}+\frac{1}{n_2}}}\sim t(n_1+n_2-2)$	$\left(\overline{X}-\overline{Y}\mp t_{\alpha/2}(n_1+n_2-2)S_\omega\sqrt{\frac{1}{n_1}+\frac{1}{n_2}}\right)$	$\left(\overline{X}-\overline{Y}-t_\alpha(n_1+n_2-2)S_\omega\sqrt{\frac{1}{n_1}+\frac{1}{n_2}},+\infty\right)$, $\left(-\infty,\overline{X}-\overline{Y}+t_\alpha(n_1+n_2-2)S_\omega\sqrt{\frac{1}{n_1}+\frac{1}{n_2}}\right)$
	$\frac{\sigma_1^2}{\sigma_2^2}$	μ_1,μ_2 已知	$\frac{n_1\sigma_1^2}{n_2\sigma_2^2}\frac{\sum_{i=1}^{n_2}(Y_i-\mu_2)^2}{\sum_{i=1}^{n_1}(X_i-\mu_1)^2}\sim F(n_2,n_1)$	$\left(\frac{n_2}{n_1}\frac{\sum_{i=1}^{n_1}(X_i-\mu_1)^2}{\sum_{i=1}^{n_2}(Y_i-\mu_2)^2}F_{1-\alpha/2}(n_2,n_1),\right.$ $\left.\frac{n_2}{n_1}\frac{\sum_{i=1}^{n_1}(X_i-\mu_1)^2}{\sum_{i=1}^{n_2}(Y_i-\mu_2)^2}F_{\alpha/2}(n_2,n_1)\right)$	$\left(\frac{n_2}{n_1}\frac{\sum_{i=1}^{n_1}(X_i-\mu_1)^2}{\sum_{i=1}^{n_2}(Y_i-\mu_2)^2}F_{1-\alpha}(n_2,n_1),+\infty\right)$, $\left(0,\frac{n_2}{n_1}\frac{\sum_{i=1}^{n_1}(X_i-\mu_1)^2}{\sum_{i=1}^{n_2}(Y_i-\mu_2)^2}F_\alpha(n_2,n_1)\right)$
		μ_1,μ_2 未知	$\frac{S_1^2/S_2^2}{\sigma_1^2/\sigma_2^2}\sim F(n_1-1,n_2-1)$	$\left(\frac{S_1^2}{S_2^2}F_{1-\alpha/2}(n_2-1,n_1-1),\frac{S_1^2}{S_2^2}F_{\alpha/2}(n_2-1,n_1-1)\right)$	$\left(\frac{S_1^2}{S_2^2}F_{1-\alpha}(n_2-1,n_1-1),+\infty\right)$, $\left(0,\frac{S_1^2}{S_2^2}F_\alpha(n_2-1,n_1-1)\right)$

表 7.2 0-1 分布参数 p 的置信区间(置信度为 $1-\alpha$)

待估参数	其他参数	置信函数 G 的分布	近似的双侧置信区间
p	n 已知	$\dfrac{\left(\frac{\mu_n}{n}-p\right)}{\sqrt{\frac{p(1-p)}{n}}} \dot{\sim} N(0,1)$	$\left(\frac{\mu_n}{n}-z_{\alpha/2}\sqrt{\frac{\frac{\mu_n}{n}\left(1-\frac{\mu_n}{n}\right)}{n}}, \frac{\mu_n}{n}+z_{\alpha/2}\sqrt{\frac{\frac{\mu_n}{n}\left(1-\frac{\mu_n}{n}\right)}{n}}\right)$

第 8 章　假 设 检 验

研究如何利用样本所提供的信息来对总体分布中的未知参数，甚至是对总体分布提出的假设做出判断的问题就是假设检验问题. 假设检验是统计推断的另一个重要组成部分，在数理统计的理论研究和实际应用中占有重要地位.

§8.1　假设检验问题

8.1.1　问题的提出

先来看几个例子.

例 8.1　某厂有 2000 件需要经检验才能出厂的产品. 按国家标准，次品率不得超过 1%. 今在其中抽取了 50 件，检验发现有 1 件次品，问：这批产品能出厂吗？

例 8.2　某食品厂生产水果罐头，每听罐头都由一条生产线自动填装，规定每听罐头的标准重量为 500 克. 由以往的经验知，正常情况下，罐头的重量服从正态分布 $N(\mu,2^2)$. 质量管理条例规定每隔一定时间要抽测 5 听罐头，用以检验生产线的工作是否正常. 今在一次抽样中，称得 5 听罐头的重量(单位：克)分别为 501，507，498，502，504，问：生产线工作正常吗？

例 8.3　在针织品的漂白工艺过程中，要考察温度对针织品断裂强力的影响. 为了检验 70℃与 80℃产生的影响有无差别，今在这两个温度下，分别重复地做了 8 次试验，测得如下两组数据(单位：牛顿)：

70℃ 的断裂强力：20.5，18.8，19.8，20.9，21.5，19.5，21.0，21.2，

80℃ 的断裂强力：17.7，20.3，20.0，18.8，19.0，20.1，20.2，19.1.

试问：70℃与 80℃下的针织品平均断裂强力有差别吗？

例 8.4　如果已知总体 X 的一组样本观测值，那么能否据此判定 X 服从某分布呢？

以上这些例子代表的问题很广泛，虽然也是总体分布中的某些参数，甚至是总体的分布形式未知，但它们却是从总体的一个样本出发去推断一个“假设”是否成立. 例 8.1 中的假设是“次品率不超过 1%”，例 8.2 中的假设是“$E(X)=500$”(X 表示罐头的重量)，例 8.3 中的假设是“$E(X)=E(Y)$”(X 和 Y 分别表示 70℃与 80℃下的断裂强力值)，例 8.4 中的假设则是“X 服从某分布”. 这些问题都是假设检验问题.

例 8.1～例 8.3 是关于总体参数的假设检验问题，其中例 8.1 与例 8.2 是关于一个参数是否为某个数值的检验问题，例 8.3 则是关于两个参数是否相等的检验问题；例 8.4 是关于总体分布的假设检验问题.

对总体分布中的某些参数或总体的分布形式提出假设，然后根据总体的样本对假设进行检验，并做出接受或是拒绝假设的选择，这就是假设检验.

本章主要介绍一些假设检验的方法，来判断"假设"是否成立.

8.1.2 假设检验的基本思想

怎样根据总体的一个样本来推断关于总体的一个假设是否成立呢？下面结合例 8.2 进行分析.

如果以 X 表示每听罐头的重量，那么由题意知 $X \sim N(\mu, 2^2)$. 生产线工作正常，则 X 服从 $N(500, 2^2)$. 因此，例 8.2 要回答"$\mu=500$"成立与否. 为此，提出假设

$$H_0: \mu = 500,$$

与该假设相对立的假设是

$$H_1: \mu \neq 500.$$

我们需要根据样本观测值做出接受 H_0 或是拒绝 H_0 的选择. 如果接受 H_0，则认为生产线工作正常；否则，认为生产线工作不正常.

这是关于总体均值的假设检验. 我们知道，样本均值是对总体均值的无偏估计，如果 H_0 成立，样本均值 $\overline{X}$ 则服从正态分布 $N\left(500, \frac{2^2}{5}\right)$，其取值 $\bar{x}$ 集中在 500 附近. 所以 $|\bar{x}-500|$ 如果过大，H_0 的正确性就值得怀疑. 因此，$|\bar{x}-500|$ 的大小可以用来检验假设 H_0 是否成立. 当 $|\bar{x}-500|<c$（c 为适当选取的某个正数）时，我们就接受 H_0；当 $|\bar{x}-500| \geqslant c$ 时，就拒绝 H_0.

注意到，当 H_0 成立时，$Z=\dfrac{\overline{X}-500}{2/\sqrt{5}} \sim N(0,1)$. 而对 $|\bar{x}-500|$ 大小的衡量就是对 $|z|=\left|\dfrac{\bar{x}-500}{2/\sqrt{5}}\right|$ 大小的衡量，$|\bar{x}-500|<c$ 即 $|z|<\dfrac{\sqrt{5}}{2}c \triangleq k$，所以 $|\bar{x}-500| \geqslant c$ 即 $|z| \geqslant k$.

由于作判断的依据是一个样本，因此可能犯这样的错误：H_0 成立却拒绝 H_0. 我们不能排除犯这种错误的可能性，但希望犯这种错误的概率较小，即对于较小的正数 $\alpha(0<\alpha<1)$，

$$P\{\text{拒绝 } H_0 \mid H_0 \text{ 成立}\} \leqslant \alpha,$$

其含义是在 H_0 成立的前提下，至多以概率 α 拒绝 H_0，具体形式为

$$P\{|Z|\geqslant k\}=P\left\{\left|\frac{\overline{X}-500}{2/\sqrt{5}}\right|\geqslant k\right\}\leqslant\alpha.$$

若令上式取等号,即有

$$P\{|Z|\geqslant k\}=P\left\{\left|\frac{\overline{X}-500}{2/\sqrt{5}}\right|\geqslant k\right\}=\alpha,$$

那么由标准正态分布分位数的定义知,$k=z_{\alpha/2}$,这是使上式成立的最小 k 值. 因此,当 X 的样本观测值满足

$$|z|=\left|\frac{\bar{x}-500}{2/\sqrt{5}}\right|\geqslant z_{\alpha/2}$$

时,拒绝 H_0;否则,接受 H_0.

如取 $\alpha=0.05$,则有 $z_{\alpha/2}=z_{0.025}=1.96$,并由样本值算得 $\bar{x}=502.4$,这时

$$|z|=\left|\frac{\bar{x}-500}{2/\sqrt{5}}\right|=2.6833>1.96.$$

于是拒绝 H_0,即认为生产线工作不正常.

值得注意的是,如果取 $\alpha=0.002$ 时,则有 $z_{\alpha/2}=z_{0.001}=3.090$,这时

$$|z|=\left|\frac{\bar{x}-500}{2/\sqrt{5}}\right|=2.6833<3.090.$$

因此接受 H_0,即认为生产线工作正常. 可见 α 的值会影响选择.

α 总是取得较小,一般取为 0.01 或 0.05,有时也把 0.10 包括在内,所以如果 H_0 成立,则$\left\{\left|\frac{\overline{X}-500}{2/\sqrt{5}}\right|\geqslant z_{\alpha/2}\right\}$可视为小概率事件. 由于小概率事件在一次观测中几乎是不发生的,所以在一次观测中如果出现了满足$\left|\frac{\bar{x}-500}{2/\sqrt{5}}\right|\geqslant z_{\alpha/2}$的 $\bar{x}$,那么假设 H_0 的正确性就值得怀疑. 另外,选定 α 后,数 k 就可以确定,它是检验假设 H_0 成立与否的阈值. 如果$\left|\frac{\bar{x}-500}{2/\sqrt{5}}\right|\geqslant k=z_{\alpha/2}$成立,则认为 $\bar{x}$ 与 500 的差异是显著的,否则认为差异是不显著的,数 α 因此称为假设检验的**显著性水平**,统计量 $Z=\frac{\overline{X}-500}{2/\sqrt{5}}$则称为检验假设 H_0 的**检验统计量**.

上面的检验问题及检验过程一般可以叙述成:在显著性水平 α 下,检验假设

$$H_0:\mu=\mu_0,\quad H_1:\mu\neq\mu_0. \tag{8.1}$$

H_0 称为**原假设**或**零假设**,H_1 称为**备择假设**.

选择一个合适的检验统计量(含 μ 但不含其他未知参数,且令 $\mu=\mu_0$)$Z=$

$\dfrac{\overline{X}-\mu_0}{\sigma/\sqrt{n}}\sim N(0,1)$，并令

$$P\{\text{拒绝 } H_0 \mid H_0 \text{ 成立}\} = P\{\mid Z \mid \geqslant k\} \leqslant \alpha. \tag{8.2}$$

找使上式等号成立的最小 k 值，有 $k=z_{\alpha/2}$，称

$$\mid Z \mid \geqslant z_{\alpha/2} \tag{8.3}$$

所确定的区域为 H_0 的**拒绝域**，称由

$$\mid Z \mid < z_{\alpha/2}$$

确定的区域为假设 H_0 的**接受域**. 把由样本值算得的 $\bar{x}$ 代入(8.3)式，如果不等式成立，则拒绝 H_0，否则接受 H_0.

(8.1)式中的备择假设 H_1 表示 μ 可取在 μ_0 的两边，即 $\mu>\mu_0$ 或 $\mu<\mu_0$，称为**双边备择假设**，(8.1)因此称为**双边检验**.

有时我们只关心被检验的总体参数增大或减小，例如，试验新工艺以提高材料的强度，自然希望新工艺下的材料强度的均值越大越好，而且如果新工艺下材料强度的均值较以往工艺的大，则考虑采用新工艺. 为此，需要检验假设

$$H_0:\mu \leqslant \mu_0, \quad H_1:\mu > \mu_0. \tag{8.4}$$

类似地，有时需要检验假设

$$H_0:\mu \geqslant \mu_0, \quad H_1:\mu < \mu_0. \tag{8.5}$$

形如(8.4)的假设检验称为**右边检验**；形如(8.5)的假设检验称为**左边检验**. 右边检验和左边检验统称为**单边检验**.

仍然考虑例 8.2，$X\sim N(\mu,2^2)$. 如果检验假设

$$H_0:\mu \leqslant 500, \quad H_1:\mu > 500,$$

那么当假设 H_0 成立时，有

$$Z_0 = \frac{\overline{X}-500}{2/\sqrt{5}} \leqslant \frac{\overline{X}-\mu}{2/\sqrt{5}} = Z,$$

从而 $\{Z_0\geqslant k\}\subset\{Z\geqslant k\}$，$P\{Z_0\geqslant k\}\leqslant P\{Z\geqslant k\}$.

令 $P\{Z\geqslant k\}\leqslant\alpha$，则必有

$$P\{\text{拒绝 } H_0 \mid H_0 \text{ 成立}\} = P\{Z_0 \geqslant k\} \leqslant \alpha.$$

而使上式等号成立的最小 k 值为 z_α，因此 H_0 的拒绝域为

$$Z_0 \geqslant z_\alpha, \tag{8.6}$$

接受域则为

$$Z_0 < z_\alpha.$$

如取 $\alpha=0.05$，则有 $z_\alpha=z_{0.05}=1.645$. 由于 $z_0=\dfrac{\overline{x}-500}{2/\sqrt{5}}=2.6833>1.645$，因此拒绝 H_0，即罐头重量的平均值高于 500 克.

同理，可检验假设

$$H_0:\mu\geqslant 500,\quad H_1:\mu<500,$$

并得到 H_0 的拒绝域为

$$Z_0\leqslant -z_\alpha. \tag{8.7}$$

如取 $\alpha=0.05$，则有 $z_\alpha=z_{0.05}=1.645$. 由于 $z_0=\dfrac{\overline{x}-500}{2/\sqrt{5}}=2.6833>-1.645$，因此接受 H_0，即可以认为罐头重量的平均值不低于 500 克.

通过对例 8.2 的分析，我们注意到，参数的假设检验与参数的区间估计的方法有相似之处. 在对同一个参数作假设检验与区间估计时，作区间估计的样本函数(非统计量)在 H_0 成立(此时参数取为被检验的值或单边检验的边界值)时，成为检验假设的检验统计量，样本函数的置信区间即是 H_0 的接受域①.

8.1.3 两类错误

对于一个假设检验问题，如果零假设 H_0 本身是正确的，只是由于样本值落入了拒绝域而拒绝了 H_0，这种"拒真"的错误称为第一类错误；相反，如果零假设 H_0 本身是错误的，仅是由于样本值落入了接受域而接受了 H_0，这种"取伪"的错误称为第二类错误.

根据检验法则，犯第一类错误的概率就是显著性水平 α，这说明显著性水平 α 可以控制犯第一类错误的概率. 但研究表明，当样本容量一定时，减小犯某类错误的概率往往会增大犯另一类错误的概率；若要同时减小犯两类错误的概率，则除非增大样本容量(这意味着增加抽样成本). 一般地，只限定犯第一类错误的最大概率 α，而不考虑犯第二类错误的概率，这样的假设检验称为显著性检验.

8.1.4 假设检验的步骤

上述讨论中所提到的检验方法具有普遍性，可以用在许多假设检验问题上，从中可以概括出一般情况下的检验法则，我们将其归纳如下：

(1) 根据问题提出统计假设：原假设 H_0 和备择假设 H_1.

(2) 寻求一个含有待检参数，但不含其他未知参数，且分布已知的样本的函数，在 H_0 成立的条件下，将其作为检验 H_0 的检验统计量.

---

① 类似于双侧置信区间，双边检验接受域的端点值通常取为上 $1-\frac{\alpha}{2}$ 分位数和上 $\frac{\alpha}{2}$ 分位数.

(3) 给定显著性水平 α,根据检验统计量的分布,确定 H_0 的拒绝域.

(4) 作判断:根据检验统计量的观测值,做出拒绝或是接受 H_0 的选择.

习 题 8.1

1. 对原假设 H_0 和备择假设 H_1,( )为犯第一类错误,( )为犯第二类错误.

(A) H_1 真,接受 H_0; (B) H_1 不真,接受 H_0;

(C) H_1 真,拒绝 H_0; (D) H_1 不真,拒绝 H_0.

2. 假设检验的结果为接受 H_0,有可能犯的是第( )类错误.

3. 当样本容量一定时,显著性水平 α 越大,犯第( )类错误的概率就越大,而犯第( )类错误的概率则越小.

§8.2 正态总体参数的假设检验

正态总体参数的假设检验问题是实际中的常见问题.

8.2.1 单个正态总体参数的假设检验

在本小节中均假设 $X_1, X_2, \cdots, X_n$ 是来自总体 $N(\mu, \sigma^2)$ 的样本,$\overline{X}$ 和 S^2 表示样本均值与样本方差.

1. 均值 μ 的假设检验

针对 μ 这里提出三种假设检验问题:

$$H_0: \mu = \mu_0, \quad H_1: \mu \neq \mu_0, \tag{8.8}$$

$$H_0: \mu \leqslant \mu_0, \quad H_1: \mu > \mu_0, \tag{8.9}$$

$$H_0: \mu \geqslant \mu_0, \quad H_1: \mu < \mu_0. \tag{8.10}$$

其中 μ_0 为指定常数.

(1) 方差 σ^2 已知

对于这种情形,上节已给出结论,这里简述如下:

对于双边检验问题(8.8),在 H_0 成立的条件下,选用检验统计量

$$Z = \frac{\overline{X} - \mu_0}{\sigma / \sqrt{n}} \sim N(0,1), \tag{8.11}$$

H_0 的拒绝域为

$$|Z| \geqslant z_{\alpha/2}. \tag{8.12}$$

右边检验问题(8.9)H_0 的拒绝域为

$$Z \geqslant z_{\alpha}. \tag{8.13}$$

左边检验问题(8.10)H_0 的拒绝域为

$$Z \leqslant -z_\alpha. \tag{8.14}$$

(2) 方差 σ^2 未知

与情形(1)的检验原理相同,对于双边检验问题(8.8),在 H_0 成立的条件下,根据定理 6.3 之(3),选用检验统计量

$$T = \frac{\overline{X} - \mu_0}{S/\sqrt{n}} \sim t(n-1). \tag{8.15}$$

令 $P\{$拒绝 $H_0 \mid H_0$ 成立$\} = P\{|T| \geqslant k\} \leqslant \alpha$,得 H_0 的拒绝域为

$$|T| \geqslant t_{\alpha/2}(n-1). \tag{8.16}$$

对于右边检验问题(8.9),H_0 的拒绝域则为

$$T \geqslant t_\alpha(n-1). \tag{8.17}$$

对于左边检验问题(8.10),H_0 的拒绝域为

$$T \leqslant -t_\alpha(n-1). \tag{8.18}$$

例 8.5 一个矩形的宽长之比为 0.618(黄金分割比)将给人一种很好的感觉.某厂生产的矩形相框的宽长之比服从正态分布,今从中随机地取了 20 个样品,测得 $\overline{x}=0.65785$,$s=0.0933$.问:在显著性水平 $\alpha=0.05$ 下能否认为 $\mu=0.618$?

解 根据题意提出假设 $H_0:\mu=0.618$,$H_1:\mu\neq 0.618$.这是双边检验问题.

由于总体方差 σ^2 未知,故采用检验统计量 $T=\dfrac{\overline{X}-0.618}{S/\sqrt{n}}\sim t(n-1)$,拒绝域为 $|T|\geqslant t_{\alpha/2}(n-1)$.

由 $\alpha=0.05$,$n=20$,查表得 $t_{\alpha/2}(19)=t_{0.025}(19)=2.0930$;又因为 $\overline{x}=0.65785$,$s=0.0933$,所以 $|t|=\left|\dfrac{\overline{x}-0.618}{s/\sqrt{n}}\right|=1.91<2.0930$.因此,在显著性水平 $\alpha=0.05$ 下接受 H_0,即认为该厂生产的矩形相框能给人以很好的感觉.

2. 方差 σ^2 的假设检验(仅限总体均值 μ 未知的情形)

针对 σ^2 这里提出三种假设检验问题:

$$H_0:\sigma^2 = \sigma_0^2,\quad H_1:\sigma^2 \neq \sigma_0^2, \tag{8.19}$$

$$H_0:\sigma^2 \leqslant \sigma_0^2,\quad H_1:\sigma^2 > \sigma_0^2, \tag{8.20}$$

$$H_0:\sigma^2 \geqslant \sigma_0^2,\quad H_1:\sigma^2 < \sigma_0^2, \tag{8.21}$$

其中 σ_0^2 为指定的常数.

与对均值 μ 的假设检验原理相同，对于双边检验问题(8.19)，在 H_0 成立的条件下，根据定理6.3之(1)，选用检验统计量

$$\chi^2=\frac{(n-1)S^2}{\sigma_0^2}\sim\chi^2(n-1). \tag{8.22}$$

令

$$P\{拒绝\ H_0\mid H_0\ 成立\}=P\{\chi^2\leqslant k_1\}+P\{\chi^2\geqslant k_2\}\leqslant\alpha,$$

得 H_0 的拒绝域为

$$\chi^2\leqslant\chi^2_{1-\alpha/2}(n-1)\quad 和\quad \chi^2\geqslant\chi^2_{\alpha/2}(n-1)^{①}. \tag{8.23}$$

对于右边检验问题(8.20)，H_0 的拒绝域为

$$\chi^2\geqslant\chi^2_{\alpha}(n-1)^{②}. \tag{8.24}$$

类似地，左边检验问题(8.21) H_0 的拒绝域为

$$\chi^2\leqslant\chi^2_{1-\alpha}(n-1). \tag{8.25}$$

例 8.6 某炼铁厂铁水中碳含量的百分数 X 服从正态分布 $N(\mu,0.112^2)$. 现在对工艺进行了改进，从中选取了7炉铁水，测得碳含量的百分数为

4.411，4.062，4.337，4.394，4.346，4.277，4.693.

试问新工艺炼出的铁水中碳含量的百分数的方差是否有明显改变($\alpha=0.05$)？

解 根据题意提出假设 $H_0:\sigma^2=0.112^2$，$H_1:\sigma^2\neq0.112^2$. 这是双边检验问题.

由于总体均值 μ 未知，故采用检验统计量 $\chi^2=\dfrac{(n-1)S^2}{0.112^2}\sim\chi^2(n-1)$，拒绝域为 $\chi^2\leqslant\chi^2_{1-\alpha/2}(n-1)$ 和 $\chi^2\geqslant\chi^2_{\alpha/2}(n-1)$.

由 $n=7$，$\alpha=0.05$，查表得 $\chi^2_{1-\alpha/2}(6)=\chi^2_{0.975}(6)=1.237$，$\chi^2_{\alpha/2}(6)=\chi^2_{0.025}(6)=14.449$. 再利用样本值算得 $s^2=0.0352$，所以 $\chi^2=\dfrac{(n-1)s^2}{0.112^2}=16.8367>14.449$. 于

---

① 双边检验问题(8.19) H_0 的拒绝域是指 $\chi^2\leqslant\chi^2_{1-\alpha/2}(n-1)$ 与 $\chi^2\geqslant\chi^2_{\alpha/2}(n-1)$ 的和集.

② 对于右边检验问题(8.20)，当 H_0 成立时，有

$$\chi^2=\frac{(n-1)S^2}{\sigma_0^2}\leqslant\frac{(n-1)S^2}{\sigma^2},$$

从而 $\{\chi^2\geqslant k\}\subset\left\{\dfrac{(n-1)S^2}{\sigma^2}\geqslant k\right\}$，$P\{\chi^2\geqslant k\}\leqslant P\left\{\dfrac{(n-1)S^2}{\sigma^2}\geqslant k\right\}$.

令 $P\left\{\dfrac{(n-1)S^2}{\sigma^2}\geqslant k\right\}\leqslant\alpha$，则必有

$$P\{拒绝\ H_0\mid H_0\ 成立\}=P\{\chi^2\geqslant k\}\leqslant\alpha,$$

使上式等号成立的最小 k 值为 $\chi^2_\alpha(n-1)$，因此 H_0 的拒绝域为

$$\chi^2\geqslant\chi^2_\alpha(n-1).$$

是在显著性水平 $\alpha=0.05$ 下拒绝 H_0，即认为新工艺炼出的铁水中碳含量的百分数的方差有明显变化.

8.2.2 两个正态总体参数的假设检验

两个正态总体均值或方差的异同可以反映两个总体的异同. 对两个正态总体参数的假设检验就是对两个总体的均值或方差作差异性检验.

在本小节中均假设 $X_1,X_2,\cdots,X_{n_1}$ 是来自总体 $N(\mu_1,\sigma_1^2)$ 的样本，$Y_1,Y_2,\cdots,Y_{n_2}$ 是来自总体 $N(\mu_2,\sigma_2^2)$ 的样本，且两个样本相互独立. 以 $\overline{X},S_1^2$ 表示第一个总体的样本均值和样本方差，以 $\overline{Y},S_2^2$ 表示第二个总体的样本均值和样本方差.

1. 总体均值的差异性检验

针对均值的差异性这里提出三种假设检验问题：

$$H_0:\mu_1-\mu_2=\delta,\quad H_1:\mu_1-\mu_2\neq\delta, \tag{8.26}$$

$$H_0:\mu_1-\mu_2\leqslant\delta,\quad H_1:\mu_1-\mu_2>\delta, \tag{8.27}$$

$$H_0:\mu_1-\mu_2\geqslant\delta,\quad H_1:\mu_1-\mu_2<\delta, \tag{8.28}$$

其中 δ 为指定常数.

根据定理 6.4 之(1)知，$\overline{X}-\overline{Y}\sim N\left(\mu_1-\mu_2,\dfrac{\sigma_1^2}{n_1}+\dfrac{\sigma_2^2}{n_2}\right)$. 若令 $\mu=\mu_1-\mu_2,\mu_0=\delta$，那么这三种假设检验问题其实就是对单个正态总体 $N\left(\delta,\dfrac{\sigma_1^2}{n_1}+\dfrac{\sigma_2^2}{n_2}\right)$ 的均值 δ 的假设检验问题.

(1) 方差 σ_1^2,σ_2^2 已知

在 H_0 成立的条件下，对于双边检验问题(8.26)，选用检验统计量

$$Z=\frac{\overline{X}-\overline{Y}-\delta}{\sqrt{\dfrac{\sigma_1^2}{n_1}+\dfrac{\sigma_2^2}{n_2}}}\sim N(0,1). \tag{8.29}$$

类似于检验问题(8.8)，得 H_0 的拒绝域为

$$|Z|\geqslant z_{\alpha/2}. \tag{8.30}$$

对于右边检验问题(8.27)，H_0 的拒绝域为

$$Z\geqslant z_\alpha. \tag{8.31}$$

对于左边检验问题(8.28)，H_0 的拒绝域为

$$Z\leqslant -z_\alpha. \tag{8.32}$$

例 8.7 某卷烟厂向化验室送去 A,B 两种盒装烟草，化验尼古丁的含量是否

相同.化验室从A,B中各随机地抽取了重量相同的5例进行化验,测得尼古丁的含量(单位:毫克)为

A:24,27,26,21,24; B:27,28,23,31,26.

根据以往的经验知,烟草中的尼古丁含量服从正态分布,且A种的方差是5,B种的方差为8.如果取$\alpha=0.05$,问两种盒装烟草的尼古丁含量是否有差异?

解 设两种盒装烟草的尼古丁平均含量分别为μ_1和μ_2,则根据题意提出假设

$$H_0:\mu_1=\mu_2,\quad H_1:\mu_1\neq\mu_2.$$

这是双边检验问题.

由于σ_1^2,σ_2^2已知,故在$\mu_1-\mu_2=0$成立的条件下,采用检验统计量(8.29),拒绝域为$|Z|\geqslant z_{\alpha/2}$.

由$\alpha=0.05$,查表得$z_{\alpha/2}=z_{0.025}=1.96$.由烟草A,B的样本值可算得$\bar{x}=24.4$,$\bar{y}=27$.再由$n_1=5,n_2=5;\sigma_1^2=5,\sigma_2^2=8$,有

$$z=\frac{\bar{x}-\bar{y}}{\sqrt{\dfrac{\sigma_1^2}{n_1}+\dfrac{\sigma_2^2}{n_2}}}=-1.612,$$

即$|z|=1.612<1.96$.于是在显著性水平$\alpha=0.05$下接受H_0,即认为两种烟草的尼古丁含量没有明显差异.

(2) 方差σ_1^2,σ_2^2未知,但$\sigma_1^2=\sigma_2^2=\sigma^2$

对于双边检验问题(8.26),在H_0成立的条件下,根据定理6.4之(3),选用的检验统计量为

$$T=\frac{\bar{X}-\bar{Y}-\delta}{S_\omega\sqrt{\dfrac{1}{n_1}+\dfrac{1}{n_2}}}\sim t(n_1+n_2-2),\tag{8.33}$$

其中$S_\omega^2=\dfrac{(n_1-1)S_1^2+(n_2-1)S_2^2}{n_1+n_2-2}$,$S_\omega=\sqrt{S_\omega^2}$.

与推导式(8.16)类似,得H_0的拒绝域为

$$|T|\geqslant t_{\alpha/2}(n_1+n_2-2).\tag{8.34}$$

对于右边检验问题(8.27),H_0的拒绝域为

$$T\geqslant t_\alpha(n_1+n_2-2),\tag{8.35}$$

对于左边检验问题(8.28),H_0的拒绝域为

$$T\leqslant -t_\alpha(n_1+n_2-2).\tag{8.36}$$

例8.8 在70年代后期人们发现,在酿造啤酒时,麦芽的干燥过程将形成致癌物质N-亚硝基二甲胺(NDMA).到了80年代初期开发了一种新的麦芽干燥工

艺. 下面是新旧两种干燥工艺下的一组 NDMA 含量(以 10 亿份中的份数计)数据.

NDMA 含量(旧过程):6,4,5,5,6,5,5,6,4,6,7,4,

NDMA 含量(新过程):2,1,2,2,1,0,3,2,1,0,1,3.

假设新旧两种干燥工艺下的 NDMA 含量(以 10 亿份中的份数计)均服从正态分布,方差相同,但均值分别为 μ_1,μ_2. 试在显著性水平 $\alpha=0.05$ 下,检验假设 H_0:$\mu_1-\mu_2\geqslant-2$,H_1:$\mu_1-\mu_2<-2$ 是否成立($\alpha=0.05$).

解 设新、旧两种干燥工艺下的 NDMA 含量分别为 X,Y. 由于两个正态总体的方差未知,但是相等,于是在 $\mu_1-\mu_2\geqslant-2$ 成立的条件下,采用检验统计量(8.33). 这是左边检验问题,故拒绝域为 $T\leqslant -t_\alpha(n_1+n_2-2)$.

由 $\alpha=0.05$,$n_1=n_2=12$,查表得 $t_\alpha(22)=t_{0.05}(22)=1.7171$,再由样本值算得 $\bar{x}=1.5$,$\bar{y}=5.25$,$s_1^2=1$,$s_2^2=0.9318$,$s_\omega^2=0.9659$,所以

$$t=\frac{\bar{x}-\bar{y}-(-2)}{s_\omega\sqrt{\dfrac{1}{n_1}+\dfrac{1}{n_2}}}=-4.3616<-1.7171.$$

于是在显著性水平 $\alpha=0.05$ 下拒绝 H_0 而接受 H_1,即认为新工艺下的致癌物质 NDMA 含量显著低于旧工艺下的 NDMA 含量.

2. 总体方差的差异性检验(仅限两总体均值都未知的情形)

针对方差的差异性这里提出三种假设检验问题:

$$H_0:\sigma_1^2=\sigma_2^2,\quad H_1:\sigma_1^2\neq\sigma_2^2, \tag{8.37}$$

$$H_0:\sigma_1^2\leqslant\sigma_2^2,\quad H_1:\sigma_1^2>\sigma_2^2, \tag{8.38}$$

$$H_0:\sigma_1^2\geqslant\sigma_2^2,\quad H_1:\sigma_1^2<\sigma_2^2. \tag{8.39}$$

若令 $\gamma=\dfrac{\sigma_1^2}{\sigma_2^2}$,那么这三种假设检验问题就等价于如下三种假设检验问题:

$$H_0:\gamma=1,\quad H_1:\gamma\neq1,$$

$$H_0:\gamma\leqslant1,\quad H_1:\gamma>1,$$

$$H_0:\gamma\geqslant1,\quad H_1:\gamma<1.$$

而根据定理 6.4 之(2)知,$\dfrac{S_1^2/S_2^2}{\gamma}\sim F(n_1-1,n_2-1)$.

于是,对于双边检验问题(8.37),在 H_0 成立的条件下,选用的检验统计量为

$$F=\frac{S_1^2}{S_2^2}\sim F(n_1-1,n_2-1). \tag{8.40}$$

与推导式(8.23)类似,令

$$P\{拒绝\ H_0\mid H_0\ 成立\}=P\{F\leqslant k_1\}+P\{F\geqslant k_2\}\leqslant\alpha,$$

得 H_0 的拒绝域为

$$F\leqslant F_{1-\alpha/2}(n_1-1,n_2-1) \quad 和 \quad F\geqslant F_{\alpha/2}(n_1-1,n_2-1)^{①}. \tag{8.41}$$

对于右边检验问题(8.38)，H_0 的拒绝域为

$$F\geqslant F_{\alpha}(n_1-1,n_2-1). \tag{8.42}$$

对于左边检验问题(8.39)，H_0 的拒绝域为

$$F\leqslant F_{1-\alpha}(n_1-1,n_2-1). \tag{8.43}$$

例 8.9 甲、乙两台机床加工某种零件，经它们加工后的零件直径 X_1, X_2(单位:mm)均服从正态分布，直径的方差反映的是加工精度. 今从各自加工的零件中分别抽取一批样品，测得直径为

X_1:16.2,16.4,15.6,15.7,16.5,15.8,16.0,

X_2:15.7,16.2,16.4,16.0,16.6,15.9,15.8,15.0.

试问两台机床的加工精度是否有明显差别($\alpha=0.05$)?

解 根据题意提出假设 $H_0:\sigma_1^2=\sigma_2^2, H_1:\sigma_1^2\neq\sigma_2^2$，这是双边检验问题.

由于两个正态总体的均值未知，所以在 $\sigma_1^2=\sigma_2^2$ 成立的条件下，采用检验统计量(8.40)，拒绝域为 $F\leqslant F_{1-\alpha/2}(n_1-1,n_2-1)$ 和 $F\geqslant F_{\alpha/2}(n_1-1,n_2-1)$.

已知 $n_1=7, n_2=8, \alpha=0.05$，查表并计算 $F_{0.025}(6,7)=5.12, F_{0.975}(6,7)=1/F_{0.025}(7,6)=0.175$. 再由样本算得 $s_1^2=0.1224, s_2^2=0.24$，所以 $F=s_1^2/s_2^2=0.51$. 由于 $0.51\in(0.175,5.12)$，所以在显著性水平 $\alpha=0.05$ 下接受 H_0，即认为两台机床的加工精度没有明显差别.

习 题 8.2

1. 正常人的脉搏平均为 72 次/分，现某医生测得 10 例慢性四乙基铅中毒患者的脉搏(单位:次/分)为

54,67,67,78,70,66,67,70,65,69.

问四乙基铅中毒者和正常人的脉搏有无显著差异(假设四乙基铅中毒者的脉搏服从正态分布，$\alpha=0.05$)?

2. 按规定，工厂排放的污水中汞的最高允许排放浓度为 0.05mg/L. 从工厂排放的污水中随机抽取了 10 个水样，每个水样 1L，测得汞含量分别为 0.045,0.051,0.049,0.054,0.050,0.055,0.052,0.054,0.053,0.048. 设每升污水中汞的含量服从正态分布，问该厂排放的污水中汞的含量是否超标($\alpha=0.05$).

---

① 双边检验问题(8.37)假设 H_0 的拒绝域是指 $F\leqslant F_{1-\alpha/2}(n_1-1,n_2-1)$ 与 $F\geqslant F_{\alpha/2}(n_1-1,n_2-1)$ 的和集.

3. 内科医生声称,如果病人每天傍晚聆听一种特殊的轻音乐会降低血压(舒张压,单位:mmHg). 今随机地选了10个病人,在试验之前和试验之后分别测量了他们的血压,得到如下数据:

试验之前(x_i):86,92,95,84,80,78,98,95,94,96,

试验之后(y_i):84,83,81,78,82,74,86,85,80,82.

设 $D_i=X_i-Y_i(i=1,2,\cdots,10)$ 为来自正态总体 $N(\mu_D,\sigma_D^2)$ 的样本,μ_D,σ_D^2 均未知,则试验结果是否说明医生的意见是对的($\alpha=0.05$)?

4. 电工器材厂生产了一批保险丝,从中抽取10个测试其熔化时间,得到如下数据:

42,65,75,78,71,59,57,68,55,54.

设整批保险丝的熔化时间服从正态分布,问是否可以认为保险丝的熔化时间的方差为144($\alpha=0.10$).

5. 某种导线电阻的标准差不得超过0.005欧姆. 今在某批导线中取了9根样品,测得 $s=0.007$ 欧姆. 设导线的电阻服从正态分布,问在显著性水平 $\alpha=0.05$ 下能否认为这批导线电阻的标准差显著地偏大?

6. 为检验A,B两种药在血液中的反应,今在服A种药的8人和服B种药的6人服药两小时后,检验了他们血液中的药物浓度,得到如下数据:

A种药的浓度:1.23,1.42,1.41,1.62,1.55,1.51,1.60,1.76,

B种药的浓度:1.76,1.41,1.87,1.49,1.67,1.81.

设A,B两种药在血液中的浓度均服从正态分布,且方差相等,那么可否认为这两种药在血液中的浓度相同($\alpha=0.10$)?

7. 为比较在不同季节出生的女婴体重的差异,从某年12月和6月出生的女婴中各随机地取了6名与10名,测得体重(单位:g)如下:

12月:3520,2960,2560,2960,3260,3960,

6月:3220,3220,3760,3000,2920,3740,3060,3080,2940,3060.

设新生女婴体重服从正态分布,试问冬、夏两季新生女婴体重的方差是否不同($\alpha=0.05$)?

§8.3 0-1分布参数的假设检验

在7.2.4小节中,我们讨论了非正态总体参数的区间估计问题,已清楚在大样本条件下,来自总体的样本容量为 n 的样本均值 $\overline{X}$ 近似地服从正态分布 $N(\mu,\sigma^2/n)$(其中 μ,σ^2 是非正态总体的均值和方差),从而可以利用正态总体均值的置信区间(7.13)对 μ 作近似的区间估计. 根据假设检验与参数估计的密切关系,我们也可以对 μ 作假设检验.

下面给出0-1分布参数 p 的假设检验.

设 $X_1,X_2,\cdots,X_n$ 是来自总体 $B(1,p)$ 的一个大样本. 考虑如下三种假设检验问题：

$$H_0: p = p_0, \quad H_1: p \neq p_0,$$
$$H_0: p \leqslant p_0, \quad H_1: p > p_0,$$
$$H_0: p \geqslant p_0, \quad H_1: p < p_0,$$

其中 p_0 为指定常数.

选用的检验统计量为

$$Z = \frac{\overline{X} - p_0}{\sqrt{p_0(1-p_0)/n}} \stackrel{\cdot}{\sim} N(0,1).$$

双边检验 H_0 的近似拒绝域为

$$|Z| \geqslant z_{\alpha/2}.$$

右边检验 H_0 的近似拒绝域为

$$Z \geqslant z_\alpha.$$

左边检验 H_0 的近似拒绝域为

$$Z \leqslant -z_\alpha.$$

例 8.10 按规定，某种型号的电子元件的使用寿命低于 500 小时的就是不合格产品. 从某厂生产的产品中随机地抽取 300 件进行检测，发现有 14 件的使用寿命低于 500 小时. 问：是否可以认为该厂产品的不合格率不超过 4%（$\alpha=0.05$）？

解 设该厂产品的不合格率为 p，并引入随机变量

$$X = \begin{cases} 1, & \text{抽到的产品是不合格品}, \\ 0, & \text{抽到的产品是合格品}, \end{cases}$$

则 $X \sim B(1,p)$. 根据题意提出假设

$$H_0: p \leqslant 0.04; \quad H_1: p > 0.04,$$

检验统计量为

$$Z = \frac{\overline{X} - p_0}{\sqrt{p_0(1-p_0)/n}} = \frac{\overline{X} - 0.04}{\sqrt{0.0384/n}} \stackrel{\cdot}{\sim} N(0,1).$$

这是右边检验，因此拒绝域为 $Z \geqslant z_\alpha$.

由 $\alpha=0.05$，查表得 $z_\alpha = z_{0.05} = 1.645$. 又 $\bar{x} = \frac{14}{300}$，$n=300$，所以

$$z = \frac{\bar{x} - 0.04}{\sqrt{0.0384/n}} \approx 0.5892 < 1.645.$$

因此，在显著性水平 $\alpha=0.05$ 下接受 H_0，即认为该厂产品的不合格率不超过 4%.

习 题 8.3

1. 有一批产品，次品率 p 未知，从中取了 50 个样品，发现有 4 个次品. 在这种情况下，判断假设 $H_0: p\leqslant 0.05$ 是否成立($\alpha=0.05$).

2. 某工厂有一大批产品等待出厂，次品率 p 未知. 按规定，次品率不超过某个已知数 p_0 方可出厂. 今从中随机抽取了 n 件进行检验，发现次品 m 件. 问在显著性水平 α 下，这批产品在什么条件下可以出厂？(假定 n 比较大.)

§8.4 总体分布的假设检验

前面介绍了关于总体分布中未知参数的几种假设检验方法. 在实际问题中，有时不知道总体服从什么分布，这时也需要根据样本提供的信息，检验关于总体分布的假设. 本节介绍的 χ^2 拟合优度检验法是检验总体分布假设的检验方法，由英国著名的统计学家卡尔·皮尔逊(K. Pearson)于 1900 年提出.

针对总体分布，一般提出这样的假设检验问题：

$$H_0: 总体\ X\ 服从某概率分布，$$
$$H_1: 总体\ X\ 不服从某概率分布. \tag{8.44}$$

假设检验问题(8.44)一般有以下三种具体提法(省略备择假设)：

(1) H_0: 总体 X 的分布函数为 $F_0(x)$.

(2) H_0: 总体 X 的分布律为 $P_0\{X=x_i\}=p_i, i=1,2,\cdots$.

(3) H_0: 总体 X 的概率密度函数为 $f_0(x)$.

1. χ^2 检验法的基本思想

为检验假设 H_0，把 X 可能取值的区域分成两两互不相交的 k 个子集 $D_1, D_2, \cdots, D_k$，并算出总体 X 的样本值 $x_1, x_2, \cdots, x_n$ 落在 D_i 内的个数(称为实际频数)n_i 及在 D_i 内的频率 $f_i=\dfrac{n_i}{n}(i=1,2,\cdots,k)$. 若假设 H_0 成立，则可以根据所假定的概率分布计算出 X 在 D_i 内取值的概率 $p_i=P\{X\in D_i\}$，从而可以算出 $np_i(i=1,2,\cdots,k)$(称为理论频数). 另外，由大数定理可知，如果试验次数很大，那么 $\left|\dfrac{n_i}{n}-p_i\right|$ 的值一般会很小. 皮尔逊证明了统计量

$$\chi^2=\sum_{i=1}^{k}\frac{n}{p_i}\left(\frac{n_i}{n}-p_i\right)^2=\sum_{i=1}^{k}\frac{n_i^2}{np_i}-n \tag{8.45}$$

具有下面定理 8.1 所述性质，我们就采用它作为检验统计量. (8.45)中的统计量

χ^2 称为皮尔逊统计量.

如果 H_0 中所假定的概率分布含有未知参数,则在假设 H_0 成立时,先利用样本值求出未知参数的最大似然估计,然后以估计值作为参数值,再根据 H_0 中所假定的概率分布求出 p_i 的估计值 $\hat{p}_i$. 在(8.45)中用 $\hat{p}_i$ 来代替 p_i,这时则采用

$$\chi^2 = \sum_{i=1}^{k} \frac{n_i^2}{n\hat{p}_i} - n \tag{8.46}$$

作为检验统计量.

定理 8.1 对于假设检验问题(8.44),若假设 H_0 成立,那么当样本容量 n 充分大时,统计量(8.45)和(8.46)都将近似地服从 $\chi^2(k-r-1)$ 分布,其中 k 是 X 可能取值的全体被分成两两互不相交子集的个数,r 是 H_0 中所假定的概率分布含有的未知参数的个数①.

根据上面的讨论,当 H_0 成立时,由(8.45)或(8.46)表示的统计量 χ^2 的取值不应该太大,我们就以此作为检验 H_0 的标准. 考虑到 χ^2 变量的取值非负,因此把 H_0 的拒绝域设为

$$\chi^2 \geqslant \chi_\alpha^2(k-r-1). \tag{8.47}$$

基于定理 8.1 的皮尔逊 χ^2 检验法在应用时,样本容量 n 必须很大,一般经验取 $n\geqslant 50$,且每一个 np_i 或 $n\hat{p}_i$ 的值都不小于 5. 如果对 X 可能取值的划分未满足后一个条件,则需要适当地合并一些取值相邻的子集以满足这个要求. 注意合并后子集数将减少,从而统计量 χ^2 的自由度会随之减小.

2. χ^2 检验法的基本步骤

对总体分布作 χ^2 检验的步骤如下:

(1) 提出原假设 H_0:总体 X 服从某指定分布;

(2) 把 X 可能取值的全体分成 k(通常取 $5\leqslant k\leqslant 16$)个两两互不相交的子集 $D_1, D_2, \cdots, D_k$;

(3) 计算样本值 $x_1, x_2, \cdots, x_n$ 在第 i 个子集 D_i 内的频数 $n_i(i=1,2,\cdots,k)$;

(4) 按所指定的分布求 X 在第 i 个子集 D_i 内取值的概率 p_i 或它的估计值 $\hat{p}_i(i=1,2,\cdots,k)$;

(5) 计算统计量 $\chi^2 = \sum\limits_{i=1}^{k} \dfrac{(n_i-np_i)^2}{np_i}$ 或 $\chi^2 = \sum\limits_{i=1}^{k} \dfrac{n_i^2}{n\hat{p}_i} - n$ 的观测值;

(6) 对给定的显著性水平 α,如果 $\chi^2\geqslant\chi_\alpha^2(k-r-1)$,则拒绝 H_0;否则,接受 H_0.

---

① 以式(8.45)作为检验统计量,仅当 H_0 中所假设的概率分布不含未知参数,此时 $r=0$.

例 8.11 在某交叉路口记录了每 15 秒内通过的汽车数量,共观察了 25 分钟,得到了 100 个记录,整理后的数据如下:

x_i	0	1	2	3	4	5	6	7	8	9	10	11
频数 n_i	1	5	15	17	26	11	9	8	3	2	2	1

在显著性水平 $\alpha=0.05$ 下检验假设:通过交叉路口的汽车数量服从泊松分布.

解 设 X 表示通过交叉路口的汽车数量. 提出假设 H_0:X 服从泊松分布 $P(\lambda)$.

在 H_0 成立的前提下,X 的分布律为

$$P\{X=i\}=\frac{\lambda^i \mathrm{e}^{-\lambda}}{i!},\quad i=0,1,\cdots,$$

其中 λ 未知.

由于 X 的分布律中含有未知参数,所以先利用极大似然估计法获得 λ 的估计值

$$\hat{\lambda}=\bar{x}=\frac{1}{100}\sum_{i=0}^{11}x_i n_i=4.28.$$

然后计算 X 取每个值的概率估计值

$$\hat{p}_i=\hat{P}\{X=i\}=\frac{\hat{\lambda}^i \mathrm{e}^{-\hat{\lambda}}}{i!}=\frac{4.28^i \mathrm{e}^{-4.28}}{i!},\quad i=0,1,\cdots.$$

由于各组的理论频数不能小于 5,所以根据 $\hat{p}_i(i=0,1,2,\cdots)$值将 X 可能取值的全体分成 8 个子集,皮尔逊统计量 χ^2 的自由度因此为 $8-1-1=6$. 各组 χ^2 值的计算结果列在了表 8.1 最后一列.

表 8.1

D_i	n_i	$\hat{p}_i$	$n\hat{p}_i$	$(n_i-n\hat{p}_i)^2/n\hat{p}_i$
$\{0,1\}$	6	0.0730	7.30	0.2315
$\{2\}$	15	0.1268	12.68	0.4245
$\{3\}$	17	0.1809	18.09	0.0657
$\{4\}$	26	0.1935	19.35	2.2854
$\{5\}$	11	0.1657	16.57	1.8724
$\{6\}$	9	0.1182	11.82	0.6728
$\{7\}$	8	0.0723	7.23	0.0820
$\{8,9,\cdots\}$	8	0.0696	6.96	0.1554
$\sum$	100			5.7897

因为 $\chi^2=5.7897<\chi^2_{0.05}(6)=12.592$,故在显著性水平 0.05 下接受 H_0,即可以认为通过交叉路口的汽车数量服从泊松分布.

例 8.12 自 1965 年 1 月 1 日至 1971 年 2 月 9 日共 2231 天中,全世界记录到

里氏震级4级及以上的地震共计162次,统计如下:

相继两次地震间隔天数 x	0~4	5~9	10~14	15~19	20~24	25~29	30~34	35~39	≥40
出现的频数	50	31	26	17	10	8	6	6	8

试检验相继两次地震间隔的天数 X 服从指数分布($\alpha=0.05$).

解 根据题意提出假设 H_0:X 服从指数分布 $E(\lambda)$.

在 H_0 成立的前提下,X 的密度函数为

$$f(x)=\begin{cases}\lambda e^{-\lambda x}, & x>0,\\ 0, & x\leqslant 0.\end{cases}$$

其中 λ 未知.

用最大似然估计法获得 λ 的估计值 $\hat{\lambda}=\dfrac{1}{\bar{x}}=\dfrac{162}{2231}\approx 0.0726$,于是有 X 的分布函数的估计结果

$$\hat{F}(x)=\begin{cases}1-e^{-0.0726x}, & x>0,\\ 0, & x\leqslant 0.\end{cases}$$

将 X 可能取值的全体参照已知数据的分组形式分成9个子集:$(0,4.5]$,$(4.5,9.5]$,…,$(39.5,+\infty)$,然后按公式 $\hat{P}\{a<X\leqslant b\}=\hat{F}(b)-\hat{F}(a)$ 计算 X 在每个子集 D_i 内取值的概率的估计值 $\hat{p}_i(i=1,2,\cdots,9)$,如:

$$\hat{p}_2=\hat{P}\{4.5<X\leqslant 9.5\}=\hat{F}(9.5)-\hat{F}(4.5)=0.2196,$$

$$\hat{p}_9=\hat{P}\{X>39.5\}=1-\hat{F}(39.5)=0.0568.$$

由于各组的理论频数不能小于5,故将最后两个子集予以合并,因此最终是8个子集.皮尔逊统计量 χ^2 的自由度为 $8-1-1=6$.各组 χ^2 值的计算结果都列在了表8.2最后一列.

表 8.2

D_i	n_i	$\hat{p}_i$	$n\hat{p}_i$	$(n_i-n\hat{p}_i)^2/n\hat{p}_i$
$(0,4.5]$	50	0.2788	45.1656	0.5175
$(4.5,9.5]$	31	0.2196	35.5752	0.5884
$(9.5,14.5]$	26	0.1527	24.7374	0.0644
$(14.5,19.5]$	17	0.1062	17.2044	0.0024
$(19.5,24.5]$	10	0.0739	11.9718	0.3248
$(24.5,29.5]$	8	0.0514	8.3268	0.0128
$(29.5,34.5]$	6	0.0358	5.7996	0.0069
$(34.5,39.5]$ $(39.5,+\infty)$	6 8 } 14	0.0248 0.0568 }	4.0176 9.2016 } 13.2192	0.0461
$\sum$	162			$\sum=1.5633$

因为 $\chi^2=1.5633<\chi^2_{0.05}(6)=12.592$，故在显著性水平 0.05 下，接受假设 H_0，即可以认为相继两次地震间隔的天数 X 服从指数分布.

习　题　8.4

1. 下表是各种颜色汽车的销售情况：

颜　色	红	黄	蓝	绿	棕
车辆数	40	64	46	36	14

试检验顾客对这些颜色是否有偏爱，即检验销售情况是否是均衡的($\alpha=0.05$).

2. 某种闪光灯，每盏灯含 4 个电池，随机地取 150 盏灯，经检验得到以下数据：

一盏灯损坏的电池数	0	1	2	3	4
灯的盏数	26	51	47	16	10

试检验一盏灯损坏的电池数 $X\sim B(4,\theta)$(θ 未知)($\alpha=0.05$).

3. 从一批灯泡中抽取 300 只做寿命试验，结果如下：

寿命(小时)	$0\leqslant t<100$	$100\leqslant t<200$	$200\leqslant t<300$	$t\geqslant 300$
灯泡数	121	78	43	58

试检验“灯泡寿命服从参数为 0.005 的指数分布”这一假设($\alpha=0.05$).

章末习题 8

1. 某车间用一台包装机包装葡萄糖，规定标准为每袋装 0.5kg. 设包装机称得每袋糖质量 $X\sim N(\mu,0.015^2)$. 某天开工后，为检查包装机的工作是否正常，随机地抽了 9 袋，称得质量为

$$0.497,0.506,0.518,0.524,0.488,0.511,0.510,0.515,0.512.$$

问：在显著性水平 $\alpha=0.10$ 下包装机工作正常吗？

2. 设某次考试的成绩服从正态分布，随机抽取了 36 位考生的成绩，算得平均分为 66.5 分，标准差 $s=15$. 问：在显著性水平 $\alpha=0.05$ 下，是否可以认为这次考试的平均成绩为 70 分？

3. 某纺织厂在正常的运转条件下，各台布机 1h 内经纱的平均断头数为 0.973 个. 该厂进行工艺改革，减少经纱上浆率，并在 200 台布机上进行了试验，结果各台布机 1h 内经纱的平均断头数为 0.994 个，标准差 s 为 0.16 个. 设 1h 内经纱的平均断头数服从正态分布，那么与旧工艺相比，新工艺下的经纱断头数是否显著减少($\alpha=0.05$)？

4. 某电工器材厂生产一种保险丝，依通常情况其熔化时间的方差为 400. 今从某天的产品中抽取出容量为 25 的样本测熔化时间，算得熔化时间的 $\bar{x}=62.24$，$s^2=404.77$. 设保险丝的熔化时间服从正态分布，如果要求保险丝熔化时间的方差不得超过 400，问该厂生产的保险丝的熔化时间是否符合这一要求($\alpha=0.01$)？

5. 某林场采用两种方案作杨树育苗试验. 已知两种方案下苗高(单位：cm)均服从正态分布，标准差分别为 $\sigma_1=20$，$\sigma_2=18$. 现各抽取 60 棵树苗作样本，测得苗高 $\bar{x}_1=59.34$，$\bar{x}_2=49.16$，问育苗方案对杨树苗的高度有影响吗($\alpha=0.05$)？

6. 某试验室分别在 70℃和 80℃下对某项指标各做了 8 次重复试验，产生如下数据：

70℃下某项指标	20.5	18.8	19.7	21.0	21.0	21.0	19.7	21.5
80℃下某项指标	20.3	18.8	20.1	20.0	20.0	19.2	19.1	17.7

由经验知，该项指标服从正态分布，且方差不变. 试问两种温度下这一指标的均值相同吗($\alpha=0.05$)?

7. 甲、乙两台机床加工同一种零件，零件长度服从正态分布. 今从已加工的零件中分别取6个和9个测量长度，算得 $s_{甲}^2=0.245$，$s_{乙}^2=0.357$，问：甲、乙两机床的加工精度有差异吗($\alpha=0.05$)?

8. 为比较两种子弹的速度(单位：m/s)，今在相同条件下进行速度测试. 算得两种子弹速度的样本均值和样本标准差为

$$甲子弹：n_1=100, \bar{x}_1=2.805, s_1=120.41,$$

$$乙子弹：n_2=100, \bar{x}_2=2.680, s_2=105.00.$$

设两种子弹的速度均服从正态分布，且方差相等，问甲子弹的速度是否大于乙子弹的速度($\alpha=0.05$)?

9. 在一正二十面体的20个面上，分别标以数字0，1，2，…，9，每个数在两个面上标出. 为检验该二十面体的匀称性，共作了800次投掷试验，记录下正上方出现的数字的频数见下表. 问是否可以认为该正二十面体是匀称的($\alpha=0.05$)?

数字	0	1	2	3	4	5	6	7	8	9
频数	74	92	83	79	80	73	77	75	76	91

10. 袋中装有8只球，其中红球数未知. 在其中任取3只，记录红球的只数 X，然后放回，再任取3只，记录红球的只数，然后放回. 如此重复了112次，其结果如下：

X	0	1	2	3
次数	1	31	55	25

试检验假设 H_0：X 服从超几何分布 $P\{X=k\}=\frac{C_5^k C_3^{3-k}}{C_8^3}$，$k=0,1,2,3$，亦即检验假设 H_0：袋中红球的只数为5($\alpha=0.05$).

11. 某车间生产滚珠，随机抽取106个，测量其直径(单位：mm)的分组频数分布如下：

分组区间	频　数
[119.5,123.5)	1 ⎫
[123.5,127.5)	0 ⎬10
[127.5,131.5)	2 ⎪
[131.5,135.5)	7 ⎭
[135.5,139.5)	21
[139.5,143.5)	41
[143.5,147.5)	19
[147.5,151.5)	12 ⎫
[151.5,155.5)	2 ⎬15
[155.5,159.5)	1 ⎭

试检验"直径服从正态分布 $N(142,5^2)$"这一假设($\alpha=0.05$).

表 8.3 正态总体均值、方差的假设检验(显著性水平为 α)

	原假设和备择假设	检验统计量	原假设 H_0 的拒绝域
单个正态总体	$H_0:\mu=\mu_0,H_1:\mu\neq\mu_0$ $H_0:\mu\leqslant\mu_0,H_1:\mu>\mu_0$ $H_0:\mu\geqslant\mu_0,H_1:\mu<\mu_0$ (σ^2 已知)	$Z=\dfrac{\overline{X}-\mu_0}{\sigma/\sqrt{n}}\sim N(0,1)$	$\lvert Z\rvert\geqslant z_{\alpha/2}$ $Z\geqslant z_\alpha$ $Z\leqslant -z_\alpha$
	$H_0:\mu=\mu_0,H_1:\mu\neq\mu_0$ $H_0:\mu\leqslant\mu_0,H_1:\mu>\mu_0$ $H_0:\mu\geqslant\mu_0,H_1:\mu<\mu_0$ (σ^2 未知)	$T=\dfrac{\overline{X}-\mu_0}{S/\sqrt{n}}\sim t(n-1)$	$\lvert T\rvert\geqslant t_{\alpha/2}(n-1)$ $T\geqslant t_\alpha(n-1)$ $T\leqslant -t_\alpha(n-1)$
	$H_0:\sigma^2=\sigma_0^2,H_1:\sigma^2\neq\sigma_0^2$ $H_0:\sigma^2\leqslant\sigma_0^2,H_1:\sigma^2>\sigma_0^2$ $H_0:\sigma^2\geqslant\sigma_0^2,H_1:\sigma^2<\sigma_0^2$ (μ 未知)	$\chi^2=\dfrac{(n-1)S^2}{\sigma_0^2}\sim\chi^2(n-1)$	$\chi^2\leqslant\chi^2_{1-\alpha/2}(n-1)$ 和 $\chi^2\geqslant\chi^2_{\alpha/2}(n-1)$ $\chi^2\geqslant\chi^2_\alpha(n-1)$ $\chi^2\leqslant\chi^2_{1-\alpha}(n-1)$
两个正态总体	$H_0:\mu_1-\mu_2=\delta,H_1:\mu_1-\mu_2\neq\delta$ $H_0:\mu_1-\mu_2\leqslant\delta,H_1:\mu_1-\mu_2>\delta$ $H_0:\mu_1-\mu_2\geqslant\delta,H_1:\mu_1-\mu_2<\delta$($\sigma_1^2,\sigma_2^2$ 已知)	$Z=\dfrac{\overline{X}-\overline{Y}-\delta}{\sqrt{\dfrac{\sigma_1^2}{n_1}+\dfrac{\sigma_2^2}{n_2}}}\sim N(0,1)$	$\lvert Z\rvert\geqslant z_{\alpha/2}$ $Z\geqslant z_\alpha$ $Z\leqslant -z_\alpha$
	$H_0:\mu_1-\mu_2=\delta,H_1:\mu_1-\mu_2\neq\delta$ $H_0:\mu_1-\mu_2\leqslant\delta,H_1:\mu_1-\mu_2>\delta$ $H_0:\mu_1-\mu_2\geqslant\delta,H_1:\mu_1-\mu_2<\delta$ ($\sigma_1^2=\sigma_2^2=\sigma^2$ 未知)	$T=\dfrac{\overline{X}-\overline{Y}-\delta}{S_\omega\sqrt{\dfrac{1}{n_1}+\dfrac{1}{n_2}}}\sim t(n_1+n_2-2)$	$\lvert T\rvert\geqslant t_{\alpha/2}(n_1+n_2-2)$ $T\geqslant t_\alpha(n_1+n_2-2)$ $T\leqslant -t_\alpha(n_1+n_2-2)$
	$H_0:\sigma_1^2=\sigma_2^2,H_1:\sigma_1^2\neq\sigma_2^2$ $H_0:\sigma_1^2\leqslant\sigma_2^2,H_1:\sigma_1^2>\sigma_2^2$ $H_0:\sigma_1^2\geqslant\sigma_2^2,H_1:\sigma_1^2<\sigma_2^2$ (μ_1,μ_2 均未知)	$F=S_1^2/S_2^2\sim F(n_1-1,n_2-1)$	$F\leqslant F_{1-\alpha/2}(n_1-1,n_2-1)$ 和 $F\geqslant F_{\alpha/2}(n_1-1,n_2-1)$ $F\geqslant F_\alpha(n_1-1,n_2-1)$ $F\leqslant F_{1-\alpha}(n_1-1,n_2-1)$

第 9 章　线性回归分析

在实际问题中经常需要考虑一些变量之间的关系. 例如,圆的面积与半径的关系,合金的强度与合金中某元素含量的关系,人的体重与身高的关系,学习成绩与学习时间的关系,等等. 一般来说,变量之间的关系可以分为两类. 一类是它们之间有确定的关系,即量与量之间的关系可以用函数关系来表达. 如圆的面积 S 可用半径 r 表示为 $S=\pi r^2$. 另一类是量与量之间虽然有一定的依赖关系,但这种关系还没有达到由其中一个量或多个量精确地确定另一个量的程度,属非确定性关系,称为*相关关系*. 如人体的身高与体重之间不存在确定的关系,不能由人体的身高精确地计算出体重. 合金的强度与其某元素含量的关系,学习成绩与学习时间的关系也如此. *回归分析*正是研究相关关系的一种数学工具. 它基于一组实验或观测数据,寻找变量之间的依赖关系,最终用一种确定的函数关系近似代替复杂的相关关系. 代替相关关系的函数我们称为*回归函数*,在实际问题中也称为*经验公式*. 回归分析包括以下几个步骤:(1)建立回归模型;(2)根据样本,对模型中的参数进行估计,确定回归方程;(3)检验与评价回归方程. 利用回归方程可以对因变量的观测值进行预测.

在客观世界中,很多变量之间的相关关系都可以用最简单的线性函数近似地表示,而以线性函数作为回归函数的回归分析称为*线性回归分析*. 本章只讨论线性回归分析.

§9.1　一元线性回归分析

9.1.1　一元线性回归模型

先看一个例子.

例 9.1　在合金设计中,需要研究某种元素 A 的含量 x(%)对合金强度 Y 的影响. 实验测得了 16 组数据$(x_i,y_i)(i=1,2,\cdots,16)$,见表 9.1.

为直观起见,将表 9.1 中的每对数据(x_i,y_i)在直角坐标系中表示出来,每对数据对应坐标系中的一个点,这样得到的图称为变量 x 与 Y 之间的*散点图*(图 9.1). 从图 9.1 可以看出,16 个点基本在一条直线附近,可以认为 Y 与 x 之间的关系基本上是线性关系,可用 $\beta_0+\beta_1 x$ 的形式近似描述变量 Y. 实际上,元素 A 的含量 x 是可以精确测得的,因此看成普通变量. 变量 Y 看成随机变量,其测得

值与 $\beta_0+\beta_1 x$ 之间的误差 ε 往往是由一些随机因素造成的，通常设 $\varepsilon\sim N(0,\sigma^2)$，其中 σ^2 未知. 于是 Y 与 x 之间的关系可以表示为

$$Y=\beta_0+\beta_1 x+\varepsilon. \tag{9.1}$$

且 $Y\sim N(\beta_0+\beta_1 x,\sigma^2)$.

表 9.1 元素 A 的含量与合金强度数据

实验序号	某种元素 A 含量 x	强度 Y	实验序号	某种元素 A 含量 x	强度 Y
1	0.10	31.0	9	0.26	48.0
2	0.12	33.6	10	0.28	48.5
3	0.14	35.2	11	0.30	52.0
4	0.16	37.3	12	0.32	55.0
5	0.18	41.0	13	0.34	56.0
6	0.20	42.0	14	0.36	59.2
7	0.22	43.5	15	0.38	61.0
8	0.24	45.5	16	0.40	63.8

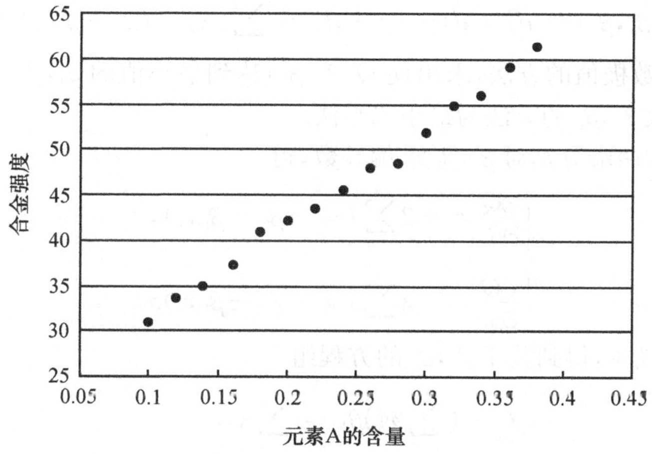

图 9.1 元素 A 的含量与合金强度数据对散点图

一般地，设两个变量 x 与 Y 之间存在着某种不确定的关系，其中 x 是可控制的，看成普通变量，Y 是随机变量. 为了研究变量 Y 与 x 之间的关系，首先对 x 取定一组不完全相同的值 $x_1,x_2,\cdots,x_n$，并把在每个 $x_i(i=1,2,\cdots,n)$ 处对 Y 的独立观察结果分别记为 $Y_1,Y_2,\cdots,Y_n$. 称 $(x_1,Y_1),(x_2,Y_2),\cdots,(x_n,Y_n)$ 是 (x,Y) 的一个样本，其样本值记为 $(x_1,y_1),(x_2,y_2),\cdots,(x_n,y_n)$.

首先要解决的问题是怎样利用样本值得到 Y 关于 x 的回归函数. 现在假设 Y 关于 x 的回归函数为线性函数 $y=\beta_0+\beta_1 x$，称为**一元线性回归函数**，其中 β_0,β_1 称为**回归参数**，是未知的，需要通过观测数据来估计，并用式(9.1)描述 Y 与 x 之间的关系. 式(9.1)称为 Y 关于 x 的**一元线性回归模型**.

将(x,Y)的样本$(x_i,Y_i)(i=1,2,\cdots,n)$代入式(9.1),得到

$$Y_i=\beta_0+\beta_1 x_i+\varepsilon_i,\quad i=1,2,\cdots,n. \tag{9.2}$$

其中$\varepsilon_i\sim N(0,\sigma^2)(i=1,2,\cdots,n)$,且$\varepsilon_1,\varepsilon_2,\cdots,\varepsilon_n$相互独立. 式(9.2)也称为一元线性回归模型.

9.1.2 回归参数的估计

1. β_0,β_1的估计

在例9.1中,将合金强度Y近似地表示为元素A的含量x的一个线性函数,目的是希望借此函数预测出与合金元素A的含量值对应的合金强度值Y. 为此,构造这样一条直线$y=\beta_0+\beta_1 x$,对于每个x_i,该直线上相应的y值都尽可能地接近实验测得值y_i. 具体的构造方法如下:

设样本点$(x_1,y_1),(x_2,y_2),\cdots,(x_n,y_n)$到直线$y=\beta_0+\beta_1 x$的垂直偏差分别为$d_1,d_2,\cdots,d_n$,即$d_i=y_i-(\beta_0+\beta_1 x_i),i=1,2,\cdots,n$. 令

$$Q(\beta_0,\beta_1)=d_1^2+d_2^2+\cdots+d_n^2=\sum_{i=1}^n[y_i-(\beta_0+\beta_1 x_i)]^2, \tag{9.3}$$

并用求多元函数极值的方法,求出使$Q(\beta_0,\beta_1)$达到最小值的β_0,β_1. 这种确定$y=\beta_0+\beta_1 x$的系数β_0,β_1的方法为最小二乘法.

式(9.3)的两端分别对β_0,β_1求偏导数,得

$$\begin{cases}\dfrac{\partial Q}{\partial\beta_0}=-2\sum\limits_{i=1}^n(y_i-\beta_0-\beta_1 x_i),\\ \dfrac{\partial Q}{\partial\beta_1}=-2\sum\limits_{i=1}^n(y_i-\beta_0-\beta_1 x_i)x_i.\end{cases} \tag{9.4}$$

令两个偏导数为0,得到关于β_0,β_1的方程组

$$\begin{cases}n\beta_0+\left(\sum\limits_{i=1}^n x_i\right)\beta_1=\sum\limits_{i=1}^n y_i,\\ \left(\sum\limits_{i=1}^n x_i\right)\beta_0+\left(\sum\limits_{i=1}^n x_i^2\right)\beta_1=\sum\limits_{i=1}^n x_i y_i.\end{cases} \tag{9.5}$$

称方程组(9.5)为β_0,β_1的正规方程组.

当方程组(9.5)的系数行列式不为0时,方程组(9.5)有唯一解,记为$\hat\beta_0,\hat\beta_1$,有

$$\hat\beta_1=\frac{\sum\limits_{i=1}^n(x_i-\bar x)(y_i-\bar y)}{\sum\limits_{i=1}^n(x_i-\bar x)^2},\quad \hat\beta_0=\bar y-\hat\beta_1\bar x, \tag{9.6}$$

其中$\bar x=\dfrac{1}{n}\sum\limits_{i=1}^n x_i,\bar y=\dfrac{1}{n}\sum\limits_{i=1}^n y_i$. $\hat\beta_0,\hat\beta_1$是函数$y=\beta_0+\beta_1 x$的系数β_0,β_1的一个估计值,称为β_0,β_1的最小二乘估计. 称

$$\hat{y}=\hat{\beta}_0+\hat{\beta}_1 x \tag{9.7}$$

为 Y 关于 x 的经验回归方程,简称回归方程,称回归方程的图像为回归直线.

将 $\hat{\beta}_0=\bar{y}-\hat{\beta}_1\bar{x}$ 代入式(9.7),回归方程又可以表示为

$$\hat{y}=\bar{y}+\hat{\beta}_1(x-\bar{x}), \tag{9.8}$$

表明回归直线通过样本点的几何中心$(\bar{x},\bar{y})$.

为计算上的方便,引入下述记号:

$$S_{xx}=\sum_{i=1}^{n}(x_i-\bar{x})^2,\quad S_{yy}=\sum_{i=1}^{n}(y_i-\bar{y})^2,\quad S_{xy}=\sum_{i=1}^{n}(x_i-\bar{x})(y_i-\bar{y}). \tag{9.9}$$

这样 β_0,β_1 的最小二乘估计又可以表示为

$$\hat{\beta}_1=\frac{S_{xy}}{S_{xx}},\quad \hat{\beta}_0=\bar{y}-\hat{\beta}_1\bar{x}. \tag{9.10}$$

例 9.2(续例 9.1) 求合金强度 Y 关于元素 A 的含量 x 的经验回归方程.

解 利用 Excel 软件①,得到线性回归数据表 9.2.

表 9.2

	Coefficients
Intercept	20.45662
X Variable 1	106.3235

表 9.2 的 Coefficients 列的 Intercept 项和 X Variable 1 项分别为回归方程(9.7)中的系数 $\hat{\beta}_0$ 和 $\hat{\beta}_1$ 的取值. 所以合金强度 Y 关于元素 A 的含量 x 的经验回归方程为

$$\hat{y}=20.45662+106.3235x.$$

回归直线如图 9.2 所示.

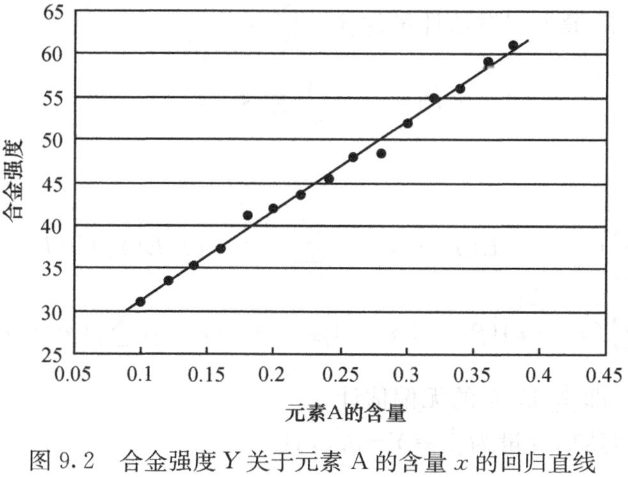

图 9.2 合金强度 Y 关于元素 A 的含量 x 的回归直线

① 在“工具”菜单中单击“数据分析”选项,然后在“数据分析”菜单中选中“回归”选项.

式(9.3)也可以由最大似然估计法得到. 假设$(x_1,Y_1),(x_2,Y_2),\cdots,(x_n,Y_n)$是$(x,Y)$的一个样本,$(x_1,y_1),(x_2,y_2),\cdots,(x_n,y_n)$是其样本值,那么由$Y_i=\beta_0+\beta_1 x_i+\varepsilon_i\sim N(\beta_0+\beta_1 x_i,\sigma^2),i=1,2,\cdots,n$,有似然函数

$$L(\beta_0,\beta_1)=\left(\frac{1}{\sqrt{2\pi}\sigma}\right)^n e^{-\frac{1}{2\sigma^2}\sum\limits_{i=1}^{n}(y_i-\beta_0-\beta_1 x_i)^2}. \tag{9.11}$$

显然,要使$L(\beta_0,\beta_1)$取最大值,只要式(9.11)右端指数上的平方和,即式(9.3)右端项的取值最小,所以β_0,β_1的最小二乘估计$\hat{\beta}_0,\hat{\beta}_1$也是$\beta_0,\beta_1$的最大似然估计值.

将式(9.9)中的y_i改为$Y_i(i=1,2,\cdots,n)$,$\bar{y}$改为$\bar{Y}=\frac{1}{n}\sum\limits_{i=1}^{n}Y_i$,并记

$$S_{YY}=\sum_{i=1}^{n}(Y_i-\bar{Y})^2,\quad S_{xY}=\sum_{i=1}^{n}(x_i-\bar{x})(Y_i-\bar{Y}),$$

则

$$\hat{\beta}_1=\frac{S_{xY}}{S_{xx}},\quad \hat{\beta}_0=\bar{Y}-\hat{\beta}_1\bar{x} \tag{9.12}$$

分别是β_0,β_1的最大似然估计量.

下面讨论最大似然估计量$\hat{\beta}_0,\hat{\beta}_1$的性质.

定理 9.1 对于一元线性回归模型(9.2),若$\hat{\beta}_0,\hat{\beta}_1$是参数$\beta_0,\beta_1$的最大似然估计量,则

(1) $\hat{\beta}_0,\hat{\beta}_1$分别是$\beta_0,\beta_1$的无偏估计;

(2) $\hat{\beta}_0\sim N\left(\beta_0,\left(\frac{1}{n}+\frac{\bar{x}^2}{S_{xx}}\right)\sigma^2\right),\hat{\beta}_1\sim N\left(\beta_1,\frac{1}{S_{xx}}\sigma^2\right)$.

证 (1) β_1的最大似然估计量为$\hat{\beta}_1=\frac{S_{xY}}{S_{xx}}$,

$$E(\hat{\beta}_1)=\frac{1}{S_{xx}}E(S_{xY}).$$

而

$$\begin{aligned}E(S_{xY})&=\sum_{i=1}^{n}(x_i-\bar{x})E(Y_i-\bar{Y})=\sum_{i=1}^{n}(x_i-\bar{x})(E(Y_i)-E(\bar{Y}))\\&=\sum_{i=1}^{n}(x_i-\bar{x})(\beta_0+\beta_1 x_i-(\beta_0+\beta_1\bar{x}))=\beta_1\sum_{i=1}^{n}(x_i-\bar{x})^2=\beta_1 S_{xx},\end{aligned}$$

所以$E(\hat{\beta}_1)=\beta_1$,即$\hat{\beta}_1$是β_1的无偏估计.

β_0的最大似然估计量为$\hat{\beta}_0=\bar{Y}-\hat{\beta}_1\bar{x}$,且

$$E(\hat{\beta}_0)=E(\bar{Y}-\hat{\beta}_1\bar{x})=E(\bar{Y})-E(\hat{\beta}_1)\bar{x}=\beta_0+\beta_1\bar{x}-\beta_1\bar{x}=\beta_0,$$

所以$\hat{\beta}_0$是β_0的无偏估计.

(2) 因为 $\hat{\beta}_1 = \frac{S_{xY}}{S_{xx}} = \frac{1}{S_{xx}}\sum_{i=1}^{n}(x_i - \bar{x})(Y_i - \bar{Y}) = \frac{1}{S_{xx}}\sum_{i=1}^{n}(x_i - \bar{x})Y_i$，且 Y_1，Y_2，…，Y_n 是相互独立的正态变量，所以 $\hat{\beta}_1$ 服从正态分布. 由

$$D(\hat{\beta}_1) = \frac{1}{S_{xx}^2}\sum_{i=1}^{n}(x_i - \bar{x})^2 D(Y_i) = \frac{1}{S_{xx}^2}\sum_{i=1}^{n}(x_i - \bar{x})^2\sigma^2 = \frac{1}{S_{xx}}\sigma^2,$$

结合结论(1)，有 $\hat{\beta}_1 \sim N\left(\beta_1, \frac{1}{S_{xx}}\sigma^2\right)$.

因为

$$\begin{aligned}\hat{\beta}_0 &= \bar{Y} - \hat{\beta}_1\bar{x} = \frac{1}{n}\sum_{i=1}^{n}Y_i - \left(\frac{1}{S_{xx}}\sum_{i=1}^{n}(x_i - \bar{x})Y_i\right)\bar{x} \\ &= \sum_{i=1}^{n}\left(\frac{1}{n} - \frac{1}{S_{xx}}(x_i - \bar{x})\bar{x}\right)Y_i,\end{aligned}$$

所以 $\hat{\beta}_0$ 服从正态分布. 由

$$\begin{aligned}D(\hat{\beta}_0) &= D\left(\sum_{i=1}^{n}\left(\frac{1}{n} - \frac{\bar{x}}{S_{xx}}(x_i - \bar{x})\right)Y_i\right) = \sum_{i=1}^{n}\left(\frac{1}{n} - \frac{\bar{x}}{S_{xx}}(x_i - \bar{x})\right)^2 D(Y_i) \\ &= \sum_{i=1}^{n}\left(\frac{1}{n^2} - \frac{2\bar{x}}{nS_{xx}}(x_i - \bar{x}) + \frac{\bar{x}^2}{S_{xx}^2}(x_i - \bar{x})^2\right)\sigma^2 = \left(\frac{1}{n} + \frac{\bar{x}^2}{S_{xx}}\right)\sigma^2,\end{aligned}$$

结合结论(1)，有 $\hat{\beta}_0 \sim N\left(\beta_0, \left(\frac{1}{n} + \frac{\bar{x}^2}{S_{xx}}\right)\sigma^2\right)$.

2. σ^2 的估计

在一元线性回归模型(9.2)中，每个随机误差 ε_i 的方差 σ^2 称为*误差方差*. 下面来估计 σ^2.

将 $\varepsilon_i = y_i - (\beta_0 + \beta_1 x_i)$ 中的 β_0，β_1 分别用 $\hat{\beta}_0$ 和 $\hat{\beta}_1$ 代替，就得到 ε_i 的一个估计 $\hat{\varepsilon}_i$，即

$$\hat{\varepsilon}_i = y_i - (\hat{\beta}_0 + \hat{\beta}_1 x_i).$$

记 $\hat{y}_i = \hat{\beta}_0 + \hat{\beta}_1 x_i$，称 $\hat{\varepsilon}_i = y_i - \hat{y}_i$ 为随机误差 ε_i 在 x_i 处的*残差*，$i = 1, 2, \cdots, n$；

$$Q_\varepsilon = \sum_{i=1}^{n}\hat{\varepsilon}_i^2 \tag{9.13}$$

称为*残差平方和*.

由于 $\hat{y} = \bar{y} + \hat{\beta}_1(x - \bar{x})$，于是

$$\begin{aligned}Q_\varepsilon &= \sum_{i=1}^{n}(y_i - \hat{y}_i)^2 = \sum_{i=1}^{n}(y_i - \bar{y} - \hat{\beta}_1(x_i - \bar{x}))^2 \\ &= \sum_{i=1}^{n}(y_i - \bar{y})^2 - 2\hat{\beta}_1\sum_{i=1}^{n}(x_i - \bar{x})(y_i - \bar{y}) + \hat{\beta}_1^2\sum_{i=1}^{n}(x_i - \bar{x})^2 \\ &= S_{yy} - 2\hat{\beta}_1 S_{xy} + \hat{\beta}_1^2 S_{xx}\end{aligned}$$

$$= S_{yy} - \hat{\beta}_1 S_{xy}, \quad （由式(9.10)可知） \tag{9.14}$$

故残差平方和统计量（仍记为 Q_ε）为

$$Q_\varepsilon = S_{YY} - \frac{S_{xY}^2}{S_{xx}}. \tag{9.15}$$

关于 Q_ε 与 σ^2 有如下结论.

定理 9.2 对于一元线性回归模型(9.2)，若 $\hat{\beta}_1$ 是 β_1 的最大似然估计量，Q_ε 是残差平方和统计量，$\bar{Y} = \frac{1}{n}\sum_{i=1}^{n} Y_i$，则 $\bar{Y}, \hat{\beta}_1, Q_\varepsilon$ 相互独立，且

(1) $\dfrac{Q_\varepsilon}{\sigma^2} \sim \chi^2(n-2)$；

(2) $\hat{\sigma}^2 = \dfrac{Q_\varepsilon}{n-2}$ 是 σ^2 的无偏估计量.

证明参看文献 6. 以下记 $\hat{\sigma} = \sqrt{\hat{\sigma}^2}$.

例 9.3（续例 9.1） 求随机误差的方差 σ^2 的无偏估计值.

解 利用 Excel 软件，算得

$$\bar{x} = \frac{1}{16}\sum_{i=1}^{16} x_i = 0.25, \quad \bar{y} = \frac{1}{16}\sum_{i=1}^{16} y_i = 47.0375,$$

$$S_{xx} = \sum_{i=1}^{n}(x_i - \bar{x})^2 = 0.136, \quad S_{yy} = \sum_{i=1}^{n}(y_i - \bar{y})^2 = 1544.6975,$$

$$S_{xy} = \sum_{i=1}^{n}(x_i - \bar{x})(y_i - \bar{y}) = 14.46,$$

于是有

$$Q_\varepsilon = S_{yy} - \frac{S_{xy}^2}{S_{xx}} = 7.259265.$$

于是随机误差的方差$\hat{\sigma}^2$的一个无偏估计值为

$$\hat{\sigma}^2 = \frac{Q_\varepsilon}{n-2} = \frac{7.259765}{14} = 0.518519.$$

9.1.3 回归方程的显著性检验

建立回归方程的目的在于揭示两个相关变量之间的内在规律. 在以上的讨论中，假定随机变量 Y 与 x 之间存在相关关系，并假设是线性相关关系，从而将回归函数设为 $y = \beta_0 + \beta_1 x$. 在处理实际问题时，这些假定与假设是否符合实际，是要综合各方面情况根据实践来判断的. 当然也有数学方法可以帮助我们从理论上判断这些假定与假设是否合理，所求得的经验回归方程是否有使用价值. 这个数学方法

就是假设检验.

若随机变量 Y 与 x 之间存在线性相关关系的假设符合实际，那么 β_1 不应该为 0，因此应该检验假设 $H_0:\beta_1=0, H_1:\beta_1\neq 0$，称为线性回归的显著性检验，通常称为回归显著性检验.

回归显著性检验的检验统计量一般有以下几个选择.

1. t 统计量

由定理 9.1 和定理 9.2 知，$\hat{\beta}_1\sim N\left(\beta_1, \frac{1}{S_{xx}}\sigma^2\right)$，$\frac{(n-2)\hat{\sigma}^2}{\sigma^2}\sim\chi^2(n-2)$，且 $\hat{\beta}_1, \hat{\sigma}^2$ 相互独立，于是

$$\frac{\hat{\beta}_1-\beta_1}{\sqrt{\sigma^2/S_{xx}}}\Big/\sqrt{\frac{(n-2)\hat{\sigma}^2}{\sigma^2}\Big/(n-2)}\sim t(n-2),$$

即

$$\frac{(\hat{\beta}_1-\beta_1)\sqrt{S_{xx}}}{\hat{\sigma}}\sim t(n-2). \tag{9.16}$$

因此，当 H_0 成立即 $\beta_1=0$ 时，

$$T=\frac{\hat{\beta}_1\sqrt{S_{xx}}}{\hat{\sigma}}\sim t(n-2) \tag{9.17}$$

为检验 H_0 的 t 检验统计量. 在显著性水平 α 下，H_0 的拒绝域为

$$|T|=\frac{|\hat{\beta}_1|\sqrt{S_{xx}}}{\hat{\sigma}}\geqslant t_{\alpha/2}(n-2). \tag{9.18}$$

2. F 统计量

由上面的讨论知

$$\left(\frac{\hat{\beta}_1-\beta_1}{\sqrt{\sigma^2/S_{xx}}}\right)^2\sim\chi^2(1), \tag{9.19}$$

$$\frac{(n-2)\hat{\sigma}^2}{\sigma^2}\sim\chi^2(n-2), \tag{9.20}$$

且 $\hat{\beta}_1, \hat{\sigma}^2$ 相互独立，所以

$$\frac{(\hat{\beta}_1-\beta_1)^2 S_{xx}}{\hat{\sigma}^2}\sim F(1,n-2). \tag{9.21}$$

因此，当 H_0 成立即 $\beta_1=0$ 时，

$$F=\frac{\hat{\beta}_1^2 S_{xx}}{\hat{\sigma}^2}\sim F(1,n-2) \tag{9.22}$$

为检验 H_0 的 F 检验统计量. 在显著性水平 α 下, H_0 的拒绝域为

$$F=\frac{\hat{\beta}_1^2 S_{xx}}{\hat{\sigma}^2}\geqslant F_\alpha(1,n-2). \tag{9.23}$$

3. R 统计量

样本相关系数统计量

$$R=\frac{S_{xY}}{\sqrt{S_{xx}S_{YY}}} \tag{9.24}$$

是检验 Y 与 x 之间线性关系程度的统计量. $|R|$ 值越大, 说明 Y 与 x 之间的线性关系越强. 在显著性水平 α 下, H_0 的拒绝域为

$$|R|=\frac{|S_{xY}|}{\sqrt{S_{xx}S_{YY}}}\geqslant r_\alpha(n-2). \tag{9.25}$$

$r_\alpha(n-2)$ 值可查相关系数检验表(见附录7).

在统计软件中, 比较常用的回归检验统计量为 F 统计量和 R 统计量.

当 $H_0:\beta_1=0$ 被拒绝即接受 $H_1:\beta_1\neq 0$ 时, 表明线性回归的假设得到认可, 回归效果显著, 也说线性回归方程显著; 反之, 当 $H_0:\beta_1=0$ 被接受时, 表明线性回归的假设未得到认可, 回归效果不显著. 回归效果不显著的原因可能是

(1) Y 与 x 之间不存在关系;

(2) 影响 Y 的还有其他不该忽略的因素;

(3) Y 与 x 之间不是线性相关关系, 而是其他关系.

记 $SS_{总}=\sum_{i=1}^{n}(y_i-\bar{y})^2$, 它是 $y_1,y_2,\cdots,y_n$ 与 $\bar{y}$ 的偏差平方和, 反映观测值 $y_1,y_2,\cdots,y_n$ 的分散程度, 称为总离差平方和.

$$\begin{aligned}SS_{总}&=\sum_{i=1}^{n}(y_i-\bar{y})^2=\sum_{i=1}^{n}[(y_i-\hat{y}_i)+(\hat{y}_i-\bar{y})]^2\\&=\sum_{i=1}^{n}(\hat{y}_i-\bar{y})^2+2\sum_{i=1}^{n}(y_i-\hat{y}_i)(\hat{y}_i-\bar{y})+\sum_{i=1}^{n}(y_i-\hat{y}_i)^2.\end{aligned}$$

记 $SS_{回}=\sum_{i=1}^{n}(\hat{y}_i-\bar{y})^2$, $SS_{误}=2\sum_{i=1}^{n}(y_i-\hat{y}_i)(\hat{y}_i-\bar{y})+\sum_{i=1}^{n}(y_i-\hat{y}_i)^2$, $SS_{回}$ 是回归值 $\hat{y}_1,\hat{y}_2,\cdots,\hat{y}_n$ 与 $\bar{y}$ 的偏差平方和, 称为回归平方和, $SS_{误}$ 称为误差平方和, 则

$$SS_{总} = SS_{回} + SS_{误},$$

即总离差平方和是回归平方和与误差平方和之和.

因为

$$SS_{总} = \sum_{i=1}^{n}(y_i - \bar{y})^2 = S_{yy},$$

$$SS_{回} = \sum_{i=1}^{n}(\hat{y}_i - \bar{y})^2 = \sum_{i=1}^{n}[\hat{\beta}_1(x_i - \bar{x})]^2 = \hat{\beta}_1^2 S_{xx} = \hat{\beta}_1 S_{xy},$$

所以

$$SS_{误} = SS_{总} - SS_{回} = S_{yy} - \hat{\beta}_1 S_{xy} = Q_\varepsilon,$$

即误差平方和 $SS_{误}$ 等于残差平方和 Q_ε.

若将 $SS_{总}$,$SS_{回}$ 和 $SS_{误}$ 表达式中的 y_i 改为 $Y_i(i=1,2,\cdots,n)$, $\bar{y}$ 改为 $\bar{Y}=\frac{1}{n}\sum_{i=1}^{n}Y_i$, 且结果仍记为 $SS_{总}$,$SS_{回}$ 和 $SS_{误}$,并注意到 $\hat{\sigma}^2=\frac{Q_\varepsilon}{n-2}$,那么式(9.22)、式(9.23)与式(9.25)又可以分别表示为

$$F = \frac{(n-2)SS_{回}}{SS_{误}} \sim F(1,n-2), \tag{9.26}$$

$$F = \frac{(n-2)SS_{回}}{SS_{误}} \geqslant F_\alpha(1,n-2), \tag{9.27}$$

$$|R| = \sqrt{\frac{SS_{回}}{SS_{总}}} \geqslant r_\alpha(n-2). \tag{9.28}$$

当 H_0 成立,即 $\beta_1=0$ 时,由式(9.19)和式(9.20),有

$$\frac{\hat{\beta}_1^2 S_{xx}}{\sigma^2} = \frac{SS_{回}}{\sigma^2} \sim \chi^2(1), \quad \frac{(n-2)\hat{\sigma}^2}{\sigma^2} = \frac{SS_{误}}{\sigma^2} \sim \chi^2(n-2),$$

故 $SS_{回}$,$SS_{误}$ 的自由度分别为 1 和 $n-2$. 因 $\hat{\beta}_1$,$\hat{\sigma}^2$ 相互独立,即 $SS_{回}$,$SS_{误}$ 相互独立,故 $SS_{总}$ 的自由度为 $n-1$(自由度是指这些平方和中相互独立的变量数).

记 $MS_{回}=\frac{SS_{回}}{1}$,$MS_{误}=\frac{SS_{误}}{n-2}$,分别称为回归平方和与误差平方和的*均方*,则式(9.27)又可以表示为

$$F = \frac{MS_{回}}{MS_{误}} \geqslant F_\alpha(1,n-2). \tag{9.29}$$

为清楚起见,将 F 检验与 R 检验的计算结果列成一张表(表 9.3),称为一元线性回归的*方差分析表*.

表 9.3 方差分析表

	自由度(df)	平方和(SS)	均方(MS)	F
回归分析	1	$SS_{回}$	$MS_{回}$	
残差	$n-2$	$SS_{误}$	$MS_{误}$	$\frac{MS_{回}}{MS_{误}}$
总计	$n-1$	$SS_{总}$		
相关系数绝对值	$\|R\|$			
相关系数的平方	R^2			

例 9.4(续例 9.2) 对回归方程 $\hat{y}=20.45662+106.3235x$ 进行 F 检验($\alpha=0.05$).

解 利用 Excel 软件,得方差分析表 9.4①.

因为 $F=2965.056>F_{0.05}(1,14)=4.60$,故接受 $H_1:\beta_1\neq 0$. 回归效果显著,因此可以认为合金强度 Y 与元素 A 的含量 x 之间存在线性相关关系.

表 9.4

	df	SS	MS	F
回归分析	1	1537.438	1537.438	2965.056
残差	14	7.259765	0.518519	
总计	15	1544.698		
Multiple R	0.997647			
R Square	0.995301			

另一方面,$|R|=0.997647>r_{0.05}(14)=0.497$,且 $|R|$ 值非常接近 1,说明合金强度 Y 与元素 A 的含量 x 之间有很强的线性相关关系.

所以,可以认为回归方程 $\hat{y}=20.45662+106.3235x$ 反映了合金强度 Y 与某元素 A 的含量 X 之间的线性相关关系.

9.1.4 预测

对随机变量 Y 的观测值的预测是回归方程的一个重要应用. 当回归方程通过了显著性检验,即回归方程 $\hat{y}=\hat{\beta}_0+\hat{\beta}_1x$ 确实能够反映 Y 与 x 之间的相关关系时,就可以利用它对因变量 Y 在指定自变量 $x=x_0$ 处的取值 Y_0 进行预测.

这里考虑两种预测:点预测和区间预测.

1. 点预测

设 Y_0 是将要在 $x=x_0$ 对 Y 做的一次独立试验的结果,按式(9.1)有

① 在"工具"菜单中单击"数据分析"选项,然后在"数据分析"菜单中选中"回归"选项. 在"回归"对话框中填写数据区域和参数,然后按"确定".

$$Y_0=\beta_0+\beta_1 x_0+\varepsilon_0,$$

其中随机误差 $\varepsilon_0\sim N(0,\sigma^2)$ 不可观测. 另外,设由样本 $(x_1,Y_1),(x_2,Y_2),\cdots,(x_n,Y_n)$ 得到的回归方程为

$$\hat{y}=\hat{\beta}_0+\hat{\beta}_1 x.$$

由于 Y_0 的估计量 $\hat{Y}_0=\hat{\beta}_0+\hat{\beta}_1 x_0$ 的期望

$$E(\hat{Y}_0)=E(\hat{\beta}_0)+E(\hat{\beta}_1)x_0=\beta_0+\beta_1 x_0=E(Y_0),$$

所以在 $x=x_0$ 处的回归函数值 $\hat{y}_0=\hat{\beta}_0+\hat{\beta}_1 x_0$ 可以作为对 Y_0 值的良好估计,称为 Y_0 的点预测值.

2. 区间预测

新样本 (x_0,Y_0) 与已知样本 $(x_1,Y_1),(x_2,Y_2),\cdots,(x_n,Y_n)$ 是相互独立的.

根据式(9.8),考虑 Y_0 的估计量

$$\hat{Y}_0=\overline{Y}+\hat{\beta}_1(x_0-\overline{x}),$$

将 $\overline{Y}=\frac{1}{n}\sum_{i=1}^{n}Y_i,\hat{\beta}_1=\frac{S_{xY}}{S_{xx}}=\frac{1}{S_{xx}}\sum_{i=1}^{n}(x_i-\overline{x})(Y_i-\overline{Y})=\frac{1}{S_{xx}}\sum_{i=1}^{n}(x_i-\overline{x})Y_i$ 代入上式,整理得

$$\hat{Y}_0=\sum_{i=1}^{n}\left(\frac{1}{n}+\frac{(x_i-\overline{x})(x_0-\overline{x})}{S_{xx}}\right)Y_i.$$

因 $Y_1,Y_2,\cdots,Y_n$ 相互独立,且 $Y_i\sim N(\beta_0+\beta_1 x_i,\sigma^2),i=1,2,\cdots,n$,所以 $\hat{Y}_0$ 服从正态分布.

由 $E(\overline{Y})=\beta_0+\beta_1\overline{x},E(\hat{\beta}_1)=\beta_1$,有

$$E(\hat{Y}_0)=E(\overline{Y})+E(\hat{\beta}_1)(x_0-\overline{x})=\beta_0+\beta_1 x_0.$$

另由定理 9.1 和定理 9.2 知,$D(\hat{\beta}_1)=\frac{1}{S_{xx}}\sigma^2$,$\overline{Y}$ 与 $\hat{\beta}_1$ 相互独立,所以

$$D(\hat{Y}_0)=D(\overline{Y})+(x_0-\overline{x})^2D(\hat{\beta}_1)=\left(\frac{1}{n}+\frac{(x_0-\overline{x})^2}{S_{xx}}\right)\sigma^2.$$

因此,

$$\hat{Y}_0\sim N\left(\beta_0+\beta_1 x_0,\left(\frac{1}{n}+\frac{(x_0-\overline{x})^2}{S_{xx}}\right)\sigma^2\right).\tag{9.30}$$

注意到 $Y_0=\beta_0+\beta_1 x_0+\varepsilon_0\sim N(\beta_0+\beta_1 x_0,\sigma^2)$,且 Y_0 与 $\hat{Y}_0$ 相互独立,所以

$$\hat{Y}_0-Y_0\sim N\left(0,\left(1+\frac{1}{n}+\frac{(x_0-\overline{x})^2}{S_{xx}}\right)\sigma^2\right),$$

$$\frac{\hat{Y}_0-Y_0}{\sigma\sqrt{1+\frac{1}{n}+\frac{(x_0-\overline{x})^2}{S_{xx}}}}\sim N(0,1). \tag{9.31}$$

另外,由定理9.2知,$\frac{(n-2)\hat{\sigma}^2}{\sigma^2}\sim\chi^2(n-2)$,且$\overline{Y},\hat{\beta}_1,\hat{\sigma}^2$相互独立,而$\hat{Y}_0$是$\overline{Y}$与$\hat{\beta}_1$的线性组合,故$\hat{\sigma}^2$与$\hat{Y}_0$相互独立.再由样本$(x_0,Y_0)$与样本$(x_1,Y_1),(x_2,Y_2),\cdots,(x_n,Y_n)$相互独立,有$\hat{\sigma}^2$与$Y_0$也相互独立,因此$\hat{\sigma}^2$与$\hat{Y}_0-Y_0$相互独立,从而

$$\frac{\hat{Y}_0-Y_0}{\hat{\sigma}\sqrt{1+\frac{1}{n}+\frac{(x_0-\overline{x})^2}{S_{xx}}}}\sim t(n-2). \tag{9.32}$$

对于置信水平$1-\alpha$,令

$$P\left\{\frac{|\hat{Y}_0-Y_0|}{\hat{\sigma}\sqrt{1+\frac{1}{n}+\frac{(x_0-\overline{x})^2}{S_{xx}}}}<t_{\alpha/2}(n-2)\right\}=1-\alpha,$$

即

$$P\left\{\hat{Y}_0-t_{\alpha/2}(n-2)\hat{\sigma}\sqrt{1+\frac{1}{n}+\frac{(x_0-\overline{x})^2}{S_{xx}}}<Y_0<\hat{Y}_0+t_{\alpha/2}(n-2)\hat{\sigma}\sqrt{1+\frac{1}{n}+\frac{(x_0-\overline{x})^2}{S_{xx}}}\right\}=1-\alpha.$$

区间

$$\left(\hat{Y}_0-t_{\alpha/2}(n-2)\hat{\sigma}\sqrt{1+\frac{1}{n}+\frac{(x_0-\overline{x})^2}{S_{xx}}},\hat{Y}_0+t_{\alpha/2}(n-2)\hat{\sigma}\sqrt{1+\frac{1}{n}+\frac{(x_0-\overline{x})^2}{S_{xx}}}\right) \tag{9.33}$$

称为Y_0在$x=x_0$处的置信水平为$1-\alpha$的预测区间①.

预测区间的长度决定预测的精度,预测区间的长度越短,预测的精度越高.预测区间(9.33)的长度是x_0的函数,且它随$|x_0-\overline{x}|$的减小而减小,所以预测区间(9.33)的精度将随着$|x_0-\overline{x}|$的减小而提高.

例9.5(续例9.1) 元素A的含量为0.24,试给出合金强度Y的预测值与置信水平为0.95的预测区间.

解 将$x_0=0.24$代入回归方程$\hat{y}=20.45662+106.3235x$,得$\hat{y}_0=45.97426$,即合金强度$Y$在元素A的含量为0.24的一个预测值为45.97426.

根据例9.2和例9.3的计算结果,有$\overline{x}=0.25,S_{xx}=0.136,\hat{\sigma}^2=0.518519$,查表有$t_{0.025}(14)=2.1448$,将这些值代入式(9.33),得

---

① 预测区间与置信区间含义相似,差别是前者对随机变量而言,后者对未知参数而言.

$$\hat{y}_0 \pm t_{0.025}(14)\hat{\sigma}\sqrt{1+\frac{1}{16}+\frac{(x_0-\bar{x})^2}{S_{xx}}} = 45.97426 \pm 1.592516,$$

所以当元素 A 的含量为 0.24 时,合金强度 Y 的置信水平为 0.95 的预测区间为

$$(44.38174, 47.56678).$$

9.1.5 算例

例 9.6 为预测山上积雪融化后对下游灌溉的影响,在山上建立一个观测站,测量最大积雪深度 x(单位:m)与当年灌溉面积 Y(单位:hm^2),连续 10 年的观测数据见表 9.5.

表 9.5

年序号	x/m	Y/hm²	年序号	x/m	Y/hm²
1	5.1	1907	6	7.8	3000
2	3.5	1287	7	4.5	1947
3	7.1	2700	8	5.6	2273
4	6.2	2373	9	8.0	3113
5	8.8	3260	10	6.4	2493

(1) 试画出观测数据的散点图;

(2) 求 Y 关于 x 的一元线性回归方程;

(3) 对回归方程作显著性检验($\alpha=0.05$);

(4) 现测得今年的最大积雪深度为 7m,试给出今年灌溉面积的预测值及置信水平为 $1-\alpha$ 的预测区间.

解 (1) 观测数据的散点图如图 9.3 所示.

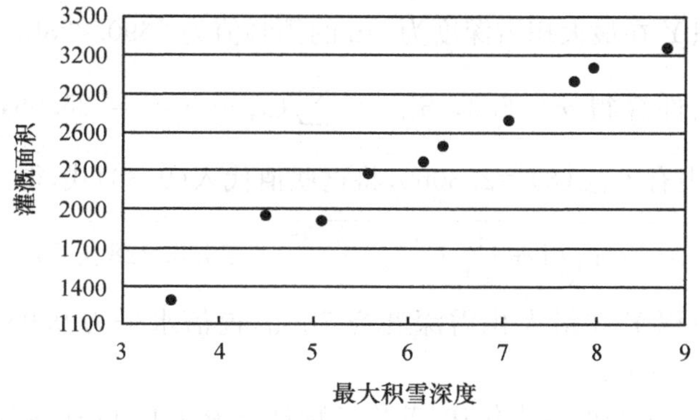

图 9.3 灌溉面积 Y 与最大积雪深度 x 的数据散点图

(2) 从图 9.3 可以看出,Y 与 x 之间近似线性关系. 利用 Excel 软件,得到线性回归数据总表 9.6(根据题目需要,这里仅选择了统计分析的部分结果),第一部分为回归方程数据,第二部分为方差分析数据.

表 9.6

	Coefficients			
Intercept	140.9536			
X Variable 1	364.1820			
方差分析				
	df	SS	MS	F
回归分析	1	3323670	3323670	357.5193
残差	8	74371.83	9296.479	
总计	9	3398042		
Multiple R	0.988996			
R Square	0.978113			

根据回归方程数据,得 Y 关于 x 的回归直线方程为

$$\hat{y} = 140.9536 + 364.1820x.$$

(3) 由方差分析数据,$F=357.5193$,且在显著性水平 0.05 下,$F>F_{0.05}(1,8)=5.32$,故接受 $H_1:\beta_1\neq 0$,回归方程通过了显著性检验. 据此可以认为,灌溉面积 Y 与最大积雪深度 x 之间存在线性相关关系.

另外 $|R|=0.988996$ 接近 1,说明灌溉面积与最大积雪深度之间有良好的线性相关关系.

因此,可以认为回归方程 $\hat{y}=140.9536+364.1820x$ 较好地反映了灌溉面积 Y 与最大积雪深度 x 之间的线性相关关系.

(4) 将 $x=x_0=7$ 代入回归方程 $\hat{y}=140.9536+364.1820x$,得 $\hat{y}_0=2690.228$,即今年灌溉面积 Y 在最大积雪深度为 7m 的预测值为 2690.228hm^2.

由 Excel 软件算得 $\bar{x}=6.3$,$S_{xx}=\sum\limits_{i=1}^{10}(x_i-\bar{x})^2=25.06$,$\hat{\sigma}=\sqrt{MS_{误}}=\sqrt{9296.479}$,查表有 $t_{0.025}(8)=2.3060$,将这些值代入(9.33)式,得

$$\hat{y}_0 \pm t_{0.025}(8)\hat{\sigma}\sqrt{1+\frac{1}{10}+\frac{(\bar{x}-x_0)^2}{S_{xx}}} = 2690.228 \pm 235.2561.$$

所以今年灌溉面积 Y 在最大积雪深度为 7m 的置信水平为 0.95 的预测区间为 (2454.972, 2925.484).

例 9.7 十九世纪四五十年代,苏格兰物理学家 J. D. Forbes 试图通过水的沸点来估计海拔高度. 于是他研究了水的沸点与大气压之间的关系. 表 9.7 是他测得

的阿尔卑斯山与苏格兰的 17 个地方水的沸点与大气压的数据. 试在显著性水平 $\alpha=0.05$ 下,分析大气压与沸点之间是否有相关关系,这种关系是强还是弱? 能否根据沸点预测大气压?

表 9.7

序　号	沸点/°F	气压/英寸汞柱	log(气压/英寸汞柱)	100log(气压/英寸汞柱)
1	194.5	20.79	1.3179	131.79
2	194.3	20.79	1.3179	131.79
3	197.9	22.40	1.3502	135.02
4	198.4	22.67	1.3555	135.55
5	199.4	23.15	1.3646	136.46
6	199.9	23.35	1.3683	136.83
7	200.9	23.89	1.3782	137.82
8	201.1	23.99	1.3800	138.00
9	201.4	24.02	1.3806	138.06
10	201.3	24.01	1.3804	138.04
11	203.6	25.14	1.4004	140.04
12	204.6	26.57	1.4244	142.44
13	209.5	28.49	1.4547	145.47
14	208.6	27.76	1.4434	144.34
15	210.7	29.04	1.4630	146.30
16	211.9	29.88	1.4754	147.54
17	212.2	30.06	1.4780	147.80

解　图 9.4 给出了沸点与大气压数据对散点图,从图中可以看出,这 17 组数据基本在一条直线上,而沸点与大气压值的对数的数据对会突出这种"直线"效果,因此这里将大气压值取了对数. 为避免处理很小的数,考虑气压值的对数的 100 倍,这里取以 10 为底的对数(事实上,统计分析与对数的底没有关系). 沸点与 100 倍的 log 大气压数据对散点图如图 9.5 所示.

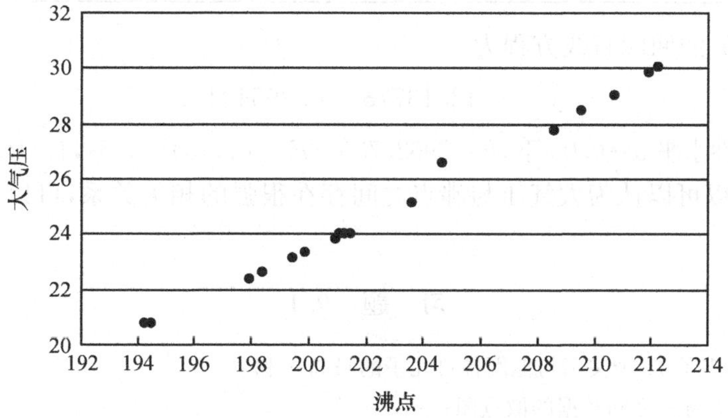

图 9.4　沸点与大气压数据对散点图

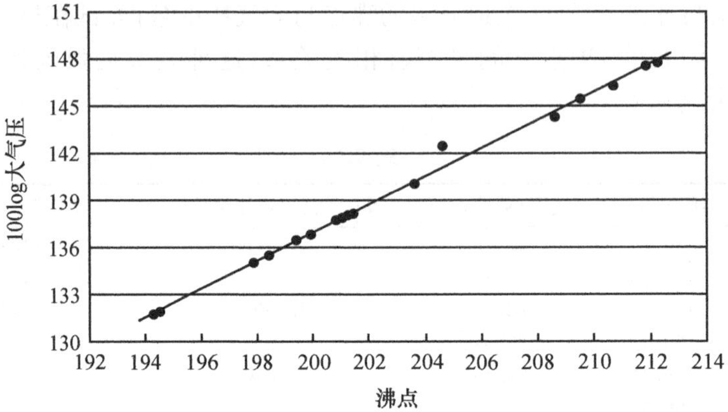

图 9.5 沸点与 100 倍的 log 大气压数据对散点图

利用 Excel 软件，得到 100 倍的 log 大气压（用 Y 表示）关于沸点（用 x 表示）的线性回归数据总表 9.8.

表 9.8

	Coefficients			
Intercept	−42.13778			
X Variable 1	0.895494			
方差分析				
	df	SS	MS	F
回归分析	1	425.6391	425.6391	2962.785
残差	15	2.154927	0.143662	
总计	16	427.7940		
Multiple R	0.997478			
R Square	0.994963			

Y 关于 x 的回归直线方程为

$$\hat{y} = -42.13778 + 0.895494x.$$

在显著性水平 $\alpha=0.05$ 下，$F=2962.785>F_{0.05}(1,15)=4.54$，且 $|R|=0.997478$ 几乎为 1，所以可以认为大气压与沸点之间存在很强的相关关系，可以由沸点预测大气压.

习 题 9.1

1. 下表给出了 12 个父亲与他们各自儿子的身高 x 和 y.

(1) 画出 x 与 y 之间数据的散点图；

(2) 求 y 关于 x 的回归直线；

(3) 求 x 关于 y 的回归直线.

第 1 题表

父亲身高 x(英寸)	65	63	67	64	68	62	70	66	68	67	69	71
儿子身高 y(英寸)	68	66	68	65	69	66	68	65	71	67	68	70

2. 证明在一元线性回归问题中,当 $\bar{x}=0$ 时,估计量 $\hat{\beta}_0$ 与 $\hat{\beta}_1$ 是相互独立的.

3. 考虑一元线性回归问题. 已知病人对新药 B 的反应 Y 与对标准药物 A 的反应 X 相关联,得到 10 组观察数据,见下表.

第 3 题表

序 号	x_i	y_i	序 号	x_i	y_i
1	1.9	0.7	6	4.4	3.4
2	0.8	−1.0	7	4.6	0.0
3	1.1	−0.2	8	1.6	0.8
4	0.1	−1.2	9	5.5	3.7
5	−0.1	−0.1	10	3.4	2.0

确定 $\hat{\beta}_0$,$\hat{\beta}_1$ 和 $\hat{\sigma}^2$ 的最大似然估计.

4. 为研究商品的价格与销售量之间的关系,现收集了某商品在一个地区 25 个时间段内的平均价格 X(元)和销售总额 Y(万元)的数据,见下表.

第 4 题表

序 号	X(元)	Y(万元)	序 号	X(元)	Y(万元)
1	35.3	10.98	14	39.1	9.57
2	29.7	11.13	15	46.8	10.94
3	30.8	12.51	16	48.5	9.58
4	58.8	8.40	17	59.3	10.09
5	61.4	9.27	18	70.0	8.11
6	71.3	8.73	19	70.0	6.83
7	74.4	6.36	20	74.5	8.88
8	76.7	8.50	21	72.1	7.68
9	70.7	7.82	22	58.1	8.47
10	57.5	9.14	23	44.6	8.86
11	46.4	8.24	24	33.4	10.36
12	28.9	12.19	25	28.6	11.08
13	28.1	11.88			

(1) 求回归直线方程;

(2) 对回归方程作显著性检验($\alpha=0.05$);

(3) 商品价格定在 $x_0=28.6$ 元时,求单位时间段内销售总额的预测值;

(4) 商品价格定在 $x_0=28.6$ 元时,求置信水平为 0.95 的销售总额的观测值的预测区间.

§9.2 多元线性回归分析

当与随机变量 Y 有关的普通变量不止一个时,回归分析情况比较复杂. 本节仅讨论应用比较广泛的多元线性回归模型.

9.2.1 多元线性回归模型

设变量 Y 与变量 $x_1,x_2,\cdots,x_{p-1}(p>2)$之间存在线性相关关系

$$Y=\beta_0+\beta_1x_1+\beta_2x_2+\cdots+\beta_{p-1}x_{p-1}+\varepsilon, \tag{9.34}$$

其中 $x_1,x_2,\cdots,x_{p-1}$为可控的普通变量,$\varepsilon\sim N(0,\sigma^2)$,$\beta_0,\beta_1,\cdots,\beta_{p-1}$和 σ^2 为未知参数. 式(9.34)称为多元线性回归模型,$\beta_0,\beta_1,\cdots,\beta_{p-1}$称为回归参数.

对 $x_1,x_2,\cdots,x_{p-1}$取一组不完全相同的值$(x_{i1},x_{i2},\cdots,x_{ip-1})$,$i=1,2,\cdots,n$,把在每个$(x_{i1},x_{i2},\cdots,x_{ip-1})(i=1,2,\cdots,n)$对 Y 的独立观察结果分别记为 Y_1,$Y_2,\cdots,Y_n$,则

$$(x_{i1},x_{i2},\cdots,x_{ip-1},Y_i),\quad i=1,2,\cdots,n \tag{9.35}$$

是$(x_1,x_2,\cdots,x_{p-1},Y)$的一个样本,其样本值记为

$$(x_{i1},x_{i2},\cdots,x_{ip-1},y_i),\quad i=1,2,\cdots,n. \tag{9.36}$$

将样本(9.35)代入式(9.34),则多元线性回归模型(9.34)又表示为

$$Y_i=\beta_0+\beta_1x_{i1}+\cdots+\beta_{p-1}x_{ip-1}+\varepsilon_i,\quad i=1,2,\cdots,n, \tag{9.37}$$

其中 $\varepsilon_i\sim N(0,\sigma^2)$,$i=1,2,\cdots,n$,且 $\varepsilon_1,\varepsilon_2,\cdots,\varepsilon_n$ 相互独立.

令

$$\boldsymbol{Y}=\begin{pmatrix}Y_1\\Y_2\\\vdots\\Y_n\end{pmatrix},\quad \boldsymbol{\beta}=\begin{pmatrix}\beta_0\\\beta_1\\\vdots\\\beta_{p-1}\end{pmatrix},\quad \boldsymbol{X}=\begin{pmatrix}1&x_{11}&x_{12}&\cdots&x_{1p-1}\\1&x_{21}&x_{22}&\cdots&x_{2p-1}\\\vdots&\vdots&\vdots&&\vdots\\1&x_{n1}&x_{n2}&\cdots&x_{np-1}\end{pmatrix},\quad \boldsymbol{\varepsilon}=\begin{pmatrix}\varepsilon_1\\\varepsilon_2\\\vdots\\\varepsilon_n\end{pmatrix},$$

则式(9.37)可表示为

$$\boldsymbol{Y}=\boldsymbol{X\beta}+\boldsymbol{\varepsilon}. \tag{9.38}$$

9.2.2 参数估计

与一元情形类似,采用最小二乘法求回归参数 $\beta_0,\beta_1,\cdots,\beta_{p-1}$的估计值.

令

$$Q(\beta_0,\beta_1,\cdots,\beta_{p-1})=\sum_{i=1}^{n}(y_i-\beta_0-\beta_1x_{i1}-\cdots-\beta_{p-1}x_{ip-1})^2,\tag{9.39}$$

式(9.39)两端分别对 $\beta_0,\beta_1,\cdots,\beta_{p-1}$ 求偏导数，并令它们等于 0，得正规方程组

$$\begin{cases}\sum\limits_{i=1}^{n}(y_i-\beta_0-\beta_1x_{i1}-\cdots-\beta_{p-1}x_{ip-1})=0,\\ \sum\limits_{i=1}^{n}(y_i-\beta_0-\beta_1x_{i1}-\cdots-\beta_{p-1}x_{ip-1})x_{ij}=0,j=1,2,\cdots,p-1,\end{cases}$$

其矩阵形式为

$$\boldsymbol{X}^{\mathrm{T}}\boldsymbol{X}\boldsymbol{\beta}=\boldsymbol{X}^{\mathrm{T}}\boldsymbol{y},\tag{9.40}$$

其中 $\boldsymbol{y}=(y_1,y_2,\cdots,y_n)^{\mathrm{T}}$. 若 $\boldsymbol{X}^{\mathrm{T}}\boldsymbol{X}$ 的逆矩阵存在，则有 $\boldsymbol{\beta}$ 的最小二乘估计

$$\hat{\boldsymbol{\beta}}=\begin{pmatrix}\hat{\beta}_0\\ \hat{\beta}_1\\ \vdots\\ \hat{\beta}_{p-1}\end{pmatrix}=(\boldsymbol{X}^{\mathrm{T}}\boldsymbol{X})^{-1}\boldsymbol{X}^{\mathrm{T}}\boldsymbol{y}.\tag{9.41}$$

方程

$$\hat{y}=\hat{\beta}_0+\hat{\beta}_1x_1+\cdots+\hat{\beta}_{p-1}x_{p-1}\tag{9.42}$$

称为($p-1$ 元)经验回归方程.

类似一元情形，可以证明 $\hat{\boldsymbol{\beta}}$ 是 $\boldsymbol{\beta}$ 的最大似然估计值.

若将式(9.41)中的 $\boldsymbol{y}$ 换成 $\boldsymbol{Y}$，则 $\boldsymbol{\beta}$ 的最大似然估计量(仍记为 $\hat{\boldsymbol{\beta}}$)为

$$\hat{\boldsymbol{\beta}}=(\boldsymbol{X}^{\mathrm{T}}\boldsymbol{X})^{-1}\boldsymbol{X}^{\mathrm{T}}\boldsymbol{Y}.\tag{9.43}$$

关于 $\boldsymbol{\beta}$ 的最大似然估计量 $\hat{\boldsymbol{\beta}}$ 有如下结论.

定理 9.3 对于多元线性回归模型(9.38)，最大似然估计量 $\hat{\boldsymbol{\beta}}=(\boldsymbol{X}^{\mathrm{T}}\boldsymbol{X})^{-1}\boldsymbol{X}^{\mathrm{T}}\boldsymbol{Y}$ 是 $\boldsymbol{\beta}$ 的无偏估计，且 $\mathrm{cov}(\hat{\boldsymbol{\beta}},\hat{\boldsymbol{\beta}})=\sigma^2(\boldsymbol{X}^{\mathrm{T}}\boldsymbol{X})^{-1}$.

证明略.

把样本值(9.36)代入式(9.42)，并记 $\hat{\boldsymbol{y}}=(\hat{y}_1,\hat{y}_2,\cdots,\hat{y}_n)^{\mathrm{T}}$，$\hat{\boldsymbol{\varepsilon}}=(\hat{\varepsilon}_1,\hat{\varepsilon}_2,\cdots,\hat{\varepsilon}_n)^{\mathrm{T}}$，则有残差向量

$$\hat{\boldsymbol{\varepsilon}}=\boldsymbol{y}-\hat{\boldsymbol{y}}=\boldsymbol{y}-\boldsymbol{X}\hat{\boldsymbol{\beta}}$$

和残差平方和

$$Q_{\varepsilon}=\sum_{i=1}^{n}\hat{\varepsilon}_i^2.$$

关于残差平方和统计量(仍记为 Q_{ε})和 σ^2 有如下结论.

定理 9.4 对于多元线性回归模型(9.37)，若 Q_{ε} 是残差平方和统计量，则

(1) $\frac{Q_\varepsilon}{\sigma^2} \sim \chi^2(n-p)$;

(2) $\hat{\sigma}^2 = \frac{Q_\varepsilon}{n-p}$是 σ^2 的无偏估计.

证明略.

例 9.8 已知某种合金 A 含 X_1, X_2, X_3, X_4 四种元素,每一克合金 A 凝固时释放出的热量为 Y(卡). 为研究 Y 与这四种元素含量的关系,给出了 13 组实验数据(表 9.9),求 Y 关于这四种元素含量的线性回归方程.

表 9.9

序 号	x_1(%)	x_2(%)	x_3(%)	x_4(%)	Y
1	7	26	6	60	78.5
2	1	29	15	52	74.3
3	11	56	8	20	104.3
4	11	31	8	47	87.6
5	7	52	6	33	95.9
6	11	55	9	22	109.2
7	3	71	17	6	102.7
8	1	31	22	44	72.5
9	2	54	18	22	93.1
10	21	47	4	26	115.9
11	1	40	23	34	83.8
12	11	66	9	12	113.3
13	10	68	8	12	109.4

解 这里 $\boldsymbol{y} = \begin{pmatrix} 78.5 \\ 74.3 \\ \vdots \\ 109.4 \end{pmatrix}$, $\boldsymbol{X} = \begin{pmatrix} 1 & 7 & 26 & 6 & 60 \\ 1 & 1 & 29 & 15 & 52 \\ \vdots & \vdots & \vdots & \vdots & \vdots \\ 1 & 10 & 68 & 8 & 12 \end{pmatrix}$. 利用 Excel 软件,得到线性回归数据表 9.10. 表 9.10 的 Coefficients 列的 Intercept 项和 X Variable 1、X Variable 2、X Variable 3、X Variable 4 项分别是回归参数 $\hat{\beta}_0$ 和 $\hat{\beta}_1, \hat{\beta}_2, \hat{\beta}_3, \hat{\beta}_4$ 的取值.

表 9.10

	Coefficients		Coefficients
Intercept	62.40537	X Variable 3	0.101909
X Variable 1	1.551103	X Variable 4	−0.144061
X Variable 2	0.510168		

若设 x_1,x_2,x_3,x_4 分别表示每一克合金 A 中含 X_1,X_2,X_3,X_4 的含量百分数，那么一克合金 A 凝固时放出的热量 Y 关于 x_1,x_2,x_3,x_4 的四元线性回归方程为

$$\hat{y}=62.40537+1.551103x_1+0.510168x_2+0.101909x_3-0.144061x_4.$$

9.2.3 回归方程的显著性检验

在实际问题中，事先并不能断定随机变量 Y 与可控变量 $x_1,x_2,\cdots,x_{p-1}$ 之间是否具有线性相关关系，线性回归模型通常只是根据实际情形提出的一种假设，所以在求出线性回归方程后，需要对方程进行显著性检验，即检验回归系数(常数项除外)是否同时为零，相应的假设为

$$H_0:\beta_1=\beta_2=\cdots=\beta_{p-1}=0,\quad H_1:\beta_1,\beta_2,\cdots,\beta_{p-1}\text{ 不全为 }0.$$

这里，总离差平方和统计量、回归平方和统计量和误差平方和(即残差平方和)统计量仍然定义为

$$SS_{总}=\sum_{i=1}^{n}(Y_i-\bar{Y})^2,\quad SS_{回}=\sum_{i=1}^{n}(\hat{Y}_i-\bar{Y})^2,\quad SS_{误}=\sum_{i=1}^{n}\hat{\varepsilon}_i^2,$$

满足 $SS_{总}=SS_{回}+SS_{误}$，但自由度分别为 $n-1$，$p-1$ 和 $n-p$.

当 H_0 成立时，类似一元情形，有

$$\frac{SS_{回}}{\sigma^2}\sim\chi^2(p-1),\quad \frac{SS_{误}}{\sigma^2}\sim\chi^2(n-p),\tag{9.44}$$

且 $SS_{回}$，$SS_{误}$ 相互独立，从而

$$F=\frac{SS_{回}/(p-1)}{SS_{误}/(n-p)}\sim F(p-1,n-p),\tag{9.45}$$

这即为检验假设 H_0 的 F 检验统计量.

记 $MS_{回}=\dfrac{SS_{回}}{p-1}$，$MS_{误}=\dfrac{SS_{误}}{n-p}$，分别称为回归均方和误差均方，式(9.45)又可以表示为

$$F=\frac{MS_{回}}{MS_{误}}\sim F(p-1,n-p).\tag{9.46}$$

在显著性水平 α 下，H_0 的拒绝域为

$$F=\frac{MS_{回}}{MS_{误}}\geqslant F_{\alpha}(p-1,n-p).\tag{9.47}$$

样本相关系数的绝对值仍为

$$|R|=\sqrt{\frac{SS_{回}}{SS_{总}}}.\tag{9.48}$$

$|R|$值越大,说明Y与$x_1,x_2,\cdots,x_{p-1}$的线性相关关系越强.

当H_0被拒绝,即接受了H_1时,认为回归效果显著;反之,认为回归效果不显著.

与一元线性回归分析一样,将F检验与R检验的计算结果也列成一张表,称为多元线性回归的方差分析表(表9.11).

表9.11 方差分析表

	自由度(df)	平方和(SS)	均方(MS)	F
回归分析	$p-1$	$SS_{回}$	$MS_{回}$	
残差	$n-p$	$SS_{误}$	$MS_{误}$	$\frac{MS_{回}}{MS_{误}}$
总计	$n-1$	$SS_{总}$		
相关系数绝对值	$\|R\|$			
相关系数的平方	R^2			

例9.9(续例9.8) 在显著性水平$\alpha=0.05$下,对回归方程$\hat{y}=62.40537+1.551103x_1+0.510168x_2+0.101909x_3-0.144061x_4$作显著性检验.

解 利用Excel软件,得方差分析表9.12.因$\alpha=0.05,p-1=4,n-p=8$,$F_{0.05}(4,8)=3.84,F=111.4792>F_{0.05}(4,8)$,故回归方程的回归效果显著.

表9.12

	df	SS	MS	F
回归分析	4	2667.899	666.9749	111.4792
残差	8	47.86364	5.982955	
总计	12	2715.763		
Multiple R	0.991149			
R Square	0.982376			

另外,$|R|=0.991149$非常接近1,说明Y与四种元素X_1,X_2,X_3,X_4的含量百分数的线性相关关系很强.

所以,回归方程$\hat{y}=62.40537+1.551103x_1+0.510168x_2+0.101909x_3-0.144061x_4$很好地反映了每一克合金$A$凝固时释放出的热量与四种元素$X_1$,$X_2,X_3,X_4$的含量百分数的线性相关关系.

例9.10(续例9.8) 求随机误差的方差σ^2的无偏估计值.

解 根据定理9.4及$Q_\varepsilon=SS_{误}$知,$\hat{\sigma}^2=\frac{SS_{误}}{n-p}=MS_{误}$是$\sigma^2$的无偏估计.根据表9.12,5.982955即为$\sigma^2$的一个无偏估计值.

9.2.4 预测

当回归方程通过了显著性检验,认为所得经验回归方程$\hat{y}=\hat{\beta}_0+\hat{\beta}_1x_1+\cdots+$

$\hat{\beta}_{p-1}x_{p-1}$确实能够反映 Y 与 x 之间的相关关系时，就可以利用它对因变量 Y 在指定自变量 $\boldsymbol{x}=\boldsymbol{x}_0=(x_{01},x_{02},\cdots,x_{0p-1})^{\mathrm{T}}$ 处的取值 Y_0 作预测.

仍考虑两种预测：点预测和区间预测.

1. 点预测

设 Y_0 是将要在 $\boldsymbol{x}=\boldsymbol{x}_0=(x_{01},x_{02},\cdots,x_{0p-1})^{\mathrm{T}}$ 处对 Y 做的一次独立试验的结果，按式(9.34)有

$$Y_0=\beta_0+\beta_1x_{01}+\cdots+\beta_{p-1}x_{0p-1}+\varepsilon_0,$$

其中随机误差 $\varepsilon_0\sim N(0,\sigma^2)$不可观测. 另外，设由已知样本(9.35)得到的回归方程为

$$\hat{y}=\hat{\beta}_0+\hat{\beta}_1x_1+\cdots+\hat{\beta}_{p-1}x_{p-1}.$$

由于 Y_0 的估计量 $\hat{Y}_0=\hat{\beta}_0+\hat{\beta}_1x_{01}+\cdots+\hat{\beta}_{p-1}x_{0p-1}$的期望

$$\begin{aligned}E(\hat{Y}_0)&=E(\hat{\beta}_0)+E(\hat{\beta}_1)x_{01}+\cdots+E(\hat{\beta}_{p-1})x_{0p-1}\\&=\beta_0+\beta_1x_{01}+\cdots+\beta_{p-1}x_{0p-1}=E(Y_0),\end{aligned}$$

所以在 $\boldsymbol{x}=\boldsymbol{x}_0$ 处的回归函数值

$$\hat{y}_0=\hat{\beta}_0+\hat{\beta}_1x_{01}+\cdots+\hat{\beta}_{p-1}x_{0p-1} \tag{9.49}$$

可以作为对 Y_0 值的良好估计，称为 Y_0 的点预测值.

2. 区间预测

新样本$(x_{01},x_{02},\cdots,x_{0p-1},Y_0)$与已知样本(9.35)是相互独立的.

与一元情形类似，有统计量

$$T=\frac{\hat{Y}_0-Y_0}{\hat{\sigma}\sqrt{1+(1,\boldsymbol{x}_0^{\mathrm{T}})(\boldsymbol{X}^{\mathrm{T}}\boldsymbol{X})^{-1}\begin{pmatrix}1\\\boldsymbol{x}_0\end{pmatrix}}}\sim t(n-p). \tag{9.50}$$

区间

$$\left(\hat{Y}_0\pm t_{\alpha/2}(n-p)\hat{\sigma}\sqrt{1+(1,\boldsymbol{x}_0^{\mathrm{T}})(\boldsymbol{X}^{\mathrm{T}}\boldsymbol{X})^{-1}\begin{pmatrix}1\\\boldsymbol{x}_0\end{pmatrix}}\right) \tag{9.51}$$

称为 Y_0 在 $\boldsymbol{x}=\boldsymbol{x}_0=(x_{01},x_{02},\cdots,x_{0p-1})^{\mathrm{T}}$ 的置信水平为 $1-\alpha$ 的预测区间.

9.2.5 算例

例 9.11 表 9.13 给出了某河流上的一个水文观测站 14 年的观测记录，其中 Y 表示观测到的河水年流量，x_1 表示该站上游区域年平均降水量，x_2 表示年平均饱和差.

表 9.13

序　号	x_1	x_2	Y
1	720	1.80	290
2	553	2.67	135
3	575	1.75	234
4	548	2.07	182
5	572	2.49	145
6	453	3.59	69
7	540	1.88	205
8	579	2.22	151
9	515	2.41	131
10	576	3.03	106
11	547	1.83	200
12	568	1.90	224
13	720	1.98	271
14	700	2.90	130

(1) 求 Y 关于 x_1 和 x_2 的二元线性回归方程;

(2) 对回归方程做显著性检验($\alpha=0.05$);

(3) 设某年 $x_1=600$,$x_2=2.50$,求该年河水年流量 Y 的预测值.

解 利用 Excel 软件得线性回归数据总表 9.14,据此有

(1) Y 关于 x_1 和 x_2 的二元线性回归方程为

$$\hat{y}=209.8748+0.29207x_1-87.6473x_2.$$

(2) 在显著性水平 $\alpha=0.05$ 下,$F=42.15469>F_{0.05}(2,11)=3.98$,$|R|=0.940525$,这说明回归效果显著.

(3) 将 $x_1=600$,$x_2=2.50$ 代入回归方程,得到该年河水年流量的预测值 $\hat{y}_0=166.9986$.

表 9.14

	Coefficients			
Intercept	209.8748			
X Variable 1	0.292070			
X Variable 2	−87.64733			
方差分析				
	df	SS	MS	F
回归分析	2	46788.62	23394.31	42.15469
残差	11	6104.596	554.9633	
总计	13	52893.21		
Multiple R	0.940525			
R Square	0.884586			

习 题 9.2

1. 下表给出了三个变量的对应值.

(1) 求 z 关于 x 和 y 的回归方程;

(2) 当 $x=10$ 和 $y=6$ 时,估计 z.

第1题表

x	3	5	6	8	12	14
y	16	10	7	4	3	2
z	90	72	54	42	30	12

2. 某化妆品销售公司收集了15个城市某月内该化妆品的销量 y 及使用该化妆品的人数 x_1 和这些人的人均收入 x_2,数据见下表. 求 y 与 x_1,x_2 之间的线性回归方程,并对回归方程作显著性检验.

第2题表

地区 i	y/箱	x_1/千人	x_2/元
1	162	274	2450
2	120	180	3250
3	223	375	3802
4	131	205	3838
5	67	86	2347
6	169	265	3782
7	81	98	3008
8	192	330	2450
9	116	195	2137
10	55	53	2560
11	252	430	4042
12	232	372	4427
13	144	236	2660
14	103	157	2088
15	212	370	2605

章末习题9

1. 为研究某一化学反应过程中,温度 x(℃)对产品得率 y(%)的影响,测得数据如下表.

第1题表

温度 x(℃)	100	110	120	130	140	150	160	170	180	190
得率 y(%)	45	51	54	61	66	70	74	78	85	89

(1) 求 y 关于 x 的回归直线方程；

(2) 求 σ^2 的无偏估计；

(3) 检验回归直线方程的显著性($\alpha=0.05$)；

(4) 求 $x_0=125$ 时置信水平为 0.95 的 y 的观测值 y_0 的预测区间.

2. 300 个成年男子的身高和体重统计列于下表.

(1) 求两者的相关系数；

(2) 求 y 关于 x 的回归直线方程；

(3) 两个男子的身高分别为 64 和 72 英寸，试预测他们的体重.

第 2 题表

频数		身高 x(英寸)				
		59～62	63～66	67～70	71～74	75～78
体重(磅)	90～109	2	1			
	110～129	7	8	4	2	
	130～149	5	15	22	7	1
	150～169	2	12	63	19	5
	170～189		7	28	32	12
	190～209		2	10	20	7
	210～229			1	4	2

提示：在处理数据时，身高、体重取其每一数据区间的中间值，如当身高在 59～62 之间时，身高取为 60.5. 频数指采集到的每对区间数据的次数. 共 300 组数据.

3. 下表给出了变量 x 和 y 的对应值，(1)求 x 和 y 的相关系数；(2)将表中每一 x 值乘以 2 再加 6，每一 y 值乘以 3 再减 15，求新的两组值之间的相关系数. 解释为什么这样做和(1)的结果相同.

第 3 题表

x	2	4	5	6	8	11
y	18	12	10	8	7	5

4. 下表给出了大约同样身高的 13 名男子的收缩压 y 与体重 x_1 和年龄 x_2 的数据.

(1) 求收缩压 y 关于体重 x_1 和年龄 x_2 的线性回归方程；

(2) 检验回归方程的显著性($\alpha=0.05$).

第 4 题表

体重 x_1	76	81.5	85.5	82.5	79	80.5	74.5	79	85	76.5	82	95	92.5
年龄 x_2	50	20	20	30	30	50	60	50	40	55	40	40	20
收缩压 y	120	141	124	126	117	125	123	125	132	123	132	155	149

5. 下表给出了某大型牙膏生产企业过去 30 个销售周期(4 周为一销售周期)的牙膏销售量、销售价格、投入的广告费用，以及周期内其他厂家生产同类牙膏的市场平均销售价格. 试根据这些数据建立一个数学模型，分析牙膏销售量与价格和广告的关系，为制定价格策略和广告

投入策略提供数量依据.

第5题表

销售周期	公司销售价格(元)	其他厂家平均价格(元)	价格差(元)	广告费(百万元)	销售量(百万只)
1	3.85	3.80	−0.05	5.50	7.38
2	3.75	4.00	0.25	6.75	8.51
3	3.70	4.30	0.60	7.25	9.52
4	3.70	3.70	0.00	5.00	7.50
5	3.60	3.85	0.25	7.00	9.33
6	3.60	3.80	0.20	6.50	8.28
7	3.60	3.75	0.15	6.75	8.75
8	3.80	3.85	0.05	5.25	7.87
9	3.80	3.65	−0.15	5.25	7.10
10	3.85	4.00	0.15	6.00	8.00
11	3.90	4.10	0.20	6.50	7.89
12	3.90	4.00	0.10	6.25	8.15
13	3.70	4.10	0.40	7.00	9.10
14	3.75	4.20	0.45	6.90	8.86
15	3.75	4.10	0.35	6.80	8.90
16	3.80	4.10	0.30	6.80	8.87
17	3.70	4.20	0.50	7.10	9.26
18	3.80	4.30	0.50	7.00	9.00
19	3.70	4.10	0.40	6.80	8.75
20	3.80	3.75	−0.05	6.50	7.95
21	3.80	3.75	−0.05	6.25	7.65
22	3.75	3.65	−0.10	6.00	7.27
23	3.70	3.90	0.20	6.50	8.00
24	3.55	3.65	0.10	7.00	8.50
25	3.60	4.10	0.50	6.80	8.75
26	3.65	4.25	0.60	6.80	9.21
27	3.70	3.65	−0.05	6.50	8.27
28	3.75	3.75	0.00	5.75	7.67
29	3.80	3.85	0.05	5.80	7.93
30	3.70	4.25	0.55	6.80	9.26

第 10 章　方 差 分 析

在科学试验和实际生产中，影响试验和生产结果（或指标）的因素一般有很多．有些因素产生的影响较大，有些因素产生的影响较小．为保证试验结果的准确性与产品质量的可靠性，找出对试验和生产结果有显著影响的因素并对这些因素进行优化控制，显然是很有必要的．*方差分析*就是根据所采集的试验数据或生产数据，分析各有关因素对试验和生产结果影响情况的统计分析方法．在对试验和生产数据的分析中，将所考虑的指标称为*试验指标*，影响试验指标的条件称为*因素*．因素分为*可控因素*和*不可控因素*．可控因素是指人们可以控制的因素，而不可控因素是指人们不能控制或难以控制的因素．例如，反应温度、原料剂量等是可控因素；测量误差、气象条件等是不可控因素．不可控因素一般为*随机因素*．因素所处的状态称为因素的*水平*．如果在一项试验中只有一个因素在改变，则称为*单因素试验*，对单因素试验所作的方差分析称为*单因素方差分析*；多于一个因素在改变的试验称为*多因素试验*，相应的方差分析称为*多因素方差分析*．

§10.1　单因素方差分析

先通过一个例子说明单因素方差分析的思想．

例 10.1　某电子元件厂用 4 种不同的生产工艺生产了 4 批同一规格的电子元件．在每批中随机地抽取若干个电子元件，测得它们使用寿命（单位：小时）的数据见表 10.1．问由这 4 种工艺生产的电子元件的使用寿命有无显著差异？

表 10.1

生产工艺	电子元件的使用寿命（小时）							
A_1	1600	1610	1650	1680	1700	1700	1780	
A_2	1500	1640	1400	1700	1750			
A_3	1640	1550	1600	1620	1640	1600	1740	1800
A_4	1510	1520	1530	1570	1640	1600		

本例只考虑生产工艺这一个因素（记为 A）对元件寿命的影响，这是单因素试验．4 种不同的生产工艺即是因素 A 的 4 个不同的水平，分别记为 A_1, A_2, A_3, A_4，如果这 4 批元件的使用寿命没有显著差异，就可以从中选一种既经济又简单的生产工艺；如果有显著差异，则希望选一种能提高元件使用寿命的较优的生产工艺．

这就是方差分析所要研究的问题.

将每一种生产工艺生产的电子元件看成一个总体,共有4个总体.在方差分析中,总假设各个总体之间相互独立,且服从有相同方差的正态分布.若设由第 i 种工艺生产的电子元件的使用寿命为 X_i,且 $X_i \sim N(\mu_i, \sigma^2)$,$i=1,2,3,4$,其中 σ^2 为未知参数,那么试验的目的就是要判断假设 $\mu_1=\mu_2=\mu_3=\mu_4$ 是否成立.

10.1.1 数学模型

在实际问题中经常遇到的是服从正态分布的总体.下面仅就正态总体研究单因素方差分析的方法.在设计试验时,除所考虑的因素水平不同外,其他试验条件将尽可能做到一致,以使各个总体的方差都相同.

设在一个单因素试验中,因素A有 s 个水平 $A_1, A_2, \cdots, A_s$,且在水平 A_i 下,进行 $n_i(n_i \geqslant 2, i=1,2,\cdots,s)$ 次独立试验,并将试验的观测数据列成表(表10.2).

表10.2 单因素方差分析数据

水平	观察值				样本均值
A_1	x_{11}	x_{12}	…	x_{1n_1}	μ_1
A_2	x_{21}	x_{22}	…	x_{2n_2}	μ_2
⋮	⋮	⋮	…	⋮	
A_s	x_{s1}	x_{s2}	…	x_{sn_s}	μ_s

假定水平 A_i 的样本 $X_{i1}, X_{i2}, \cdots, X_{in_i}$ 来自正态总体 $N(\mu_i, \sigma^2)$,其中 μ_i, σ^2 未知,$i=1,2,\cdots,s$,且设不同水平下的样本之间相互独立.

由于 $X_{ij} \sim N(\mu_i, \sigma^2)$,即有 $X_{ij}-\mu_i \sim N(0, \sigma^2)$,故 $X_{ij}-\mu_i$ 可看成是随机误差.记 $X_{ij}-\mu_i=\varepsilon_{ij}$,则有

$$\begin{cases} X_{ij} = \mu_i + \varepsilon_{ij}, \\ \varepsilon_{ij} \sim N(0, \sigma^2), \text{各 } \varepsilon_{ij} \text{ 相互独立}, \\ j = 1,2,\cdots,n_i, i = 1,2,\cdots,s, \end{cases} \tag{10.1}$$

其中 $\mu_i(i=1,2,\cdots,s)$,σ^2 均为未知参数.(10.1)式称为单因素试验方差分析的数学模型.

单因素试验方差分析的主要任务是判断几个正态总体是否相同,即检验具有相同方差的几个正态总体的均值是否相等,对模型(10.1),就是要处理这样两个问题:

(1) s 个总体 $N(\mu_1, \sigma^2), \cdots, N(\mu_s, \sigma^2)$ 的均值是否相等,即检验假设

$$H_0: \mu_1 = \mu_2 = \cdots = \mu_s, \quad H_1: \mu_1, \mu_2, \cdots, \mu_s \text{ 不完全相等}. \tag{10.2}$$

(2) 给出 $\mu_1, \mu_2, \cdots, \mu_s; \sigma^2$ 的估计.

为讨论方便起见,以下记

$n=\sum_{i=1}^{s}n_i$，它是 s 个水平样本容量的总和，也说成是试验的总次数.

$\mu=\frac{1}{n}\sum_{i=1}^{s}n_i\mu_i$，它是 s 个总体均值 $\mu_1,\mu_2,\cdots,\mu_s$ 的加权平均值，称为总平均.

$\delta_i=\mu_i-\mu$，它是水平 A_i 的总体均值与总平均的差，称为水平 A_i 的效应，$i=1,2,\cdots,s$.

易见，$\sum_{i=1}^{s}n_i\delta_i=0$. 于是模型(10.1)又可以写为

$$\begin{cases}X_{ij}=\mu+\delta_i+\varepsilon_{ij},\\ \varepsilon_{ij}\sim N(0,\sigma^2)\text{，各 }\varepsilon_{ij}\text{ 相互独立},\\ j=1,2,\cdots,n_i,i=1,2,\cdots,s,\\ \sum_{i=1}^{s}n_i\delta_i=0.\end{cases}\tag{10.3}$$

式(10.2)则等价于

$$H_0:\delta_1=\delta_2=\cdots=\delta_s=0,\quad H_1:\delta_1,\delta_2,\cdots,\delta_s\text{ 不全为 }0.\tag{10.4}$$

10.1.2 总离差平方和的分解及其统计特征

1. 总离差平方和的分解

为便于讨论，以下记

$\bar{X}_{i\cdot}=\frac{1}{n_i}\sum_{j=1}^{n_i}X_{ij}$，它是水平 A_i 的样本均值，称为第 i 组的组均值，$i=1,2,\cdots,s$.

$\bar{X}=\frac{1}{n}\sum_{i=1}^{s}\sum_{j=1}^{n_i}X_{ij}=\frac{1}{n}\sum_{i=1}^{s}n_i\bar{X}_{i\cdot}$，它是全体样本的样本均值，称为总平均值.

$SS_T=\sum_{i=1}^{s}\sum_{j=1}^{n_i}(X_{ij}-\bar{X})^2$，它是全体样本对总平均值 $\bar{X}$ 的离差平方和，反映全部观测值相对总平均值的分散程度，称为总离差平方和.

$$\begin{aligned}SS_T&=\sum_{i=1}^{s}\sum_{j=1}^{n_i}(X_{ij}-\bar{X})^2=\sum_{i=1}^{s}\sum_{j=1}^{n_i}[(X_{ij}-\bar{X}_{i\cdot})+(\bar{X}_{i\cdot}-\bar{X})]^2\\&=\sum_{i=1}^{s}\sum_{j=1}^{n_i}(X_{ij}-\bar{X}_{i\cdot})^2+\sum_{i=1}^{s}\sum_{j=1}^{n_i}(\bar{X}_{i\cdot}-\bar{X})^2+2\sum_{i=1}^{s}\sum_{j=1}^{n_i}(X_{ij}-\bar{X}_{i\cdot})(\bar{X}_{i\cdot}-\bar{X})\\&=\sum_{i=1}^{s}\sum_{j=1}^{n_i}(X_{ij}-\bar{X}_{i\cdot})^2+\sum_{i=1}^{s}n_i(\bar{X}_{i\cdot}-\bar{X})^2+2\sum_{i=1}^{s}\sum_{j=1}^{n_i}(X_{ij}-\bar{X}_{i\cdot})(\bar{X}_{i\cdot}-\bar{X}),\end{aligned}$$

其中

$$2\sum_{i=1}^{s}\sum_{j=1}^{n_i}(X_{ij}-\overline{X}_{i\cdot})(\overline{X}_{i\cdot}-\overline{X})=2\sum_{i=1}^{s}\left[(\overline{X}_{i\cdot}-\overline{X})\sum_{j=1}^{n_i}(X_{ij}-\overline{X}_{i\cdot})\right]$$

$$=2\sum_{i=1}^{s}\left[(\overline{X}_{i\cdot}-\overline{X})\left(\sum_{j=1}^{n_i}X_{ij}-n_i\overline{X}_{i\cdot}\right)\right]=0.$$

记

$$SS_E=\sum_{i=1}^{s}\sum_{j=1}^{n_i}(X_{ij}-\overline{X}_{i\cdot})^2,$$

$$SS_A=\sum_{i=1}^{s}\sum_{j=1}^{n_i}(\overline{X}_{i\cdot}-\overline{X})^2=\sum_{i=1}^{s}n_i(\overline{X}_{i\cdot}-\overline{X})^2=\sum_{i=1}^{s}n_i\overline{X}_{i\cdot}^2-n\overline{X}^2,$$

于是 SS_T 可分解为

$$SS_T=SS_E+SS_A, \tag{10.5}$$

其中 SS_E 是由随机因素所引起的试验误差,反映各个样本观测值对本组组均值的分散程度,称为*误差平方和*,也称*组内方差*;SS_A 表示由各个水平的效应以及随机误差所引起的组均值与总平均值的差异,反映各个样本组均值相对总平均值的分散程度,称为*因素 A 的效应平方和*,也称*组间方差*. 组间方差反映了各个总体均值之间的差异.

在不引起混淆的情况下,也用 SS_T,SS_E 和 SS_A 表示它们的观测值:

$$SS_T=\sum_{i=1}^{s}\sum_{j=1}^{n_i}(x_{ij}-\overline{x})^2,$$

$$SS_E=\sum_{i=1}^{s}\sum_{j=1}^{n_i}(x_{ij}-\overline{x}_{i\cdot})^2,$$

$$SS_A=\sum_{i=1}^{s}\sum_{j=1}^{n_i}(\overline{x}_{i\cdot}-\overline{x})^2=\sum_{i=1}^{s}n_i(\overline{x}_{i\cdot}-\overline{x})^2=\sum_{i=1}^{s}n_i\overline{x}_{i\cdot}^2-n\overline{x}^2.$$

2. SS_E 和 SS_A 的统计特性

(1) SS_E 的统计特性

注意到 SS_E 中的项 $\sum\limits_{j=1}^{n_i}(X_{ij}-\overline{X}_{i\cdot})^2$ 是来自总体 $N(\mu_i,\sigma^2)$、样本容量为 n_i 的样本方差的 n_i-1 倍,于是根据定理 6.3,有

$$\frac{\sum\limits_{j=1}^{n_i}(X_{ij}-\overline{X}_{i\cdot})^2}{\sigma^2}\sim\chi^2(n_i-1),\quad i=1,2,\cdots,s.$$

由于不同水平的样本之间相互独立,并根据 χ^2 分布的性质,有

$$\frac{SS_E}{\sigma^2} \sim \chi^2(n-s), \tag{10.6}$$

$$E\left(\frac{SS_E}{n-s}\right)=\sigma^2. \tag{10.7}$$

(2) SS_A 的统计特性

由于 $X_{ij}\sim N(\mu_i,\sigma^2)$，$\overline{X}_{i\cdot}=\frac{1}{n_i}\sum_{j=1}^{n_i}X_{ij}$，$\overline{X}=\frac{1}{n}\sum_{i=1}^{s}\sum_{j=1}^{n_i}X_{ij}$，且所有 $X_{ij}(j=1,2,\cdots,n_i,i=1,2,\cdots,s)$ 相互独立，所以 $\overline{X}_{i\cdot}=\frac{1}{n_i}\sum_{j=1}^{n_i}X_{ij}\sim N\left(\mu_i,\frac{\sigma^2}{n_i}\right)(i=1,2,\cdots,s)$，$\overline{X}\sim N\left(\mu,\frac{\sigma^2}{n}\right)$. 而

$$\begin{aligned}E(SS_A)&=E\left(\sum_{i=1}^{s}n_i\overline{X}_{i\cdot}^2-n\overline{X}^2\right)\\&=\sum_{i=1}^{s}n_i\left(\frac{\sigma^2}{n_i}+\mu_i^2\right)-n\left(\frac{\sigma^2}{n}+\mu^2\right)\\&=\sum_{i=1}^{s}n_i\left[\frac{\sigma^2}{n_i}+(\mu+\delta_i)^2\right]-n\left(\frac{\sigma^2}{n}+\mu^2\right)\\&=(s-1)\sigma^2+2\mu\sum_{i=1}^{s}n_i\delta_i+\sum_{i=1}^{s}n_i\delta_i^2,\end{aligned}$$

由 $\sum_{i=1}^{s}n_i\delta_i=0$，即有

$$E(SS_A)=(s-1)\sigma^2+\sum_{i=1}^{s}n_i\delta_i^2. \tag{10.8}$$

进一步可以证明，当 H_0 成立时，有

$$\frac{SS_A}{\sigma^2}\sim\chi^2(s-1), \tag{10.9}$$

且 SS_A 与 SS_E 相互独立.

10.1.3 假设检验的拒绝域

当 H_0 成立时，由式(10.9)有

$$E\left(\frac{SS_A}{s-1}\right)=\sigma^2,$$

即 $\frac{SS_A}{s-1}$ 为 σ^2 的无偏估计.

当 H_1 成立时，

$$E\left(\frac{SS_A}{s-1}\right)=\frac{1}{s-1}E(SS_A)=\sigma^2+\frac{1}{s-1}\sum_{j=1}^{s}n_j\delta_j^2>\sigma^2, \tag{10.10}$$

故$\dfrac{SS_A}{s-1}$不是σ^2的无偏估计.

不论H_0是否成立,由式(10.7),$\dfrac{SS_E}{n-s}$总是σ^2的无偏估计.

因此,当H_0成立时,根据式(10.6)和式(10.9),及SS_A与SS_E相互独立,有

$$F=\frac{SS_A/(s-1)}{SS_E/(n-s)}\sim F(s-1,n-s),$$

F为检验H_0的检验统计量.

当H_0不成立时,根据式(10.10),F会有偏大的趋势.所以在显著性水平α下,H_0的拒绝域为

$$F=\frac{SS_A/(s-1)}{SS_E/(n-s)}\geqslant F_\alpha(s-1,n-s). \tag{10.11}$$

记$MS_A=\dfrac{SS_A}{s-1}$,$MS_E=\dfrac{SS_E}{n-s}$,MS_A,MS_B分别称为SS_A和SS_E的均方,它们的自由度分别为$s-1$和$n-s$,则式(10.11)又表示为

$$F=\frac{MS_A}{MS_E}\geqslant F_\alpha(s-1,n-s). \tag{10.12}$$

若接受H_0,则认为因素A各个水平的试验指标之间无显著差异,因素A对试验指标的影响不显著;若拒绝H_0,则认为因素A各个水平的试验指标之间有显著差异,因素A对试验指标的影响显著.

为清楚起见,将上述结果列成一张表(表10.3),称为单因素方差分析表.

表10.3 单因素方差分析表

差异源	平方和(SS)	自由度(df)	均方(MS)	F	F分位数(F crit)
组间方差(组间)	SS_A	$s-1$	MS_A		$F_\alpha(s-1,n-s)$
组内方差(组内)	SS_E	$n-s$	MS_E	$\dfrac{MS_A}{MS_E}$	
总和(总计)	SS_T	$n-1$			

注:表中各括号内的名称是Excel软件所产生的方差分析表中对应项的表示.本节以下同.

例10.2(续例10.1) 设试验符合模型(10.1)的条件.试在显著性水平$\alpha=0.05$下检验假设$H_0:\mu_1=\mu_2=\mu_3=\mu_4$,分析生产工艺对电子元件寿命的影响.

解 由于方差分析的计算量比较大,一般借助计算机,利用统计软件进行方差分析.在显著性水平$\alpha=0.05$下,利用Excel软件得到方差分析数据总表10.4①,表中方差分析部分即为该试验的方差分析表.

① 将数据读入Excel表中,在"工具"菜单中单击"数据分析"选项,然后在"数据分析"菜单中选中"单因素方差分析"选项.在"单因素方差分析"对话框中填写数据区域,并根据提示填写参数,然后按回车键.

表 10.4

SUMMARY				
组	观测数	求 和	平 均	方 差
行 1	7	11720	1674.286	3795.238
行 2	5	7990	1598	21020
行 3	8	13190	1648.75	6669.643
行 4	6	9370	1561.667	2616.667

方差分析					
差异源	SS	df	MS	F	F crit
组间	49212.35	3	16404.12	2.165921	3.049125
组内	166622.3	22	7573.739		
总计	215834.6	25			

由方差分析表知 $F=2.165921$，$F_{0.05}(3,22)=3.049125$. 因为 $F<F_{0.05}(3,22)$，可以认为 4 种工艺生产的电子元件的使用寿命之间无显著差异，即生产工艺对电子元件的使用寿命无显著影响.

10.1.4 参数估计

下面讨论模型中未知参数 $\mu_i,\delta_i(i=1,2,\cdots,s)$ 和 μ,σ^2 的估计问题.

因为

$$E(\overline{X}_{i\cdot})=\frac{1}{n_i}\sum_{j=1}^{n_i}E(X_{ij})=\mu_i,$$

$$E(\overline{X})=\frac{1}{n}\sum_{i=1}^{s}\sum_{j=1}^{n_i}E(X_{ij})=\frac{1}{n}\sum_{i=1}^{s}n_i\mu_i=\mu,$$

所以

$$\hat{\mu}_i=\overline{X}_{i\cdot},\quad \hat{\mu}=\overline{X} \tag{10.13}$$

分别是 $\mu_i(i=1,2,\cdots,s)$ 和 μ 的无偏估计量，进而

$$\hat{\delta}_i=\overline{X}_{i\cdot}-\overline{X} \tag{10.14}$$

是 $\delta_i(i=1,2,\cdots,s)$ 的无偏估计量.

由前面的讨论知，无论 H_0 是否成立，总有 $E\left(\frac{SS_E}{n-s}\right)=\sigma^2$，所以

$$\hat{\sigma}^2=MS_E \tag{10.15}$$

是 σ^2 的一个无偏估计量.

将与上述结果有关的数据列成表 10.5,此表与统计软件方差分析结果中的 SUMMARY 表对应.

表 10.5 SUMMARY 表

摘要(SUMMARY)				
水平(组)	观测数	总和(求和)	组均值(平均)	方 差
水平 1(行 1)	n_1	$\sum_{j=1}^{n_1} x_{1j}$	$\bar{x}_{1\cdot}$	s_1^2
水平 2(行 2)	n_2	$\sum_{j=1}^{n_2} x_{2j}$	$\bar{x}_{2\cdot}$	s_2^2
⋮	⋮	⋮	⋮	⋮
水平 s(行 s)	n_s	$\sum_{j=1}^{n_s} x_{sj}$	$\bar{x}_{s\cdot}$	s_s^2

例 10.3(续例 10.1) 设试验符合模型(10.1)的条件. 求模型中参数 $\mu_1,\mu_2,\mu_3,\mu_4,\sigma^2$ 的估计值.

解 由例 10.2 已得到的方差分析数据总表 10.4 查得,μ_1,μ_2,μ_3,μ_4 的估计值分别为 1674.286,1598,1648.75 和 1561.667,它们是 4 种生产工艺所生产的电子元件平均使用寿命的估计值,其中工艺 A_1 生产的元件平均使用寿命最长,即可以认为工艺 A_1 的水平好于其他 3 个工艺. σ^2 的估计值为$\hat{\sigma}^2=MS_E=7573.739$,$\hat{\sigma}^2$ 值偏大,且 4 种生产工艺所生产的电子元件使用寿命的方差估计值都偏大,说明这 4 种电子元件生产工艺的总体稳定性差.

10.1.5 算例

例 10.4 三组小白鼠分别接种不同菌型的一种疫苗,接种后存活的天数见表 10.6. 如果将小白鼠接种后存活的天数看作是来自 3 个正态分布总体 $N(\mu_i,\sigma^2)$ $(i=1,2,3)$的样本观测值,试分析小白鼠被注射疫苗后的平均存活天数有无显著差异($\alpha=0.05$),给出总体参数 $\mu_1,\mu_2,\mu_3,\sigma^2$ 的估计值.

表 10.6

菌 型	小白鼠存活的天数											
Ⅰ	2	4	3	2	4	7	7	2	2	5	4	
Ⅱ	5	6	8	5	10	7	12	12	6	6		
Ⅲ	7	11	6	6	7	9	5	5	10	6	3	10

解 小白鼠被注射的疫苗为因素,3 种不同的菌型为 3 个水平,这是单因素试

验，且该试验符合模型(10.1)．在显著性水平 $\alpha=0.05$ 下，利用 Excel 软件得到方差分析数据总表 10.7.

表 10.7

SUMMARY					
组	观测数	求　和	平　均	方　差	
行 1	11	42	3.818182	3.563636	
行 2	10	77	7.7	7.344444	
行 3	12	85	7.083333	5.901515	
方差分析					
差异源	SS	df	MS	F	F crit
组间	94.25606	2	47.12803	8.483740	3.315830
组内	166.6530	30	5.555101		
总计	260.9091	32			

由于 $F=8.483740>F_{0.05}(2,30)=3.315830$，所以可以认为注射了不同菌型疫苗的小白鼠的存活天数之间有显著差异，即不同菌型的疫苗对小白鼠的存活天数有显著影响.

μ_1,μ_2,μ_3 的估计值分别为 3.818182，7.7 和 7.083333，它们是注射了不同菌型疫苗的小白鼠平均存活天数的估计值，可以认为注射了菌型Ⅱ疫苗的小白鼠的平均存活天数最长，近 8 天；注射了菌型Ⅰ疫苗的小白鼠的平均存活天数最短，不足 4 天．σ^2 的估计值为$\hat{\sigma}^2=5.555101$ 较小，说明疫苗总体质量稳定.

习　题　10.1

约定以下各题均符合所涉及的方差分析模型要求的条件.

1. 下表给出了使用化肥 A、B 和 C 后土壤中生长的芝麻产量(千克/亩)．求：(1)每一种不同处理的平均产量；(2)全部处理的总平均产量；(3)总离差平方和；(4)因素效应平方和；(5)误差平方和(要求用公式计算).

第 1 题表

化肥类型	芝麻产量(千克/亩)			
A	48	49	50	49
B	47	49	48	48
C	49	51	50	50

2. 用 4 种不同的分析方法 A_1,A_2,A_3,A_4 测定同一药物的某种成分的含量，测得的数据如下表所示．试分析这 4 种方法的测量结果有无显著差异(显著性水平 $\alpha=0.05$)?

第 2 题表

分析方法	一药物某种成分的含量			
A_1	9.29	9.44	9.33	9.56
A_2	10.16	10.08	10.03	10.11
A_3	10.60	10.43	10.65	10.48
A_4	10.12	9.96	9.98	10.11

3. 为研究人们在催眠状态下对各种情绪的反应是否有差异，选了 8 个自愿受试者. 在催眠状态下，要求他们按任意次序做出恐惧、愉快、忧虑和平静 4 种反应. 下表给出了这 8 个受试者在处于这 4 种情绪状态下皮肤的电位变化值.

第 3 题表

情　绪	电位变化值							
恐惧	23.1	57.6	10.5	23.6	11.9	54.6	21.0	20.3
愉快	22.7	53.2	9.7	19.6	13.8	47.1	13.6	23.6
忧虑	22.5	53.7	10.8	21.1	13.7	39.2	13.7	16.3
平静	22.6	53.1	8.3	21.6	13.3	37.0	14.8	14.8

试在显著性水平 $\alpha=0.05$ 下，检验受试者在催眠状态下对这 4 种情绪的反应力是否有显著差异.

4. 一名教师希望用三种不同的教学方法Ⅰ，Ⅱ，Ⅲ教学. 为此，他随机地选定 3 组学生，每组 5 名. 每组学生采用不同的教学方法，然后对全部学生进行统一考试，成绩见下表. 在显著性水平 $\alpha=0.01$ 和 $\alpha=0.05$ 下，分别检验三种教学法之间是否存在显著差异？

第 4 题表

教学方法	考试成绩				
方法Ⅰ	75	62	71	58	73
方法Ⅱ	81	85	68	92	90
方法Ⅲ	73	79	60	75	81

5. 试举几个在日常生活或工作中的单因素方差分析应用实例.

§10.2 双因素方差分析

实际问题中，影响试验指标的因素往往不只一个，要分析因素的作用，就涉及多因素方差分析. 在多因素方差分析中，不但每一个因素单独对试验指标可能有影响，往往多个因素的不同水平的搭配对试验指标也可能有影响. 统计学上把多因素不同水平搭配对试验指标的影响称为*交互作用*. 交互作用在多因素方差分析中，被当成一个新因素来处理．本节仅讨论两个因素的方差分析——双因素方差分析. 双因素方差分析因交互作用的大小，分为双因素等重复试验方差分析和双因素无重复试验方差分析. 当交互作用比较明显时，对两个因素的每对水平的组合都做同样多但不少于两次的重复试验，称为等重复试验. 利用等重复试验可以对交互作用对试验指标的影响进行分析，这称为双因素等重复试验方差分析. 当交互作用不存在或不明显时，对两个因素每对水平的组合各做一次试验，称为无重复试验. 利用无重复试验可以对两个因素对试验指标的影响进行分析，这称为双因素无重复试验方差分析.

10.2.1 双因素等重复试验的方差分析

先来看一个例子.

例 10.5 4 个工人分别操作 3 台机器各 2 天，日产量见表 10.8.

表 10.8

日产量		机器		
		B_1	B_2	B_3
工人	A_1	42,45	43,49	43,48
	A_2	46,51	46,52	52,56
	A_3	48,53	44,49	41,44
	A_4	42,45	53,56	45,47

这里试验指标是日产量，工人和机器是两个可变因素，它们分别有 4 个和 3 个水平，工人和机器有交互作用，对这两个因素每对水平的组合各进行了 2 次重复试验，所以这是双因素等重复试验. 试验的目的是考察两个因素以及两个因素的交互作用各自对日产量的影响.

1. 数学模型

设因素 A 和因素 B 是影响试验指标 X 的两个可变化因素，因素 A 有 r 个水平 $A_1, A_2, \cdots, A_r$，因素 B 有 s 个水平 $B_1, B_2, \cdots, B_s$. 对因素 A 和因素 B 的每对水平组合 (A_i, B_j) 均做 $t(t \geqslant 2)$ 次重复试验，并将试验结果 $X_{ij1}, X_{ij2}, \cdots, X_{ijt}$ $(i=1,\cdots,r, j=1,\cdots,s)$ 的观测数据列成表(表 10.9). 交互作用具体表现在：随着因素 A 的水平变化，试验指标 X 在因素 B 的不同水平下具有不一致的变化趋势.

表 10.9 双因素等重复试验样本观测值数据

试验指标		因素 B			
		B_1	B_2	$\cdots$	B_s
因素 A	A_1	$x_{111}, x_{112}, \cdots, x_{11t}$	$x_{121}, x_{122}, \cdots, x_{12t}$	$\cdots$	$x_{1s1}, x_{1s2}, \cdots, x_{1st}$
	A_2	$x_{211}, x_{212}, \cdots, x_{21t}$	$x_{221}, x_{222}, \cdots, x_{22t}$	$\cdots$	$x_{2s1}, x_{2s2}, \cdots, x_{2st}$
	$\vdots$	$\vdots$	$\vdots$	$\vdots$	$\vdots$
	A_r	$x_{r11}, x_{r12}, \cdots, x_{r1t}$	$x_{r21}, x_{r22}, \cdots, x_{r2t}$	$\cdots$	$x_{rs1}, x_{rs2}, \cdots, x_{rst}$

假定组合(A_i,B_j)的试验结果$X_{ij1},X_{ij2},\cdots,X_{ijt}$相互独立，且都服从正态分布$N(\mu_{ij},\sigma^2)$，其中$\mu_{ij},\sigma^2$均为未知参数，$i=1,\cdots,r,j=1,\cdots,s$，同时设不同组合的试验结果相互独立.

由于$X_{ijk}\sim N(\mu_{ij},\sigma^2)$，即有$X_{ijk}-\mu_{ij}\sim N(0,\sigma^2)$，故$X_{ijk}-\mu_{ij}$可看成是随机误差，记$X_{ijk}-\mu_{ij}=\varepsilon_{ijk}$，则有

$$\begin{cases}X_{ijk}=\mu_{ij}+\varepsilon_{ijk},\\ \varepsilon_{ijk}\sim N(0,\sigma^2),\text{各 }\varepsilon_{ijk}\text{ 相互独立},\\ i=1,\cdots,r,j=1,\cdots,s,k=1,\cdots,t,\end{cases}\tag{10.16}$$

其中$\mu_{ij}(i=1,\cdots,r,j=1,\cdots,s)$，$\sigma^2$均为未知参数. 式(10.16)为双因素等重复试验方差分析的数学模型.

设

$$\mu_{i\cdot}=\frac{1}{s}\sum_{j=1}^{s}\mu_{ij},\quad i=1,2,\cdots,r,$$

$$\mu_{\cdot j}=\frac{1}{r}\sum_{i=1}^{r}\mu_{ij},\quad j=1,2,\cdots,s,$$

$$\mu=\frac{1}{rs}\sum_{i=1}^{r}\sum_{j=1}^{s}\mu_{ij}=\frac{1}{r}\sum_{i=1}^{r}\mu_{i\cdot}=\frac{1}{s}\sum_{j=1}^{s}\mu_{\cdot j},$$

$$a_i=\mu_{i\cdot}-\mu,\quad i=1,2,\cdots,r,$$

$$b_j=\mu_{\cdot j}-\mu,\quad j=1,2,\cdots,s,$$

$$\gamma_{ij}=\mu_{ij}-\mu-a_i-b_j,\quad i=1,2,\cdots r;j=1,2,\cdots,s.$$

μ称为总平均值，a_i,b_j分别称为水平A_i和水平B_j的效应，$i=1,2,\cdots,r,j=1,2,\cdots,s$.

显然，有

$$\sum_{i=1}^{r}a_i=0,\quad \sum_{j=1}^{s}b_j=0,$$

$$\sum_{i=1}^{r}\gamma_{ij}=0,\quad j=1,2,\cdots,s,$$

$$\sum_{j=1}^{s}\gamma_{ij}=0,\quad i=1,2,\cdots,r.$$

利用上述记号，有

$$\begin{aligned}\gamma_{ij}&=\mu_{ij}-\mu-a_i-b_j=\mu_{ij}-\mu-(\mu_{i\cdot}-\mu)-(\mu_{\cdot j}-\mu)\\&=\mu_{ij}-\mu_{i\cdot}-\mu_{\cdot j}+\mu.\end{aligned}$$

γ_{ij}称为水平A_i和水平B_j的交互效应，$i=1,2,\cdots,r,j=1,2,\cdots,s$.

又$\mu_{ij}=\mu_{ij}+(\mu+a_i-\mu_{i\cdot})+(\mu+b_j-\mu_{\cdot j})=\mu+a_i+b_j+\gamma_{ij}$，$i=1,2,\cdots,r,j=$

$1,2,\cdots,s$，于是模型(10.16)又可以写为

$$\begin{cases}X_{ijk}=\mu+a_i+b_j+\gamma_{ij}+\varepsilon_{ijk},\\ \varepsilon_{ijk}\sim N(0,\sigma^2),\text{各 }\varepsilon_{ijk}\text{ 相互独立},\\ i=1,\cdots,r,j=1,\cdots,s,k=1,\cdots,t,\\ \sum_{i=1}^{r}a_i=0,\sum_{j=1}^{s}b_j=0,\sum_{i=1}^{r}\gamma_{ij}=0,\sum_{j=1}^{s}\gamma_{ij}=0.\end{cases} \tag{10.17}$$

其中 $\mu,a_i,b_j,\gamma_{ij},\sigma^2(i=1,\cdots,r,j=1,\cdots,s)$ 均为未知参数.

针对模型(10.17)，方差分析的主要任务是分析因素 A、因素 B 以及因素 A,B 的交互作用各自对试验指标的影响. 对此，提出三个统计假设：

$$H_{01}:a_1=a_2=\cdots=a_r=0,\quad H_{11}:a_1,a_2,\cdots,a_r\text{ 不全为 }0; \tag{10.18}$$

$$H_{02}:b_1=b_2=\cdots=b_s=0,\quad H_{12}:b_1,b_2,\cdots,b_s\text{ 不全为 }0; \tag{10.19}$$

$$H_{03}:\gamma_{ij}=0,$$

$$H_{13}:\gamma_{ij}\text{ 不全为 }0,i=1,\cdots,r;j=1,\cdots,s. \tag{10.20}$$

2. 统计分析

与单因素方差分析一样，首先作总离差平方和的分解.

引入如下记号：

$$\overline{X}_{ij\cdot}=\frac{1}{t}\sum_{k=1}^{t}X_{ijk},\quad i=1,\cdots,r;j=1,\cdots,s,$$

$$\overline{X}_{i\cdot\cdot}=\frac{1}{st}\sum_{j=1}^{s}\sum_{k=1}^{t}X_{ijk},\quad i=1,2,\cdots,r,$$

$$\overline{X}_{\cdot j\cdot}=\frac{1}{rt}\sum_{i=1}^{r}\sum_{k=1}^{t}X_{ijk},\quad j=1,2,\cdots,s,$$

$$\overline{X}=\frac{1}{rst}\sum_{i=1}^{r}\sum_{j=1}^{s}\sum_{k=1}^{t}X_{ijk}=\frac{1}{r}\sum_{i=1}^{r}\overline{X}_{i\cdot\cdot}=\frac{1}{s}\sum_{j=1}^{s}\overline{X}_{\cdot j\cdot},$$

$$SS_T=\sum_{i=1}^{r}\sum_{j=1}^{s}\sum_{k=1}^{t}(X_{ijk}-\overline{X})^2.$$

SS_T 称为总离差平方和.

将 SS_T 作如下分解

$$SS_T=SS_E+SS_A+SS_B+SS_{A\times B},$$

其中

$$SS_E=\sum_{i=1}^{r}\sum_{j=1}^{s}\sum_{k=1}^{t}(X_{ijk}-\overline{X}_{ij\cdot})^2,\quad SS_A=st\sum_{i=1}^{r}(\overline{X}_{i\cdot\cdot}-\overline{X})^2,$$

$$SS_B=rt\sum_{j=1}^{s}(\overline{X}_{\cdot j\cdot}-\overline{X})^2,\quad SS_{A\times B}=t\sum_{i=1}^{r}\sum_{j=1}^{s}(\overline{X}_{ij\cdot}-\overline{X}_{i\cdot\cdot}-\overline{X}_{\cdot j\cdot}+\overline{X})^2.$$

SS_E 称为误差平方和，SS_A 和 SS_B 分别称为因素 A 和因素 B 的效应平方和，$SS_{A\times B}$ 称为 A，B 交互效应平方和.

可以证明：

$$E\left(\frac{SS_E}{rs(t-1)}\right)=\sigma^2,$$

$$E\left(\frac{SS_A}{r-1}\right)=\sigma^2+\frac{st}{r-1}\sum_{i=1}^{r}a_i^2,$$

$$E\left(\frac{SS_B}{s-1}\right)=\sigma^2+\frac{rt}{s-1}\sum_{j=1}^{s}b_j^2,$$

$$E\left(\frac{SS_{A\times B}}{(r-1)(s-1)}\right)=\sigma^2+\frac{t}{(r-1)(s-1)}\sum_{i=1}^{r}\sum_{j=1}^{s}\gamma_{ij}^2.$$

SS_A 和 SS_B 的自由度分别为 $r-1$ 和 $s-1$，SS_E 的自由度为 $rs(t-1)$，$SS_{A\times B}$ 的自由度为 $(r-1)(s-1)$，SS_T 的自由度为 $rst-1$.

记

$$MS_A=SS_A/(r-1),$$
$$MS_B=SS_B/(s-1),$$
$$MS_{A\times B}=SS_{A\times B}/((r-1)(s-1)),$$
$$MS_E=SS_E/(rs(t-1)),$$

MS_A，MS_B 分别称为因素 A、因素 B 的效应平方和的均方，$MS_{A\times B}$，MS_E 分别称为 A，B 交互效应平方和及误差平方和的均方.

进一步可以证明：

当 H_{01} 成立时，有

$$F_A=\frac{MS_A}{MS_E}\sim F(r-1,rs(t-1)).$$

当 H_{02} 成立时，有

$$F_B=\frac{MS_B}{MS_E}\sim F(s-1,rs(t-1)).$$

当 H_{03} 成立时，有

$$F_{A\times B}=\frac{MS_{A\times B}}{MS_E}\sim F((r-1)(s-1),rs(t-1)).$$

在显著性水平 α 下，H_{01}，H_{02} 和 H_{03} 的拒绝域分别为

$$F_A\geqslant F_\alpha(r-1,rs(t-1)),$$
$$F_B\geqslant F_\alpha(s-1,rs(t-1)).$$

和

$$F_{A\times B}\geqslant F_\alpha((r-1)(s-1),rs(t-1)).$$

若接受 H_{01}，则认为因素 A 各个水平的试验指标之间无显著差异，即因素 A

对试验指标无显著影响;若拒绝 H_{01},则认为因素A各个水平的试验指标之间有显著差异,即因素A对试验指标有显著影响. 对于 H_{02},有类似于 H_{01} 的结论. 若接受 H_{03},则认为不同的交互效应无显著差异,即因素A和因素B的交互作用对试验指标无显著影响;若拒绝 H_{03},则认为不同的交互效应有显著差异,因素A和因素B的交互作用对试验指标有显著影响.

将上述结果列成一个表(表10.10),称为双因素等重复试验的方差分析表.

表10.10 双因素等重复试验方差分析表

差异源	平方和(SS)	自由度(df)	均方(MS)	F	F分位数(F crit)
因素A(样本)	SS_A	$r-1$	MS_A	$\frac{MS_A}{MS_E}$	$F_\alpha(r-1,rs(t-1))$
因素B(列)	SS_B	$s-1$	MS_B	$\frac{MS_B}{MS_E}$	$F_\alpha(s-1,rs(t-1))$
交互作用(交互)	$SS_{A\times B}$	$(s-1)(r-1)$	$MS_{A\times B}$	$\frac{MS_{A\times B}}{MS_E}$	$F_\alpha((r-1)(s-1),rs(t-1))$
误差(内部)	SS_E	$rs(t-1)$	MS_E		
总和(总计)	SS_T	$rst-1$			

注:表中各括号内的名称是Excel软件所产生的方差分析表中对应项的表示.本节以下同.

例10.6(续例10.5) 设试验符合模型(10.17)的条件.检验工人、机器以及它们的交互作用对产品的日产量是否有显著影响(取 $\alpha=0.05$).

解 利用Excel软件得方差分析数据总表10.11①,其方差分析部分第1列的各项对应表10.10第1列的各项(其余部分对应表10.12,用于例10.7).

表10.11

SUMMARY	B_1	B_2	B_3	总 计
A_1				
观测数	2	2	2	6
求和	87	92	91	270
平均	43.5	46	45.5	45
方差	4.5	18	12.5	8.4
A_2				
观测数	2	2	2	6
求和	97	98	108	303
平均	48.5	49	54	50.5
方差	12.5	18	8	15.1

① 将数据读入Excel表中,在“工具”菜单中单击“数据分析”选项,然后在“数据分析”菜单中选中“可重复双因素分析”选项.

续表

SUMMARY	B_1	B_2	B_3	总 计
A_3				
观测数	2	2	2	6
求和	101	93	85	279
平均	50.5	46.5	42.5	46.5
方差	12.5	12.5	4.5	18.7
A_4				
观测数	2	2	2	6
求和	87	109	92	288
平均	43.5	54.5	46	48
方差	4.5	4.5	2	28.8
总计				
观测数	8	8	8	
求和	372	392	376	
平均	46.5	49	47	
方差	15.71429	20.57143	24.57143	

方差分析

差异源	SS	df	MS	F	F crit
样本(工人)	99	3	33	3.473684	3.490295
列(机器)	28	2	14	1.473684	3.885294
交互	213	6	35.5	3.736842	2.99612
内部	114	12	9.5		
总计	454	23			

由表有 $F_A=3.473684<F_{0.05}(3,12)=3.490295$，$F_B=1.473684<F_{0.05}(2,12)=3.885294$，可以认为不同工人的日产量和不同机器的日产量都无显著差异，即工人和机器对日产量无显著影响. 因 $F_{A\times B}=3.736842>F_{0.05}(6,12)=2.99612$，所以可以认为工人和机器的交互作用对日产量有显著影响.

3. 参数估计

容易验证：

$$E(\overline{X}_{ij\cdot})=\mu_{ij},\quad E(\overline{X}_{i\cdot\cdot})=\mu_{i\cdot},\quad E(\overline{X}_{\cdot j\cdot})=\mu_{\cdot j},\quad E(\overline{X})=\mu,$$

$$E(\overline{X}_{i\cdot\cdot}-\overline{X})=a_i,\quad E(\overline{X}_{\cdot j\cdot}-\overline{X})=b_j,\quad E(\overline{X}_{ij\cdot}-\overline{X}_{i\cdot\cdot}-\overline{X}_{\cdot j\cdot}+\overline{X})=\gamma_{ij}.$$

从而

$$\hat{\mu}_{ij}=\overline{X}_{ij\cdot},$$

$$\hat{\mu}_{i\cdot}=\overline{X}_{i\cdot\cdot},$$

$$\hat{\mu}_{\cdot j}=\overline{X}_{\cdot j\cdot},$$

$$\hat{\mu}=\overline{X}=\frac{1}{r}\sum_{i=1}^{r}\overline{X}_{i\cdot\cdot}=\frac{1}{s}\sum_{j=1}^{s}\overline{X}_{\cdot j\cdot},$$

$$\hat{a}_i=\overline{X}_{i\cdot\cdot}-\overline{X}=\overline{X}_{i\cdot\cdot}-\frac{1}{r}\sum_{i=1}^{r}\overline{X}_{i\cdot\cdot}=\overline{X}_{i\cdot\cdot}-\frac{1}{s}\sum_{j=1}^{s}\overline{X}_{\cdot j\cdot},$$

$$\hat{b}_j=\overline{X}_{\cdot j\cdot}-\overline{X}=\overline{X}_{\cdot j\cdot}-\frac{1}{r}\sum_{i=1}^{r}\overline{X}_{i\cdot\cdot}=\overline{X}_{\cdot j\cdot}-\frac{1}{s}\sum_{j=1}^{s}\overline{X}_{\cdot j\cdot},$$

$$\hat{\gamma}_{ij}=\overline{X}_{ij\cdot}-\overline{X}_{i\cdot\cdot}-\overline{X}_{\cdot j\cdot}+\overline{X}=\overline{X}_{ij\cdot}-\overline{X}_{i\cdot\cdot}-\overline{X}_{\cdot j\cdot}+\frac{1}{r}\sum_{i=1}^{r}\overline{X}_{i\cdot\cdot}$$

$$=\overline{X}_{ij\cdot}-\overline{X}_{i\cdot\cdot}-\overline{X}_{\cdot j\cdot}+\frac{1}{s}\sum_{j=1}^{s}\overline{X}_{\cdot j\cdot}$$

分别是 $\mu_{ij},\mu_{i\cdot},\mu_{\cdot j},\mu$ 和 a_i,b_j,γ_{ij} 的无偏估计量，$i=1,\cdots,r,j=1,\cdots,s$.

另由 $E\left(\frac{SS_E}{rs(t-1)}\right)=\sigma^2$ 知，

$$\hat{\sigma}^2=MS_E$$

是 σ^2 的无偏估计量.

将与上述结果有关的数据列成表 10.12，该表与统计软件方差分析结果中的 SUMMARY 表对应.

表 10.12 SUMMARY 表

摘要(SUMMARY)	B_1	B_2	…	B_s	总 计
A_1					
观测数	t	t	…	t	st
总和(求和)	$\sum_{k=1}^{t}x_{11k}$	$\sum_{k=1}^{t}x_{12k}$	…	$\sum_{k=1}^{t}x_{1sk}$	$\sum_{j=1}^{s}\sum_{k=1}^{t}x_{1jk}$
组均值(平均)	$\overline{x}_{11\cdot}$	$\overline{x}_{12\cdot}$	…	$\overline{x}_{1s\cdot}$	$\overline{x}_{1\cdot\cdot}$
方差	s_{11}^2	s_{12}^2	…	s_{1s}^2	$s_{1\cdot}^2$
⋮	⋮	⋮	⋮	⋮	⋮
A_r					
观测数	t	t	…	t	st
总和(求和)	$\sum_{k=1}^{t}x_{r1k}$	$\sum_{k=1}^{t}x_{r2k}$	…	$\sum_{k=1}^{t}x_{rsk}$	$\sum_{j=1}^{s}\sum_{k=1}^{t}x_{rjk}$
组均值(平均)	$\overline{x}_{r1\cdot}$	$\overline{x}_{r2\cdot}$	…	$\overline{x}_{rs\cdot}$	$\overline{x}_{r\cdot\cdot}$
方差	s_{r1}^2	s_{r2}^2	…	s_{rs}^2	$s_{r\cdot}^2$
总计					
观测数	rt	rt	…	rt	
总和(求和)	$\sum_{i=1}^{r}\sum_{k=1}^{t}x_{i1k}$	$\sum_{i=1}^{r}\sum_{k=1}^{t}x_{i2k}$	…	$\sum_{i=1}^{r}\sum_{k=1}^{t}x_{isk}$	
组均值(平均)	$\overline{x}_{\cdot1\cdot}$	$\overline{x}_{\cdot2\cdot}$	…	$\overline{x}_{\cdot s\cdot}$	
方差	$s_{\cdot1}^2$	$s_{\cdot2}^2$	…	$s_{\cdot s}^2$	

例 10.7(续例 10.5) 设试验符合模型(10.16)的条件. 求模型中参数 μ_{ij} ($i=1,2,3,4,j=1,2,3$),σ^2 的估计值.

解 由例 10.6 得到的方差分析数据总表 10.11 查得 $MS_E=9.5$,即参数 σ^2 的估计值为 9.5. $\mu_{11},\mu_{12},\mu_{13},\mu_{21},\mu_{22},\mu_{23},\mu_{31},\mu_{32},\mu_{33},\mu_{41},\mu_{42},\mu_{43}$ 的估计值则分别为 43.5,46,45.5,48.5,49,54,50.5,46.5,42.5,43.5,54.5,46. $\mu_{42}=54.5$ 最大,可以认为第 4 名工人与第 2 台机器搭配生产时日均产量最高.

10.2.2 双因素无重复试验的方差分析

1. 数学模型

设因素 A 和因素 B 之间不存在交互作用,对因素 A 和因素 B 的每对水平组合(A_i,B_j)都只做 1 次试验,并将试验结果 X_{ij} ($i=1,2,\cdots,r,j=1,2,\cdots,s$)的观测数据列成表(表 10.13).

表 10.13 双因素无重复试验样本观测值数据

试验指标		因素 B			
		B_1	B_2	…	B_s
因素 A	A_1	x_{11}	x_{12}	…	x_{1s}
	A_2	x_{21}	x_{22}	…	x_{2s}
		⋮	⋮	…	⋮
	A_r	x_{r1}	x_{r2}	…	x_{rs}

显然,当 $t=1$ 时,表 10.9 即为表 10.13.

设 $X_{ij}\sim N(\mu_{ij},\sigma^2)$,其中 μ_{ij},σ^2 为未知参数,$i=1,2,\cdots,r,j=1,2,\cdots,s$,各 X_{ij} 相互独立.

参照模型(10.16)有

$$\begin{cases} X_{ij}=\mu_{ij}+\varepsilon_{ij}, \\ \varepsilon_{ij}\sim N(0,\sigma^2),\text{各 } \varepsilon_{ij} \text{ 相互独立}, \\ i=1,\cdots,r,j=1,\cdots,s, \end{cases} \tag{10.21}$$

其中 μ_{ij},σ^2 ($i=1,\cdots,r,j=1,\cdots,s$)均为未知参数. 式(10.21)为双因素无重复试验方差分析的数学模型.

沿用 10.2.1 节对符号 $\mu,\mu_{i\cdot},\mu_{\cdot j},a_i,b_j,\gamma_{ij}$ ($i=1,\cdots,r,j=1,\cdots,s$)的定义,由于无交互作用,故所有 $\gamma_{ij}=0$,于是 $\mu_{ij}=\mu+a_i+b_j$. 模型(10.21)又可以写成

$$\begin{cases} X_{ij}=\mu+a_i+b_j+\varepsilon_{ij}, \\ \varepsilon_{ij}\sim N(0,\sigma^2),\text{各 } \varepsilon_{ij} \text{ 相互独立}, \\ i=1,\cdots,r,j=1,\cdots,s, \\ \sum_{i=1}^{r}a_i=0,\sum_{j=1}^{s}b_j=0, \end{cases} \tag{10.22}$$

其中 $\mu, a_i, b_j, \sigma^2 (i=1,\cdots,r, j=1,\cdots,s)$ 均为未知参数.

针对模型(10.22),方差分析的主要任务是分析因素 A、因素 B 各自对试验指标的影响. 对此,提出两个统计假设:

$$H_{01}: a_1 = a_2 = \cdots = a_r = 0, \quad H_{11}: a_1, a_2, \cdots, a_r \text{ 不全为 } 0; \tag{10.23}$$

$$H_{02}: b_1 = b_2 = \cdots = b_s = 0, \quad H_{12}: b_1, b_2, \cdots, b_s \text{ 不全为 } 0. \tag{10.24}$$

2. 统计分析

记

$$\overline{X}_{i\cdot} = \frac{1}{s}\sum_{j=1}^{s} X_{ij}, \quad i = 1,2,\cdots,r,$$

$$\overline{X}_{\cdot j} = \frac{1}{r}\sum_{i=1}^{r} X_{ij}, \quad j = 1,2,\cdots,s,$$

$$\overline{X} = \frac{1}{rs}\sum_{i=1}^{r}\sum_{j=1}^{s} X_{ij} = \frac{1}{r}\sum_{i=1}^{r}\overline{X}_{i\cdot} = \frac{1}{s}\sum_{j=1}^{s}\overline{X}_{\cdot j},$$

$$SS_T = \sum_{i=1}^{r}\sum_{j=1}^{s}(X_{ij} - \overline{X})^2.$$

SS_T 仍称为总离差平方和. 将 SS_T 作如下分解:

$$SS_T = SS_E + SS_A + SS_B,$$

其中

$$SS_E = \sum_{i=1}^{r}\sum_{j=1}^{s}(X_{ij} - \overline{X}_{i\cdot} - \overline{X}_{\cdot j} + \overline{X})^2, \quad SS_A = s\sum_{i=1}^{r}(\overline{X}_{i\cdot} - \overline{X})^2,$$

$$SS_B = r\sum_{j=1}^{s}(\overline{X}_{\cdot j} - \overline{X})^2.$$

SS_E 称为误差平方和,SS_A,SS_B 分别称为因素 A 和因素 B 的效应平方和.

记 $MS_A = SS_A/(r-1)$,$MS_B = SS_B/(s-1)$,$MS_E = SS_E/(r-1)(s-1))$,分别称为因素 A、因素 B 的效应平方和及误差平方和的均方.

可以证明:

$$E\left(\frac{SS_E}{(r-1)(s-1)}\right) = \sigma^2.$$

MS_T,MS_A,MS_B 和 MS_E 的自由度分别为 $rs-1$,$r-1$,$s-1$ 和 $(r-1)(s-1)$.

当 H_{01} 成立时,有

$$F_A = \frac{MS_A}{MS_E} \sim F(r-1, (r-1)(s-1)). \tag{10.25}$$

当 H_{02} 成立时,有

$$F_B = \frac{MS_B}{MS_E} \sim F(s-1, (r-1)(s-1)). \tag{10.26}$$

在显著性水平 α 下，H_{01} 与 H_{02} 的拒绝域分别为

$$F_A \geqslant F_\alpha(r-1,(r-1)(s-1)),$$

和

$$F_B \geqslant F_\alpha(s-1,(r-1)(s-1)).$$

若接受 H_{01}，则认为因素 A 各个水平的试验指标之间无显著差异，即因素 A 对试验指标无显著影响；若拒绝 H_{01}，则认为因素 A 各个水平的试验指标之间有显著差异，即因素 A 对试验指标有显著影响．对于 H_{02}，有类似于 H_{01} 的结论.

将上述结果列成一个表(表 10.14)，称为双因素无重复试验的方差分析表.

表 10.14　双因素无重复试验方差分析表

差异源	平方和(SS)	自由度(df)	均方(MS)	F	F 分位数(F crit)
因素 A(行)	SS_A	$r-1$	MS_A	$\frac{MS_A}{MS_E}$	$F_\alpha(r-1,(r-1)(s-1))$
因素 B(列)	SS_B	$s-1$	MS_B	$\frac{MS_B}{MS_E}$	$F_\alpha(s-1,(r-1)(s-1))$
误差	SS_E	$(s-1)(r-1)$	MS_E		
总和(总计)	SS_T	$rs-1$			

例 10.8　在一个农业生产试验中，考虑 4 种不同的种子 A_1,A_2,A_3,A_4 和 3 种不同的施肥方法 B_1,B_2,B_3. 设该试验符合模型(10.21)的条件. 试根据产量数据表 10.15，分析种子与施肥方法对亩产量有无显著影响(取 $\alpha=0.05$).

表 10.15

产量(公斤/亩)		施肥方法		
		B_1	B_2	B_3
种子	A_1	325	292	316
	A_2	317	310	318
	A_3	310	320	318
	A_4	330	318	365

解　这里试验指标是亩产量，种子和施肥方法是两个可变因素，因素 A 为种子，它有 4 个水平，因素 B 为施肥方法，它有 3 个水平，题意表明种子和施肥方法没有交互作用，所以这是双因素无重复试验.

利用 Excel 软件得到方差分析数据总表 10.16①，其方差分析部分第 1 列的各项对应表 10.14 第 1 列的各项.

① 将数据读入 Excel 表中，在“工具”菜单中单击“数据分析”选项，然后在“数据分析”菜单中选中“无重复双因素分析”选项.

由表有 $F_A=2.314083<F_{0.05}(3,6)=4.757063$，$F_B=1.980897<F_{0.05}(2,6)=5.143253$，可以认为不同的种子和不同的施肥方法对亩产量均无显著影响.

表 10.16

SUMMARY	观测数	求　和	平　均	方　差
行 1	3	933	311	291
行 2	3	945	315	19
行 3	3	948	316	28
行 4	3	1013	337.6667	596.3333
列 1	4	1282	320.5	77.66667
列 2	4	1240	310	162.6667
列 3	4	1317	329.25	568.9167

方差分析

差异源	SS	df	MS	F	F crit
行(种子)	1302.25	3	434.0833	2.314083	4.757063
列(施肥方法)	743.1667	2	371.5833	1.980897	5.143253
误差	1125.2	6	187.5833		
总计	3170.917	11			

3. 参数估计

容易验证：

$$E(\overline{X}_{i\cdot})=\mu_{i\cdot},\quad E(\overline{X}_{\cdot j})=\mu_{\cdot j},\quad E(\overline{X})=\mu,$$
$$E(\overline{X}_{i\cdot}-\overline{X})=a_i,\quad E(\overline{X}_{\cdot j}-\overline{X})=b_j.$$

从而

$$\hat{\mu}_{i\cdot}=\overline{X}_{i\cdot},$$
$$\hat{\mu}_{\cdot j}=\overline{X}_{\cdot j},$$
$$\hat{\mu}=\overline{X}=\frac{1}{r}\sum_{i=1}^{r}\overline{X}_{i\cdot}=\frac{1}{s}\sum_{j=1}^{s}\overline{X}_{\cdot j},$$
$$\hat{a}_i=\overline{X}_{i\cdot}-\overline{X}=\overline{X}_{i\cdot}-\frac{1}{r}\sum_{i=1}^{r}\overline{X}_{i\cdot}=\overline{X}_{i\cdot}-\frac{1}{s}\sum_{j=1}^{s}\overline{X}_{\cdot j},$$
$$\hat{b}_j=\overline{X}_{\cdot j}-\overline{X}=\overline{X}_{\cdot j}-\frac{1}{r}\sum_{i=1}^{r}\overline{X}_{i\cdot}=\overline{X}_{\cdot j}-\frac{1}{s}\sum_{j=1}^{s}\overline{X}_{\cdot j}$$

分别是 $\mu_{i\cdot}$，$\mu_{\cdot j}$，μ 和 a_i，b_j 的无偏估计量，$i=1,\cdots,r,j=1,\cdots,s$.

另由 $E\left(\dfrac{SS_E}{(r-1)(s-1)}\right)=\sigma^2$ 知，$\hat{\sigma}^2=MS_E$ 是 σ^2 的无偏估计量.

将与上述结果有关的数据列成表(表 10.17)，该表与统计软件方差分析结果中的 SUMMARY 表对应.

表 10.17 SUMMARY 表

SUMMARY	观测数	总和(求和)	组均值(平均)	方 差
行水平 1(行 1)	n_s	$\sum_{j=1}^{n_s} x_{1j}$	$\bar{x}_{1\cdot}$	$s_{1\cdot}^2$
⋮	⋮	⋮	⋮	⋮
行水平 r(行 r)	n_s	$\sum_{j=1}^{n_s} s_{rj}$	$\bar{x}_{r\cdot}$	$s_{r\cdot}^2$
列水平 1(列 1)	n_r	$\sum_{i=1}^{n_r} x_{i1}$	$\bar{x}_{\cdot 1}$	$s_{\cdot 1}^2$
⋮	⋮	⋮	⋮	⋮
列水平 s(列 s)	n_r	$\sum_{i=1}^{n_r} x_{is}$	$\bar{x}_{\cdot s}$	$s_{\cdot s}^2$

例 10.9(续例 10.8) 给出模型(10.21)中的未知参数 σ^2 的估计值.

解 由表 10.16 知,σ^2 的估计值$\hat{\sigma}^2=187.5833$,值偏大,可以认为不同的种子和不同的施肥方法的亩产量之间有较大差异.

种子为 A_4、施肥方法为 B_3 的亩产量最高,为 365 公斤;种子为 A_1、施肥方法为 B_2 的亩产量最少,为 292 公斤.对不同的种子,可以认为种子 A_4 的亩产量最大,约为 338 公斤;对不同的施肥方法,可以认为施肥方法 B_3 的亩产量最大,约为 329 公斤.

10.2.3 算例

例 10.10 为确定四种型号机器 A,B,C,D 生产螺钉的效力,制造者在某一星期五个工作日的每一天,对两个班组记录了四种型号每台机器生产的次品数,结果列在了表 10.18 中.设该过程符合模型(10.16)的条件.试分析机器、班组以及它们的交互作用对次品数量有无显著影响(取 $\alpha=0.05$),并求模型中参数 μ_{ij} $(i=1,2,3,4,j=1,2,3,4,5)$,σ^2 的估计值.

表 10.18

次品数		生产班组				
		星期一	星期二	星期三	星期四	星期五
机器型号	A	6,5	4,7	5,4	5,6	4,8
	B	10,7	8,9	7,12	7,8	9,8
	C	7,9	5,7	6,5	5,4	9,6
	D	8,5	4,7	6,9	5,7	5,10

解 这是双因素等重复试验,因素 A 为机器型号,有 4 个水平,因素 B 为班组,有 5 个水平,重复试验 2 次,即模型(10.16)中的 $r=4,s=5,t=2$.利用 Excel 软件得方差分析数据总表 10.19.

表 10.19

SUMMARY	B_1	B_2	B_3	B_4	B_5	总　计
A_1						
观测数	2	2	2	2	2	10
求和	11	11	9	11	12	54
平均	5.5	5.5	4.5	5.5	6	5.4
方差	0.5	4.5	0.5	0.5	8	1.822222
A_2						
观测数	2	2	2	2	2	10
求和	17	17	19	15	17	85
平均	8.5	8.5	9.5	7.5	8.5	8.5
方差	4.5	0.5	12.5	0.5	0.5	2.5
A_3						
观测数	2	2	2	2	2	10
求和	16	12	11	9	15	63
平均	8	6	5.5	4.5	7.5	6.3
方差	2	2	0.5	0.5	4.5	2.9
A_4						
观测数	2	2	2	2	2	10
求和	13	11	15	12	15	66
平均	6.5	5.5	7.5	6	7.5	6.6
方差	4.5	4.5	4.5	2	12.5	3.822222
总计						
观测数	8	8	8	8	8	
求和	57	51	54	47	59	
平均	7.125	6.375	6.75	5.875	7.375	
方差	3.267857	3.410714	6.785714	1.839286	4.553571	

方差分析						
差异源	SS	df	MS	F		F crit
样本(机器)	51	3	17	4.857143		3.098391
列(生产班组)	11.4	4	2.85	0.814286		2.866081
交互	18	12	1.5	0.428571		2.277581
内部	70	20	3.5			
总计	150.4	39				

由表有 $F_A=4.857143>F_{0.05}(3,20)=3.098391$，$F_B=0.814286<F_{0.05}(4,20)=2.866081$，$F_{A\times B}=0.428571<F_{0.05}(12,20)=2.277581$，认为机器对次品数量有显著影响，而生产班组以及交互作用对次品数量无显著影响，即机器对螺钉的效力有显著影响，而生产班组以及交互作用对螺钉的效力无显著影响.

由表知，四种型号机器的日均次品数的估计值依次为 5.4，8.5，6.3 和 6.6，机器 A 的日均次品数最少，机器 B 的日均次品数最多，所以可以认为机器 A 生产的螺钉效力最强，机器 B 生产的螺钉效力最弱.

模型中参数 $\mu_{11},\cdots,\mu_{15},\mu_{21},\cdots,\mu_{25},\mu_{31},\cdots,\mu_{35},\mu_{41},\cdots,\mu_{45}$ 的估计值分别为 5.5，5.5，4.5，5.5，6，8.5，8.5，9.5，7.5，8.5，8，6，5.5，4.5，7.5，6.5，5.5，7.5，6，7.5，$\mu_{13}=\mu_{34}=4.5$ 最小，$\mu_{23}=9.5$ 最大，即可以认为机器 A 在星期三、机器 C 在星期四生产的螺钉效力最强，机器 B 在星期三生产的螺钉效力最弱.

σ^2 的估计值为 3.5，可以认为不同机器在不同时间所产生的次品数量的波动不大.

例 10.11 下表给出了某 5 个不同地点、4 个不同时间空气中的颗粒状物的含量（以 mg/m^3 计）数据. 设采集的数据符合模型（10.21）的条件. 试分析时间、地点对空气中的颗粒状物含量有无显著影响（取 $\alpha=0.05$），并求模型中参数 σ^2 的估计值.

表 10.20 颗粒状物的含量数据

颗粒状物的含量（mg/m^3）		地点				
		1	2	3	4	5
时间	1975 年 10 月	76	67	81	56	51
	1976 年 1 月	82	69	96	59	70
	1976 年 5 月	68	59	67	54	42
	1996 年 8 月	63	56	64	58	37

解 这是双因素无重复试验，因素 A 为时间，有 4 个水平，因素 B 为地点，有 5 个水平，即模型（10.21）中的 $r=4,s=5$. 利用 Excel 软件得方差分析数据总表 10.21.

表 10.21

SUMMARY	观测数	求 和	平 均	方 差
行 1	5	331	66.2	162.7
行 2	5	376	75.2	201.7
行 3	5	290	58	113.5
行 4	5	278	55.6	119.3
列 1	4	289	72.25	70.91667
列 2	4	251	62.75	38.91667
列 3	4	308	77	215.3333
列 4	4	227	56.75	4.916667
列 5	4	200	50	211.3333

续表

方差分析					
差异源	SS	Df	MS	F	F crit
时间	1182.95	3	394.3167	10.72241	3.490295
地点	1947.5	4	486.875	13.23929	3.259167
误差	441.3	12	36.775		
总计	3571.75	19			

由表有 $F_A=10.72241>F_{0.05}(3,12)=3.490295$，$F_B=13.23929>F_{0.05}(4,12)=3.259167$，所以认为时间和地点对空气中的颗粒状物含量都有显著影响.

不同时间组均值的估计值依次为 66.2，75.2，58 和 55.6，不同地点组均值的估计值依次为 72.25，62.75，77，56.75 和 50，即可以认为到 1996 年 8 月空气质量已有较大改善，地点 5 的空气质量明显好于其他地点.

1976 年 1 月不同地点空气中的颗粒状物含量达到高值，之后两个时间除地点 4 外其余 4 个地点空气中的颗粒状物含量明显降低.

1976 年 1 月地点 3 空气中的颗粒状物含量最高，为 96mg/m^3，1996 年 8 月地点 5 空气中的颗粒状物含量最低，为 37mg/m^3.

模型中参数 σ^2 的估计值为 36.775，略大，所以可以认为不同时间且不同地点的空气中颗粒状物的含量有较大差异.

习 题 10.2

约定以下各题均符合所涉及的方差分析模型要求的条件.

1. 一种火箭使用 4 种燃料（A_1,A_2,A_3,A_4）和 3 种推进器（B_1,B_2,B_3）作射程（单位：km）试验，每种燃料和每种推进器各作了 2 次试验，得射程数据下表.

第 1 题表

射程		推进器		
		B_1	B_2	B_3
燃料	A_1	58.2，52.6	56.2，41.2	65.3，60.8
	A_2	49.1，42.8	54.1，50.5	51.6，48.4
	A_3	60.1，58.3	70.9，73.2	39.2，40.7
	A_4	75.8，71.5	58.2，51.0	48.7，41.4

试检验燃料、推进器及其交互作用对火箭的射程是否有显著影响（$\alpha=0.05$）？

2. 生产某种化工产品，选择三种不同的浓度：$A_1=2\%$，$A_2=4\%$，$A_3=6\%$及四种不同的温度：$B_1=10℃$，$B_2=24℃$，$B_3=38℃$，$B_4=52℃$. 每种搭配重复试验两次，产品的得率见下表. 试检验浓度、温度及其交互作用对产品的得率是否有显著影响（$\alpha=0.05$）？

第 2 题表

得　率		温度(℃)			
		B_1	B_2	B_3	B_4
浓度(%)	A_1	10,14	11,11	9,13	10,12
	A_2	7,9	8,10	7,11	6,10
	A_3	5,11	13,14	12,13	10,14

3. 考察合成纤维中对纤维弹性有影响的两个因素:收缩率 A 及总拉伸倍数 B,各取四个水平,每种搭配重复试验两次,试验结果见下表.

第 3 题表

纤维弹性		总拉伸倍数			
		B_1	B_2	B_3	B_4
收缩率	A_1	71,73	72,73	73,75	75,77
	A_2	73,75	74,76	77,78	74,74
	A_3	73,76	77,79	74,75	73,74
	A_4	73,75	72,73	70,71	69,69

试检验收缩率、总拉伸倍数及其交互作用对纤维弹性是否有显著影响($\alpha=0.05$)?

4. 为了研究金属管防腐蚀的功能,考虑 4 种不同的涂料涂层 A_1,A_2,A_3,A_4. 将金属管埋在 3 种不同性质的土壤 B_1,B_2,B_3 中,经历一段时间后,测得金属被腐蚀的最大深度(单位:mm)如下表所示.

第 4 题表

腐蚀深度		土壤类型		
		B_1	B_2	B_3
涂层	A_1	1.63	1.35	1.27
	A_2	1.34	1.30	1.22
	A_3	1.19	1.14	1.27
	A_4	1.30	1.09	1.32

取 $\alpha=0.05$. 检验在不同涂层下腐蚀的最大深度的平均值有无显著差异,在不同土壤下腐蚀的最大深度的平均值有无显著差异. 假设涂料涂层与土壤之间没有交互作用.

章末习题 10

约定以下各题均符合所涉及的方差分析模型要求的条件.

1. 在一个学期中,一名学生不同科目得到的成绩列于下表中. 在 $\alpha=0.01$ 和 $\alpha=0.05$ 时,检验该学生的这些科目成绩之间是否有显著差异?

第 1 题表

科　目	成　绩				
高等数学	72	80	83	75	
大学物理	81	74	77		
英语	88	82	90	87	80
政治	74	71	77	70	

2. 某电子市场,以 5 种方式推销电脑,连续 4 天电脑的销售量见下表. 请问销售方式对销售量有无显著影响($\alpha=0.05$)?

第 2 题表

销售方式	销售量(台)			
Ⅰ	23	19	21	13
Ⅱ	24	25	28	27
Ⅲ	20	18	19	15
Ⅳ	22	25	26	23
Ⅴ	24	23	26	27

3. 下表记录了 3 位操作工分别在 4 台不同机器上操作 3 天的日产量. 试在显著性水平 $\alpha=0.05$ 下检验:(1)操作工之间的差异是否显著? (2)机器之间的差异是否显著? (3)操作工与机器的交互作用是否显著?

第 3 题表

日产量		操作工		
		B_1	B_2	B_3
机器	A_1	15,15,17	19,19,16	16,18,21
	A_2	17,17,17	15,15,15	19,22,22
	A_3	15,17,16	18,17,16	18,18,18
	A_4	18,20,22	15,16,17	17,17,17

4. 下表给出了来自同一个省的不同地区,有不同智商的大学生样本的测验得分. 在显著性水平 0.05 下,分析这张表并叙述你的结论.

第 4 题表

得　分		大学生		
		高智商	中等智商	低智商
地区	东部	88	80	72
	西部	84	78	75
	南部	86	82	70
	北部和中部	80	75	79

习题答案

第1章

习题1.1

1. (1) $\Omega=\{1,2,\cdots,6\}, A=\{1,3,5\}$； (2) $\Omega=\{1,2,\cdots\}, A=\{1,2,3\}$；

   (3) $\Omega=\{(x,y,z)\mid 0<x,y,z<1, x+y+z=1\}$,

   $A=\{(x,y,z)\mid (x,y,z)\in\Omega, x+y>z, x+z>y, y+z>x\}$, x,y,z 分别表示三段的长度.

2. $A_1\cup(A_2-A_1)\cup(A_3-(A_1\cup A_2))\cup\cdots\cup(A_n-(A_1\cup A_2\cup\cdots\cup A_{n-1}))$.

习题1.2

1. (1) 30%； (2) 7%； (3) 73%； (4) 14%； (5) 90%； (6) 10%； (7) 83%.

2. (1) 0.6； (2) 0.4； (3) 0.5.　　3. 0.6.　　7. (1) 0.38,0.16； (2) 0.04.

习题1.3

1. $\frac{1}{12}$.　　2. (1) $\frac{C_{400}^{90}C_{1100}^{110}}{C_{1500}^{200}}$； (2) $1-\frac{C_{1100}^{200}+C_{400}^{1}C_{1100}^{199}}{C_{1500}^{200}}$.　　3. (1) $\frac{1}{12}$； (2) $\frac{1}{20}$.

4. 0.1037.　　5. (2) 0.25.　　6. 0.0008.　　7. 0.27.

8. $\frac{1}{2}\left(1-\frac{t_2}{T}\right)^2+\frac{1}{2}\left(1-\frac{t_1}{T}\right)^2$.　　9. 0.25.

习题1.4

1. 0.06.　　2. 0.25.　　3. 0.18.

4. (1) $\frac{m-1}{2M-m-1}$； (2) $\frac{2m}{M+m-1}$； (3) $\frac{m(2M-m-1)}{M(M-1)}$.

5. (1) 0.988； (2) 0.8286.　　6. $\frac{1}{27}$.　　7. (1) $\frac{3}{4}$； (2) $\frac{3}{5}$.　　8. 0.3； 0.6.

习题1.5

1. 0.9979.　　2. 0.0435.　　3. 0.9524.　　4. 0.5897.　　5. 0.9949.

6. (1) 0.0893； (2) 0.4091.　　7. (1) 0.4； (2) 0.4856.

习题1.6

1. (1) $\frac{19}{27}$； (2) $\frac{4}{9}$； (3) $\frac{20}{27}$.　　2. 0.9984,3

3. (1) $p^2+p^3-p^4$； (2) $2p^5-5p^4+2p^3+2p^2$.　　4. 0.8731； 0.1268； 0.00006.

5. $\frac{2p_1\alpha}{(3\alpha-1)p_1+1-\alpha}$.　　6. 0.2509.　　7. (1) $1-\frac{1}{2^{2n}}$； (2) $C_{2n}^{n}\frac{1}{2^{2n}}$.

8. 0.9596.　　9. $4p^2(1-p)^3$.

章末习题1

1. $1-p$.　　2. 0.82.　　3. $\frac{2}{3}$.　　4. 0.0005.　　5. $\frac{3(1-p_1)^5}{3(1-p_1)^5+2(1-p_2)^5}$.

6. (1) $P(A)=\frac{1}{3},P(B)=\frac{7}{12}$； (2) A,B 相互独立. 7. (1) 0.253； (2) 0.0553.

8. $p_{甲胜}=\frac{6}{11},p_{乙胜}=\frac{5}{11}$. 9. $\frac{1-p}{2-p}$. 10. $\frac{2}{3}$.

11. (1) 0.94^n； (2) $C_n^2\times0.06^2\times0.94^{n-2}$； (3) $1-0.94^n-C_n^1\times0.06\times0.94^{n-1}$.

12. (1) $\frac{\lambda^k p^k e^{-\lambda p}}{k!},k=0,1,2,\cdots$； (2) $\frac{(\lambda(1-p))^{n-k}e^{-\lambda(1-p)}}{(n-k)!},n=k,k+1,\cdots$.

第 2 章

习题 2.2

1. (1) 1； (2) $\frac{1}{e^{\lambda}-1}$. 2. $\frac{37}{16}$,0.32.

3. 若设 X 取值 i 表示抽取的产品为 i 等品,则 X 的分布律为 $P\{X=1\}=\frac{4}{7},P\{X=2\}=\frac{2}{7}$, $P\{X=3\}=\frac{1}{7}$.

4. $P\{X=0\}=0.6,P\{X=1\}=0.4$. 5. $P\{Y=0\}=\frac{1}{4},P\{Y=1\}=\frac{1}{2},P\{Y=2\}=\frac{1}{4}$.

6. $P\{X=k\}=C_3^k0.9^k0.1^{3-k},k=0,1,2,3$. 7. $\frac{15}{64}$. 8. (1) 0.1631； (2) 0.3529.

9. 至少 1 人. 10. 0.0033. 11. 0.9179. 12. 0.1008. 13. 0.9826,6.

14. 0.0047. 15. $P\{X=0\}=\frac{7}{15},P\{X=1\}=\frac{7}{15},P\{X=2\}=\frac{1}{15}$.

16. $P\{X=k\}=\frac{C_{13}^kC_{41}^{5-k}}{C_{54}^5},k=0,1,\cdots,5$. 17. 0.1180.

18. $P\{X=k\}=(1-p)^kp,k=0,1,\cdots$.

19. $P\{X=k\}=0.3^{k-1}\times0.7,k=1,2,3,4,P\{X=5\}=0.3^4\times0.7+0.3^5$,即

X	1	2	3	4	5
P	0.7	0.21	0.063	0.0189	0.0081

20. (1) $P\{X=k\}=\frac{A_3^{k-1}A_{10}^1}{A_{13}^k},k=1,2,3,4$；

(2) $P\{X=k\}=\left(\frac{3}{13}\right)^{k-1}\times\frac{10}{13},k=1,2,\cdots$；

(3) $P\{X=1\}=\frac{10}{13},P\{X=2\}=\frac{3}{13}\times\frac{11}{13},P\{X=3\}=\frac{3}{13}\times\frac{2}{13}\times\frac{12}{13}$,

$P\{X=4\}=\frac{3}{13}\times\frac{2}{13}\times\frac{1}{13}\times\frac{13}{13}$.

习题 2.3

1. (1) $\frac{1}{9}$； (2) $\frac{2}{27},\frac{1}{27}$,0. 3. $f(x)=\begin{cases}\frac{1}{5}, & -2<x<3\\ 0, & 其他.\end{cases}$

4. (1) $\frac{1}{4}$；(2) $\frac{1}{4}$；(3) $\frac{1}{2}$；(4) $\frac{3}{4}$. 5. D.

6. (1) $f(x)=\begin{cases}2e^{-2x}, & x\geqslant 0,\\ 0, & x<0;\end{cases}$ (2) $1-e^{-4}, e^{-2}-e^{-6}, 1-e^{-10}, e^{-8}$.

7. $e^{-1}, e^{-1}-e^{-2}$. 8. $f(x)=\frac{1}{3\sqrt{2\pi}}e^{-\frac{(x+2)^2}{18}}$. 9. $\frac{1}{\sqrt{\pi}}e^{-\frac{1}{4}}$.

10. 0.8051, 0.5478, 0.3264, 0.6678, 0.8253. 11. 4. 12. 0.2. 13. C.

14. A. 15. 0.0456. 16. $\sigma<31.25$. 17. $3a+2b=4$.

习题 2.4

2. $F(x)=\begin{cases}0, & x<1,\\ \frac{4}{7}, & 1\leqslant x<2,\\ \frac{6}{7}, & 2\leqslant x<3,\\ 1, & x\geqslant 3.\end{cases}$

3. $F(x)=\begin{cases}0, & x<0,\\ \frac{7}{15}, & 0\leqslant x<1,\\ \frac{14}{15}, & 1\leqslant x<2,\\ 1, & x\geqslant 2.\end{cases}$

4. (1) 1；(2) $F(x)=\begin{cases}0, & x\leqslant 0,\\ x^2, & 0<x<1,\\ 1, & x\geqslant 1.\end{cases}$

5. $F(x)=\begin{cases}0, & x<0,\\ 0.5x^2, & 0\leqslant x<1,\\ -0.5x^2+2x-1, & 1\leqslant x\leqslant 2,\\ 1, & x>2.\end{cases}$ $0, \frac{7}{8}$.

6. $F(x)=\begin{cases}0.5e^{x}, & x\leqslant 0,\\ 1-0.5e^{-x}, & x>0.\end{cases}$

7. $F(x)=\begin{cases}0.5e^{x}, & x<0,\\ 0.5+0.25x, & 0\leqslant x<2,\\ 1, & x\geqslant 2.\end{cases}$

8. (1) $A=1, B=-1$；(2) $1-e^{-1}$；(3) 是. $f(x)=\begin{cases}xe^{-\frac{x^2}{2}}, & x>0,\\ 0, & x\leqslant 0.\end{cases}$

9. $F(x)=\begin{cases}0, & x<0,\\ \frac{x}{a}, & 0\leqslant x\leqslant a,\\ 1, & x>a.\end{cases}$

10. $F(x)=\begin{cases}0, & x<0,\\ \dfrac{x^2}{4}, & 0\leqslant x<2,\\ 1, & x\geqslant 2.\end{cases}$

11. $a-b=1$.　12*. B.　13*. D.　14*. $\dfrac{1}{2}-e^{-1}$,不是.　15*. 不是.

习题 2.5

1.

Y	−3	−1	1	2
P	0.1	0.2	0.3	0.4

Z	0	1	2.25
P	0.2	0.4	0.4

2.

周长 L	36	40	44	48
P	0.2	0.3	0.4	0.1

面积 S	81	100	121	144
P	0.2	0.3	0.4	0.1

3. $f_Y(y)=\begin{cases}\dfrac{y}{2}, & 0<y<2,\\ 0, & \text{其他};\end{cases}$ $f_Z(z)=\begin{cases}2(1-z), & 0<z<1,\\ 0, & \text{其他};\end{cases}$ $f_U(u)=\begin{cases}1, & 0<u<1,\\ 0, & \text{其他}.\end{cases}$

4. (1) $f_Y(y)=\begin{cases}\dfrac{1}{2\sqrt{y}}(f(\sqrt{y})+f(-\sqrt{y})), & y>0,\\ 0, & y\leqslant 0;\end{cases}$

(2) $f_Y(y)=\begin{cases}e^{-y}, & y>0,\\ 0, & y\leqslant 0.\end{cases}$

5. (1) $f_Y(y)=\begin{cases}\dfrac{1}{3}y^{-\frac{2}{3}}f(y^{\frac{1}{3}}), & y\neq 0,\\ 0, & y=0.\end{cases}$

(2) $f_Y(y)=\begin{cases}\dfrac{\lambda e^{-\lambda y^{\frac{1}{3}}}}{3y^{\frac{2}{3}}}, & y>0,\\ 0, & y\leqslant 0.\end{cases}$

(3) $f_Y(y)=\begin{cases}\dfrac{1}{y^2}, & y>1,\\ 0, & y\leqslant 1.\end{cases}$

6. (1) $f_Y(y)=\begin{cases}\dfrac{1}{3}, & 1<y<4,\\ 0, & \text{其他};\end{cases}$

(2) $f_Y(y)=\begin{cases}\dfrac{1}{2}e^{-\frac{y}{2}}, & y>0,\\ 0, & y\leqslant 0.\end{cases}$

(3) $f_Y(y)=\begin{cases}\dfrac{1}{y}, & 1<y<\mathrm{e},\\ 0, & \text{其他}.\end{cases}$

7. (1) $f_Y(y)=\begin{cases}\dfrac{1}{y\sqrt{2\pi}}\mathrm{e}^{-\frac{\ln^2 y}{2}}, & y>0,\\ 0, & y\leqslant 0.\end{cases}$

(2) $f_Y(y)=\begin{cases}\dfrac{1}{\sqrt{2\pi y}}\mathrm{e}^{-\frac{y}{2}}, & y>0,\\ 0, & y\leqslant 0.\end{cases}$

(3) $f_Y(y)=\begin{cases}\dfrac{2}{\sqrt{2\pi}}\mathrm{e}^{-\frac{y^2}{2}}, & y>0,\\ 0, & y\leqslant 0.\end{cases}$

8. (1) $f_Y(y)=\begin{cases}1, & 1<y<2,\\ 0, & \text{其他}.\end{cases}$ (2) $\dfrac{1}{2}$.

9. $f_Y(y)=\begin{cases}\dfrac{1}{\sqrt{\pi y}}, & \dfrac{25\pi}{4}<y<9\pi,\\ 0, & \text{其他}.\end{cases}$

10*. $P\{Y=-1\}=\dfrac{1}{3},P\{Y=0\}=0,P\{Y=1\}=\dfrac{2}{3}$.

11*. $P\{Y=-5\}=0.1587,P\{Y=-1\}=0.1587,P\{Y=20\}=0.6826$.

章末习题 2

1. (1)、(3)是,(2)、(4)不是.

2. $c=\dfrac{16}{31}$; $\dfrac{28}{31},\dfrac{12}{31}$.

3. $P\{X=1\}=0.95,P\{X=0\}=0.05$.

4. 当 X 是离散型时,$P\{|X-a|>x\}=\sum_{|x_k-a|>x}p_k,P\{|X-a|\leqslant x\}=\sum_{|x_k-a|\leqslant x}p_k$,

当 X 是连续型时,$P\{|X-a|>x\}=\int_{a+x}^{+\infty}f(t)\mathrm{d}t+\int_{-\infty}^{a-x}f(t)\mathrm{d}t,P\{|X-a|\leqslant x\}=\int_{a-x}^{a+x}f(t)\mathrm{d}t$.

5. 0.9744,8.

6. $P\{V_n=k\}=C_n^k 0.01^k\times 0.99^{n-k},k=0,1,\cdots,n$.

7. 0.1246,5.

8. $P\{X=k\}=0.25^{k-1}\times 0.75,k=1,2,\cdots$.

9. (1) 不放回取球,则 $P\{X=k\}=\dfrac{1}{5},k=1,2,\cdots,5$;

(2) 放回取球,则 $P\{X=k\}=\dfrac{1}{5}\left(\dfrac{4}{5}\right)^{k-1},k=1,2,\cdots$.

10. $\dfrac{1}{\pi}$.　　11. 0.5623.　　12. (1) e^{-2}; (2) 0.8617.　　13. 176.65.

14. A.　　15. C.

16. 0.6, $F(x)=\begin{cases}0, & x\leqslant 0,\\ \sqrt{x}, & 0<x<1,\\ 1, & x\geqslant 1.\end{cases}$

17. $F(x)=\begin{cases}0, & x<-1,\\ 0.5+x+0.5x^2, & -1\leqslant x<0,\\ 0.5+x-0.5x^2, & 0\leqslant x\leqslant 1,\\ 1, & x>1.\end{cases}$

18. (1) $A=0, B=0.5, C=2$； (2) $\frac{7}{8}$； (3) 是，$f(x)=\begin{cases}x, & 0<x\leqslant 1,\\ -x+2, & 1<x\leqslant 2,\\ 0, & \text{其他}.\end{cases}$

19. $1\leqslant k\leqslant 3$.

20.

$X+2$	0	2	3	3.5	5
P	0.2	0.1	0.3	0.3	0.1

$-X+1$	−2	−0.5	0	1	3
P	0.1	0.3	0.3	0.1	0.2

X^2	0	1	2.25	4	9
P	0.1	0.3	0.3	0.2	0.1

22. $\frac{2e^y}{\pi(1+e^{2y})}$.

23. $f_Y(y)=\begin{cases}\frac{3}{8\sqrt{y}}, & 0<y<1,\\ \frac{1}{8\sqrt{y}}, & 1\leqslant y<4,\\ 0, & \text{其他}.\end{cases}$

24. D.

25*. $c=\frac{1}{30}$，不是.

第 3 章

习题 3.2

1. 有放回.

(X,Y)	(1,1)	(1,2)	(2,1)	(2,2)
P	$\frac{1}{9}$	$\frac{2}{9}$	$\frac{2}{9}$	$\frac{4}{9}$

不放回.

(X,Y)	$(1,2)$	$(2,1)$	$(2,2)$
P	$\frac{1}{3}$	$\frac{1}{3}$	$\frac{1}{3}$

2. (1)

(X,Y)	$(0,0)$	$(0,1)$	$(0,2)$	$(1,0)$	$(1,1)$	$(2,0)$
P	$\frac{1}{4}$	$\frac{1}{3}$	$\frac{1}{9}$	$\frac{1}{6}$	$\frac{1}{9}$	$\frac{1}{36}$

$\frac{4}{9}$.

(2)

(X,Y)	$(0,0)$	$(0,1)$	$(0,2)$	$(1,0)$	$(1,1)$
P	$\frac{1}{5}$	$\frac{2}{5}$	$\frac{1}{15}$	$\frac{1}{5}$	$\frac{2}{15}$

$\frac{2}{3}$.

3.

(X,Y)	$(0,3)$	$(1,1)$	$(2,1)$	$(3,3)$
P	$\frac{1}{8}$	$\frac{3}{8}$	$\frac{3}{8}$	$\frac{1}{8}$

4. $P\{X=i,Y=j\}=\frac{1}{4i},i=1,\cdots,4,j=1,\cdots,i.$

5. $P\{X=i,Y=j\}=(1-p)^{j-2}p^2,i=1,\cdots,j-1,j=2,3,\cdots.$

7.

$X \backslash Y$	-1	1
-1	$\frac{1}{4}$	0
1	$\frac{1}{2}$	$\frac{1}{4}$

8.

$X \backslash Y$	0	1
0	$\frac{2}{3}$	$\frac{1}{12}$
1	$\frac{1}{6}$	$\frac{1}{12}$

9.

X_2 \ X_1	-1	0	1
0	$\frac{1}{4}$	0	$\frac{1}{4}$
1	0	$\frac{1}{2}$	0

10. (1)

$X=$	1	2	3
P	0.26	0.49	0.25

Y	-2	-1	0	1	2
P	0.10	0.13	0.22	0.27	0.28

(2)

$X\|Y=0$	1	2	3
P	$\frac{5}{22}$	$\frac{1}{2}$	$\frac{3}{11}$

$Y\|X=1$	-2	-1	0	1	2
P	$\frac{1}{13}$	$\frac{5}{13}$	$\frac{5}{26}$	$\frac{4}{13}$	$\frac{1}{26}$

(3) 0.71,0.10.

11.

X \ Y	1	2	3
0	$\frac{1}{10}$	$\frac{1}{5}$	$\frac{1}{10}$
1	$\frac{3}{10}$	$\frac{1}{10}$	$\frac{1}{5}$

习题 3.3

1. (1) $\frac{21}{4}$; (2) 0.3936,0.9116.　　2. (1) 6; (2) $\frac{1}{4}$.　　3. (1) 1; (2) $\frac{e-2}{e-1}$.

4. 第 1 题

$$f_X(x)=\begin{cases}\frac{21}{8}x^2(1-x^4), & |x|<1,\\ 0, & \text{其他}.\end{cases}\quad f_Y(y)=\begin{cases}\frac{7}{2}y^{\frac{5}{2}}, & 0<y<1,\\ 0, & \text{其他}.\end{cases}$$

$$f_{X|Y}(x\mid y)=\begin{cases}\frac{3}{2}x^2y^{-\frac{3}{2}}, & x^2<y,\\ 0, & \text{其他}\end{cases}(0<y<1).$$

$$f_{Y|X}(y\mid x)=\begin{cases}\frac{2y}{1-x^4}, & x^2<y<1,\\ 0, & \text{其他}\end{cases}(0<|x|<1).$$

第 2 题

$$f_X(x)=\begin{cases}6x(1-x), & 0\leqslant x\leqslant 1,\\ 0, & \text{其他}.\end{cases}\quad f_Y(y)=\begin{cases}3y^2, & 0\leqslant y\leqslant 1,\\ 0, & \text{其他}.\end{cases}$$

$$f_{X|Y}(x \mid y)=\begin{cases}\dfrac{2x}{y^2}, & 0\leqslant x\leqslant y,\\ 0, & \text{其他}\end{cases}(0<y\leqslant 1)$$

$$f_{Y|X}(y \mid x)=\begin{cases}\dfrac{1}{1-x}, & x\leqslant y\leqslant 1,\\ 0, & \text{其他}\end{cases}(0<x<1).$$

第 3 题

$$f_X(x)=\begin{cases}x\mathrm{e}^{-x}, & x>0,\\ 0, & x\leqslant 0.\end{cases}\quad f_Y(y)=\begin{cases}\mathrm{e}^{-y}, & y>0,\\ 0, & y\leqslant 0.\end{cases}$$

$$f_{X|Y}(x \mid y)=\begin{cases}\mathrm{e}^{y-x}, & x>y,\\ 0, & x\leqslant y\end{cases}(y>0).$$

$$f_{Y|X}(y \mid x)=\begin{cases}\dfrac{1}{x}, & 0<y<x,\\ 0, & \text{其他}\end{cases}(x>0).$$

5. $f(x,y)=\begin{cases}\dfrac{1}{2}, & (x,y)\in D,\\ 0, & \text{其他}.\end{cases}$ $\dfrac{1}{4}$.

6. 当 $-\dfrac{1}{2}<x\leqslant 0$ 时，有 $f_{Y|X}(y|x)=\begin{cases}\dfrac{1}{2x+1}, & 0\leqslant y\leqslant 2x+1,\\ 0, & \text{其他}.\end{cases}$

7. $A=\dfrac{1}{\pi}$； $f_{Y|X}(y|x)=\dfrac{1}{\sqrt{\pi}}\mathrm{e}^{-(x-y)^2}, -\infty<y<+\infty(-\infty<x<+\infty)$.

习题 3.4

1. 有放回 $F(x,y)=\begin{cases}0, & x<1 \text{ 或 } y<1,\\ \dfrac{1}{9}, & 1\leqslant x<2, 1\leqslant y<2,\\ \dfrac{1}{3}, & x\geqslant 2, 1\leqslant y<2,\\ \dfrac{1}{3}, & 1\leqslant x<2, y\geqslant 2,\\ 1, & x\geqslant 2, y\geqslant 2.\end{cases}$

不放回 $F(x,y)=\begin{cases}0, & x<1 \text{ 或 } y<1 \text{ 或 } 1\leqslant x<2, 1\leqslant y<2,\\ \dfrac{1}{3}, & x\geqslant 2, 1\leqslant y<2,\\ \dfrac{1}{3}, & 1\leqslant x<2, y\geqslant 2,\\ 1, & x\geqslant 2, y\geqslant 2.\end{cases}$

2. $F(x,y)=\begin{cases}0, & x\leqslant 0 \text{ 或 } y\leqslant 0,\\ 1-\mathrm{e}^{-x}-x\mathrm{e}^{-x}, & 0<x\leqslant y,\\ 1-\mathrm{e}^{-y}-y\mathrm{e}^{-x}, & 0<y<x.\end{cases}$

3. 第1题

有放回和不放回 $F_X(x)=\begin{cases}0, & x<1,\\ \frac{1}{3}, & 1\leqslant x<2,\\ 1, & x\geqslant 2.\end{cases}$ $F_Y(y)=\begin{cases}0, & y<1,\\ \frac{1}{3}, & 1\leqslant y<2,\\ 1, & y\geqslant 2.\end{cases}$

第2题

$$F_X(x)=\begin{cases}1-e^{-x}-xe^{-x}, & x>0,\\ 0, & x\leqslant 0.\end{cases}\quad F_Y(y)=\begin{cases}1-e^{-y}, & y>0,\\ 0, & y\leqslant 0.\end{cases}$$

4. (1) $F_X(x)=\begin{cases}1-e^{-0.5x}, & x>0,\\ 0, & x\leqslant 0.\end{cases}$ $F_Y(y)=\begin{cases}1-e^{-0.5y}, & y>0,\\ 0, & y\leqslant 0.\end{cases}$ (2) $e^{-0.1}$.

5. $\frac{1}{4}$.

习题3.5

1. 习题3.2的第1题，有放回时，X,Y 独立；不放回时，X,Y 不独立.
   习题3.2的第4题，X,Y 不独立.
2. 习题3.3的第3题，X,Y 不独立.
   习题3.3的第7题，X,Y 不独立.

3.

Y \ X	−1	0	1
−2	$\frac{1}{6}$	$\frac{1}{6}$	$\frac{1}{6}$
2	$\frac{1}{6}$	$\frac{1}{6}$	$\frac{1}{6}$

$\frac{1}{6}$，$\frac{1}{3}$.

4.

U \ V	1	2
1	$\frac{4}{9}$	0
2	$\frac{4}{9}$	$\frac{1}{9}$

5.

X \ Y	y_1	y_2	y_3	P_X
x_1	$\frac{1}{24}$		$\frac{1}{12}$	$\frac{1}{4}$
x_2		$\frac{3}{8}$	$\frac{1}{4}$	$\frac{3}{4}$
P_Y		$\frac{1}{2}$	$\frac{1}{3}$	

6. A.　　7. 0.4,0.1.

8. $F(x,y)=\begin{cases}x^2y^2, & 0\leqslant x\leqslant 1,0\leqslant y\leqslant 1,\\ x^2, & 0\leqslant x\leqslant 1,y>1,\\ y^2, & x>1,0\leqslant y\leqslant 1,\\ 1, & x>1,y>1,\\ 0, & \text{其他}.\end{cases}$　$\frac{1}{16}$.

9. $F(x,y)=\begin{cases}(1-e^{-2x})(1-e^{-y}), & x>0,y>0,\\ 0, & \text{其他}.\end{cases}$　e^{-10}, $1-e^{-10}$.

10. $\frac{1}{9}$.　　11. $\frac{3}{4}$.

12. (1) $f(x,y)=\begin{cases}25e^{-5y}, & 0<x<0.2,y>0,\\ 0, & \text{其他}.\end{cases}$　(2) e^{-1}.

13. $\frac{1}{(2\pi)^{\frac{n}{2}}\sigma^n}e^{-\frac{\sum_{i=1}^{n}(x_i-\mu)^2}{2\sigma^2}}$.

习题 3.6

1.

Z	−3	−2	−1	1	2	3
P	0	0.2	0.3	0.1	0.4	0

U	−1	0	1
P	0.5	0.4	0.1

V	−1	0	1
P	0.3	0.2	0.5

W	−1	0	1
P	0	0.6	0.4

2. (1)

Z	−1	0	1	2	3	4	5
P	0.02	0.10	0.16	0.19	0.22	0.24	0.07

U	1	2	3
P	0.25	0.50	0.25

V	-2	-1	0	1	2
P	0.10	0.13	0.22	0.28	0.27

(2) 0.7143,0.2727.

3.

仪器长度	15	16	17	18
P	0.12	0.38	0.38	0.12

4. $f_Z(z)=\begin{cases} z, & 0<z\leqslant 1, \\ 2-z, & 1<z<2, \\ 0, & \text{其他}. \end{cases}$

5. $f_U(z)=\begin{cases} e^{\frac{z}{2}}-e^{-z}, & z>0, \\ 0, & z\leqslant 0. \end{cases}$ $f_V(z)=\begin{cases} e^{-z}, & z>0, \\ 0, & z\leqslant 0. \end{cases}$

6. $f_Z(z)=\begin{cases} 4ze^{-2z}, & z>0, \\ 0, & z\leqslant 0. \end{cases}$

7. $f_Z(z)=\begin{cases} \dfrac{1}{2}e^{-\frac{z}{2}}, & z>0, \\ 0, & z\leqslant 0. \end{cases}$

8. A. 9. $e^{-7.2}$; $(1-e^{-4.5})^6$.

10*. (1) $f_Z(z)=\begin{cases} \dfrac{1}{3}, & -1\leqslant z<2, \\ 0, & \text{其他}. \end{cases}$ (2) 0.5.

章末习题 3

1. $\dfrac{9}{64}$.

2. 分布律为 $P\{X=0,Y=2\}=0.6, P\{X=1,Y=1\}=0.4$.

分布函数为 $F(x,y)=\begin{cases} 0.4, & x\geqslant 1, 1\leqslant y<2, \\ 0.6, & 0\leqslant x<1, y\geqslant 2, \\ 1, & x\geqslant 1, y\geqslant 2, \\ 0, & \text{其他}. \end{cases}$

3. $\dfrac{14}{25},\dfrac{3}{25}$. 4. A. 5. $\dfrac{2}{9},\dfrac{1}{9}$.

6.

$Y \backslash X$	-2	-1	0	0.5
-0.5	$\frac{1}{8}$	$\frac{1}{6}$	$\frac{1}{24}$	$\frac{1}{6}$
1	$\frac{1}{16}$	$\frac{1}{12}$	$\frac{1}{48}$	$\frac{1}{12}$
3	$\frac{1}{16}$	$\frac{1}{12}$	$\frac{1}{48}$	$\frac{1}{12}$

$\dfrac{1}{12},\dfrac{3}{4}$.

7. (3) 0.93, 0.82.　　8. $\frac{5}{7}$.　　9. 40,41,42,43,44,45,46；0.001；0.006.

10. $f(x,y)=\begin{cases}6, & x^2\leqslant y\leqslant x,\\ 0, & \text{其他}.\end{cases}$

$f_X(x)=\begin{cases}6(x-x^2), & 0\leqslant x\leqslant 1,\\ 0, & \text{其他}.\end{cases}$

$f_Y(y)=\begin{cases}6(\sqrt{y}-y), & 0\leqslant y\leqslant 1,\\ 0, & \text{其他}.\end{cases}$

11. $f_X(x)=\sqrt{\frac{2}{5\pi}}\mathrm{e}^{-\frac{2x^2}{5}}$，$f_Y(y)=\sqrt{\frac{2}{\pi}}\mathrm{e}^{-2y^2}$；

$f_{Y|X}(y|x)=\sqrt{\frac{5}{2\pi}}\mathrm{e}^{-\frac{1}{10}(x+5y)^2}$，$f_{X|Y}(x|y)=\frac{1}{\sqrt{2\pi}}\mathrm{e}^{-\frac{1}{2}(x+y)^2}$.

12. (1) $\frac{65}{72}$；

(2) $f_X(x)=\begin{cases}2x^2+\frac{2}{3}x, & 0\leqslant x\leqslant 1,\\ 0, & \text{其他}.\end{cases}$　$f_Y(y)=\begin{cases}\frac{1}{6}y+\frac{1}{3}, & 0\leqslant y\leqslant 2,\\ 0, & \text{其他}.\end{cases}$

$f_{X|Y}(x|y)=\begin{cases}\frac{6x^2+2xy}{y+2}, & 0\leqslant x\leqslant 1,\\ 0, & \text{其他}\end{cases}$ $(0\leqslant y\leqslant 2)$.

$f_{Y|X}(y|x)=\begin{cases}\frac{3x+y}{6x+2}, & 0\leqslant y\leqslant 2,\\ 0, & \text{其他}\end{cases}$ $(0<x\leqslant 1)$.

(3) 不独立.

13. (1) $f_{X|Y}(x|y)=\begin{cases}\frac{x(2-x-y)}{\frac{2}{3}-\frac{y}{2}}, & 0\leqslant x\leqslant 1,\\ 0, & \text{其他}\end{cases}$ $(0<y\leqslant 1)$.

$f_{Y|X}(y|x)=\begin{cases}\frac{y(2-x-y)}{\frac{2}{3}-\frac{x}{2}}, & 0\leqslant y\leqslant 1,\\ 0, & \text{其他}\end{cases}$ $(0<x\leqslant 1)$.

(2) 不独立.

14. $F(x,y)=\begin{cases}(1-\mathrm{e}^{-3x})(1-\mathrm{e}^{-4y}), & x>0,y>0,\\ 0, & \text{其他}.\end{cases}$

16. (1) $F(x,y)=\begin{cases}0, & x<1\text{ 或 }y<1,\\ 0.25(x-1)(y-1), & 1\leqslant x<3,1\leqslant y<3,\\ 0.5(y-1), & x\geqslant 3,1\leqslant y<3,\\ 0.5(x-1), & 1\leqslant x<3,y\geqslant 3,\\ 1, & x\geqslant 3,y\geqslant 3.\end{cases}$

(2) $f_U(u)=\begin{cases}1-0.5u, & 0\leqslant u\leqslant 2,\\ 0, & \text{其他}.\end{cases}$

17. $f(t)=\begin{cases}25te^{-5t}, & t>0,\\ 0, & t\leqslant 0.\end{cases}$

18. $f_Z(z)=\begin{cases}ze^{-\frac{z^2}{2}}, & z\geqslant 0,\\ 0, & z<0.\end{cases}$

19. $f_T(t)=\begin{cases}3\lambda e^{-3\lambda t}, & t>0,\\ 0, & t\leqslant 0.\end{cases}$

20. $f_Y(y)=\begin{cases}(\lambda_1+\lambda_2+\cdots+\lambda_n)e^{-(\lambda_1+\lambda_2+\cdots+\lambda_n)y}, & y>0,\\ 0, & y\leqslant 0.\end{cases}$

21. $f_Z(z)=\begin{cases}4\lambda e^{-2\lambda z}(1-e^{-2\lambda z}), & z>0,\\ 0, & z\leqslant 0.\end{cases}$

22. 0.1587.

第 4 章

习题 4.1

1. (1) $\frac{15}{4}$; (2) $\frac{73}{15}$.　2. 1.0556.

3. $E(X)=-0.2, E(X^2)=2.8, E(3X^2+5)=13.4$.

4. 0.5.　5. 0.3.　6. $\frac{1-(1-p)^{10}}{p}$.

7. ≈33.64(元).　8. 1500.　9. (1) 2;(2) $\frac{1}{3}$.　10. (1) 2,0; (2) $-\frac{1}{15}$; (3) 5.

11. $\frac{4}{5},\frac{3}{5},\frac{1}{2},\frac{16}{15}$.　12. (1) $\frac{3}{4},\frac{5}{8}$; (2) $\frac{1}{8}$.　13. $6\left(1-\left(\frac{5}{6}\right)^{12}\right)$.

14. 1.　15. 23;9332.5.

习题 4.2

1. 1.96,1.4;0.3191,0.5649.　2. $1,\frac{1}{6}$.

3. $\frac{26}{3},\frac{964}{45}\approx 21.4222$.

4. (1) 7,37.25;

(2) $Z_1\sim N(2080,65^2), Z_2\sim N(80,1525), Z_3\sim N(1360,1525)$;0.0202,0.1539.

5. 39.　6. (1) 0.4; (2) 0.9259.　7. $\geqslant\frac{8}{9}$.

习题 4.3

1. (1) $\frac{1}{4},-\frac{1}{6},\frac{11}{16},\frac{41}{36}$; (2) $\frac{5}{12},\frac{5}{12}$; (3) $\frac{11}{24},\frac{491}{144}$; (4) $\sqrt{\frac{11}{41}}$.

2. $-\frac{1}{11}$.

4. $\frac{2}{3}$,0,0;不独立、不相关.　　5. $\frac{7}{6},\frac{7}{6},-\frac{1}{36},-\frac{1}{11},\frac{5}{9}$.

6. (1) $\mu,0$; (2) $\frac{1}{n}\sigma^2$; (3) $\frac{1}{n}\sigma^2$; (4) $\frac{n-1}{n}\sigma^2,-\frac{1}{n}\sigma^2$.

7. $\frac{n\rho}{1+(n-1)\rho}$.　　8. (1) $\mu(\mu^2+\sigma^2)$; (2) 2μ; (3) μ^2; (4) $\sqrt{\frac{2({\sigma_1}^2+{\sigma_1}^2)}{\pi}}$

9. A.　10. B.　11. C.

12. $\begin{pmatrix} \frac{3}{4} & 0 \\ 0 & \frac{3}{4} \end{pmatrix}$.　13. $\begin{pmatrix} \frac{11}{36} & -\frac{1}{36} \\ -\frac{1}{36} & \frac{11}{36} \end{pmatrix}$.

习题 4.4

1. $\frac{k!}{\lambda^k}$.　　2. $\begin{cases} \frac{1}{k+1}, & \text{当 } k \text{ 为偶数}, \\ 0, & \text{当 } k \text{ 为奇数}. \end{cases}$

章末习题 4

1. (1) $P\{X=r\}=\frac{r}{15},r=1,2,3,4,5$; (2) $\frac{3}{5}$; (3) $Y\sim B\left(6,\frac{3}{5}\right),\frac{18}{5}$;

(4) 0.4557,0.2333; (5) 2.

2. 5.　3. 2.

4. $E(X)=20,D(X)=380$.　　5. (1) $\frac{3}{2}$; (2) $\frac{1}{4}$.　　6. $\frac{25}{16}$.

7. $\frac{n+(n+1)C_n^{n-1}+\cdots+NC_{N-1}^{n-1}}{C_N^n}$.　　8. $\frac{n+2}{3}$.

9. (1) $P\{X=0,Y=0\}=\frac{2}{3},P\{X=0,Y=1\}=\frac{1}{12},P\{X=1,Y=0\}=\frac{1}{6},P\{X=1,Y=1\}=\frac{1}{12}$;

(2) $\frac{1}{\sqrt{15}}$; (3) $P\{Z=0\}=\frac{2}{3},P\{Z=1\}=\frac{1}{4},P\{Z=2\}=\frac{1}{12}$.

10. $\frac{2}{3}$.　　11. $\leqslant\frac{1}{12}$.

12. (1) 0.2,0.1,0.1; (2) 0.2;

(3) $P\{Z=-2\}=0.2,P\{Z=-1\}=0.1,P\{Z=0\}=0.3,P\{Z=1\}=0.3,P\{Z=2\}=0.1$.

13. ≈5.2090(万元).　　14. 11分40秒.　　15. ≈14167(元).　　16. ≈10.9(mm)

第5章

习题 5.1

(1) λ; (2) $\frac{\theta}{2}$.

习题 5.2

1. 0.2266.　　2. 98.　　3. 45.　　4. 0.8882.　　5. 1657.6kW.

6. (1) 0.8968； (2) 0.7498.　　7. C.

章末习题 5

1. 0.5.　　2. 0.4714.　　3. 0.　　4. (1) 0.9520； (2) 35.　　5. C.

第 6 章

习题 6.1

2. 一个频数、频率分布表为

组　号	装瓶量区间	频数 n_i	频率 f_i
1	(910,920]	2	0.10
2	(920,940]	3	0.15
3	(940,990]	11	0.55
4	(990,1030]	3	0.15
5	(1030,1070]	1	0.05
合计		20	1.00

3. 一个频数、频率分布表为

骰子数	频数 n_i	频率 f_i
1	3	0.15
2	2	0.10
3	2	0.10
4	5	0.25
5	6	0.30
6	2	0.10
合计	20	1.00

经验分布函数为 $F_{20}(x)=\begin{cases}0, & x<1,\\ 0.15, & 1\leqslant x<2,\\ 0.25, & 2\leqslant x<3,\\ 0.35, & 3\leqslant x<4,\\ 0.60, & 4\leqslant x<5,\\ 0.90, & 5\leqslant x<6,\\ 1, & x\geqslant 6.\end{cases}$

习题 6.2

1. (1) 257.7； (2) 51.54； (3) 25.972； (4) 6.493； (5) 2.548； (6) 无； (7) 51.3； (8) 6.7.

2. 略.

3. (1) 0.1314； (2) 0.5785； (3) 0.2923； (4) 16.

4. 0.1587.

5. 920,940,945,960,975,980,1010 皆为众数,中位数为 967.5.

6. 众数为 5,中位数为 4.

习题 6.3

1. $\alpha=0.025$,即 1.96 是上 0.025 分位数.

2. (1) 15.507; (2) 5.226.

3. (1) 1.8595; (2) -1.7823.

4. (1) 4.88; (2) 0.3436.

5. (1) 0.01; (2) 0.10; (3) 0.05.

习题 6.4

1. (1) D; (2) C; (3) C. 2. $Y\sim\chi^2(n)$. 3. $U\sim t(n)$. 4. $Z\sim F(10,10)$.

章末习题 6

1. 一个频数、频率分布表为

组　号	销售额区间	频数 n_i	频率 f_i
1	(230,245]	3	0.100
2	(245,255]	2	0.067
3	(255,288]	17	0.566
4	(288,307]	6	0.200
5	(307,325]	2	0.067
合计		30	1.000

2. 一个频数、频率分布表为

组　号	洗衣粉重量区间	频数 n_i	频率 f_i
1	(480,490]	11	0.11
2	(490,500]	44	0.44
3	(500,510]	31	0.31
4	(510,520]	14	0.14
合计		100	1.00

3. 众数不存在,中位数 272.5. 4. 众数 509,中位数 499.

6. B. 8. $t(n-1)$. 9. $\dfrac{2}{n(n-1)}$.

第 7 章

习题 7.1

1. (1) λ 的矩估计量和最大似然估计量皆为 $\hat{\lambda}=\overline{X}$;

(2) λ^{-1} 的矩估计量和最大似然估计量皆为 $\hat{\lambda}^{-1}=\overline{X}$.

2. $\hat{\theta}=\dfrac{1}{4}$. 3. $\hat{\theta}=\dfrac{n-n_1+n_3}{2n-n_1}$. 4. $\hat{a}=3\overline{X}$.

5. 矩估计值为 $\hat{\theta}=\bar{x}-0.5$;最大似然估计值为 $\hat{\theta}=\min\limits_{1\leqslant i\leqslant n}\{x_i\}$.

6. 最大似然估计值为 $\hat{\theta}=-1-\dfrac{n}{\ln(x_1x_2\cdots x_n)}$.

9. $\sigma^2+\mu^2$.　　10. 2.

11. (1) T_1,T_3 是无偏估计量； (2) T_3 较 T_1 有效.

13. $\hat{p}=0.499$.　　14. (1) $\hat{P}\{X=0\}=e^{-\bar{x}}$； (2) $\hat{x}=0.3253$.

习题 7.2

1. (39.5,40.5).

2. (1234.4,1283.6).

3. 单侧置信下限为 6592.47.

4. σ^2 的置信区间为(189.24,1333.33),σ 的置信区间为(13.76,36.51).

5. 单侧置信上限为 74h.

6. (0.0193,0.2540).　　7. (0.3159,12.9006).

8. (0.0135,0.1065).　　9. (0.6204,0.6796).

章末习题 7

2. $c=\dfrac{1}{2(n-1)}$.

3. (2) $a=\dfrac{n-1}{n+m-2},b=\dfrac{m-1}{n+m-2}$.

4. $c=\dfrac{n}{2(n-2)}$.

5. $2(n-1)\sigma^2$.

6. (1) $\hat{\beta}=\dfrac{\overline{X}}{\overline{X}-1}$； (2) $\hat{\beta}=\dfrac{n}{\ln(X_1\cdots X_n)}$.

7. $\hat{\theta}=\dfrac{N}{n}$.

8. (1) $\hat{\theta}=2\overline{X}-\dfrac{1}{2}$； (2) 不是.

9. (1) $F(x)=\begin{cases}1-e^{-2(x-\theta)}, & x>\theta,\\ 0, & x\leqslant\theta.\end{cases}$

(2) $F_{\hat{\theta}}(x)=\begin{cases}1-e^{-2n(x-\theta)}, & x>\theta,\\ 0, & x\leqslant\theta.\end{cases}$

(3) $E(\hat{\theta})=\dfrac{1}{2n}+\theta\neq\theta$,有偏.

10. (1) $\hat{\theta}=2\overline{X}$； (2) $D(\hat{\theta})=\dfrac{1}{5n}\theta^2$.

11. (4.412,5.588).

12. (19.5617,20.4383).

13. (1) $E(X)=e^{\mu+0.5}$； (2) (−0.98,0.98)； (3) (0.6188,4.3929).

第 8 章

习题 8.1

1. D,A.　　2. 二.　　3. 一,二.

习题 8.2

1. 在显著性水平 0.05 下,可以认为四乙基铅中毒者与正常人的脉搏相比有显著差异.
2. 在显著性水平 0.05 下,可以认为该厂排放的污水中汞的含量没有超标.
3. 在显著性水平 0.05 下,可以认为医生声称的听一种特殊的轻音乐会降低血压的说法是对的.
4. 在显著性水平 0.05 下,可以认为保险丝熔化时间的方差为 144.
5. 在显著性水平 0.05 下,可以认为这批导线电阻的标准差显著地偏大.
6. 在显著性水平 0.05 下,可以认为这两种药在血液中的浓度没有明显差异.
7. 在显著性水平 0.05 下,可以认为冬、夏两季新生女婴体重的方差没有明显差异.

习题 8.3

1. 在显著性水平 0.05 下,可以认为假设 $H_0: p \leqslant 0.05$ 成立.
2. 在显著性水平 α 下,这批产品可以出厂的条件为 $m < np_0 + z_\alpha \sqrt{np_0(1-p_0)}$.

习题 8.4

1. 在显著性水平 0.05 下,可以认为顾客对颜色有偏爱.
2. 在显著性水平 0.05 下,可以认为一盏灯损坏的电池数服从二项分布 $B(4, 233/600)$.
3. 在显著性水平 0.05 下,可以认为灯泡寿命服从参数为 0.005 的指数分布.

章末习题 8

1. 在显著性水平 0.10 下,可以认为包装机的工作不正常.
2. 在显著性水平 0.05 下,可以认为这次考试的平均成绩为 70 分.
3. 在显著性水平 0.05 下,与旧工艺相比,可以认为新工艺的经纱断头数没有显著减少.
4. 在显著性水平 0.01 下,可以认为该厂生产的保险丝的熔化时间符合要求.
5. 在显著性水平 0.05 下,可以认为育苗方案对杨树苗的高度有影响.
6. 在显著性水平 0.05 下,可以认为两种温度下该项指标的均值有显著差别.
7. 在显著性水平 0.05 下,可以认为甲、乙机床的加工精度无显著差异.
8. 在显著性水平 0.05 下,可以认为甲子弹的速度大于乙子弹的速度.
9. 在显著性水平 0.05 下,可以认为正二十面体是匀称的.
10. 在显著性水平 0.05 下,可以认为 X 服从袋中红球数为 5 的超几何分布.
11. 在显著性水平 0.05 下,可以认为直径服从正态分布 $N(142, 5^2)$.

第 9 章

习题 9.1

1. (2) $\hat{y} = 35.82480 + 0.476378x$; (3) $\hat{x} = -3.376874 + 1.036403y$.
3. $\hat{\beta}_0 = -0.786148, \hat{\beta}_1 = 0.685042, \hat{\sigma}^2 = 1.172102$.
4. (1) $\hat{y} = 13.62299 - 0.079829x$; (2) 拒绝原假设; (3) 11.33989 万元;

   (4) $[9.390730, 13.28905]$.

习题 9.2

1. (1) $\hat{z} = 61.4 - 3.646154x + 2.538462y$; (2) 40.16923.
2. 回归方程为 $\hat{y} = 5.728910 + 0.502581x_1 + 0.007717x_2$. 使用该化妆品的人数与这些人的人均收入对销量的影响都是显著的.

章末习题 9

1. (1) $\hat{y}=-2.739394+0.483030x$； (2) 0.903030； (3) 回归效果是显著的；
   (4) [55.29098,59.98780].
2. (1) 0.544； (2) $\hat{y}=-142.22+4.44x$； (3) 141.9 磅,177.5 磅.
3. (1) 0.920316.
4. (1) $\hat{y}=-19.46191+1.763851x_1+0.115972x_2$； (2) 回归效果显著.
5. $\hat{y}=4.780112+1.665120x_1+0.504505x_2$,其中 x_1:价格差,x_2:广告费．销售量与价格差和广告费有较好的线性相关关系.

第 10 章

习题 10.1

1. (1) 49,48 和 50(千克/亩)； (2) 49(千克/亩)； (3) 14； (4) 8； (5) 6.
2. 在显著性水平 0.05 下,4 种方法的测量结果有显著影响.
3. 在显著性水平 0.05 下,受试者在催眠状态下对 4 种情绪的反应力无显著差异.
4. 在显著性水平 0.01 和 0.05 下,教学方法之间均无显著差异.

习题 10.2

1. 在显著性水平 0.05 下,燃料对火箭射程的影响是显著的;推进器对火箭射程的影响是显著的;燃料与推进器的搭配对火箭射程的影响是显著的. 最好的搭配是 A_4 与 B_1.
2. 在显著性水平 0.05 下,不同的浓度对产品的得率有显著影响,不同的温度对产品的得率无显著影响,两者的交互作用对产品的得率无显著影响.
3. 在显著性水平 0.05 下,收缩率对纤维弹性有显著影响,拉伸倍数对纤维弹性没有显著影响,收缩率和总拉伸倍数联合对纤维弹性有显著影响.
4. 在显著性水平 0.05 下,涂层和土壤的影响均不显著.

章末习题 10

1. 在显著性水平 0.01 和 0.05 下,该学生的各科成绩之间都存在显著差异.
2. 在显著性水平 0.05 下,销售方式对销售量有显著影响.
3. 在显著性水平 0.05 下,机器之间无显著差异,操作工之间有显著差异,交互作用有显著差异.
4. 在显著性水平 0.05 下,不存在地区间的显著差异,但智商间存在显著差异.

参 考 文 献

曹振华. 2002. 概率论与数理统计. 南京:东南大学出版社.

复旦大学. 1979. 概率论(第一册). 北京:人民教育出版社.

郭跃华. 2007. 概率论与数理统计. 北京:科学出版社.

龙永红. 2004. 概率论与数理统计. 北京:高等教育出版社.

卯诗松. 2004. 概率论与数理统计教程. 北京:高等教育出版社.

盛骤. 2001. 概率论与数理统计. 北京:高等教育出版社.

孙荣桓. 2003. 应用数理统计. 北京:科学出版社.

同济大学概率统计教研组. 2004. 概率统计. 上海:同济大学出版社.

王松桂. 2008. 概率论与数理统计. 北京:科学出版社.

叶中行. 2001. 概率论与数理统计. 北京:科学出版社.

余家林,朱倩军. 2008. 概率论与数理统计. 2 版. 北京:科学出版社.

章昕. 2000. 概率统计习题集. 北京:科学技术文献出版社.

DeGroot M H, Schervish M J. 2007. 概率统计. 3 版. 叶中行译. 北京:人民邮电出版社.

附　　录

附录 1　常用的概率分布

分　布	参　数	分布律或概率密度函数	数学期望	方　差
0-1 分布	$0<p<1$	$P\{X=k\}=p^k(1-p)^{1-k},k=0,1$	p	$p(1-p)$
二项分布	$n\geqslant 1$ $0<p<1$	$P\{X=k\}=C_n^k p^k(1-p)^{n-k},k=0,1,2,\cdots,n$	np	$np(1-p)$
帕斯卡分布①(Pascal)	$r\geqslant 1$ $0<p<1$	$P\{X=k\}=C_{k-1}^{r-1}p^r(1-p)^{k-r},k=r,r+1,\cdots$	$\frac{r}{p}$	$\frac{r(1-p)}{p^2}$
几何分布	$0<p<1$	$P\{X=k\}=p(1-p)^{k-1},k=1,2,\cdots$	$\frac{1}{p}$	$\frac{1-p}{p^2}$
超几何分布	N,M,n $(n\leqslant M)$	$P\{X=k\}=\frac{C_M^k C_{N-M}^{n-k}}{C_N^n},k=l_1,l_1+1,\cdots,l_2$ $l_1=\max\{0,n-(N-M)\},l_2=\min\{n,M\}$	$\frac{nM}{N}$	$\frac{nM}{N}\left(1-\frac{M}{N}\right)\left(\frac{N-n}{N-1}\right)$
泊松分布	$\lambda>0$	$P\{X=k\}=\frac{\lambda^k}{k!}e^{-\lambda},k=0,1,\cdots$	λ	λ

① 记为 $X\sim NB(r,p)$，其中 X 表示在重复的伯努利试验中直到事件 A 第 r 次发生为止所进行的试验次数，p 为事件 A 在每次试验中出现的概率. 当 $r=1$ 时，即为几何分布.

续表

分布	参数	分布律或概率密度函数	数学期望	方差
均匀分布	a,b $(a<b)$	$f(x)=\begin{cases}\dfrac{1}{b-a}, & a<x<b,\\ 0, & \text{其他}.\end{cases}$	$\dfrac{a+b}{2}$	$\dfrac{(b-a)^2}{12}$
正态(高斯)分布	$\mu,\sigma^2>0$	$f(x)=\dfrac{1}{\sqrt{2\pi}\sigma}e^{-\frac{(x-\mu)^2}{2\sigma^2}}$	μ	σ^2
指数分布	$\lambda>0$	$f(x)=\begin{cases}\lambda e^{-\lambda x}, & x>0,\\ 0, & x\leqslant 0.\end{cases}$	$\dfrac{1}{\lambda}$	$\dfrac{1}{\lambda^2}$
Γ分布①	$\alpha>0,\beta>0$	$f(x)=\begin{cases}\dfrac{1}{\beta^{\alpha}\Gamma(\alpha)}x^{\alpha-1}e^{-\frac{x}{\beta}}, & x>0,\\ 0, & x\leqslant 0.\end{cases}$	$\alpha\beta$	$\alpha\beta^2$
β分布②	$\alpha>0,\beta>0$	$f(x)=\begin{cases}\dfrac{\Gamma(\alpha+\beta)}{\Gamma(\alpha)\Gamma(\beta)}x^{\alpha-1}(1-x)^{\beta-1}, & 0<x<1,\\ 0, & \text{其他}.\end{cases}$	$\dfrac{\alpha}{\alpha+\beta}$	$\dfrac{\alpha\beta}{(\alpha+\beta)^2(\alpha+\beta+1)}$
χ^2 分布	$n\geqslant 1$	$f(x)=\begin{cases}\dfrac{1}{2^{\frac{n}{2}}\Gamma\left(\frac{n}{2}\right)}x^{\frac{n}{2}-1}e^{-\frac{x}{2}}, & x>0,\\ 0, & x\leqslant 0.\end{cases}$	n	$2n$
t 分布	$n\geqslant 1$	$f(x)=\dfrac{\Gamma\left(\frac{n+1}{2}\right)}{\sqrt{n\pi}\Gamma\left(\frac{n}{2}\right)}\left(1+\dfrac{x^2}{n}\right)^{-\frac{n+1}{2}}$	0	$\dfrac{n}{n-2}$ $(n>2)$

① 记为 $X\sim\Gamma(\alpha,\beta)$. $\Gamma\left(1,\dfrac{1}{\lambda}\right)$为指数分布$E(\lambda)$，$\Gamma\left(\dfrac{n}{2},2\right)$为$\chi^2(n)$分布，即指数分布和$\chi^2$ 分布都是 Γ 分布的特例.

② 记为 $X\sim BT(\alpha,\beta)$. $BT(1,1)$为均匀分布$U(0,1)$，即均匀分布是β分布的特例.

续表

分　布	参　数	分布律或概率密度函数	数学期望	方　差
F 分布	$n_1\geqslant 1, n_2\geqslant 1$	$f(x)=\begin{cases}\dfrac{\Gamma\left(\frac{n_1+n_2}{2}\right)}{\Gamma\left(\frac{n_1}{2}\right)\Gamma\left(\frac{n_2}{2}\right)}\left(\dfrac{n_1}{n_2}\right)^{\frac{n_1}{2}} x^{\frac{n_1}{2}-1}\left(1+\dfrac{n_1}{n_2}x\right)^{-\frac{n_1+n_2}{2}}, & x>0\\ 0, & x\leqslant 0.\end{cases}$	$\dfrac{n_2}{n_2-2}$ $(n_2>2)$	$\dfrac{2n_2^2(n_1+n_2-2)}{n_1(n_2-2)^2(n_2-4)}$ $(n_2>4)$
对数正态分布	$\mu,\sigma^2>0$	$f(x)=\begin{cases}\dfrac{1}{\sqrt{2\pi}\sigma x}e^{-\frac{(\ln x-\mu)^2}{2\sigma^2}}, & x>0,\\ 0, & x\leqslant 0.\end{cases}$	$e^{\mu+\frac{\sigma^2}{2}}$	$e^{2\mu+\sigma^2}(e^{\sigma^2}-1)$
瑞利分布①(Rayleigh)	$\sigma^2>0$	$f(x)=\begin{cases}\dfrac{x}{\sigma^2}e^{-\frac{x^2}{2\sigma^2}}, & x>0,\\ 0, & x\leqslant 0.\end{cases}$	$\sqrt{\dfrac{\pi}{2}}\sigma$	$\left(2-\dfrac{\pi}{2}\right)\sigma^2$
威布尔分布②(Weibull)	$\alpha>0,\beta>0$	$f(x)=\begin{cases}\alpha\beta x^{\alpha-1}e^{-\beta x^{\alpha}}, & x>0,\\ 0, & x\leqslant 0.\end{cases}$	$\dfrac{\Gamma\left(1+\frac{1}{\alpha}\right)}{\beta^{\frac{1}{\alpha}}}$	$\beta^{-\frac{2}{\alpha}}\left[\Gamma\left(1+\dfrac{2}{\alpha}\right)-\left(\Gamma\left(1+\dfrac{1}{\alpha}\right)\right)^2\right]$
二维正态分布	$\mu_1,\sigma_1^2>0$ $\mu_2\sigma_2^2>0$ $-1<\rho<1$	$f(x,y)=\dfrac{1}{2\pi\sigma_1\sigma_2\sqrt{1-\rho^2}}e^{-\frac{1}{2(1-\rho^2)}\left[\frac{(x-\mu_1)^2}{\sigma_1^2}-\frac{2\rho(x-\mu_1)(y-\mu_2)}{\sigma_1\sigma_2}+\frac{(y-\mu_2)^2}{\sigma_2^2}\right]}$		

① 记为 $X\sim R(\alpha^2)$.

② 记为 $X\sim W(\alpha,\beta)$. $W(1,\lambda)$为指数分布 $E(\lambda)$，$W\left(2,\dfrac{1}{2\sigma^2}\right)$为瑞利分布 $R(\sigma^2)$，即指数分布和瑞利分布都是威布尔分布的特例.

附录 2 泊松分布表

$$P\{X=k\}=\frac{\lambda^k e^{-\lambda}}{k!}$$

k \ λ	0.1	0.2	0.3	0.4	0.5	0.6	0.7	0.8
0	0.9048	0.8187	0.7408	0.6703	0.6065	0.5488	0.4966	0.4493
1	0.0905	0.1638	0.2222	0.2681	0.3033	0.3293	0.3476	0.3595
2	0.0045	0.0164	0.0333	0.0536	0.0758	0.0988	0.1217	0.1438
3	0.0002	0.0011	0.0033	0.0072	0.0126	0.0198	0.0284	0.0383
4		0.0001	0.0003	0.0007	0.0016	0.0030	0.0050	0.0077
5				0.0001	0.0002	0.0004	0.0007	0.0012
6							0.0001	0.0002

k \ λ	0.9	1.0	1.5	2.0	2.5	3.0	3.5	4.0
0	0.4066	0.3679	0.2231	0.1353	0.0821	0.0498	0.0302	0.0183
1	0.3659	0.3679	0.3347	0.2707	0.2062	0.1494	0.1057	0.0733
2	0.1647	0.1639	0.2510	0.2707	0.2565	0.2240	0.1850	0.1465
3	0.0494	0.0613	0.1255	0.1804	0.2138	0.2240	0.2158	0.1954
4	0.0111	0.0153	0.0471	0.0902	0.1336	0.1680	0.1888	0.1954
5	0.0020	0.0031	0.0141	0.0361	0.0668	0.1008	0.1322	0.1563
6	0.0003	0.0005	0.0035	0.0120	0.0278	0.0504	0.0771	0.1042
7		0.0001	0.0008	0.0034	0.0099	0.0216	0.0386	0.0595
8			0.0001	0.0009	0.0031	0.0081	0.0169	0.0298
9				0.0002	0.0009	0.0027	0.0066	0.0132
10					0.0002	0.0008	0.0023	0.0053
11					0.0001	0.0002	0.0007	0.0019
12						0.0001	0.0002	0.0006
13							0.0001	0.0002
14								0.0001

k \ λ	4.5	5.0	6.0	7.0	8.0	9.0	10.0
0	0.0111	0.0067	0.0025	0.0009	0.0003	0.0001	
1	0.0500	0.0337	0.0149	0.0064	0.0027	0.0011	0.0005
2	0.1125	0.0842	0.0446	0.0223	0.0107	0.0050	0.0023
3	0.1687	0.1404	0.0892	0.0521	0.0286	0.0150	0.0076
4	0.1898	0.1755	0.1339	0.0912	0.0573	0.0337	0.0189
5	0.1708	0.1755	0.1606	0.1277	0.0916	0.0607	0.0378
6	0.1281	0.1462	0.1606	0.1490	0.1221	0.0911	0.0631
7	0.0824	0.1045	0.1377	0.1400	0.1396	0.1171	0.0901
8	0.0463	0.0653	0.1033	0.1303	0.1396	0.1318	0.1126

续表

λ / k	4.5	5.0	6.0	7.0	8.0	9.0	10.0
9	0.0232	0.0363	0.0688	0.1014	0.1241	0.1315	0.1251
10	0.0104	0.0181	0.0413	0.0710	0.0993	0.1186	0.1251
11	0.0045	0.0082	0.0225	0.0452	0.0772	0.0970	0.1137
12	0.0016	0.0054	0.0113	0.0264	0.0481	0.0728	0.0948
13	0.0006	0.0018	0.0052	0.0142	0.0296	0.0904	0.0729
14	0.0002	0.0005	0.0022	0.0071	0.0169	0.0324	0.0521
15	0.0001	0.0002	0.0009	0.0033	0.0090	0.0194	0.0347
16		0.0001	0.0003	0.0015	0.0045	0.0109	0.0217
17			0.0001	0.0006	0.0021	0.0058	0.0128
18				0.0002	0.0009	0.0029	0.0071
19				0.0001	0.0004	0.0014	0.0037
20					0.0002	0.0006	0.0019
21					0.0001	0.0003	0.0009
22						0.0001	0.0004
23							0.0002
24							0.0001

$\lambda=20$				$\lambda=30$			
k	p	k	p	k	p	k	p
5	0.0001	25	0.0446	10		32	0.0659
6	0.0002	26	0.0343	11		33	0.0599
7	0.0005	27	0.0254	12	0.0001	34	0.0529
8	0.0013	28	0.0182	13	0.0002	35	0.0453
9	0.0029	29	0.0125	14	0.0005	36	0.0378
10	0.0058	30	0.0083	15	0.0010	37	0.0306
11	0.0106	31	0.0054	16	0.0019	38	0.0242
12	0.0176	32	0.0034	17	0.0034	39	0.0186
13	0.0271	33	0.0020	18	0.0057	40	0.0139
14	0.0382	34	0.0012	19	0.0089	41	0.0102
15	0.0517	35	0.0007	20	0.0134	42	0.0073
16	0.0646	36	0.0004	21	0.0192	43	0.0051
17	0.0760	37	0.0002	22	0.0261	44	0.0035
18	0.0844	38	0.0001	23	0.0341	45	0.0023
19	0.0888	39	0.0001	24	0.0426	46	0.0015
20	0.0888			25	0.0511	47	0.0010
21	0.0846			26	0.0590	48	0.0006
22	0.0769			27	0.0655	49	0.0004
23	0.0669			28	0.0702	50	0.0002
24	0.0557			29	0.0726	51	0.0001
				30	0.0726	52	0.0001
				31	0.0703		

续表

λ=40				λ=50			
k	p	k	p	k	p	k	p
15		41	0.0614	25		52	0.0531
16		42	0.0585	26	0.0001	53	0.0501
17		43	0.0544	27	0.0001	54	0.0464
18	0.0001	44	0.0495	28	0.0002	55	0.0422
19	0.0001	45	0.0440	29	0.0004	56	0.0377
20	0.0002	46	0.0382	30	0.0007	57	0.0330
21	0.0004	47	0.0325	31	0.0011	58	0.0285
22	0.0007	48	0.0271	32	0.0017	59	0.0241
23	0.0012	49	0.0221	33	0.0026	60	0.0201
24	0.0019	50	0.0177	34	0.0038	61	0.0165
25	0.0031	51	0.0139	35	0.0054	62	0.0133
26	0.0047	52	0.0107	36	0.0075	63	0.0106
27	0.0070	53	0.0081	37	0.0102	64	0.0082
28	0.0100	54	0.0060	38	0.0134	65	0.0063
29	0.0139	55	0.0043	39	0.0172	66	0.0048
30	0.0185	56	0.0031	40	0.0215	67	0.0036
31	0.0238	57	0.0022	41	0.0262	68	0.0026
32	0.0298	58	0.0015	42	0.0312	69	0.0019
33	0.0361	59	0.0010	43	0.0363	70	0.0014
34	0.0425	60	0.0007	44	0.0412	71	0.0010
35	0.0485	61	0.0005	45	0.0458	72	0.0007
36	0.0539	62	0.0003	46	0.0498	73	0.0005
37	0.0583	63	0.0002	47	0.0530	74	0.0003
38	0.0614	64	0.0001	48	0.0552	75	0.0002
39	0.0630	65	0.0001	49	0.0563	76	0.0001
40	0.0630			50	0.0563	77	0.0001
				51	0.0552	78	0.0001

附录3 标准正态分布函数值表

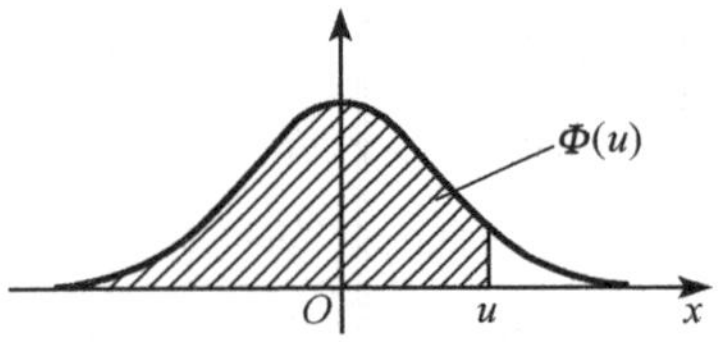

$$\Phi(u)=\int_{-\infty}^{u}\frac{1}{\sqrt{2\pi}}\mathrm{e}^{\frac{-t^2}{2}}\mathrm{d}t=P\{U\leqslant u\}(u\geqslant 0)$$

u	0	1	2	3	4	5	6	7	8	9
0.0	0.5000	0.5040	0.5080	0.5120	0.5160	0.5199	0.5239	0.5279	0.5319	0.5359
0.1	0.5398	0.5438	0.5478	0.5517	0.5557	0.5596	0.5636	0.5675	0.5714	0.5753
0.2	0.5793	0.5832	0.5871	0.5910	0.5948	0.5987	0.6026	0.6064	0.6103	0.6141
0.3	0.6179	0.6217	0.6255	0.6293	0.6331	0.6368	0.6406	0.6443	0.6480	0.6517
0.4	0.6554	0.6591	0.6628	0.6664	0.6700	0.6736	0.6772	0.6808	0.6844	0.6879
0.5	0.6915	0.6950	0.6985	0.7019	0.7054	0.7088	0.7123	0.7157	0.7190	0.7224
0.6	0.7257	0.7291	0.7324	0.7357	0.7389	0.7422	0.7454	0.7486	0.7517	0.7549
0.7	0.7580	0.7611	0.7642	0.7673	0.7703	0.7734	0.7764	0.7794	0.7823	0.7852
0.8	0.7881	0.7910	0.7939	0.7967	0.7995	0.8023	0.8051	0.8078	0.8106	0.8133
0.9	0.8159	0.8186	0.8212	0.8238	0.8264	0.8289	0.8315	0.8340	0.8365	0.8389
1.0	0.8413	0.8438	0.8461	0.8485	0.8508	0.8531	0.8554	0.8577	0.8599	0.8621
1.1	0.8643	0.8665	0.8686	0.8708	0.8729	0.8749	0.8770	0.8790	0.8810	0.8830
1.2	0.8849	0.8869	0.8888	0.8907	0.8925	0.8944	0.8962	0.8980	0.8997	0.9015
1.3	0.9032	0.9049	0.9066	0.9082	0.9099	0.9115	0.9131	0.9147	0.9162	0.9177
1.4	0.9192	0.9207	0.9222	0.9236	0.9251	0.9265	0.9278	0.9292	0.9306	0.9319
1.5	0.9332	0.9345	0.9357	0.9370	0.9382	0.9394	0.9406	0.9418	0.9430	0.9441
1.6	0.9452	0.9463	0.9474	0.9484	0.9495	0.9505	0.9515	0.9525	0.9535	0.9545
1.7	0.9554	0.9564	0.9573	0.9582	0.9591	0.9599	0.9608	0.9616	0.9625	0.9633
1.8	0.9641	0.9648	0.9656	0.9664	0.9671	0.9678	0.9686	0.9693	0.9700	0.9706
1.9	0.9713	0.9719	0.9726	0.9732	0.9738	0.9744	0.9750	0.9756	0.9762	0.9767
2.0	0.9772	0.9778	0.9783	0.9788	0.9793	0.9798	0.9803	0.9808	0.9812	0.9817
2.1	0.9821	0.9826	0.9830	0.9834	0.9838	0.9842	0.9846	0.9850	0.9854	0.9857
2.2	0.9861	0.9864	0.9868	0.9871	0.9874	0.9878	0.9881	0.9884	0.9887	0.9890
2.3	0.9893	0.9896	0.9898	0.9901	0.9904	0.9906	0.9909	0.9911	0.9913	0.9916
2.4	0.9918	0.9920	0.9922	0.9925	0.9927	0.9929	0.9931	0.9932	0.9934	0.9936
2.5	0.9938	0.9940	0.9941	0.9943	0.9945	0.9946	0.9948	0.9949	0.9951	0.9952
2.6	0.9953	0.9955	0.9956	0.9957	0.9959	0.9960	0.9961	0.9962	0.9963	0.9964
2.7	0.9965	0.9966	0.9967	0.9968	0.9969	0.9970	0.9971	0.9972	0.9973	0.9974
2.8	0.9974	0.9975	0.9976	0.9977	0.9977	0.9978	0.9979	0.9979	0.9980	0.9981
2.9	0.9981	0.9982	0.9982	0.9983	0.9984	0.9984	0.9985	0.9985	0.9986	0.9986
3.0	0.9987	0.9990	0.9993	0.9995	0.9997	0.9998	0.9998	0.9999	0.9999	1.0000

注：表中末行函数值 $\Phi(3.0)$，$\Phi(3.1)$，…，$\Phi(3.9)$.

附录4 χ^2 分布表

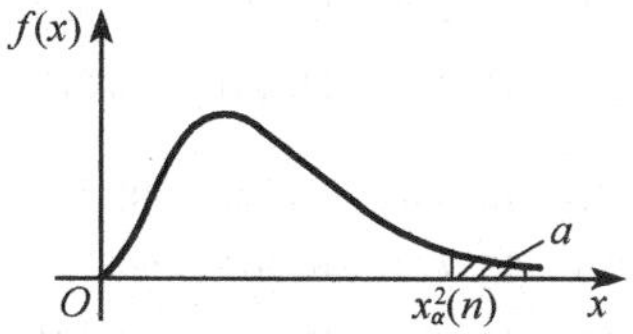

$$P\{\chi^2(n) > \chi_\alpha^2(n)\} = \alpha$$

n \ α	0.995	0.990	0.975	0.950	0.900	0.100	0.050	0.025	0.010	0.005
1	0.000	0.000	0.001	0.004	0.016	2.706	3.841	5.024	6.635	7.879
2	0.010	0.020	0.051	0.103	0.211	4.605	5.991	7.378	9.210	10.597
3	0.072	0.115	0.216	0.352	0.584	6.251	7.815	9.348	11.345	12.838
4	0.207	0.297	0.484	0.711	1.064	7.779	9.488	11.143	13.277	14.860
5	0.412	0.554	0.831	1.145	1.610	9.236	11.070	12.833	15.086	16.750
6	0.676	0.872	1.237	1.635	2.204	10.645	12.592	14.449	16.812	18.548
7	0.989	1.239	1.690	2.167	2.833	12.017	14.067	16.013	18.475	20.278
8	1.344	1.646	2.180	2.733	3.490	13.362	15.507	17.535	20.090	21.955
9	1.735	2.088	2.700	3.325	4.168	14.684	16.919	19.023	21.666	23.589
10	2.156	2.558	3.247	3.940	4.865	15.987	18.307	20.483	23.209	25.188
11	2.603	3.053	3.816	4.575	5.578	17.275	19.675	21.920	24.725	26.757
12	3.074	3.571	4.404	5.226	6.304	18.549	21.026	23.337	26.217	28.300
13	3.565	4.107	5.009	5.892	7.042	19.812	22.362	24.736	27.688	29.819
14	4.075	4.660	5.629	6.571	7.790	21.064	23.685	26.119	29.141	31.319
15	4.601	5.229	6.262	7.261	8.547	22.307	24.996	27.488	30.578	32.801
16	5.142	5.812	6.908	7.962	9.312	23.542	26.296	28.845	32.000	34.267
17	5.697	6.408	7.564	8.672	10.085	24.769	27.587	30.191	33.409	35.718
18	6.265	7.015	8.231	9.390	10.865	25.989	28.869	31.526	34.805	37.156
19	6.844	7.633	8.907	10.117	11.651	27.204	30.144	32.852	36.191	38.582
20	7.434	8.260	9.591	10.851	12.443	28.412	31.410	34.170	37.566	39.997
21	8.034	8.897	10.283	11.591	13.240	29.615	32.671	35.479	38.932	41.401
22	8.643	9.542	10.982	12.338	14.041	30.813	33.924	36.781	40.289	42.796
23	9.260	10.196	11.689	13.091	14.848	32.007	35.172	38.076	41.638	44.181
24	9.886	10.856	12.401	13.848	15.659	33.196	36.415	39.364	42.980	45.559

续表

n \ α	0.995	0.990	0.975	0.950	0.900	0.100	0.050	0.025	0.010	0.005
25	10.520	11.524	13.120	14.611	16.473	34.382	37.652	40.464	44.314	46.928
26	11.160	12.198	13.844	15.379	17.292	35.563	38.885	41.923	45.642	48.290
27	11.808	12.879	14.573	16.151	18.114	36.741	40.113	43.195	46.963	49.645
28	12.461	13.565	15.308	16.928	18.939	37.916	41.337	44.461	48.278	50.993
29	13.121	14.256	16.047	17.708	19.768	39.087	42.557	45.722	49.588	52.336
30	13.787	14.953	16.791	18.493	20.599	40.256	43.773	46.979	50.892	53.672
31	14.458	15.655	17.539	19.281	21.434	41.422	44.985	48.232	52.191	55.003
32	15.134	16.362	18.291	20.072	22.271	42.585	46.194	49.480	53.486	56.328
33	15.815	17.074	19.047	20.867	23.110	43.745	47.400	50.725	54.776	57.648
34	16.501	17.789	19.806	21.664	23.952	44.903	48.602	51.966	56.061	58.964
35	17.192	18.509	20.569	22.465	24.797	46.059	49.802	53.203	57.342	60.275
36	17.887	19.233	21.336	23.269	25.643	47.212	50.998	54.437	58.619	61.581
37	18.586	19.960	22.106	24.075	26.492	48.363	52.192	55.668	59.893	62.883
38	19.289	20.691	22.878	24.884	27.343	49.513	53.384	56.896	61.162	64.181
39	19.996	21.426	23.654	25.695	28.196	50.660	54.572	58.120	62.428	65.476
40	20.707	22.164	24.433	26.509	29.051	51.805	55.758	59.342	63.691	66.766
41	21.421	22.906	25.215	27.326	29.907	52.949	56.942	60.561	64.950	68.053
42	22.138	23.650	25.999	28.144	30.765	54.090	58.124	61.777	66.206	69.336
43	22.859	24.398	26.785	28.965	31.625	55.230	59.304	62.990	67.459	70.616
44	23.584	25.148	27.575	29.787	32.487	56.369	60.481	64.201	68.710	71.893
45	24.311	25.901	28.366	30.612	33.350	57.505	61.656	65.410	69.957	73.166
46	25.041	26.657	29.160	31.439	34.215	58.641	62.830	66.617	71.201	74.437
47	25.775	27.416	29.956	32.268	35.081	59.774	64.001	67.821	72.443	75.704
48	26.511	28.177	30.755	33.098	35.949	60.907	65.171	69.023	73.683	76.969
49	27.249	28.941	31.555	33.930	36.818	62.038	66.339	70.222	74.919	78.231
50	27.991	29.707	32.357	34.764	37.689	63.167	67.505	71.420	76.154	79.490
75	47.206	49.475	52.942	56.054	59.795	91.061	96.217	100.84	106.39	110.29
100	67.328	70.065	74.222	77.929	82.358	118.50	124.34	129.56	135.81	140.17
150	109.14	112.67	117.98	122.69	128.28	172.58	179.58	185.80	193.21	198.36
200	152.24	156.43	162.73	168.28	174.84	226.02	233.99	241.06	249.45	255.26
500	422.30	429.39	439.94	449.15	459.93	540.93	553.13	563.85	576.49	585.21
1000	888.56	898.91	914.26	927.59	943.13	1057.7	1074.7	1089.5	1107.0	1118.9

附录5 t分布表

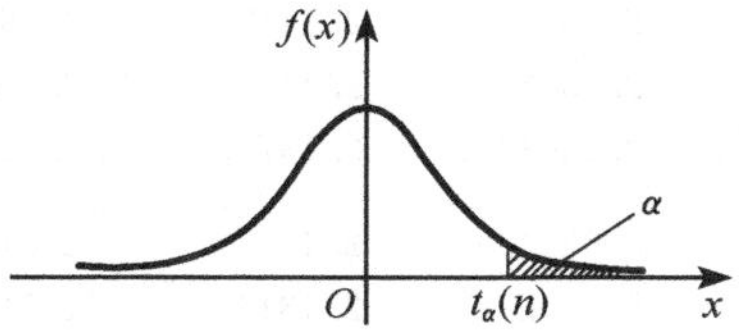

$P\{t(n) > t_\alpha(n)\} = \alpha$

n \ α	0.25	0.10	0.05	0.025	0.01	0.005
1	1.0000	3.0777	6.3138	12.7062	31.8207	63.6574
2	0.8165	1.8856	2.9200	4.3027	6.9646	9.9248
3	0.7649	1.6377	2.3534	3.1824	4.5407	5.8409
4	0.7407	1.5332	2.1318	2.7764	3.7469	4.6041
5	0.7267	1.4759	2.0150	2.5706	3.3649	4.0322
6	0.7176	1.4398	1.9432	2.4469	3.1427	3.7074
7	0.7111	1.4149	1.8946	2.3646	2.9980	3.4995
8	0.7064	1.3968	1.8595	2.3060	2.8965	3.3554
9	0.7027	1.3830	1.8331	2.2622	2.8214	3.2498
10	0.6998	1.3722	1.8125	2.2281	2.7638	3.1693
11	0.6974	1.3634	1.7959	2.2010	2.7181	3.1058
12	0.6955	1.3563	1.7823	2.1788	2.6810	3.0545
13	0.6938	1.3502	1.7709	2.1604	2.6503	3.0123
14	0.6924	1.3450	1.7613	2.1448	2.6245	2.9768
15	0.6912	1.3406	1.7531	2.1315	2.6025	2.9467
16	0.6901	1.3368	1.7459	2.1199	2.5835	2.9208
17	0.6892	1.3334	1.7396	2.1098	2.5669	2.8982
18	0.6884	1.3304	1.7341	2.1009	2.5524	2.8784
19	0.6876	1.3277	1.7291	2.0930	2.5395	2.8609
20	0.6870	1.3253	1.7247	2.0860	2.5280	2.8453
21	0.6864	1.3232	1.7207	2.0796	2.5177	2.8314
22	0.6858	1.3212	1.7171	2.0739	2.5083	2.8188
23	0.6853	1.3195	1.7139	2.0687	2.4999	2.8073
24	0.6848	1.3178	1.7109	2.0639	2.4922	2.7969
25	0.6844	1.3163	1.7081	2.0595	2.4851	2.7874
26	0.6840	1.3150	1.7056	2.0565	2.4786	2.7787
27	0.6837	1.3137	1.7033	2.0518	2.4727	2.7707
28	0.6834	1.3125	1.7011	2.0484	2.4671	2.7633
29	0.6830	1.3114	1.6991	2.0452	2.4620	2.7564
30	0.6828	1.3104	1.6973	2.0423	2.4573	2.7500

续表

α / n	0.25	0.10	0.05	0.025	0.01	0.005
31	0.6825	1.3095	1.6955	2.0395	2.4528	2.7440
32	0.6822	1.3086	1.6939	2.0369	2.4487	2.7385
33	0.6820	1.3077	1.6924	2.0345	2.4448	2.7333
34	0.6818	1.3070	1.6909	2.0322	2.4411	2.7284
35	0.6816	1.3062	1.6896	2.0301	2.4377	2.7238
36	0.6814	1.3055	1.6883	2.0281	2.4345	2.7195
37	0.5812	1.3049	1.6871	2.0262	2.4314	2.7154
38	0.6810	1.3042	1.6860	2.0244	2.4286	2.7116
39	0.6808	1.3036	1.6849	2.0227	2.4258	2.7079
40	0.6807	1.3031	1.6839	2.0211	2.4283	2.7045
41	0.6805	1.3025	1.6829	2.0195	2.4208	2.7012
42	0.6804	1.3020	1.6820	2.0181	2.4185	2.6981
43	0.6802	1.3016	1.6811	2.0167	2.4163	2.6951
44	0.6801	1.3011	1.6802	2.0154	2.4141	2.6923
45	0.6800	1.3006	1.6794	2.0141	2.4121	2.6806

附录6 *F* 分布表

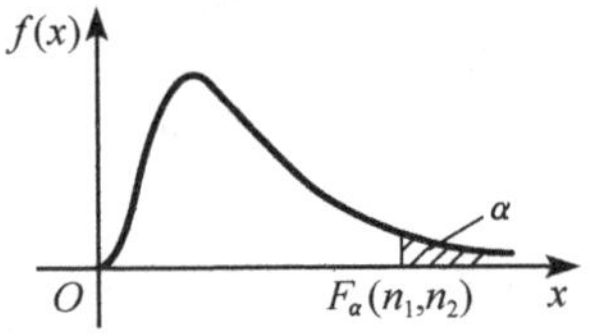

$$P\{F(n_1,n_2) > F_\alpha(n_1,n_2)\} = \alpha$$

$\alpha=0.10$

n_1 / n_2	1	2	3	4	5	6	7	8	9
1	39.86	49.50	53.59	55.83	57.24	58.20	58.91	59.44	59.86
2	8.53	9.00	9.16	9.24	9.29	9.33	9.35	9.37	9.38
3	5.54	5.46	5.39	5.34	5.31	5.28	5.27	5.25	5.24
4	4.54	4.32	4.19	4.11	4.05	4.01	3.98	3.95	3.94
5	4.06	3.78	3.62	3.52	3.45	3.40	3.37	3.34	3.32
6	3.78	3.46	3.29	3.18	3.11	3.05	3.01	2.98	2.96
7	3.59	3.26	3.07	2.96	2.88	2.83	2.78	2.75	2.72
8	3.46	3.11	2.92	2.81	2.73	2.67	2.62	2.59	2.56
9	3.36	3.01	2.81	2.69	2.61	2.55	2.51	2.47	2.44

续表

n_2 \ n_1	1	2	3	4	5	6	7	8	9
10	3.29	2.92	2.73	2.61	2.52	2.46	2.41	2.38	2.35
11	3.23	2.86	2.66	2.54	2.45	2.39	2.34	2.30	2.27
12	3.18	2.81	2.61	2.48	2.39	2.33	2.28	2.24	2.21
13	3.14	2.76	2.56	2.43	2.35	2.28	2.23	2.20	2.16
14	3.10	2.73	2.52	2.39	2.31	2.24	2.19	2.15	2.12
15	3.07	2.70	2.49	2.36	2.27	2.21	2.16	2.12	2.09
16	3.05	2.67	2.46	2.33	2.24	2.18	2.13	2.09	2.06
17	3.03	2.64	2.44	2.31	2.22	2.15	2.10	2.06	2.03
18	3.01	2.62	2.42	2.29	2.20	2.13	2.08	2.04	2.00
19	2.99	2.61	2.40	2.27	2.18	2.11	2.06	2.02	1.98
20	2.97	2.59	2.38	2.25	2.16	2.09	2.04	2.00	1.96
21	2.96	2.57	2.36	2.23	2.14	2.08	2.02	1.98	1.95
22	2.95	2.56	2.35	2.22	2.13	2.06	2.01	1.97	1.93
23	2.94	2.55	2.34	2.21	2.11	2.05	1.99	1.95	1.92
24	2.93	2.54	2.33	2.19	2.10	2.04	1.98	1.94	1.91
25	2.92	2.53	2.32	2.18	2.09	2.02	1.97	1.93	1.89
26	2.91	2.52	2.31	2.17	2.08	2.01	1.96	1.92	1.88
27	2.90	2.51	2.30	2.17	2.07	2.00	1.95	1.91	1.87
28	2.89	2.50	2.29	2.16	2.06	2.00	1.94	1.90	1.87
29	2.89	2.50	2.28	2.15	2.06	1.99	1.93	1.89	1.86
30	2.88	2.49	2.28	2.14	2.05	1.98	1.93	1.88	1.85
40	2.84	2.44	2.23	2.09	2.00	1.93	1.87	1.83	1.79
60	2.79	2.39	2.18	2.04	1.95	1.87	1.82	1.77	1.74
120	2.75	2.35	2.13	1.99	1.90	1.82	1.77	1.72	1.68
∞	2.71	2.30	2.08	1.94	1.85	1.77	1.72	1.67	1.63

n_2 \ n_1	10	12	15	20	24	30	40	60	120	∞
1	60.19	60.71	61.22	61.74	62.00	62.26	62.53	62.79	63.06	63.33
2	9.39	9.41	9.42	9.44	9.45	9.46	9.47	9.47	9.48	9.49
3	5.23	5.22	5.20	5.18	5.18	5.17	5.16	5.15	5.14	5.13
4	3.92	3.90	3.87	3.84	3.83	3.82	3.80	3.79	3.78	3.76
5	3.30	3.27	3.24	3.21	3.19	3.17	3.16	3.14	3.12	3.10
6	2.94	2.90	2.87	2.84	2.82	2.80	2.78	2.76	2.74	2.72
7	2.70	2.67	2.63	2.59	2.58	2.56	2.54	2.51	2.49	2.47
8	2.54	2.50	2.46	2.42	2.40	2.38	2.36	2.34	2.32	2.29
9	2.42	2.38	2.34	2.30	2.28	2.25	2.23	2.21	2.18	2.16
10	2.32	2.28	2.24	2.20	2.18	2.16	2.13	2.11	2.08	2.06
11	2.25	2.21	2.17	2.12	2.10	2.08	2.05	2.03	2.00	1.97
12	2.19	2.15	2.10	2.06	2.04	2.01	1.99	1.96	1.93	1.90

续表

n_2 \ n_1	10	12	15	20	24	30	40	60	120	∞
13	2.14	2.10	2.05	2.01	1.98	1.96	1.93	1.90	1.88	1.85
14	2.10	2.05	2.01	1.96	1.94	1.91	1.89	1.86	1.83	1.80
15	2.06	2.02	1.97	1.92	1.90	1.87	1.85	1.82	1.79	1.76
16	2.03	1.99	1.94	1.89	1.87	1.84	1.81	1.78	1.75	1.72
17	2.00	1.96	1.91	1.86	1.84	1.81	1.78	1.75	1.72	1.69
18	1.98	1.93	1.89	1.84	1.81	1.78	1.75	1.72	1.69	1.66
19	1.96	1.91	1.86	1.81	1.79	1.76	1.73	1.70	1.67	1.63
20	1.94	1.89	1.84	1.79	1.77	1.74	1.71	1.68	1.64	1.61
21	1.92	1.87	1.83	1.78	1.75	1.72	1.69	1.66	1.62	1.59
22	1.90	1.86	1.81	1.76	1.73	1.70	1.67	1.64	1.60	1.57
23	1.89	1.84	1.80	1.74	1.72	1.69	1.66	1.62	1.59	1.55
24	1.88	1.83	1.78	1.73	1.70	1.67	1.64	1.61	1.57	1.53
25	1.87	1.82	1.77	1.72	1.69	1.66	1.63	1.59	1.56	1.52
26	1.86	1.81	1.76	1.71	1.68	1.65	1.61	1.58	1.54	1.50
27	1.85	1.80	1.75	1.70	1.67	1.64	1.60	1.57	1.53	1.49
28	1.84	1.79	1.74	1.69	1.66	1.63	1.59	1.56	1.52	1.48
29	1.83	1.78	1.73	1.68	1.65	1.62	1.58	1.55	1.51	1.47
30	1.82	1.77	1.72	1.67	1.64	1.61	1.57	1.54	1.50	1.46
40	1.76	1.71	1.66	1.61	1.57	1.54	1.51	1.47	1.42	1.38
60	1.71	1.66	1.60	1.54	1.51	1.48	1.44	1.40	1.35	1.29
120	1.65	1.60	1.55	1.48	1.45	1.41	1.37	1.32	1.26	1.19
∞	1.60	1.55	1.49	1.42	1.38	1.34	1.30	1.24	1.17	1.00

$\alpha=0.05$

n_2 \ n_1	1	2	3	4	5	6	7	8	9
1	161.4	199.5	215.7	224.6	230.2	234.0	236.8	238.9	240.5
2	18.51	19.00	19.16	19.25	19.30	19.33	19.35	19.37	19.38
3	10.13	9.55	9.28	9.12	9.01	8.94	8.89	8.85	8.81
4	7.71	6.94	6.59	6.39	6.26	6.16	6.09	6.04	6.00
5	6.61	5.79	5.41	5.19	5.05	4.95	4.88	4.82	4.77
6	5.99	5.14	4.76	4.53	4.39	4.28	4.21	4.15	4.10
7	5.59	4.74	4.35	4.12	3.97	3.87	3.79	3.73	3.68
8	5.32	4.46	4.07	3.84	3.69	3.58	3.50	3.44	3.39
9	5.12	4.26	3.86	3.63	3.48	3.37	3.29	3.23	3.18
10	4.96	4.10	3.71	3.48	3.33	3.22	3.14	3.07	3.02
11	4.84	3.98	3.59	3.36	3.20	3.09	3.01	2.95	2.90
12	4.75	3.89	3.49	3.26	3.11	3.00	2.91	2.85	2.80
13	4.67	3.81	3.41	3.18	3.03	2.92	2.83	2.77	2.71
14	4.60	3.74	3.34	3.11	2.96	2.85	2.76	2.70	2.65

续表

n_2 \ n_1	1	2	3	4	5	6	7	8	9
15	4.54	3.68	3.29	3.06	2.90	2.79	2.71	2.64	2.59
16	4.49	3.63	3.24	3.01	2.85	2.74	2.66	2.59	2.54
17	4.45	3.59	3.20	2.96	2.81	2.70	2.61	2.55	2.49
18	4.41	3.55	3.16	2.93	2.77	2.66	2.58	2.51	2.46
19	4.38	3.52	3.13	2.90	2.74	2.63	2.54	2.48	2.42
20	4.35	3.49	3.10	2.87	2.71	2.60	2.51	2.45	2.39
21	4.32	3.47	3.07	2.84	2.68	2.57	2.49	2.42	2.37
22	4.30	3.44	3.05	2.82	2.66	2.55	2.46	2.40	2.34
23	4.28	3.42	3.03	2.80	2.64	2.53	2.44	2.37	2.32
24	4.26	3.40	3.01	2.78	2.62	2.51	2.42	2.36	2.30
25	4.24	3.39	2.99	2.76	2.60	2.49	2.40	2.34	2.28
26	4.23	3.37	2.98	2.74	2.59	2.47	2.39	2.32	2.27
27	4.21	3.35	2.96	2.73	2.57	2.46	2.37	2.31	2.25
28	4.20	3.34	2.95	2.71	2.56	2.45	2.36	2.29	2.24
29	4.18	3.33	2.93	2.70	2.55	2.43	2.35	2.28	2.22
30	4.17	3.32	2.92	2.69	2.53	2.42	2.33	2.27	2.21
40	4.08	3.23	2.84	2.61	2.45	2.34	2.25	2.18	2.12
60	4.00	3.15	2.76	2.53	2.37	2.25	2.17	2.10	2.04
120	3.92	3.07	2.68	2.45	2.29	2.17	2.09	2.02	1.96
∞	3.84	3.00	2.60	2.37	2.21	2.10	2.01	1.94	1.88

n_2 \ n_1	10	12	15	20	24	30	40	60	120	∞
1	241.9	243.9	245.9	248.0	249.1	250.1	251.1	252.2	253.3	254.3
2	19.40	19.41	19.43	19.45	19.45	19.46	19.47	19.48	19.49	19.50
3	8.79	8.74	8.70	8.66	8.64	8.62	8.59	8.57	8.55	8.53
4	5.96	5.91	5.86	5.80	5.77	5.75	5.72	5.69	5.66	5.63
5	4.74	4.68	4.62	4.56	4.53	4.50	4.46	4.43	4.40	4.36
6	4.06	4.00	3.94	3.87	3.84	3.81	3.77	3.74	3.70	3.67
7	3.64	3.57	3.51	3.44	3.41	3.38	3.34	3.30	3.27	3.23
8	3.35	3.28	3.22	3.15	3.12	3.08	3.04	3.01	2.97	2.93
9	3.14	3.07	3.01	2.94	2.90	2.86	2.83	2.79	2.75	2.71
10	2.98	2.91	2.85	2.77	2.74	2.70	2.66	2.62	2.58	2.54
11	2.85	2.79	2.72	2.65	2.61	2.57	2.53	2.49	2.45	2.40
12	2.75	2.69	2.62	2.54	2.51	2.47	2.43	2.38	2.34	2.30
13	2.67	2.60	2.53	2.46	2.42	2.38	2.34	2.30	2.25	2.21
14	2.60	2.53	2.46	2.39	2.35	2.31	2.27	2.22	2.18	2.13

续表

n_2 \ n_1	10	12	15	20	24	30	40	60	120	∞
15	2.54	2.48	2.40	2.33	2.29	2.25	2.20	2.16	2.11	2.07
16	2.49	2.42	2.35	2.28	2.24	2.19	2.15	2.11	2.06	2.01
17	2.45	2.38	2.31	2.23	2.19	2.15	2.10	2.06	2.01	1.96
18	2.41	2.34	2.27	2.19	2.15	2.11	2.06	2.02	1.97	1.92
19	2.38	2.31	2.23	2.16	2.11	2.07	2.03	1.98	1.93	1.88
20	2.35	2.28	2.20	2.12	2.08	2.04	1.99	1.95	1.90	1.84
21	2.32	2.25	2.18	2.10	2.05	2.01	1.96	1.92	1.87	1.81
22	2.30	2.23	2.15	2.07	2.03	1.98	1.94	1.89	1.84	1.78
23	2.27	2.20	2.13	2.05	2.01	1.96	1.91	1.86	1.81	1.76
24	2.25	2.18	2.11	2.03	1.98	1.94	1.89	1.84	1.79	1.73
25	2.24	2.16	2.09	2.01	1.96	1.92	1.87	1.82	1.77	1.71
26	2.22	2.15	2.07	1.99	1.95	1.90	1.85	1.80	1.75	1.69
27	2.20	2.13	2.06	1.97	1.93	1.88	1.84	1.79	1.73	1.67
28	2.19	2.12	2.04	1.96	1.91	1.87	1.82	1.77	1.71	1.65
29	2.18	2.10	2.03	1.94	1.90	1.85	1.81	1.75	1.70	1.64
30	2.16	2.09	2.01	1.93	1.89	1.84	1.79	1.74	1.68	1.62
40	2.08	2.00	1.92	1.84	1.79	1.74	1.69	1.64	1.58	1.51
60	1.99	1.92	1.84	1.75	1.70	1.65	1.59	1.53	1.47	1.39
120	1.91	1.83	1.75	1.66	1.61	1.55	1.50	1.43	1.35	1.25
∞	1.83	1.75	1.67	1.57	1.52	1.46	1.39	1.32	1.22	1.00

$\alpha=0.025$

n_2 \ n_1	1	2	3	4	5	6	7	8	9
1	647.8	799.5	864.2	899.6	921.8	937.1	948.2	956.7	963.3
2	38.51	39.00	39.17	39.25	39.30	39.33	39.36	39.37	39.39
3	17.44	16.04	15.44	15.10	14.88	14.73	14.62	14.54	14.47
4	12.22	10.65	9.98	9.60	9.36	9.20	9.07	8.98	8.90
5	10.01	8.43	7.76	7.39	7.15	6.98	6.85	6.76	6.68
6	8.81	7.26	6.60	6.23	5.99	5.82	5.70	5.60	5.52
7	8.07	6.54	5.89	5.52	5.29	5.12	4.99	4.90	4.82
8	7.57	6.06	5.42	5.05	4.82	4.65	4.53	4.43	4.36
9	7.21	5.71	5.08	4.72	4.48	4.32	4.20	4.10	4.03
10	6.94	5.46	4.83	4.47	4.24	4.07	3.95	3.85	3.78
11	6.72	5.25	4.63	4.28	4.04	3.88	3.76	3.66	3.59
12	6.55	5.10	4.47	4.12	3.89	3.73	3.61	3.51	3.44
13	6.41	4.97	4.35	4.00	3.77	3.60	3.48	3.39	3.31
14	6.30	4.86	4.24	3.89	3.66	3.50	3.38	3.29	3.21

续表

n_2 \ n_1	1	2	3	4	5	6	7	8	9
15	6.20	4.77	4.15	3.80	3.58	3.41	3.29	3.20	3.12
16	6.12	4.69	4.08	3.73	3.50	3.34	3.22	3.12	3.05
17	6.04	4.62	4.01	3.66	3.44	3.28	3.16	3.06	2.98
18	5.98	4.56	3.95	3.61	3.38	3.22	3.10	3.01	2.93
19	5.92	4.51	3.90	3.56	3.33	3.17	3.05	2.96	2.88
20	5.87	4.46	3.86	3.51	3.29	3.13	3.01	2.91	2.84
21	5.83	4.42	3.82	3.48	3.25	3.09	2.97	2.87	2.80
22	5.79	4.38	3.78	3.44	3.22	3.05	2.93	2.84	2.76
23	5.75	4.35	3.75	3.41	3.18	3.02	2.90	2.81	2.73
24	5.72	4.32	3.72	3.38	3.15	2.99	2.87	2.78	2.70
25	5.69	4.29	3.69	3.35	3.13	2.97	2.85	2.75	2.68
26	5.66	4.27	3.67	3.33	3.10	2.94	2.82	2.73	2.65
27	5.63	4.24	3.65	3.31	3.08	2.92	2.80	2.71	2.63
28	5.61	4.22	3.63	3.29	3.06	2.90	2.78	2.69	2.61
29	5.59	4.20	3.61	3.27	3.04	2.88	2.76	2.67	2.59
30	5.57	4.18	3.59	3.25	3.03	2.87	2.75	2.65	2.57
40	5.42	4.05	3.46	3.13	2.90	2.74	2.62	2.53	2.45
60	5.29	3.93	3.34	3.01	2.79	2.63	2.51	2.41	2.33
120	5.15	3.80	3.23	2.89	2.67	2.52	2.39	2.30	2.22
∞	5.02	3.69	3.12	2.79	2.57	2.41	2.29	2.19	2.11

n_2 \ n_1	10	12	15	20	24	30	40	60	120	∞
1	968.6	976.7	984.9	933.1	997.2	1001	1006	1010	1014	1018
2	39.40	39.41	39.43	39.45	39.46	39.46	39.47	39.48	39.49	39.50
3	14.42	14.34	14.25	14.17	14.12	14.08	14.04	13.99	13.95	13.90
4	8.84	8.75	8.66	8.56	8.51	8.46	8.41	8.36	8.31	8.26
5	6.62	6.52	6.43	6.33	6.28	6.23	6.18	6.12	6.07	6.02
6	5.46	5.37	5.27	5.17	5.12	5.07	5.01	4.96	4.90	4.85
7	4.76	4.67	4.57	4.47	4.42	4.36	4.31	4.25	4.20	4.14
8	4.30	4.20	4.10	4.00	3.95	3.89	3.84	3.78	3.73	3.67
9	3.96	3.87	3.77	3.67	3.61	3.56	3.51	3.45	3.39	3.33
10	3.72	3.62	3.52	3.42	3.37	3.31	3.26	3.20	3.14	3.08
11	3.53	3.43	3.33	3.23	3.17	3.12	3.06	3.00	2.94	2.88
12	3.37	3.28	3.18	3.07	3.02	2.96	2.91	2.85	2.79	2.72
13	3.25	3.15	3.05	2.95	2.89	2.84	2.78	2.72	2.66	2.60
14	3.15	3.05	2.95	2.84	2.79	2.73	2.67	2.61	2.55	2.49
15	3.06	2.96	2.86	2.76	2.70	2.64	2.59	2.52	2.46	2.40
16	2.99	2.89	2.79	2.68	2.63	2.57	2.51	2.45	2.38	2.32
17	2.92	2.82	2.72	2.62	2.56	2.50	2.44	2.38	2.32	2.25

续表

n_2 \ n_1	10	12	15	20	24	30	40	60	120	∞
18	2.87	2.77	2.67	2.56	2.50	2.44	2.38	2.32	2.26	2.19
19	2.82	2.72	2.62	2.51	2.45	2.39	2.33	2.27	2.20	2.13
20	2.77	2.68	2.57	2.46	2.41	2.35	2.29	2.22	2.16	2.09
21	2.73	2.64	2.53	2.42	2.37	2.31	2.25	2.18	2.11	2.04
22	2.70	2.60	2.50	2.39	2.33	2.27	2.21	2.14	2.08	2.00
23	2.67	2.57	2.47	2.36	2.30	2.24	2.18	2.11	2.04	1.97
24	2.64	2.54	2.44	2.33	2.27	2.21	2.15	2.08	2.01	1.94
25	2.61	2.51	2.41	2.30	2.24	2.18	2.12	2.05	1.98	1.91
26	2.59	2.49	2.39	2.28	2.22	2.16	2.09	2.03	1.95	1.88
27	2.57	2.47	2.36	2.25	2.19	2.13	2.07	2.00	1.93	1.85
28	2.55	2.45	2.34	2.23	2.17	2.11	2.05	1.98	1.91	1.83
29	2.53	2.43	2.32	2.21	2.15	2.09	2.03	1.96	1.89	1.81
30	2.51	2.41	2.31	2.20	2.14	2.07	2.01	1.94	1.87	1.79
40	2.39	2.29	2.18	2.07	2.01	1.94	1.88	1.80	1.72	1.64
60	2.27	2.17	2.06	1.94	1.88	1.82	1.74	1.67	1.58	1.48
120	2.16	2.05	1.94	1.82	1.76	1.69	1.61	1.53	1.43	1.31
∞	2.05	1.94	1.83	1.71	1.64	1.57	1.48	1.39	1.27	1.00

$\alpha=0.01$

n_2 \ n_1	1	2	3	4	5	6	7	8	9
1	4052	4999.5	5403	5625	5764	5859	5928	5982	6022
2	98.50	99.00	99.17	99.25	99.30	99.33	99.36	99.37	99.39
3	34.12	30.82	29.46	28.71	28.24	27.91	27.67	27.49	27.35
4	21.20	18.00	16.69	15.98	15.52	15.21	14.98	14.80	14.66
5	16.26	13.27	12.06	11.39	10.97	10.67	10.46	10.29	10.16
6	13.75	10.92	9.78	9.15	8.75	8.47	8.26	8.10	7.98
7	12.25	9.55	8.45	7.85	7.46	7.19	6.99	6.84	6.72
8	11.26	8.65	7.59	7.01	6.63	6.37	6.18	6.03	5.91
9	10.56	8.02	6.99	6.42	6.06	5.80	5.61	5.47	5.35
10	10.04	7.56	6.55	5.99	5.64	5.39	5.20	5.06	4.94
11	9.65	7.21	6.22	5.67	5.32	5.07	4.89	4.74	4.63
12	9.33	6.93	5.95	5.41	5.06	4.82	4.64	4.50	4.39
13	9.07	6.70	5.74	5.21	4.86	4.62	4.44	4.30	4.19
14	8.86	6.51	5.56	5.04	4.69	4.46	4.28	4.14	4.03
15	8.68	6.36	5.42	4.89	4.56	4.32	4.14	4.00	3.89
16	8.53	6.23	5.29	4.77	4.44	4.20	4.03	3.89	3.78
17	8.40	6.11	5.18	4.67	4.34	4.10	3.93	3.79	3.68
18	8.29	6.01	5.09	4.58	4.25	4.01	3.84	3.71	3.60
19	8.18	5.93	5.01	4.50	4.17	3.94	3.77	3.63	3.52

续表

n_2 \ n_1	1	2	3	4	5	6	7	8	9
20	8.10	5.85	4.94	4.43	4.10	3.87	3.70	3.56	3.46
21	8.02	5.78	4.87	4.37	4.04	3.81	3.64	3.51	3.40
22	7.95	5.72	4.82	4.31	3.99	3.76	6.59	3.45	3.35
23	7.88	5.66	4.78	4.26	3.94	3.71	3.54	3.41	3.30
24	7.82	5.61	4.72	4.22	3.90	3.67	3.50	3.36	3.26
25	7.77	5.57	4.68	4.18	3.85	3.63	3.46	3.32	3.22
26	7.72	5.53	4.64	4.14	3.82	3.59	3.42	3.29	3.18
27	7.68	5.49	4.60	4.11	3.78	3.56	3.39	3.26	3.15
28	7.64	5.45	4.57	4.07	3.75	3.53	3.36	3.23	3.12
29	7.60	5.42	4.54	4.04	3.73	3.50	3.33	3.20	3.09
30	7.56	5.39	4.51	4.02	3.70	3.47	3.30	3.17	3.07
40	7.31	5.18	4.31	3.83	3.51	3.29	3.12	2.99	2.89
60	7.08	4.98	4.13	3.65	3.34	3.12	2.95	2.82	2.72
120	6.85	4.79	3.95	3.48	3.17	2.96	2.79	2.66	2.56
∞	6.63	4.61	3.78	3.32	3.02	2.80	2.64	2.51	2.41

n_2 \ n_1	10	12	15	20	24	30	40	60	120	∞
1	6056	6106	6157	6209	6235	6261	6287	6313	6339	6366
2	99.40	99.42	99.43	99.45	99.46	99.47	99.47	99.48	99.49	99.50
3	27.23	27.06	26.87	26.69	26.60	26.50	26.41	26.32	26.22	26.13
4	14.55	14.37	14.20	14.02	13.93	13.84	13.75	13.65	13.56	13.46
5	10.05	9.89	9.72	9.55	9.47	9.38	9.29	9.20	9.11	9.02
6	7.87	7.72	7.56	7.40	7.31	7.23	7.14	7.06	6.97	6.88
7	6.62	6.47	6.31	6.16	6.07	5.99	5.91	5.82	5.74	5.65
8	5.81	5.67	5.52	5.36	5.28	5.20	5.12	5.03	4.95	4.86
9	5.26	5.11	4.96	4.81	4.73	4.65	4.57	4.48	4.40	4.31
10	4.85	4.71	4.56	4.41	4.33	4.25	4.17	4.08	4.00	3.91
11	4.54	4.40	4.25	4.10	4.02	3.94	3.86	3.78	3.69	3.60
12	4.30	4.16	4.01	3.86	3.78	3.70	3.62	3.54	3.45	3.36
13	4.10	3.96	3.82	3.66	3.59	3.51	3.43	3.34	3.25	3.17
14	3.94	3.80	3.66	3.51	3.43	3.35	3.27	3.18	3.09	3.00
15	3.80	3.67	3.52	3.37	3.29	3.21	3.13	3.05	2.96	2.87
16	3.69	3.55	3.41	3.26	3.18	3.10	3.02	2.93	2.84	2.75
17	3.59	3.46	3.31	3.16	3.08	3.00	2.92	2.83	2.75	2.65
18	3.51	3.37	3.23	3.08	3.00	2.92	2.84	2.75	2.66	2.57
19	3.43	3.30	3.15	3.00	2.92	2.84	2.76	2.67	2.58	2.49
20	3.37	3.23	3.09	2.94	2.86	2.78	2.69	2.61	2.52	2.42
21	3.31	3.17	3.03	2.88	2.80	2.72	2.64	2.55	2.46	2.36
22	3.26	3.12	2.98	2.83	2.75	2.67	2.58	2.50	2.40	2.31

续表

n_2 \ n_1	10	12	15	20	24	30	40	60	120	∞
23	3.21	3.07	2.93	2.78	2.70	2.62	2.54	2.45	2.36	2.26
24	3.17	3.03	2.89	2.74	2.66	2.58	2.49	2.40	2.31	2.21
25	3.13	2.99	2.85	2.70	2.62	2.54	2.45	2.36	2.27	2.17
26	3.09	2.96	2.81	2.66	2.58	2.50	2.42	2.33	2.23	2.13
27	3.06	2.93	2.78	2.63	2.55	2.47	2.38	2.29	2.20	2.10
28	3.03	2.90	2.75	2.60	2.52	2.44	2.35	2.26	2.17	2.06
29	3.00	2.87	2.73	2.57	2.49	2.41	2.33	2.23	2.14	2.03
30	2.98	2.84	2.70	2.55	2.47	2.39	2.30	2.21	2.11	2.01
40	2.80	2.66	2.52	2.37	2.29	2.20	2.11	2.02	1.92	1.80
60	2.63	2.50	2.35	2.20	2.12	2.03	1.94	1.84	1.73	1.60
120	2.47	2.34	2.19	2.03	1.95	1.86	1.76	1.66	1.53	1.38
∞	2.32	2.18	2.04	1.88	1.79	1.70	1.59	1.47	1.32	1.00

$\alpha=0.005$

n_2 \ n_1	1	2	3	4	5	6	7	8	9
1	16211	20000	21615	22500	23056	23437	23715	23925	24091
2	198.5	199.0	199.2	199.2	199.3	199.3	199.4	199.4	199.4
3	55.55	49.80	47.47	46.19	45.39	44.84	44.43	44.13	43.88
4	31.33	26.28	24.26	23.15	22.46	21.97	21.62	21.35	21.14
5	22.78	18.81	16.53	15.56	14.96	14.51	14.20	13.96	13.77
6	18.63	14.54	12.92	12.08	11.46	11.07	10.79	10.57	10.39
7	16.24	12.40	10.88	10.05	9.52	9.16	8.89	8.68	8.51
8	14.69	11.04	9.60	8.81	8.30	7.95	7.69	7.50	7.34
9	13.61	10.11	8.72	7.96	7.47	7.13	6.88	6.69	6.54
10	12.83	9.43	8.08	7.34	6.87	6.54	6.30	6.12	5.97
11	12.23	8.91	7.60	6.88	6.42	6.10	5.86	5.68	5.54
12	11.75	8.51	7.23	6.52	6.07	5.76	5.52	5.35	5.20
13	11.37	8.19	6.93	6.23	5.79	5.48	5.25	5.08	4.94
14	11.06	7.92	6.68	6.00	5.56	5.26	5.03	4.86	4.72
15	10.80	7.70	6.48	5.80	5.37	5.07	4.85	4.67	4.54
16	10.58	7.51	6.30	5.64	5.21	4.91	4.69	4.52	4.38
17	10.38	7.35	6.16	5.50	5.07	4.78	4.56	4.39	4.25
18	10.22	7.21	6.03	5.37	4.96	4.66	4.44	4.28	4.14
19	10.07	7.09	5.92	5.27	4.85	4.56	4.34	4.18	4.04
20	9.94	6.99	5.82	5.17	4.76	4.47	4.26	4.09	3.96
21	9.83	6.89	5.73	5.09	4.68	4.39	4.18	4.01	3.88
22	9.73	6.81	5.65	5.02	4.61	4.32	4.11	3.94	3.81
23	9.63	6.73	5.58	4.95	4.54	4.26	4.05	3.88	3.75
24	9.55	6.66	5.52	4.89	4.49	4.20	3.99	3.83	3.69

续表

n_2 \ n_1	1	2	3	4	5	6	7	8	9
25	9.48	6.60	5.46	4.84	4.43	4.15	3.94	3.78	3.64
26	9.41	6.54	5.41	4.79	4.38	4.10	3.89	3.73	3.60
27	9.34	6.49	5.36	4.74	4.34	4.06	3.85	3.69	3.56
28	9.28	6.44	5.32	4.70	4.30	4.02	3.81	3.65	3.52
29	9.23	6.40	5.28	4.66	4.26	3.98	3.77	3.61	3.48
30	9.18	6.35	5.24	4.62	4.23	3.95	3.74	3.58	3.45
40	8.83	6.07	4.98	4.37	3.99	3.71	3.51	3.35	3.22
60	8.49	5.79	4.73	4.14	3.76	3.49	3.29	3.13	3.01
120	8.18	5.54	4.50	3.92	3.55	3.28	3.09	2.93	2.81
∞	7.88	5.30	4.28	3.72	3.35	3.09	2.90	2.74	2.62

n_2 \ n_1	10	12	15	20	24	30	40	60	120	∞
1	24224	24426	24630	24836	24940	25044	25148	25253	25359	25465
2	199.4	199.4	199.4	199.4	199.5	199.5	199.5	199.5	199.5	199.5
3	43.69	43.39	43.08	42.78	42.62	42.47	42.31	42.15	41.99	41.83
4	20.97	20.70	20.44	20.17	20.03	19.89	19.75	19.61	19.47	19.32
5	13.62	13.38	13.15	12.90	12.78	12.66	12.53	12.40	12.27	12.14
6	10.25	10.03	9.81	9.59	9.47	9.36	9.24	9.12	9.00	8.88
7	8.38	8.18	7.97	7.75	7.65	7.53	7.42	7.31	7.19	7.08
8	7.21	7.01	6.81	6.61	6.50	6.40	6.29	6.18	6.06	5.95
9	6.42	6.23	6.03	5.83	5.73	5.62	5.52	5.41	5.30	5.19
10	5.85	5.66	5.47	5.27	5.17	5.07	4.97	4.86	4.75	4.64
11	5.42	5.24	5.05	4.86	4.76	4.65	4.55	4.44	4.34	4.23
12	5.09	4.91	4.72	4.53	4.43	4.33	4.23	4.12	4.01	3.90
13	4.82	4.64	4.46	4.27	4.17	4.07	3.97	3.87	3.76	3.65
14	4.60	4.43	4.25	4.06	3.96	3.86	3.76	3.66	3.55	3.44
15	4.42	4.25	4.07	3.88	3.79	3.69	3.58	3.48	3.37	3.26
16	4.27	4.10	3.92	3.73	3.64	3.54	3.44	3.33	3.22	3.11
17	4.14	3.97	3.79	3.61	3.51	3.41	3.31	3.21	3.10	2.98
18	4.03	3.86	3.68	3.50	3.40	3.30	3.20	3.10	2.99	2.87
19	3.93	3.76	3.59	3.40	3.31	3.21	3.11	3.00	2.89	2.78
20	3.85	3.68	3.50	3.32	3.22	3.12	3.02	2.92	2.81	2.69
21	3.77	3.60	3.43	3.24	3.15	3.05	2.95	2.84	2.73	2.61
22	3.70	3.54	3.36	3.18	3.08	2.98	2.88	2.77	2.66	2.55
23	3.64	3.47	3.30	3.12	3.02	2.92	2.82	2.71	2.60	2.48

续表

n_2 \ n_1	10	12	15	20	24	30	40	60	120	∞
24	3.59	3.42	3.25	3.06	2.97	2.87	2.77	2.66	2.55	2.43
25	3.54	3.37	3.20	3.01	2.92	2.82	2.72	2.61	2.50	2.38
26	3.49	3.33	3.15	2.97	2.87	2.77	2.67	2.56	2.45	2.33
27	3.45	3.28	3.11	2.93	2.83	2.73	2.63	2.52	2.41	2.29
28	3.41	3.25	3.07	2.89	2.79	2.69	2.59	2.48	2.37	2.25
29	3.38	3.21	3.04	2.86	2.76	2.66	2.56	2.45	2.33	2.21
30	3.34	3.18	3.01	2.82	2.73	2.63	2.52	2.42	2.30	2.18
40	3.12	2.95	2.78	2.60	2.50	2.40	2.30	2.18	2.06	1.93
60	2.90	2.74	2.57	2.39	2.29	2.19	2.08	1.96	1.83	1.69
120	2.71	2.54	2.37	2.19	2.09	1.98	1.87	1.75	1.61	1.43
∞	2.52	2.36	2.19	3.00	1.90	1.79	1.67	1.53	1.36	1.00

附录 7　相关系数检验表

$n-2$ \ α	0.05	0.01	$n-2$ \ α	0.05	0.01
1	0.997	1.000	21	0.413	0.526
2	0.950	0.990	22	0.404	0.515
3	0.878	0.959	23	0.396	0.505
4	0.811	0.917	24	0.388	0.496
5	0.754	0.874	25	0.381	0.487
6	0.707	0.834	26	0.374	0.478
7	0.666	0.798	27	0.367	0.470
8	0.632	0.765	28	0.361	0.463
9	0.602	0.735	29	0.355	0.456
10	0.576	0.708	30	0.349	0.449
11	0.553	0.684	35	0.325	0.418
12	0.532	0.661	40	0.304	0.393
13	0.514	0.641	45	0.288	0.372
14	0.497	0.623	50	0.273	0.354
15	0.482	0.606	60	0.250	0.325
16	0.468	0.590	70	0.232	0.302
17	0.456	0.575	80	0.217	0.283
18	0.444	0.561	90	0.205	0.267
19	0.433	0.549	100	0.195	0.254
20	0.423	0.537	200	0.138	0.181

附录 8　三个常用抽样分布的证明

1. 三个常用抽样分布概率密度函数的推导

(1) χ^2 分布概率密度函数的推导

设 $X\sim\chi^2(n)$，则存在相互独立且服从 $N(0,1)$ 的 n 个随机变量 $X_1,X_2,\cdots,X_n$ 使 $X=\sum\limits_{i=1}^{n}X_i^2$.

下面用数学归纳法来证明 X 的概率密度函数为式(6.7).

当 $n=1$，有 $X=X_1^2$，X 的分布函数为

$$F(x)=\begin{cases}2\Phi(\sqrt{x})-1, & x>0,\\ 0, & x\leqslant 0,\end{cases}$$

故 X 的概率密度函数为

$$f(x)=\begin{cases}\dfrac{1}{\sqrt{2\pi x}}\mathrm{e}^{-\frac{x}{2}}, & x>0,\\ 0, & x\leqslant 0.\end{cases}$$

由 $\Gamma\left(\dfrac{1}{2}\right)=\sqrt{\pi}$，所以

$$f(x)=\begin{cases}\dfrac{1}{2^{\frac{1}{2}}\Gamma\left(\dfrac{1}{2}\right)}x^{-\frac{1}{2}}\mathrm{e}^{-\frac{x}{2}}, & x>0,\\ 0, & x\leqslant 0,\end{cases}$$

即式(6.7)成立.

假设当 $n=k$ 时，式(6.7)成立.

令

$$\xi=\sum_{i=1}^{k}X_i^2,\quad \eta=X_{k+1}^2,$$

则有

$$f_\xi(z)=\begin{cases}\dfrac{1}{2^{\frac{k}{2}}\Gamma\left(\dfrac{k}{2}\right)}z^{\frac{k}{2}-1}\mathrm{e}^{-\frac{z}{2}}, & z>0,\\ 0, & z\leqslant 0.\end{cases}\qquad f_\eta(y)=\begin{cases}\dfrac{1}{2^{\frac{1}{2}}\Gamma\left(\dfrac{1}{2}\right)}y^{-\frac{1}{2}}\mathrm{e}^{-\frac{y}{2}}, & y>0,\\ 0, & y\leqslant 0.\end{cases}$$

并由 $X_1,X_2,\cdots,X_{k+1}$ 相互独立可知，ξ,η 相互独立. 按第 3 章两个随机变量和的概率密度函数公式，可求出 $X=\xi+\eta$ 的概率密度函数 $f(x)$. 过程如下：

当 $x\leqslant 0$ 时，有 $f(x)=0$；

当 $x>0$ 时，有

$$f(x)=\int_0^x f_\xi(x-y)f_\eta(y)\mathrm{d}y$$

$$=\frac{1}{2^{\frac{k+1}{2}}\Gamma\left(\frac{k}{2}\right)\Gamma\left(\frac{1}{2}\right)}\int_0^x (x-y)^{\frac{k}{2}-1}\mathrm{e}^{-\frac{(x-y)}{2}}y^{-\frac{1}{2}}\mathrm{e}^{-\frac{y}{2}}\mathrm{d}y$$

$$=\frac{\mathrm{e}^{-\frac{x}{2}}}{2^{\frac{k+1}{2}}\Gamma\left(\frac{k}{2}\right)\Gamma\left(\frac{1}{2}\right)}\int_0^x (x-y)^{\frac{k}{2}-1}y^{-\frac{1}{2}}\mathrm{d}y$$

$$=\frac{x^{\frac{k+1}{2}-1}\mathrm{e}^{-\frac{x}{2}}}{2^{\frac{k+1}{2}}\Gamma\left(\frac{k}{2}\right)\Gamma\left(\frac{1}{2}\right)}\int_0^x \left(1-\frac{y}{x}\right)^{\frac{k}{2}-1}\left(\frac{y}{x}\right)^{-\frac{1}{2}}\mathrm{d}\left(\frac{y}{x}\right)$$

$$=\frac{x^{\frac{k+1}{2}-1}\mathrm{e}^{-\frac{x}{2}}}{2^{\frac{k+1}{2}}\Gamma\left(\frac{k}{2}\right)\Gamma\left(\frac{1}{2}\right)}\int_0^1 t^{-\frac{1}{2}}(1-t)^{\frac{k}{2}-1}\mathrm{d}t \quad \left(\text{令 } t=\frac{y}{x}\right)$$

$$=\frac{B\left(\frac{1}{2},\frac{k}{2}\right)}{2^{\frac{k+1}{2}}\Gamma\left(\frac{k}{2}\right)\Gamma\left(\frac{1}{2}\right)}x^{\frac{k+1}{2}-1}\mathrm{e}^{-\frac{x}{2}} \text{①}$$

$$=\frac{1}{2^{\frac{k+1}{2}}\Gamma\left(\frac{k+1}{2}\right)}x^{\frac{k+1}{2}-1}\mathrm{e}^{-\frac{x}{2}}.$$

故当 $n=k+1$ 时,式(6.7)也成立,从而证明了 $X=\sum_{i=1}^{n}X_i^2$ 的概率密度函数为式(6.7).

(2) t 分布概率密度函数的推导

设 $T\sim t(n)$,则存在相互独立的随机变量 $X\sim N(0,1)$,$Y\sim\chi^2(n)$,使 $T=\frac{X}{\sqrt{Y/n}}$. 而由

$$f_X(x)=\frac{1}{\sqrt{2\pi}}\mathrm{e}^{-\frac{x^2}{2}},\quad f_Y(y)=\begin{cases}\frac{1}{2^{\frac{n}{2}}\Gamma\left(\frac{n}{2}\right)}y^{\frac{n}{2}-1}\mathrm{e}^{-\frac{y}{2}}, & y>0,\\ 0, & y\leqslant 0.\end{cases},$$

有(X,Y)的联合分布密度函数

$$f(x,y)=cy^{\frac{n}{2}-1}\mathrm{e}^{-\frac{x^2+y}{2}},\quad -\infty<x<+\infty,y>0,$$

其中 c 为一常数.

设 R,Θ 是由关系式 $X=R\sin\Theta$,$Y=R\cos^2\theta\left(0<R<+\infty,-\frac{\pi}{2}<\Theta<\frac{\pi}{2}\right)$所决定的随机变量,那么通过坐标变换:$x=r\sin\theta$,$y=r^2\cos^2\theta\left(0<r<+\infty,-\frac{\pi}{2}<\theta<\frac{\pi}{2}\right)$可得$(R,\Theta)$的联合密度函数

$$g(r,\theta)=2cr^n\mathrm{e}^{-\frac{r^2}{2}}(\cos\theta)^{n-1},\quad 0<r<+\infty,-\frac{\pi}{2}<\theta<\frac{\pi}{2},$$

---

① 贝塔函数的定义:$B(\alpha,\beta)=\int_0^1 x^{\alpha-1}(1-x)^{\beta-1}\mathrm{d}x\ (\alpha>0,\beta>0)$,

贝塔函数的性质:$B(\alpha,\beta)=\frac{\Gamma(\alpha)\Gamma(\beta)}{\Gamma(\alpha+\beta)}$.

且由此易见 R,Θ 相互独立，Θ 的分布密度函数为

$$f_\Theta(\theta)=c_1(\cos\theta)^{n-1}.$$

其中 $c_1=1\bigg/\int_{\frac{\pi}{2}}^{-\frac{\pi}{2}}(\cos\theta)^{n-1}\mathrm{d}\theta=\dfrac{\Gamma\left(\frac{n+1}{2}\right)}{\Gamma\left(\frac{1}{2}\right)\Gamma\left(\frac{n}{2}\right)}$.

由 $T=\dfrac{X}{\sqrt{Y/n}}=\sqrt{n}\tan\Theta$ 可见，T 仅是变量 Θ 的函数. 对于函数 $t=\sqrt{n}\tan\theta$，有 $\cos\theta=\left(1+\dfrac{t^2}{n}\right)^{-\frac{1}{2}}$，$\theta=\cos^{-1}\left(1+\dfrac{t^2}{n}\right)^{-\frac{1}{2}}$，进而有

$$\frac{\mathrm{d}t}{\mathrm{d}\theta}=\sqrt{n}\sec^2\theta>0\left(-\frac{\pi}{2}<\theta<\frac{\pi}{2}\right),$$

$$\frac{\mathrm{d}\theta}{\mathrm{d}t}=\frac{1}{\frac{\mathrm{d}t}{\mathrm{d}\theta}}=\frac{1}{\sqrt{n}}\cos^2\theta=\frac{1}{\sqrt{n}}\left(1+\frac{t^2}{n}\right)^{-1},$$

所以 T 的概率密度函数为

$$\begin{aligned}f_T(t)&=c_1\left(1+\frac{t^2}{n}\right)^{-\frac{n-1}{2}}\frac{1}{\sqrt{n}}\left(1+\frac{t^2}{n}\right)^{-1}\\&=\frac{\Gamma\left(\frac{n+1}{2}\right)}{\Gamma\left(\frac{1}{2}\right)\Gamma\left(\frac{n}{2}\right)\sqrt{n}}\left(1+\frac{t^2}{n}\right)^{-\frac{n+1}{2}}\\&=\frac{\Gamma\left(\frac{n+1}{2}\right)}{\sqrt{n\pi}\,\Gamma\left(\frac{n}{2}\right)}\left(1+\frac{t^2}{n}\right)^{-\frac{n+1}{2}},\quad -\infty<t<+\infty,\end{aligned}$$

即为式(6.10).

(3) F 分布概率密度函数的推导

设 $F\sim F(n_1,n_2)$，则存在相互独立的随机变量 $X\sim\chi^2(n_1)$，$Y\sim\chi^2(n_2)$，使 $F=\dfrac{X/n_1}{Y/n_2}$，并由(1)的结论可知，X,Y 的概率密度函数分别为

$$f_X(x)=\begin{cases}\dfrac{1}{2^{\frac{n_1}{2}}\Gamma\left(\frac{n_1}{2}\right)}x^{\frac{n_1}{2}-1}\mathrm{e}^{-\frac{x}{2}}, & x>0,\\ 0, & x\leqslant 0.\end{cases}\qquad f_Y(y)=\begin{cases}\dfrac{1}{2^{\frac{n_2}{2}}\Gamma\left(\frac{n_2}{2}\right)}y^{\frac{n_2}{2}-1}\mathrm{e}^{-\frac{y}{2}}, & y>0,\\ 0, & y\leqslant 0.\end{cases}$$

下面证明 F 的概率密度函数为式(6.13).

设 $Z=\dfrac{X}{Y}$，则 $F=\dfrac{n_2}{n_1}Z$. 因为 X,Y 相互独立，故 X,Y 的联合密度函数为

$$f(x,y)=\begin{cases}\dfrac{1}{2^{\frac{n_1+n_2}{2}}\Gamma\left(\frac{n_1}{2}\right)\Gamma\left(\frac{n_2}{2}\right)}x^{\frac{n_1}{2}-1}y^{\frac{n_2}{2}-1}\mathrm{e}^{-\frac{x+y}{2}}, & x>0,y>0,\\ 0, & \text{其他}.\end{cases}$$

由于 X,Y 均取正值，所以

当 $z\leqslant 0$ 时，$F_Z(z)=0, f_Z(z)=0$；

当 $z>0$ 时，

$$F_Z(z)=P\{Z\leqslant z\}=P\left\{\frac{X}{Y}\leqslant z\right\}=P\{X\leqslant zY\}$$

$$=\frac{1}{2^{\frac{n_1+n_2}{2}}\Gamma\left(\frac{n_1}{2}\right)\Gamma\left(\frac{n_2}{2}\right)}\int_0^{+\infty}\mathrm{d}y\int_0^{zy}x^{\frac{n_1}{2}-1}y^{\frac{n_2}{2}-1}\mathrm{e}^{-\frac{x+y}{2}}\mathrm{d}x,$$

$$f_Z(z)=\frac{1}{2^{\frac{n_1+n_2}{2}}\Gamma\left(\frac{n_1}{2}\right)\Gamma\left(\frac{n_2}{2}\right)}\int_0^{+\infty}(yz)^{\frac{n_1}{2}-1}y^{\frac{n_2}{2}-1}\mathrm{e}^{-\frac{yz+y}{2}}y\mathrm{d}y$$

$$=\frac{z^{\frac{n_1}{2}-1}}{2^{\frac{n_1+n_2}{2}}\Gamma\left(\frac{n_1}{2}\right)\Gamma\left(\frac{n_2}{2}\right)}\int_0^{+\infty}y^{\frac{n_1+n_2}{2}-1}\mathrm{e}^{-\frac{(1+z)}{2}y}\mathrm{d}y$$

$$=\frac{z^{\frac{n_1}{2}-1}(z+1)^{-\frac{n_1+n_2}{2}}}{2^{\frac{n_1+n_2}{2}}\Gamma\left(\frac{n_1}{2}\right)\Gamma\left(\frac{n_2}{2}\right)}\int_0^{+\infty}t^{\frac{n_1+n_2}{2}-1}\mathrm{e}^{-t}\mathrm{d}t\quad\left(\text{令 } t=\frac{(1+z)y}{2}\right)$$

$$=\frac{\Gamma\left(\frac{n_1+n_2}{2}\right)}{\Gamma\left(\frac{n_1}{2}\right)\Gamma\left(\frac{n_2}{2}\right)}z^{\frac{n_1}{2}-1}(1+z)^{-\frac{n_1+n_2}{2}}.$$

由于 $F_F(x)=P\{F\leqslant x\}=P\left\{Z\leqslant\frac{n_1}{n_2}x\right\}=F_Z\left(\frac{n_1}{n_2}x\right)$，所以 F 的概率密度函数为

$$f(x)=\frac{n_1}{n_2}f_Z\left(\frac{n_1}{n_2}x\right)$$

$$=\begin{cases}\dfrac{\Gamma\left(\frac{n_1+n_2}{2}\right)}{\Gamma\left(\frac{n_1}{2}\right)\Gamma\left(\frac{n_2}{2}\right)}\left(\dfrac{n_1}{n_2}\right)^{\frac{n_1}{2}}x^{\frac{n_1}{2}-1}\left(1+\dfrac{n_1}{n_2}x\right)^{-\frac{n_1+n_2}{2}}, & x>0,\\ 0, & x\leqslant 0,\end{cases}$$

即为式(6.13).

2. 定理 6.3 的证明

(1) 令 $Z_i=\dfrac{X_i-\mu}{\sigma}$，$i=1,2,\cdots,n$，由定理 6.3 的条件，知 $Z_1,Z_2,\cdots,Z_n$ 都服从 $N(0,1)$，且相互独立. 因独立，则有 $\mathrm{cov}(Z_i,Z_j)=\delta_{ij}$（$\delta_{ij}=0$，当 $i\neq j$；$\delta_{ij}=1$，当 $i=j$），$i,j=1,2,\cdots,n$.

取一 n 阶正交矩阵 $A=(a_{ij})$，其中第一行元素均为 $1/\sqrt{n}$，作正交变换

$$Y=AZ,$$

其中 $Y=(Y_1,Y_2,\cdots,Y_n)^{\mathrm{T}}$，$Z=(Z_1,Z_2,\cdots,Z_n)^{\mathrm{T}}$，$Y_i=\sum\limits_{j=1}^{n}a_{ij}Z_j$，$i=1,2,\cdots,n$，故 $Y_1,Y_2,\cdots,Y_n$ 也为正态变量，且有

$$E(Y_i)=E\Big(\sum_{j=1}^{n}a_{ij}Z_j\Big)=\sum_{j=1}^{n}a_{ij}E(Z_j)=0,$$

$$D(Y_i)=D\Big(\sum_{j=1}^n a_{ij}Z_j\Big)=\sum_{j=1}^n a_{ij}^2 D(Z_j)=\sum_{j=1}^n a_{ij}^2=1,$$

$$\operatorname{cov}(Y_i,Y_k)=\operatorname{cov}\Big(\sum_{j=1}^n a_{ij}Z_j,\sum_{l=1}^n a_{kl}Z_l\Big)=\sum_{j=1}^n\sum_{l=1}^n a_{ij}a_{kl}\operatorname{cov}(Z_j,Z_l)$$

$$=\sum_{j=1}^n\sum_{l=1}^n a_{ij}a_{kl}\delta_{jl}=\sum_{j=1}^n a_{ij}a_{kj}=\delta_{ik},i,k=1,2,\cdots,n.$$

所以 $Y_1,Y_2,\cdots,Y_n$ 是两两不相关的标准正态变量. 由 n 维正态变量的性质 1(见第 4 章)可知 $(X_1,X_2,\cdots,X_n)$ 是 n 维正态随机变量,由性质 3 知 $(Y_1,Y_2,\cdots,Y_n)$ 也是 n 维正态随机变量,再由性质 4 知 $Y_1,Y_2,\cdots,Y_n$ 相互独立.

由 $\overline{Z}=\dfrac{1}{n}\sum\limits_{i=1}^n Z_i=\dfrac{1}{n}\sum\limits_{i=1}^n\dfrac{X_i-\mu}{\sigma}=\dfrac{\overline{X}-\mu}{\sigma}$, 故有

$$\frac{(n-1)S^2}{\sigma^2}=\frac{\sum\limits_{i=1}^n(X_i-\overline{X})^2}{\sigma^2}=\sum_{i=1}^n\Big(\frac{(X_i-\mu)-(\overline{X}-\mu)}{\sigma}\Big)^2$$

$$=\sum_{i=1}^n(Z_i-\overline{Z})^2=\sum_{i=1}^n Z_i^2-n\overline{Z}^2.$$

另外,因

$$Y_1=\sum_{j=1}^n a_{1j}Z_j=\sum_{j=1}^n\frac{1}{\sqrt{n}}Z_j=\sqrt{n}\overline{Z},$$

$$\sum_{i=1}^n Y_i^2=\boldsymbol{Y}^{\mathrm T}\boldsymbol{Y}=(\boldsymbol{AZ})^{\mathrm T}(\boldsymbol{AZ})=\boldsymbol{Z}^{\mathrm T}(\boldsymbol{A}^{\mathrm T}\boldsymbol{A})\boldsymbol{Z}=\boldsymbol{Z}^{\mathrm T}\boldsymbol{Z}=\sum_{i=1}^n Z_i^2,$$

所以

$$\frac{(n-1)S^2}{\sigma^2}=\sum_{i=1}^n Y_i^2-Y_1^2=\sum_{i=2}^n Y_i^2\sim\chi^2(n-1).$$

(2) 由于 $\overline{X}=\sigma\overline{Z}+\mu=\dfrac{\sigma Y_1}{\sqrt{n}}+\mu$ 仅依赖 Y_1,而 $S^2=\dfrac{\sigma^2}{n-1}\sum\limits_{i=2}^n Y_i^2$ 仅依赖 $Y_2,Y_3,\cdots,Y_n$,所以由 $Y_1,Y_2,\cdots,Y_n$ 相互独立,知 $\overline{X}$ 与 S^2 相互独立.

(3) 结合定理 6.2(2)、定理 6.3(1)、(2)的结论及 t 分布的定义,即有

$$\frac{\dfrac{\overline{X}-\mu}{\sigma/\sqrt{n}}}{\sqrt{\dfrac{(n-1)S^2}{\sigma^2}\Big/n-1}}=\frac{\overline{X}-\mu}{S/\sqrt{n}}\sim t(n-1).$$

附录 9 概率与统计计算工具——Excel 简介

Miosoft Excel 是微软公司的办公软件 Microsoft office 的组件之一,是常见的一款试算表软件,其直观的界面、出色的计算功能和图表工具,再加上成功的市场营销,使 Excel 成为最流行的微机数据处理软件. 下面介绍 Microsoft office Excel 2003 的概率与统计的计算功能.

§附 9.1 Excel 2003 的概率计算功能

对于二项分布、泊松分布、超几何分布、正态分布、指数分布、χ^2 分布、t 分布、F 分布等常用

概率分布，Excel 提供了求它们的概率函数值①、分布函数值与分位数的函数，见附表 9.1.

附表 9.1 常用概率分布的 Excel 函数

函 数	说 明
BINOMDIST(x, n, p, cumulative)	返回二项分布的概率. n 为独立试验的次数，x 为试验成功的次数，p 为每次试验中成功的概率. Cumulative_逻辑值，取 FALSE，返回成功 k 次的概率；取 TRUE，返回至多成功 k 次的概率.
CRITBINOM(n,p,α)	返回二项式分布的分布函数值大于等于临界值的最小值. n 为独立试验的次数，p 为每次试验中成功的概率，α(0≤α≤1)为临界值.
POISSON(x, λ, cumulative)	返回泊松分布的概率. x 为事件发生的次数，λ 为泊松分布的参数. Cumulative_逻辑值，取 FALSE，返回恰好发生 x 次的概率；取 TRUE，返回发生次数在 0 到 x 之间的概率.
HYPGEOMDIST(x, n,M,N)	返回超几何分布的概率. N 为总产品数，M 为总产品中的“次品数”，n 为抽取的样品数，x 为样品数中的“次品数”，返回取得 x 件“次品数”的概率.
NORMSDIST(z)	返回标准正态分布的分布函数值 Φ(z). z 为标准正态变量的取值.
NORMSINV(p)	返回标准正态分布函数的反函数值. p 为概率值，返回 z：Φ(z)=p.
NORMDIST(x, μ, σ, cumulative)	返回正态分布 $N(\mu,\sigma^2)$ 的函数值. x 为正态变量的取值，μ，σ 分别为分布的期望与标准差. Cumulative_逻辑值，取 FALSE，返回密度函数值；取 TRUE，返回分布函数值.
NORMINV(p,μ,σ)	返回正态分布函数的反函数值. μ，σ 分别为指定的期望与标准差，p 为概率值，返回 x：NORMDIST(x,μ,σ,TRUE)=p.
EXPONDIST(x,λ,cumulative)	返回指数分布的函数值. x 为指数变量的取值，λ 为指数分布的参数. Cumulative_逻辑值，取 FALSE，返回密度函数值；取 TRUE，返回分布函数值.

注：这里函数中的分布参数均按教材中的方式给出，它们与 Excel 函数中的参数依序一一对应.

这些常用函数的使用步骤如下：

(1) 首先建立一个 Excel 工作表.

(2) 选中输出计算值单元格，然后用鼠标左键单击表格上方的“f_x”按钮，如附图 9.1 所示.

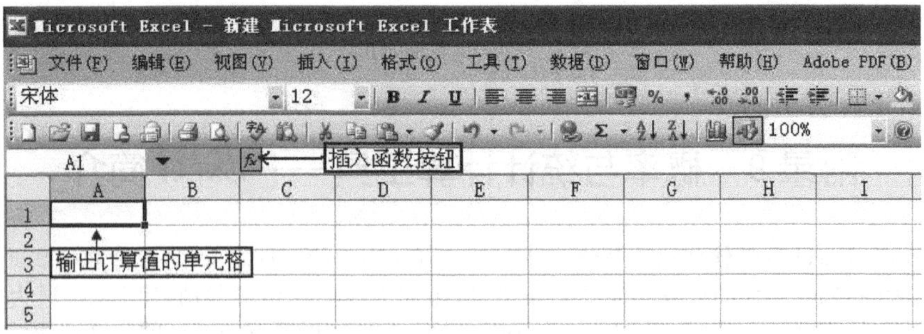

附图 9.1 插入函数按钮“f_x”截图

① 概率函数是指离散型随机变量的分布律或连续型随机变量的密度函数.

(3) 在打开的“插入函数”对话框，选中“选择类别”中的“统计”，在统计类函数中查找并选择所需函数，如附图 9.2 所示.

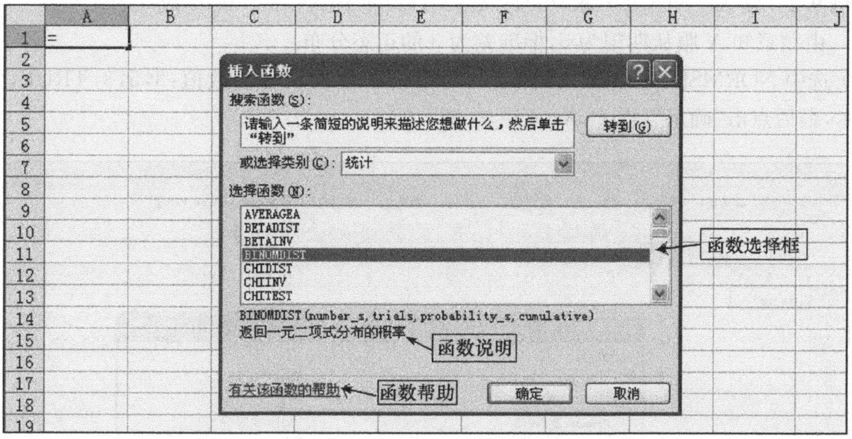

附图 9.2　“插入函数”对话框截图

附例 9.1　设 $X \sim B(500, 0.01)$，求：(1) $P\{X=5\}$；(2) $P\{X \leqslant 5\}$.

解　由题意知 X 服从参数为 $n=500, p=0.01$ 的二项分布.

(1) 选中输出计算值单元格，然后左键单击“f_x”按钮，在弹出的“插入函数”对话框中选中 BINOMDIST 函数，如附图 9.2 所示. 在弹出的“函数参数”对话框中依次填入参数值：5，500，0.01，FALSE，如附图 9.3 所示，最后按“确定”按钮，随后出现在所选单元格中的数即为 $P\{X=5\}$ 的值，$P\{X=5\} \approx 0.176351$①.

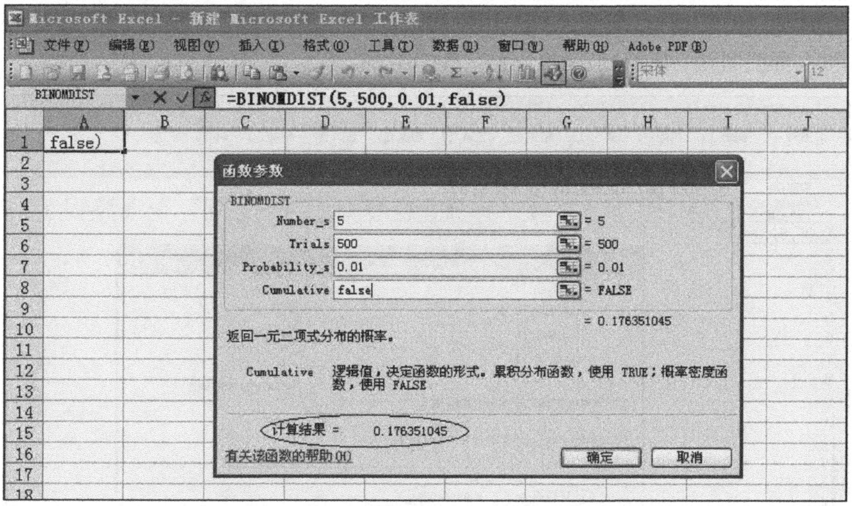

附图 9.3　“BINOMDIST”函数对话框截图

① 本附录中的数据最多保留 7 位.

(2) 在“函数参数”对话框中依次填入参数值：5，500，0.01，TRUE，最终得 $P\{X\leqslant 5\}\approx$ 0.615962.

附例 9.2 设 $X\sim N(5,3^2)$，求：(1)$P\{X\leqslant 3\}$；(2)使 $P\{X\leqslant x\}=0.95$ 成立的 x.

解 由题意知 X 服从期望为 5，标准差为 3 的正态分布.

(1) 选中 NORMSDIST 函数，在弹出的对话框中依次填入参数值：3，5，3，TRUE，如附图 9.4 所示，最后点击“确定”，得 $P\{X\leqslant 3\}\approx 0.252493$.

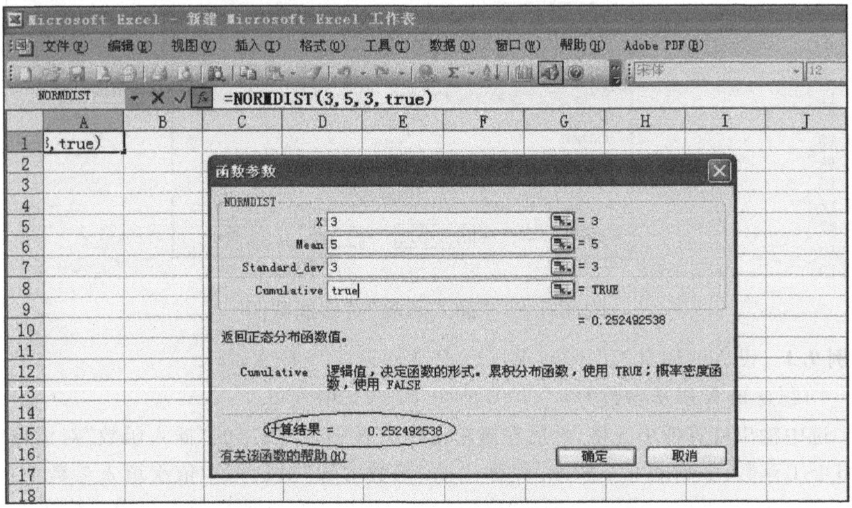

附图 9.4 “NORMSDIST”函数示例截图

(2) 类似(1)的作法，这里选 NORMINV 函数，在“函数参数”对话框中依次填入参数值 0.95，5 和 3，如附图 9.5 所示，最终得 $x\approx 9.934561$.

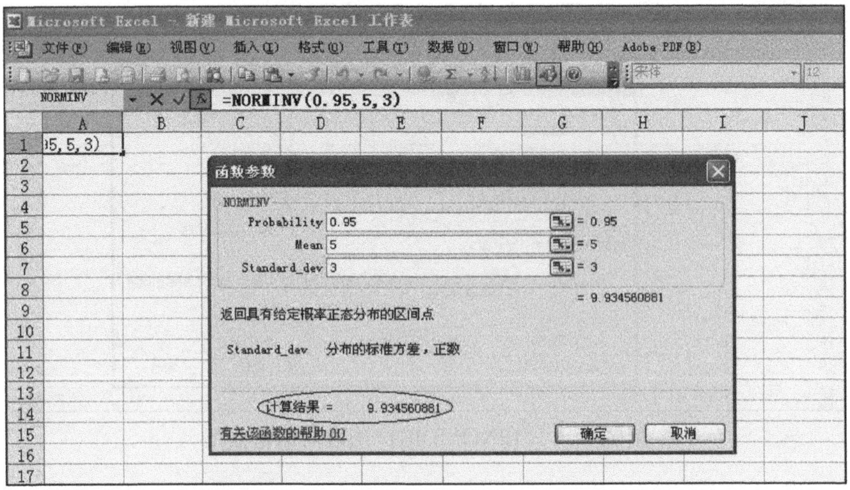

附图 9.5 “NORMINV”函数示例截图

§附 9.2　Excel 2003 的统计计算功能

Excel 中的许多统计计算功能都能在“数据分析”选项中实现.下面介绍如何在 Excel 中找到或添加“数据分析”选项.

(1) 在工具条中的“工具”下拉菜单中单击“加载宏”,如附图 9.6 所示.

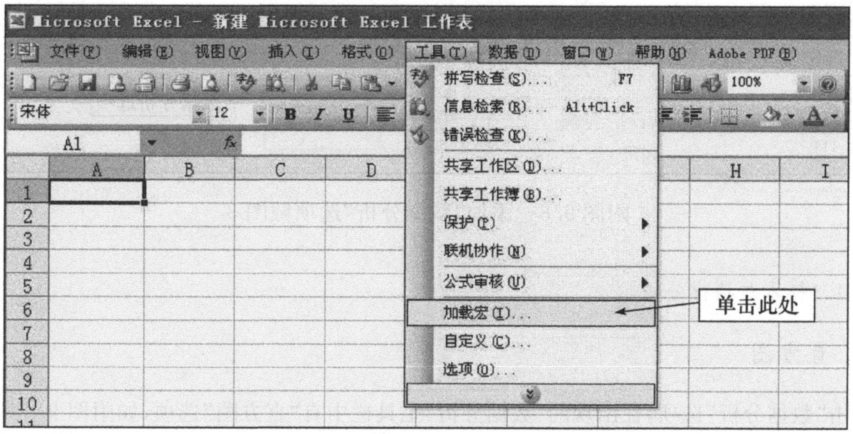

附图 9.6　添加“数据分析”选项截图 1

(2) 在“加载宏”对话框中选择“分析工具库”,如附图 9.7 所示,然后点击“确定”.再单击“工具”,则其下拉菜单中就会出现“数据分析”选项,如附图 9.8 所示.

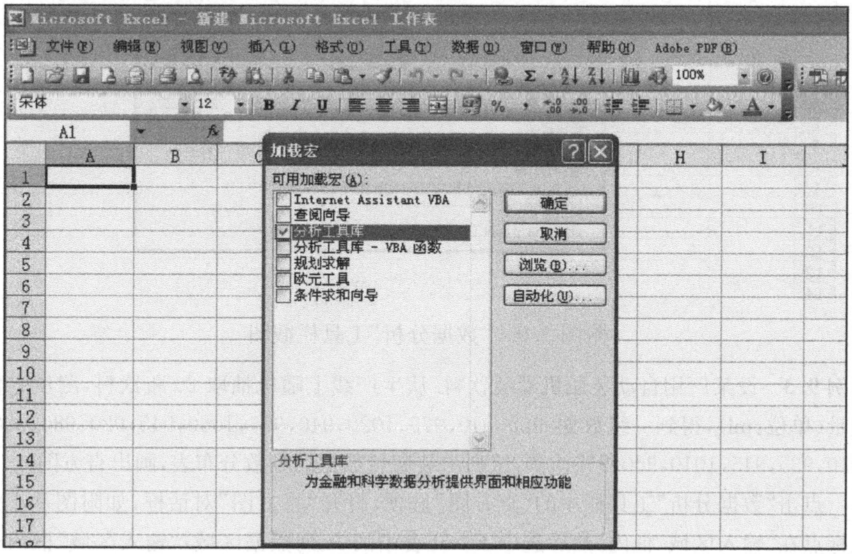

附图 9.7　添加“数据分析”选项截图 2

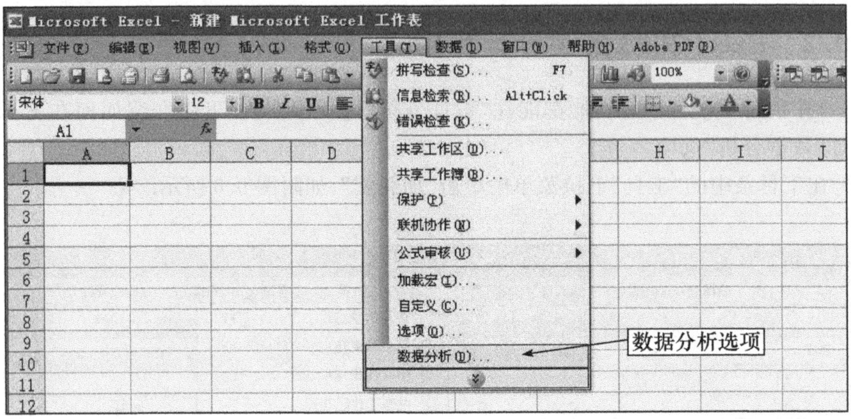

附图 9.8 添加"数据分析"选项截图 3

附 9.2.1 样本与抽样分布

1. 直方图

点击"数据分析"选项,在出现的"数据分析"工具栏中有"直方图"选项,如附图 9.9 所示,利用它可以得到数据的频数分布表和直方图.

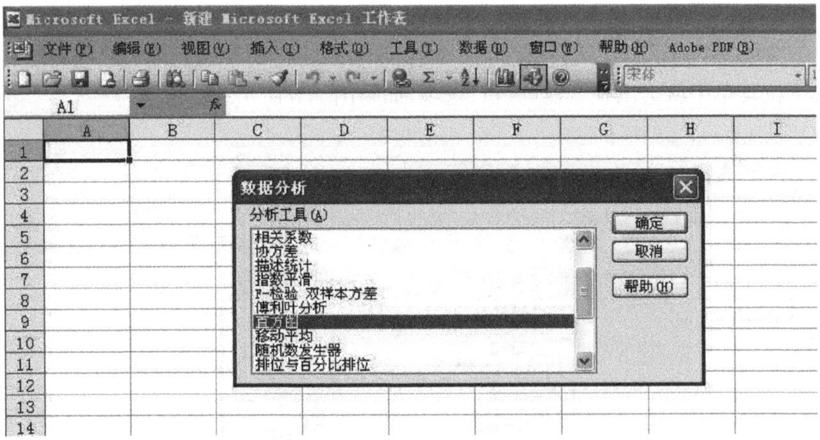

附图 9.9 "数据分析"工具栏截图

附例 9.3 设某厂用自动装瓶机灌装饮料.从生产线上随机抽取 20 瓶饮料,测量它们的实际装瓶量(单位:ml),得到一组数据:985,940,975,1020,940,975,1060,945,920,980,920,990,980,1010,935,945,1010,960,955,960,试列出装瓶量数据的频数分布表,画出直方图.

解 点击"数据分析"工具栏中的"直方图"选项,打开"直方图"对话框,如附图 9.10 所示.先将光标点在"输入区域"框内,然后选中 Excel 表中的 A 列数据区域,"输入区域"框内就会自动出现数据区域范围,然后再将光标点在"接收区域"框内,并选中 Excel 表中的 B 列数据区域

(设定的各组区间的右边界数据).勾选“输出区域”,将光标点在“输出区域”框内,选中Excel表中输出频数分布表数据的单元格,再勾选“图表输出”,最后点击“确定”,便得到数据的频数分布表和直方图,如附图9.11所示.

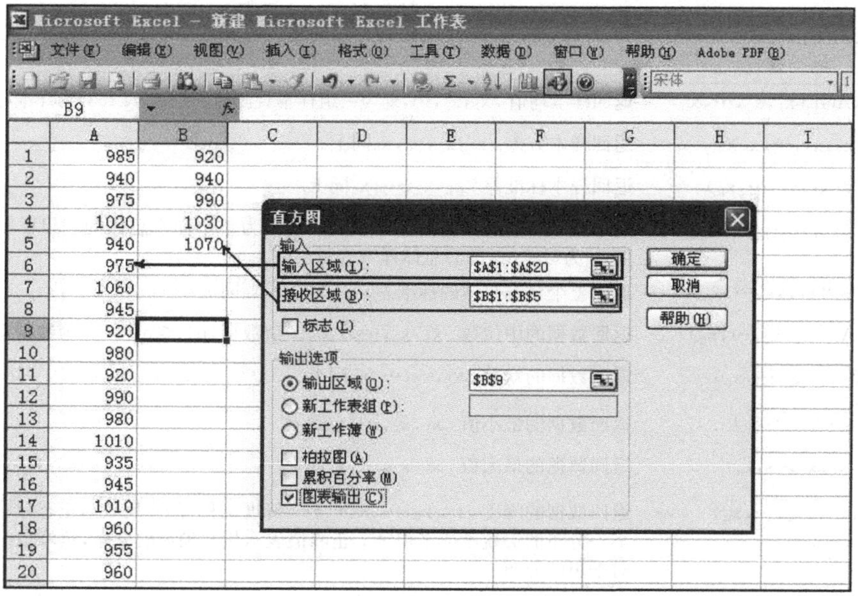

附图 9.10　“直方图”对话框示例截图

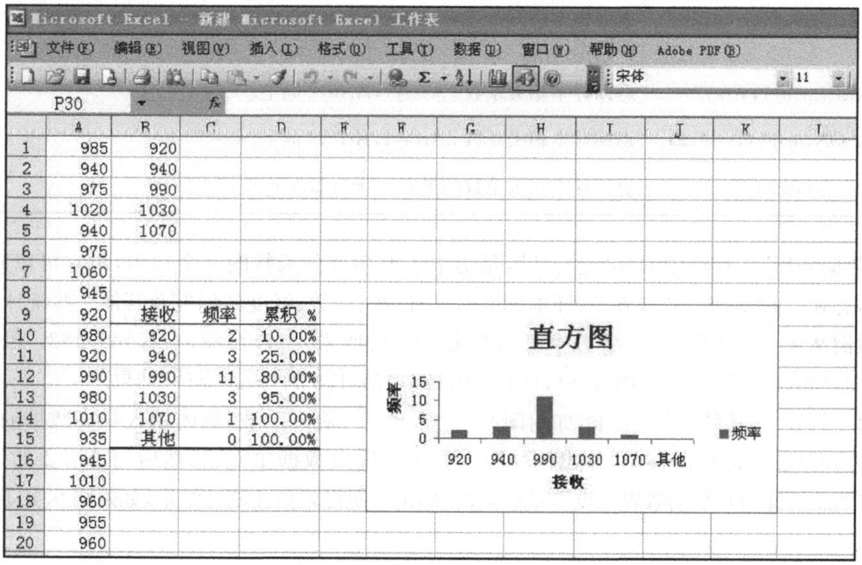

附图 9.11　装瓶量数据的频数分布表和直方图截图

2. 样本的数字特征

Excel 提供了可以求样本的数字特征的函数,见附表 9.2.

附表 9.2 样本数字特征的 Excel 函数

函 数①	说 明
AVERAGE($x_1,x_2,\cdots,x_n$)	返回样本均值 . $x_1,x_2,\cdots,x_n$为一组样本观测值,n($1\leqslant n\leqslant 255$)为样本容量.
VAR($x_1,x_2,\cdots,x_n$)	返回样本方差 . $x_1,x_2,\cdots,x_n$同上.
STDEV($x_1,x_2,\cdots,x_n$)	返回样本标准差 . $x_1,x_2,\cdots,x_n$同上.
VARP($x_1,x_2,\cdots,x_n$)	返回整个样本总体的方差 . $x_1,x_2,\cdots,x_n$为整个样本总体的一组样本观测值,n 为($1\leqslant n\leqslant 255$)总体样本容量.
STDEVP($x_1,x_2,\cdots,x_n$)	返回整个样本总体的标准差 . $x_1,x_2,\cdots,x_n$同上.
MEDIAN($x_1,x_2,\cdots,x_n$)	返回数据的中位数 . $x_1,x_2,\cdots,x_n$为一组数据,n($1\leqslant n\leqslant 255$)为数据总数.
MODE($x_1,x_2,\cdots,x_n$)	返回数据的众数 . $x_1,x_2,\cdots,x_n$同上.
MIN($x_1,x_2,\cdots,x_n$)	返回数据的最小值 . $x_1,x_2,\cdots,x_n$同上.
MAX($x_1,x_2,\cdots,x_n$)	返回数据的最大值 . $x_1,x_2,\cdots,x_n$同上.
KURT($x_1,x_2,\cdots,x_n$)	返回数据的峰度 . $x_1,x_2,\cdots,x_n$同上 . 峰度又称峰值,反映与正态分布相比某一分布的尖锐度或平坦度 . 正峰值表示相对尖锐的分布,负峰值表示相对平坦的分布.
SKEW($x_1,x_2,\cdots,x_n$)	返回数据分布的偏度 . $x_1,x_2,\cdots,x_n$同上 . 偏度又称不对称度,反映以平均值为中心的分布的不对称程度 . 正不对称度表示不对称部分的分布更趋向正值,负不对称度表示不对称部分的分布更趋向负值.
COVAR(array1,array2)	返回样本协方差②. Array1 为一个变量的数据区域,Array2 为另一个变量的数据区域.
CORREL(array1,array2)	返回样本相关系数 . Array1,Array2 同上.
PEARSON(array1,array2)	返回样本相关系数 . Array1,Array2 同上.
RSQ(array1,array2)	返回样本相关系数的平方 . Array1,Array2 同上.

"数据分析"工具栏中的"描述统计",是集中了上述部分函数的一个选项,由它可以同时得到样本总和、样本均值、样本方差、样本标准差、中位数、众数、峰度和偏度及其他一些统计结果.

附例 9.4 给出某班 20 名男生身高数据(单位:厘米):178,183,174,169,182,185,173,176,179,180,188,172,177,182,181,184,179,177,176,178 的"描述统计"结果.

解 打开"描述统计"对话框,如附图 9.12 所示,在"输入区域"框内填入身高数据的区域,勾选"逐列"项.再将光标移至"输出区域"框内,填入输出数据单元格,然后勾选需要的计算选项,如"汇总统计"和"平均数置信度",最后点击"确定",便得到描述统计结果,如附图 9.13 所示.

---

① 表中函数及其参数的详细解释见 Excel 中的帮助.

② 这不是本书中定义的样本协方差,有略微的差异.

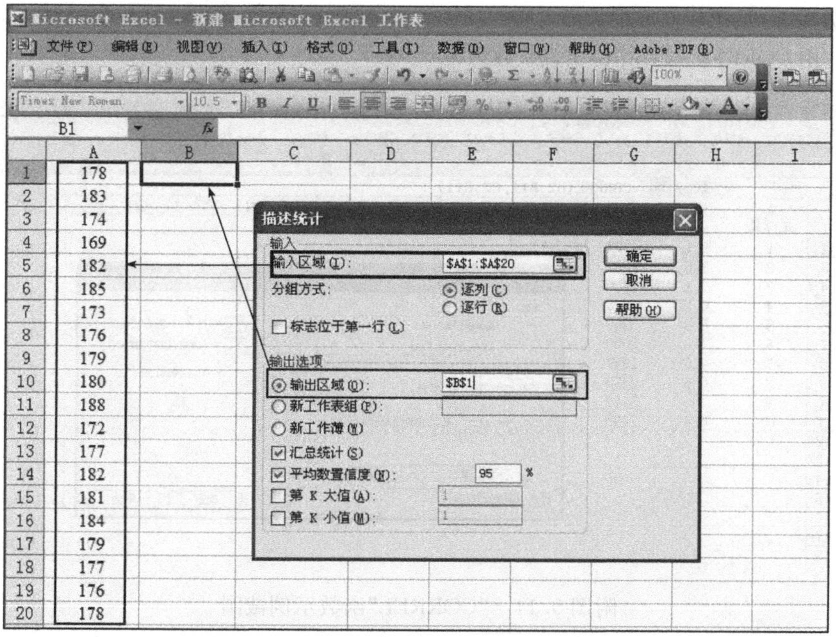

附图 9.12 “描述统计”对话框示例截图

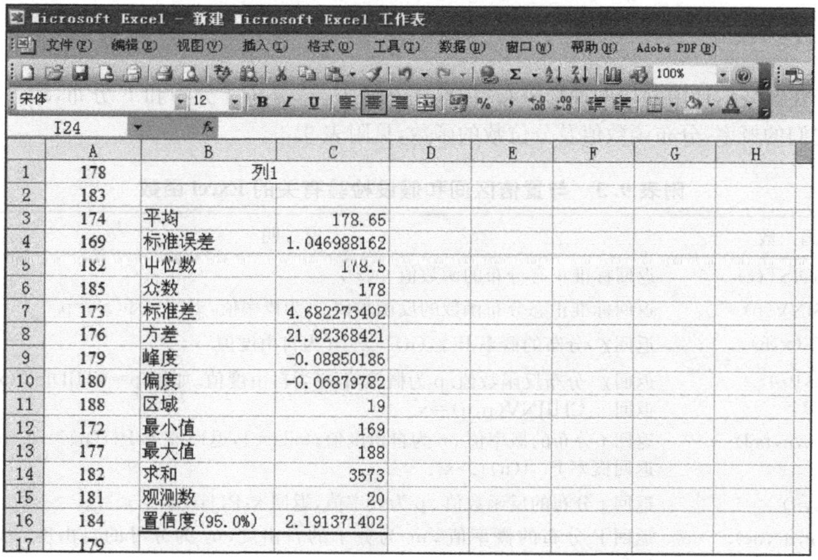

附图 9.13 男生身高数据的“描述统计”结果截图

“描述统计”结果中的观测数 20 即为样本容量，并显示出这 20 名男生的平均身高为 178.65 厘米、身高标准差约为 4.68 厘米、身高总和为 3573 厘米、身高的中位数为 178.5 厘米、众数为 178 厘米、最高身高为 188 厘米、最低身高为 169 厘米、最低与最高身高之间的差距为 19 厘米、峰度为－0.0885、偏度为－0.0688.

附例 9.5 给出例 9.6 中的最大积雪深度与当年灌溉面积之间的相关系数.

解 由 CORREL 函数算得相关系数约为 0.989.

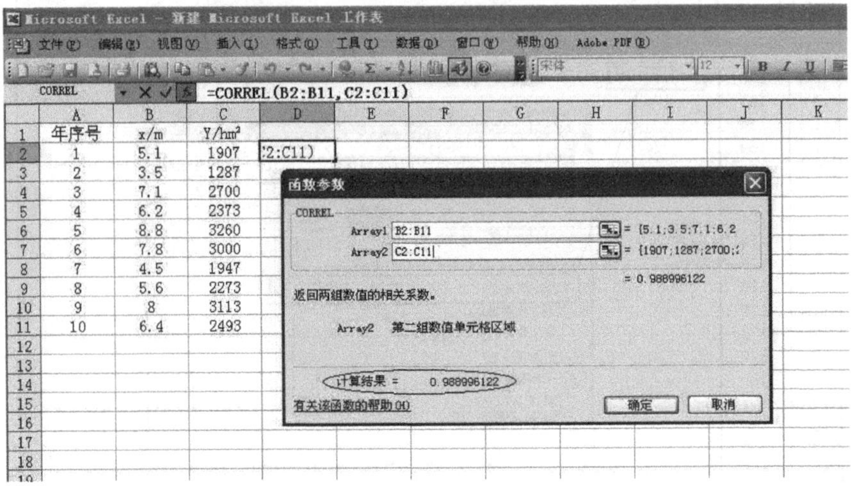

附图 9.14 “CORREL”函数示例截图

附 9.2.2 区间估计

1. 分位数

对于在区间估计中常用的抽样分布：标准正态分布、χ^2 分布、t 分布和 F 分布，Excel 提供了可以求它们的概率、分布函数值及分位数的函数，见附表 9.3.

附表 9.3 与置信区间和假设检验有关的 Excel 函数

函 数	说 明
NORMSDIST(z)	返回标准正态分布的函数值 $\Phi(z)$.
NORMSINV(p)	返回标准正态分布函数的反函数值. p 为概率值，返回 z：$\Phi(z)=p$.
CHIDIST(x,n)	返回χ^2 分布的概率 $P\{\chi^2(n)>x\}$，n 为自由度值.
CHIINV(p,n)	返回χ^2 分布反函数值. p 为概率值，n 为自由度值. 如果 p=CHIDIST(x,n)，则返回 x：CHIINV(p,n)=x.
TDIST(x,n,tail)	返回 t 分布的概率值 . n 为自由度值；tails=1，返回概率 $P\{t(n)>x\}$；tails=2，返回概率 $P\{\|t(n)\|>x\}$.
TINV(p,n)	返回 t 分布的反函数值 . p 为概率值，返回 x：$P\{\|t(n)\|>x\}=p$.
FDIST(x,n_1,n_2)	返回 F 分布的概率值 . n_1 为分子的自由度，n_2 为分母的自由度，返回概率 $P\{F(n_1,n_2)>x\}$.
FINV(p,n_1,n_2)	返回 F 分布的反函数值 . p 为概率值，n_1 为分子的自由度，n_2 为分母的自由度. 如果 p=FDIST(x,n_1,n_2)，则返回 x：FINV(p,n_1,n_2)=x.
CONFIDENCE(α,σ,n)	返回正态总体(均值未知、方差已知)均值置信区间的置信度 $\frac{\sigma}{\sqrt{n}}z_{\alpha/2}$. α 为显著性水平，σ 为标准差，n 为样本容量.

注：这里函数中的分布参数均按教材中的方式给出，它们与 Excel 函数中的参数依序一一对应.

附例 9.6　求 $t_{0.05}(8)$ 和 $-t_{0.95}(12)$.

解　注意到 TINV(α,n)返回的是分位数 $t_{\alpha/2}(n)$，故在求 $t_{0.05}(8)$ 时应依次填入参数值：0.1 和 8，如附图 9.15 所示，得 $t_{0.05}(8)\approx 1.8595$. 由于 $-t_{0.95}(12)=t_{0.05}(12)$，所以通过调用 TINV(0.1,12)得 $-t_{0.95}(12)\approx 1.7823$.

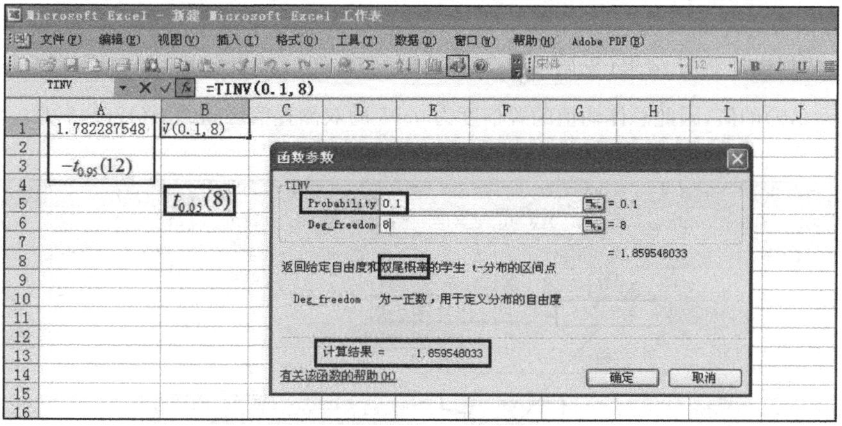

附图 9.15　求 t 分布分位数的示例截图

2. 单个正态总体参数的区间估计

附例 9.7　对于例 7.12，求产品直径均值的置信度为 0.95 的双侧置信区间.

解　因为方差已知，所以可以利用“CONFIDENCE”函数做区间估计. 如附图 9.16 所示，在“CONFIDENCE”函数的“函数参数”对话框中依次填入参数值：0.05、$\sqrt{0.05}$ 和 6，得 $\frac{\sqrt{0.05}}{\sqrt{6}}z_{0.025}\approx 0.178919$. 又调用“AVERAGE”函数得样本均值 $\bar{x}$，最终得直径平均值的置信度为 0.95 的双侧置信区间为(14.88108,15.23892).

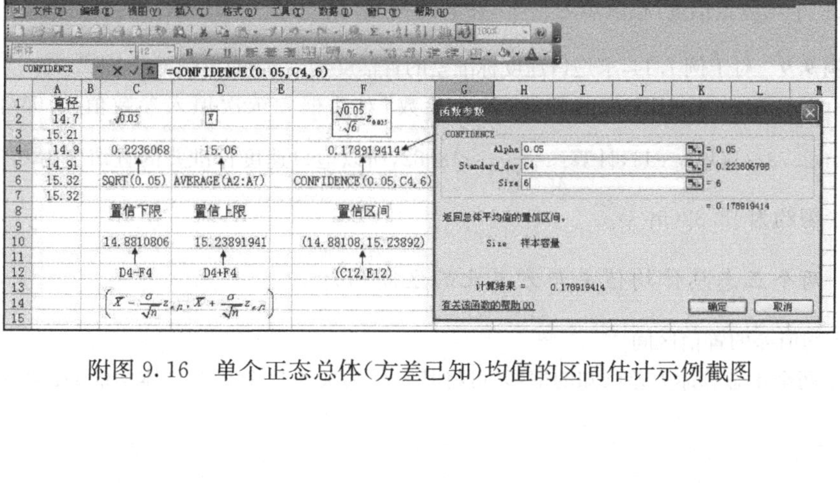

附图 9.16　单个正态总体(方差已知)均值的区间估计示例截图

如果求单侧置信上、下限，则参数值依次填为：0.1、$\sqrt{0.05}$和 6，得$\frac{\sqrt{0.05}}{\sqrt{6}}z_{0.05}\approx 0.15$，单侧置信下限约为 14.91，单侧置信上限约为 15.21.

利用“描述统计”的结果可以对方差未知的正态总体的均值进行区间估计，见下例.

附例 9.8 设附例 9.4 的数据来自均值和方差均未知的正态总体，求总体均值的置信度为 0.95 的双侧置信区间.

解 根据描述统计结果(见附图 9.17)知 $\bar{x}=178.65$，而“置信度(95%)”一栏的数值为 $\frac{s}{\sqrt{20}}t_{0.025}(19)$的值，因此总体均值的置信度为 0.95 的双侧置信区间约为(176.46，180.84).

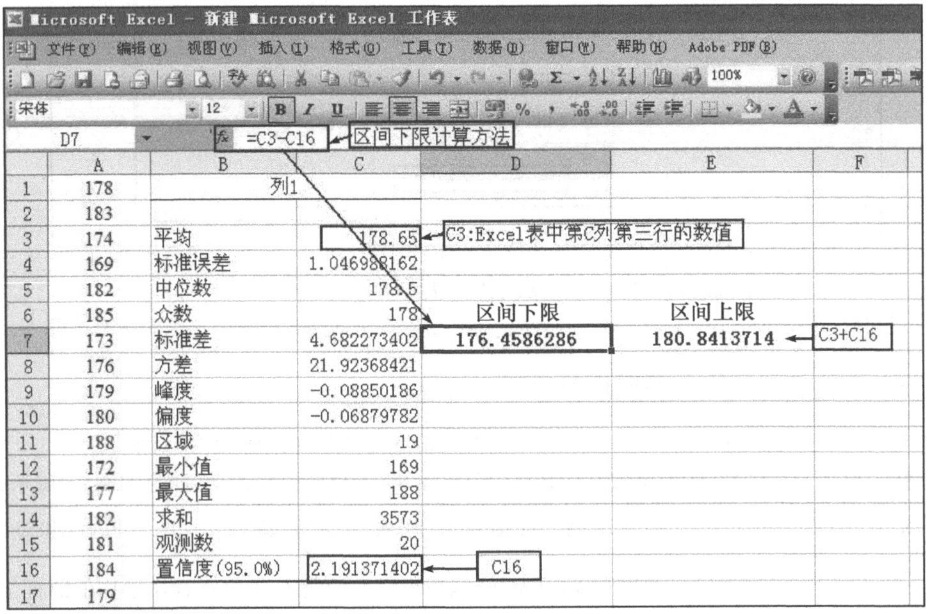

	A	B	C	D	E	F
1	178	列1				
2	183					
3	174	平均	178.65			
4	169	标准误差	1.046988162			
5	182	中位数	178.5			
6	185	众数	178	区间下限	区间上限	
7	173	标准差	4.682273402	176.4586286	180.8413714	
8	176	方差	21.92368421			
9	179	峰度	-0.08850186			
10	180	偏度	-0.06879782			
11	188	区域	19			
12	172	最小值	169			
13	177	最大值	188			
14	182	求和	3573			
15	181	观测数	20			
16	184	置信度(95.0%)	2.191371402			
17	179					

附图 9.17 正态总体(方差未知)均值的区间估计示例截图

若将“平均数置信度”栏改填为 0.90，得到的将是$\frac{s}{\sqrt{20}}t_{0.05}(19)$的值.

附例 9.9 对于例 7.14，求炮口速度标准差的置信度为 0.95 的单侧置信上限.

解 在打开的“CHIINV”函数的“函数参数”对话框中依次填入参数值：0.95 和 8，得 $\chi^2_{0.95}(8)\approx 2.733$. 这里 $s=11$，计算$\frac{8s^2}{\chi^2_{0.95}(8)}\approx 18.82$，所以炮口速度标准差的置信度为 0.95 的单侧置信上限约为 18.82(m/s).

3. 两个正态总体均值差与方差比的区间估计

(1) 均值差的置信区间

对于两个正态总体方差已知的情形，可将其转化为关于单个正态总体均值的区间估计，因为由定理 6.4 之(1)知 $Z=\overline{X}-\overline{Y}\sim N\left(\mu_1-\mu_2,\dfrac{\sigma_1^2}{n_1}+\dfrac{\sigma_2^2}{n_2}\right)$.

对于两个正态总体方差未知但相等的情形,见下例.

附例 9.10 设两地区(地区 A 和地区 B)男生的身高均服从正态分布,两分布方差未知且相等.这里有他们的一组身高数据(单位:厘米):

地区 A:178 183 174 169 182 185 173 176 179 180 188 172
177 182 181 184 179 177 176 178

地区 B:173 168 180 176 177 185 167 172 170 176 176 173
182 169 174 174 173 178 179 169 182 177 180

求两分布均值差的双侧置信区间($1-\alpha=0.95$).

解 如附图 9.18 所示,调用"AVERAGE"函数可得样本均值 $\overline{x}_1,\overline{x}_2$,调用"VAR"函数可得样本方差 s_1^2,s_2^2,调用"TINV"函数可得 $t_{0.025}(41)$. 然后计算 $\overline{x}_1-\overline{x}_2$,$s_\omega=\sqrt{\dfrac{19s_1^2+22s_2^2}{41}}$ 和 $t_{0.025}(41)s_\omega\sqrt{\dfrac{1}{20}+\dfrac{1}{23}}$,最终得到两地区男生身高分布均值差的置信度为 0.95 的双侧置信区间.

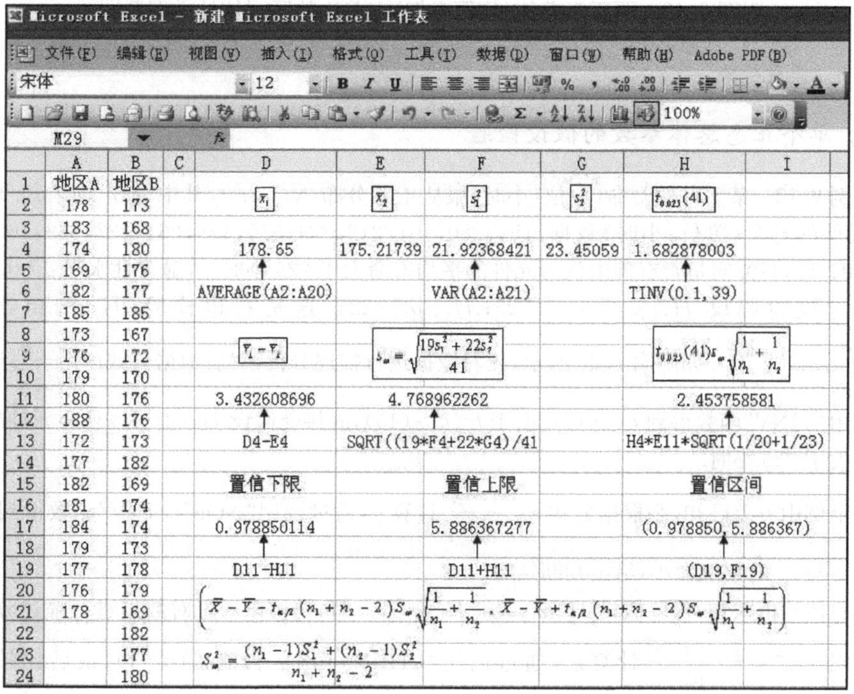

附图 9.18 两正态总体(方差未知但相等)均值差的区间估计示例截图

(2) 方差比的置信区间

附例 9.11 对于例 7.18,求两总体方差比 σ_1^2/σ_2^2 的置信度为 $1-\alpha=0.95$ 的置信区间.

解　通过调用“VAR”函数和“FINV”函数，并经简单计算，便可得到所求区间，结果见附图 9.19.

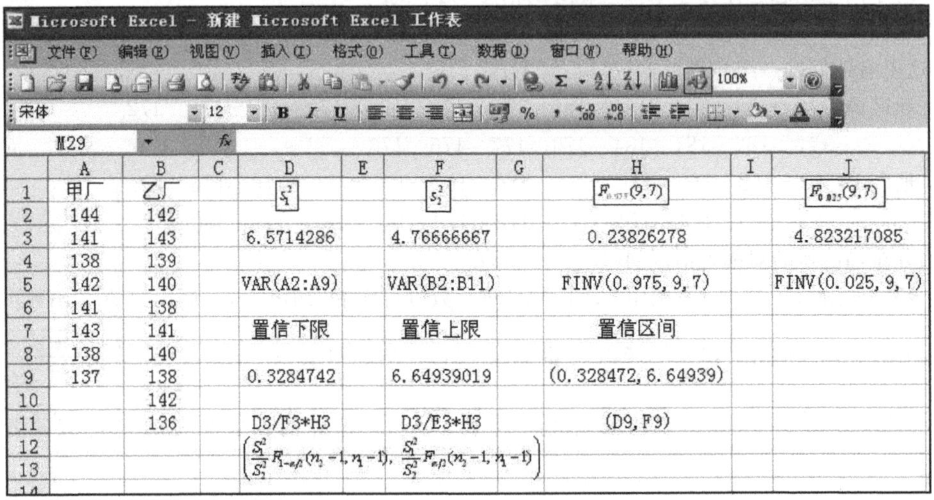

	A	B	C	D	E	F	G	H	I	J
1	甲厂	乙厂		s_1^2		s_2^2		$F_{0.975}(9,7)$		$F_{0.025}(9,7)$
2	144	142								
3	141	143		6.5714286		4.76666667		0.23826278		4.823217085
4	138	139								
5	142	140		VAR(A2:A9)		VAR(B2:B11)		FINV(0.975,9,7)		FINV(0.025,9,7)
6	141	138								
7	143	141		置信下限		置信上限		置信区间		
8	138	140								
9	137	138		0.3284742		6.64939019		(0.328472,6.64939)		
10		142								
11		136		D3/F3*H3		D3/E3*H3		(D9,F9)		
12				$\left(\frac{S_1^2}{S_2^2}F_{1-\alpha/2}(n_2-1,n_1-1),\ \frac{S_1^2}{S_2^2}F_{\alpha/2}(n_2-1,n_1-1)\right)$						
13										

附图 9.19　两正态总体(均值未知)方差比的区间估计示例截图

附 9.2.3　假设检验

1. 单个正态总体参数的假设检验

附例 9.12　某元件的寿命(单位:小时)服从正态分布 $N(\mu,\sigma^2)$，其中 μ,σ^2 均未知. 现测得 16 只元件的寿命(单位:小时)数据:159,280,101,212,224,379,179,264,222,362,168,250,149,260,485,170. 问是否有理由认为元件的平均寿命大于 225 小时?(显著性水平 $\alpha=0.05$).

解　检验假设 $H_0:\mu\leqslant\mu_0=225$; $H_1:\mu>225$. 这是右边检验，H_0 的拒绝域为 $t=\dfrac{\overline{x}-\mu_0}{s/\sqrt{n}}\geqslant t_\alpha(n-1)$. 如附图 9.20 所示，先对数据进行描述分析，然后根据公式 $t=\dfrac{\overline{x}-\mu_0}{s/\sqrt{n}}$ 计算 t，通过调用“TINV”函数得到 $t_{0.05}(15)$. 由于 $t<t_{0.05}(15)$，故接受假设 H_0，即可以认为元件的平均寿命不大于 225 小时.

若上例中方差已知，则根据公式 $z=\dfrac{\overline{x}-\mu_0}{\sigma/\sqrt{n}}$ 计算 z，通过调用“NORMSINV”函数得到 z_α，然后比较 z 与 z_α 的数值大小，给出判断结果.

当总体均值未知，检验假设 $H_0:\sigma^2\leqslant\sigma_0^2$, $H_1:\sigma^2>\sigma_0^2$ 时，仍可以通过对数据进行描述分析，然后根据公式 $\chi^2=\dfrac{(n-1)S^2}{\sigma_0^2}$ 计算 χ^2，通过调用“CHIINV”函数得到 $\chi_\alpha^2(n-1)$，最后比较 χ^2 与 $\chi_\alpha^2(n-1)t_\alpha$ 的数值大小，给出判断结果.

2. 两个正态总体参数的假设检验

对于两个正态总体方差已知的情形，可将其转化为关于单个正态总体均值的假设检验，因

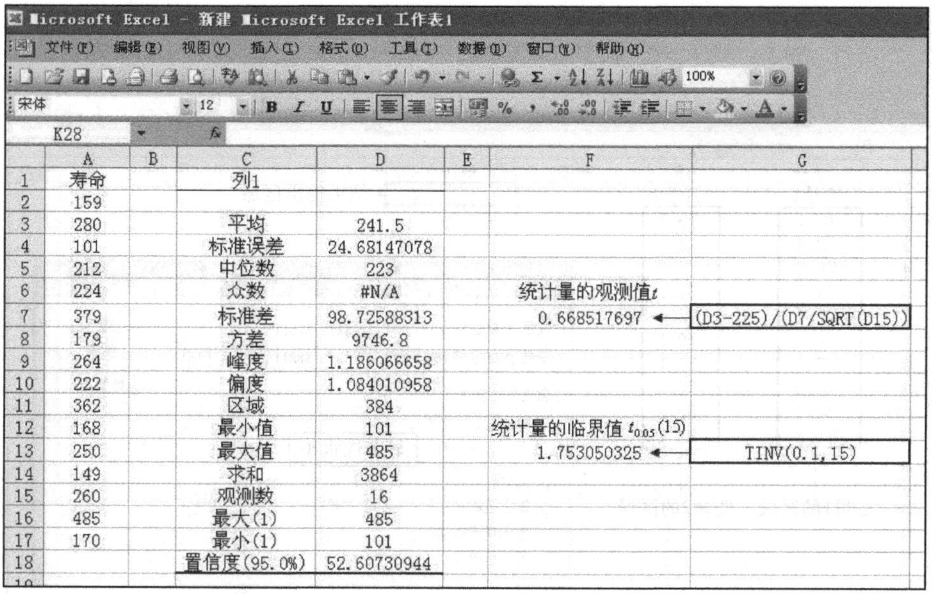

	A	B	C	D	E	F	G
1	寿命		列1				
2	159						
3	280		平均	241.5			
4	101		标准误差	24.68147078			
5	212		中位数	223			
6	224		众数	#N/A		统计量的观测值t	
7	379		标准差	98.72588313		0.668517697 ←	(D3-225)/(D7/SQRT(D15))
8	179		方差	9746.8			
9	264		峰度	1.186066658			
10	222		偏度	1.084010958			
11	362		区域	384			
12	168		最小值	101		统计量的临界值 $t_{0.05}(15)$	
13	250		最大值	485		1.753050325 ←	TINV(0.1,15)
14	149		求和	3864			
15	260		观测数	16			
16	485		最大(1)	485			
17	170		最小(1)	101			
18			置信度(95.0%)	52.60730944			

附图 9.20 单个正态总体(方差未知)均值的假设检验示例截图

为由定理 6.4 之(1)知 $Z=\overline{X}-\overline{Y}\sim N\left(\mu_1-\mu_2,\frac{\sigma_1^2}{n_1}+\frac{\sigma_2^2}{n_2}\right)$.

对于两个正态总体方差未知但相等的情形,见下例.

附例 9.13 下面是两种炼钢法的得率数据:

方法 1 78.1 72.4 76.2 74.3 77.4 78.4 76.0 75.5 76.7 77.3

方法 2 79.1 81.0 77.3 79.1 80.0 79.1 79.1 77.3 80.2 82.1

设两个样本相互独立,分别来自正态总体 $N(\mu_1,\sigma^2)$和 $N(\mu_2,\sigma^2)$,μ_1,μ_2,σ^2 均未知. 问:两种方法的得率是否有显著差异?(显著性水平 $\alpha=0.05$).

解 检验假设 $H_0:\mu_1=\mu_2$;$H_1:\mu_1\neq\mu_2$. 这是双边检验. 打开"数据分析"菜单中的"t 检验—双样本等方差假设"对话框,在对话框中的各栏中填入相关参数,如附图 9.21 所示,然后点击"确定",结果如附图 9.22 所示. 从图中看到,$|t|=|(\bar{x}-\bar{y})/s_\omega\ \sqrt{1/10+1/10}|\approx4.2957>t_{0.025}(18)\approx2.1009$,故拒绝假设 $H_0:\mu_1=\mu_2$,即可以认为两种炼钢法的得率有显著差异.

对于两个正态总体方差比的假设检验,可利用"数据分析"菜单中的"F 检验-双样本方差"选项,过程与例 F9.13 类似.

附 9.2.4 线性回归分析

利用"数据分析"工具栏中的"回归"选项,可进行一元和多元线性回归分析. 下面以一元线性回归为例予以说明.

附例 9.14 图示例 9.6 的 Excel 回归分析数据总表、回归直线及预测直线的产生过程.

解 打开"数据分析"菜单中的"回归"选项对话框,如附图 9.23 所示,填入相关参数,然后点击"确定",即生成回归分析数据总表,如附图 9.24 所示. 表中数据显示,相关系数的绝对值$|R|\approx$

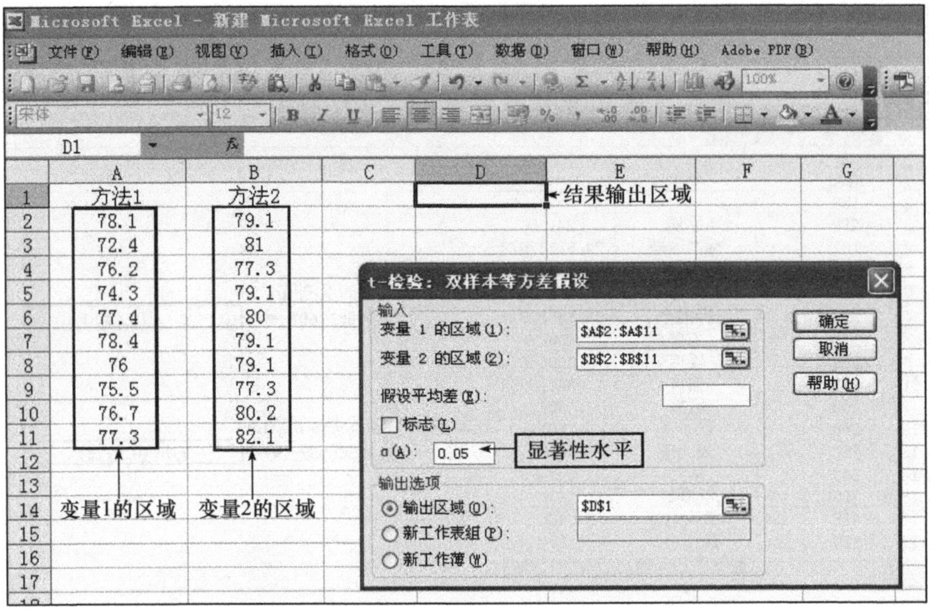

附图 9.21 “t 检验-双样本等方差假设”对话框示例截图

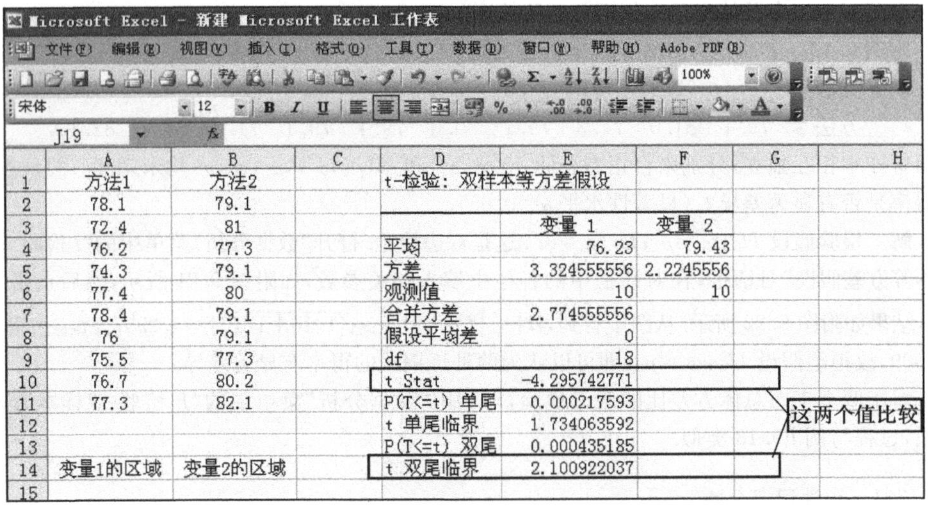

附图 9.22 两个正态总体(方差未知但相等)均值差的假设检验示例截图

0.989，说明灌溉面积与最大积雪深度之间有良好的线性相关关系，回归方程 $\hat{y}=364.18x+140.95$ 可以反映它们之间的线性相关关系.

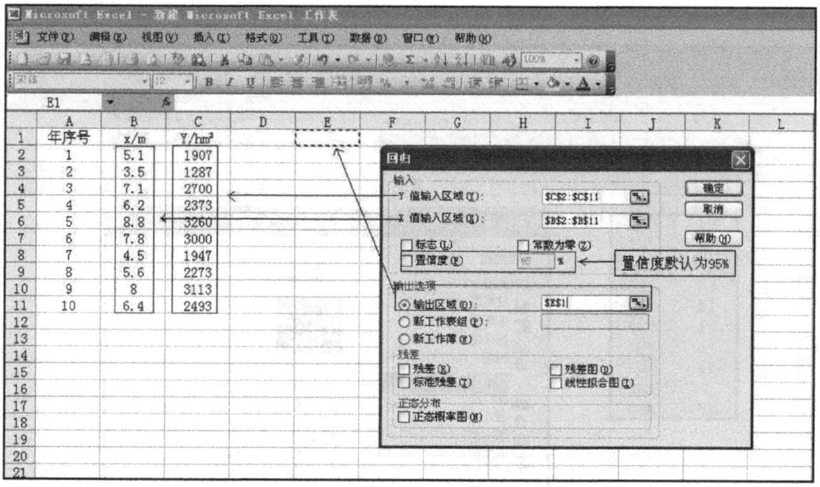

附图 9.23 “回归”对话框示例截图

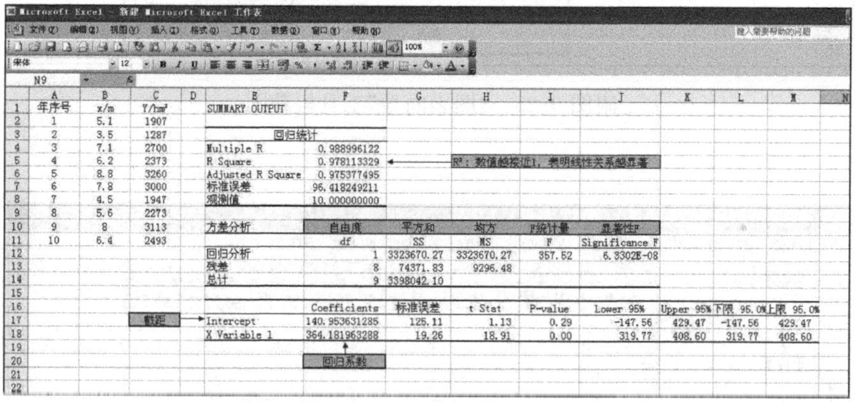

附图 9.24 回归分析结果说明

下面说明如何生成数据的散点图、回归直线及直线预测图.

首先选中数据区域，然后在“插入”菜单下选择“图表”选项，在打开的“图表向导”工具栏中选中“XY(散点图)”，如附图 9.25 所示，点击“确定”后即生成(x,Y)数据对散点图(附图 9.26). 散点图可随意移动位置，可对其进行编辑，如：更改坐标范围、加入坐标标识等. 右键单击散点图中任意一个数据点，会出现有“添加趋势线”等选项的选项卡. 点开“添加趋势线”对话框，选中“类型”中的“线性”，然后点击“选项”，勾选“显示公式”，即生成回归直线图(附图 9.27). 如果还勾选了“选项”中的“趋势预测”，并在“前推”和“后推”中填入要预测的周期数值(非负数)，则可生成线性预测直线图(附图 9.28).

附 9.2.5 方差分析

“数据分析”工具栏中的“方差分析：单因素方差分析”、“方差分析：可重复双因素分析”和

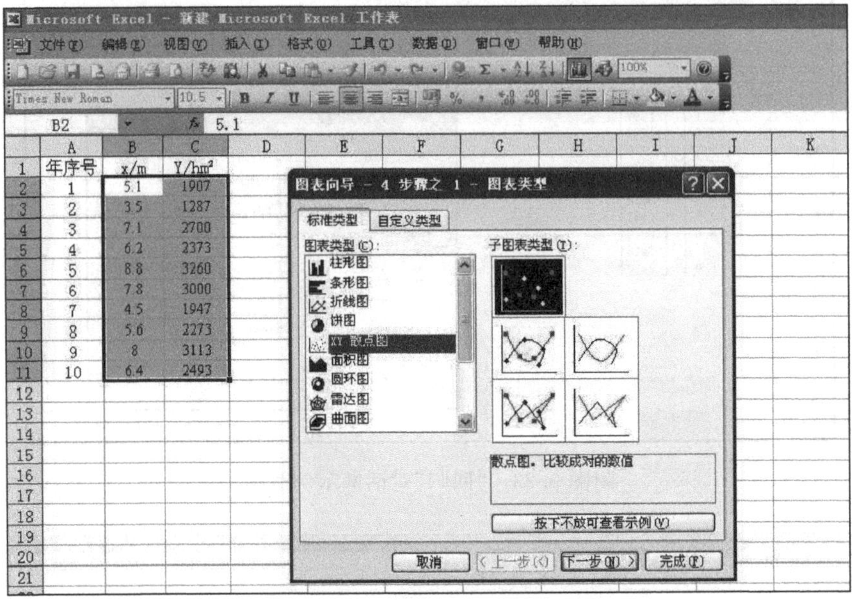

附图 9.25 “图表向导”工具栏截图

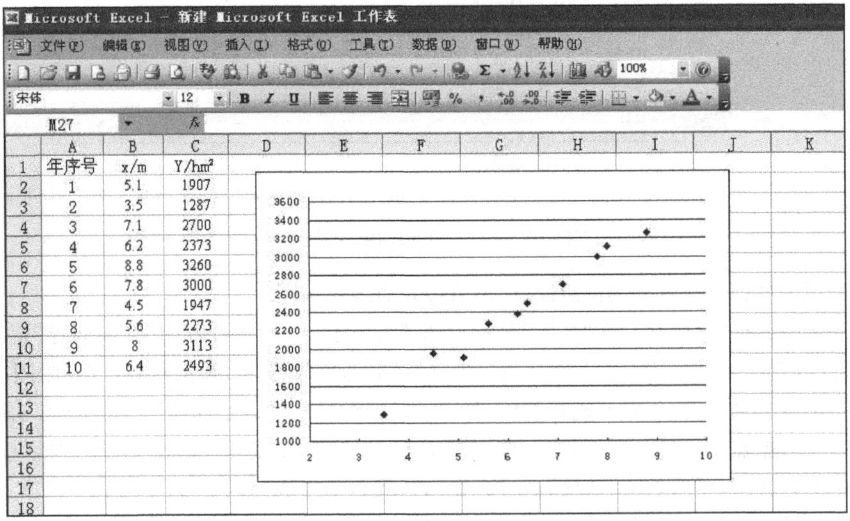

附图 9.26 (x,Y)数据对散点图截图

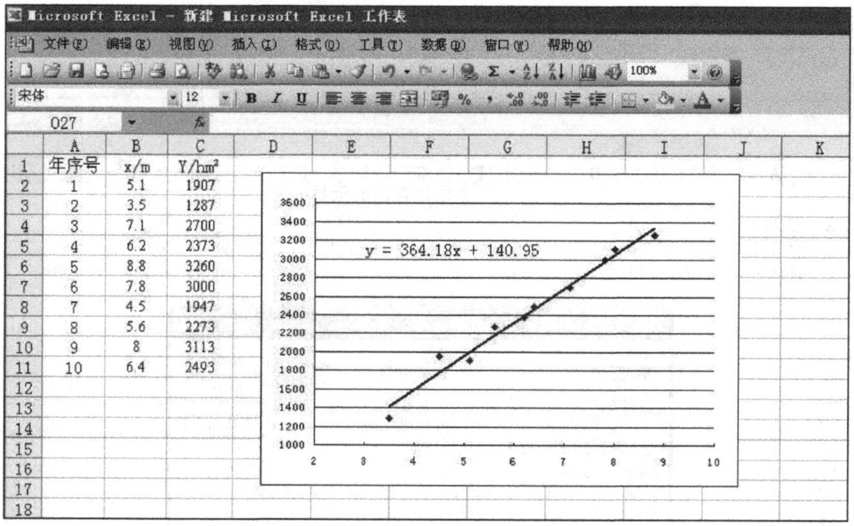

附图 9.27　(x,Y)回归直线截图

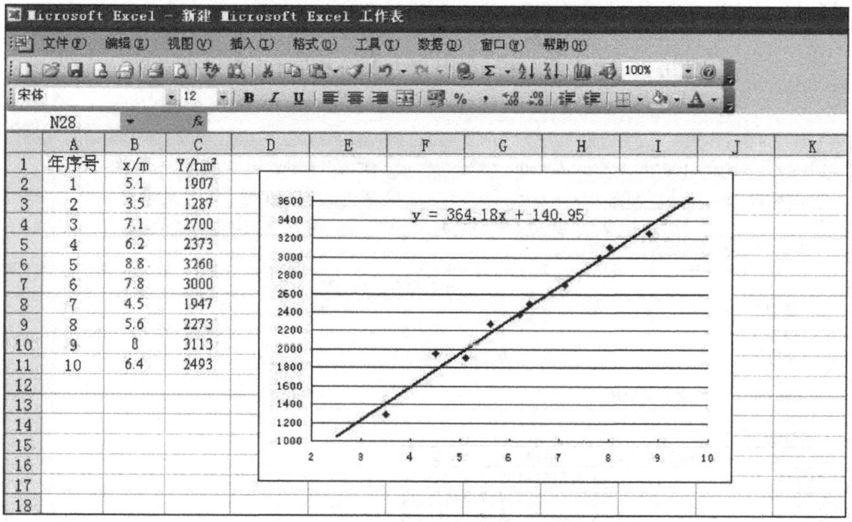

附图 9.28　(x,Y)线性预测直线截图

“方差分析:无重复双因素分析”三个选项适用于教材中讲到的方差分析三种情形.下面以分别以例 10.4、例 10.5 和例 10.8 予以说明.

1. 单因素方差分析

附例 9.15　图示例 10.4 的 Excel 方差分析数据总表的产生过程.

解　首先在 Excel 中输入数据,然后打开“方差分析:单因素方差分析”对话框,填入相关参数,如附图 9.29 所示,点击“确定”后即可得到方差分析数据总表(如附图 9.29 所示).

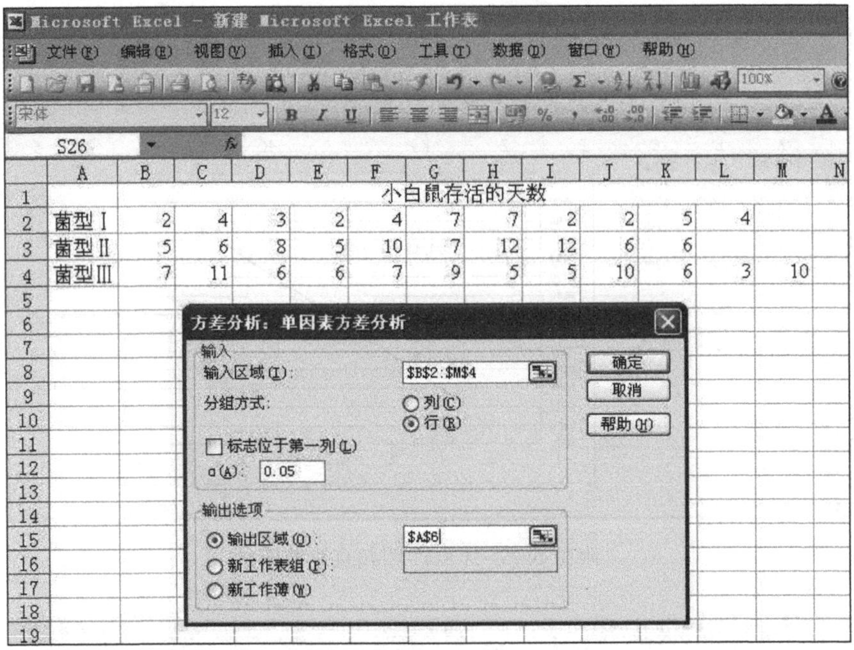

附图 9.29 “方差分析:单因素方差分析”对话框示例截图

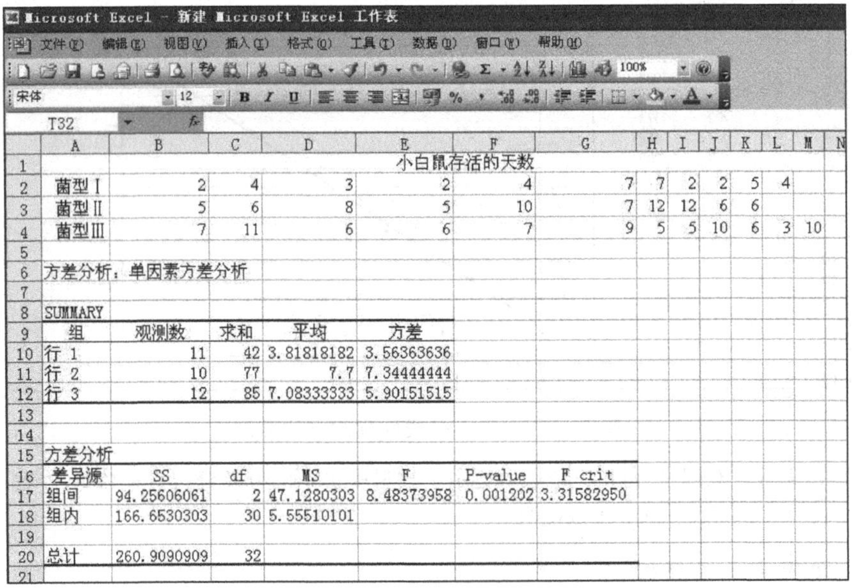

	小白鼠存活的天数											
菌型Ⅰ	2	4	3	2	4	7	7	2	2	5	4	
菌型Ⅱ	5	6	8	5	10	7	12	12	6	6		
菌型Ⅲ	7	11	6	6	7	9	5	5	10	6	3	10

方差分析：单因素方差分析

SUMMARY

组	观测数	求和	平均	方差
行 1	11	42	3.81818182	3.56363636
行 2	10	77	7.7	7.34444444
行 3	12	85	7.08333333	5.90151515

方差分析

差异源	SS	df	MS	F	P-value	F crit
组间	94.25606061	2	47.1280303	8.48373958	0.001202	3.31582950
组内	166.6530303	30	5.55510101			
总计	260.9090909	32				

附图 9.30 单因素方差分析数据总表截图

应该注意，当因素不同水平的数据以行输入时，在附图 9.29 中，“分组方式”勾选“行”；当因素不同水平的数据以列输入时，“分组方式”勾选“列”. 错选“分组方式”，会出现错误的结果.

2. 可重复双因素方差分析

附例 9.16 图示例 10.5 的 Excel 方差分析数据总表的产生过程.

解 首先在 Excel 中输入数据,然后打开“方差分析:可重复双因素分析”对话框,填入相关参数,如附图 9.31 所示,点击“确定”后即可得到方差分析数据总表(如附图 9.32 所示).

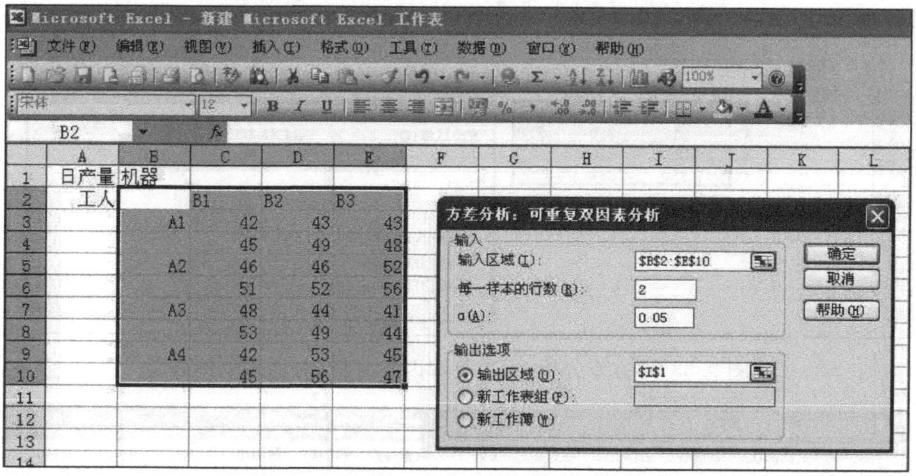

附图 9.31 “方差分析:可重复双因素分析”对话框示例截图

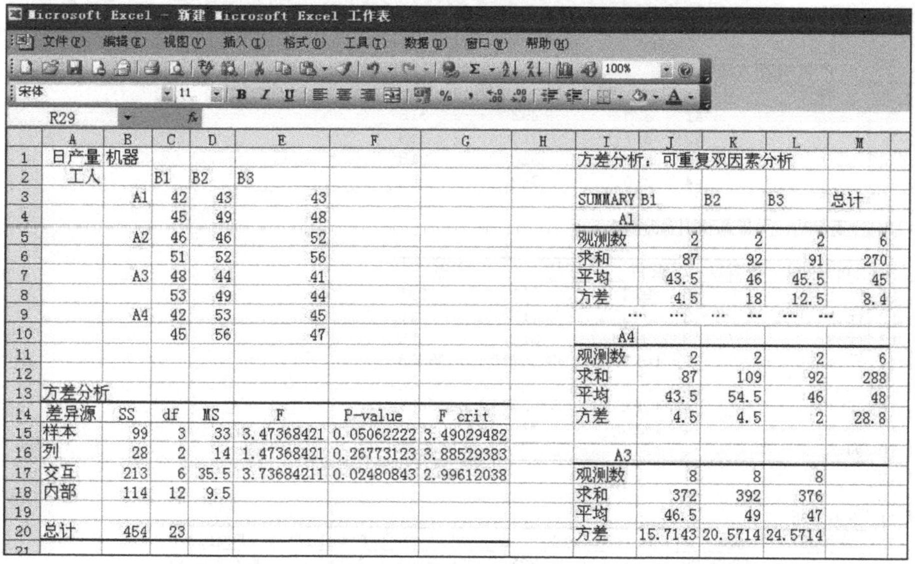

	A	B	C	D	E	F	G
1	日产量	机器					
2	工人		B1	B2	B3		
3		A1	42	43	43		
4			45	49	48		
5		A2	46	46	52		
6			51	52	56		
7		A3	48	44	41		
8			53	49	44		
9		A4	42	53	45		
10			45	56	47		
13	方差分析						
14	差异源	SS	df	MS	F	P-value	F crit
15	样本	99	3	33	3.47368421	0.05062222	3.49029482
16	列	28	2	14	1.47368421	0.26773123	3.88529383
17	交互	213	6	35.5	3.73684211	0.02480843	2.99612038
18	内部	114	12	9.5			
20	总计	454	23				

方差分析:可重复双因素分析

SUMMARY	B1	B2	B3	总计
A1				
观测数	2	2	2	6
求和	87	92	91	270
平均	43.5	46	45.5	45
方差	4.5	18	12.5	8.4
…	…	…	…	…
A4				
观测数	2	2	2	6
求和	87	109	92	288
平均	43.5	54.5	46	48
方差	4.5	4.5	2	28.8
A3				
观测数	8	8	8	
求和	372	392	376	
平均	46.5	49	47	
方差	15.7143	20.5714	24.5714	

附图 9.32 双因素等重复试验方差分析数据总表截图

3. 无重复双因素方差分析

附例 9.17 图示例 10.8 的 Excel 方差分析数据总表的产生过程.

解 首先在 Excel 中输入数据，然后打开“方差分析：无重复双因素分析”对话框，填入相关参数，如附图 9.33 所示，点击“确定”后即可得到方差分析数据总表(附图 9.34).

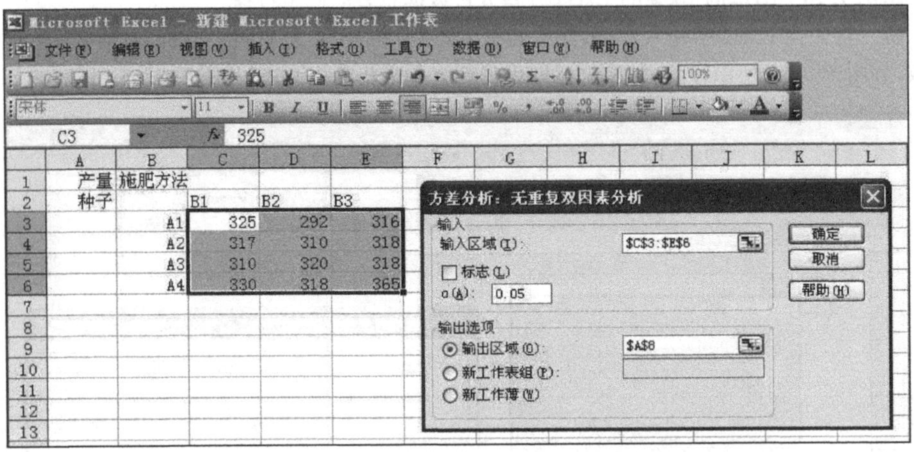

附图 9.33 “方差分析：无重复双因素分析”对话框示例截图

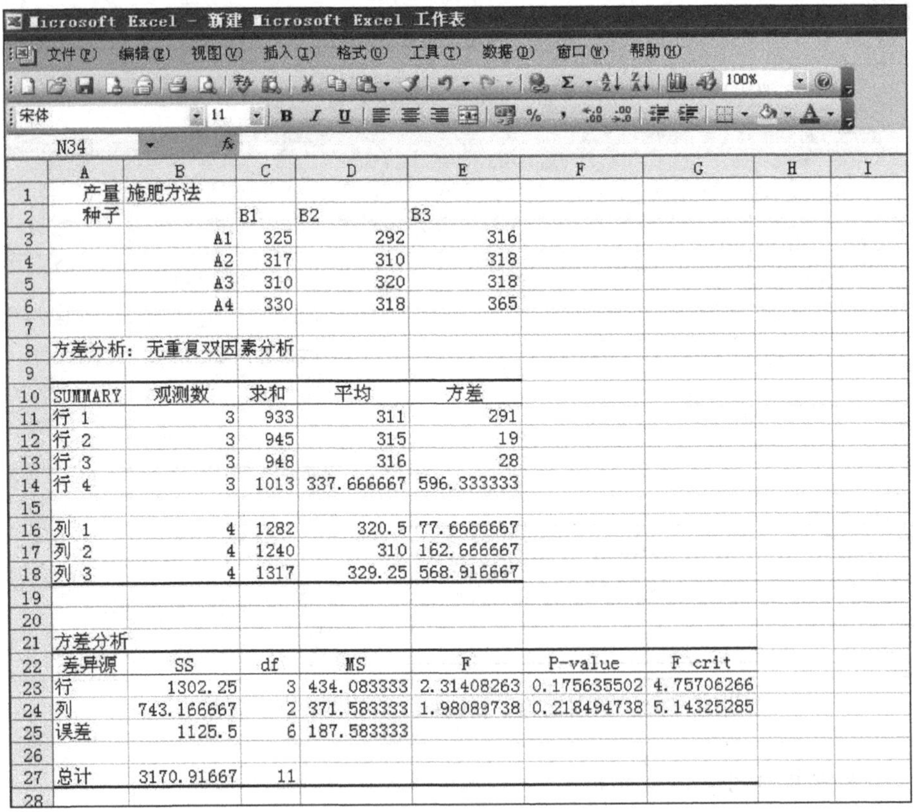

附图 9.34 双因素无重复试验方差分析数据总表截图